U0524399

二 战 德 国 女 飞 行 员 的 交 错 人 生
The True Story of Hitler's Valkyries

风的女儿

[英]克莱尔·马利 著

姜 洁 译

The Women who
Flew for Hitler

Clare Mulley

生活·讀書·新知 三联书店　生活书店出版有限公司

Simplified Chinese Copyright©2021 by Life Bookstore Publishing Co.Ltd
All Rights Reserved.

本作品中文简体字版权由生活书店出版有限公司所有。
未经许可，不得翻印。

The Women Who Flew For Hitler: The True Story of Hitler's Valkyries by Clare Mulley© Macmillan an imprint of Pan Macmillan, a division of Macmillan Publishers International Limited, 2017. This Simplified Chinese edition is published by arrangement with Macmillan Publishers International Limited through Andrew Nurnberg Associates International Ltd.

图书在版编目（CIP）数据

风的女儿：二战德国女飞行员的交错人生 /（英）克莱尔·马利 (Clare Mulley) 著；姜洁译. -- 北京：生活书店出版有限公司, 2021.3

ISBN 978-7-80768-331-5

Ⅰ.①风… Ⅱ.①克… ②姜… Ⅲ.①汉娜-传记② 梅利塔-传记 Ⅳ.①K835.165.2

中国版本图书馆CIP数据核字(2020)第063000号

策划编辑	冯语嫣
责任编辑	冯语嫣
装帧设计	梁依宁
责任印制	常宁强
出版发行	生活书店出版有限公司
	（北京市东城区美术馆东街22号）
图　　字	01-2018-6281
邮　　编	100010
经　　销	新华书店
印　　刷	北京隆昌伟业印刷有限公司
版　　次	2021年3月北京第1版
	2021年3月北京第1次印刷
开　　本	145毫米×210毫米 1/32　印张16.25
字　　数	380千字
印　　数	0,001-6,000册
定　　价	78.00元

（印装查询：010-64052066；邮购查询：010-84010542）

希特勒的空中竞选纪念册《希特勒在德国上空》的封面，该纪念册由海因里希·霍夫曼和约瑟夫·贝希托尔德创作完成

1936年柏林奥运会期间有关"大飞行日"的宣传海报 梅利塔在这次著名的活动中进行了飞行特技表演

玛格丽特·席勒和孩子们。图片摄于1912年，由左至右依次为克拉拉、奥托、尤塔、梅利塔（9岁）和莉莉

梅利塔标志性的鲍勃式短发，拍摄时间约为1923年，摄于慕尼黑

冯·施陶芬贝格一家：克劳斯、贝特霍尔德和亚历山大，身后是他们的父母，1924年摄于劳特林根

保罗·冯·亨德尔和伊丽莎白·于克斯屈尔-格林班德女伯爵的婚礼合影，摄于1931年4月9日。梅利塔站在前排右起第二位，身旁是身着制服的克劳斯、亚历山大站在最左边

汉娜在莫塔诺F型（Motanol.F）滑翔机内，大约摄于1934年

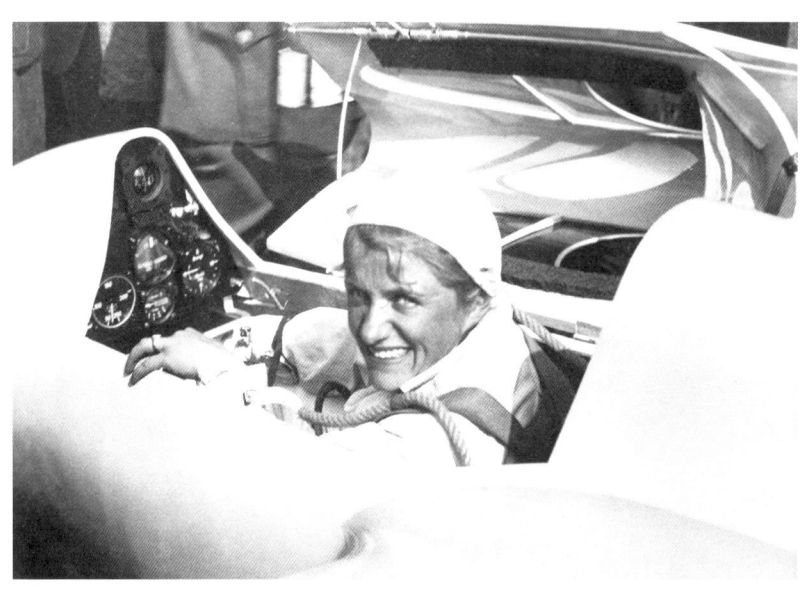

汉娜在"小雀鹰"滑翔机内，1936年8月摄于瓦塞尔库帕山

梅利塔在机场骑车经过一架容克-87"斯图卡",1934年摄于加图

梅利塔和地勤人员在一架容克-87"斯图卡"旁讨论,1934年摄于加图

汉娜的二级铁十字勋章照。汉娜在这张照片中所流露出的自豪和喜悦,与拍摄了同样照片的梅利塔的表情形成了天壤之别

梅利塔的二级铁十字勋章照,摄于1943年。铁十字勋章的缎带被小心翼翼地系成了一个装饰性的小蝴蝶结

1941年3月28日,希特勒向汉娜授予二级铁十字勋章。据汉娜描述,戈林站在他旁边"喜气洋洋","就像一个父亲被允许介绍一个有礼貌的孩子"

梅利塔和亚历山大在喝茶煮鸡蛋,1943年摄于维尔茨堡

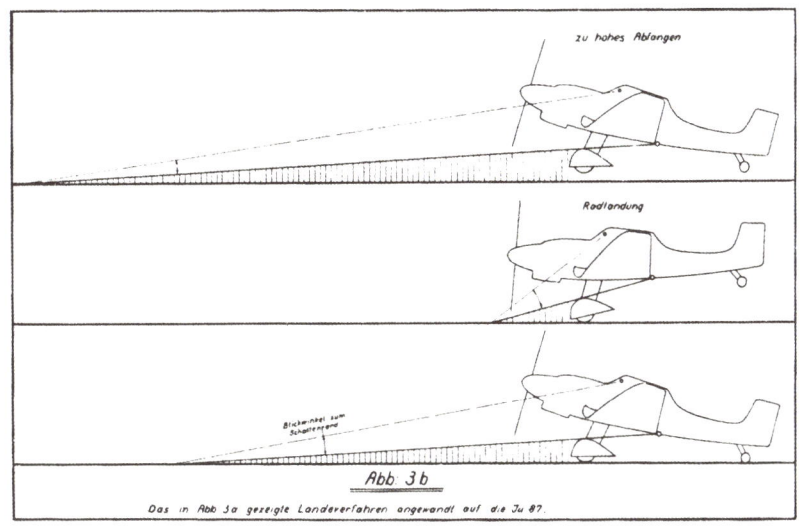

梅利塔技术草图之一,拍摄时间不详

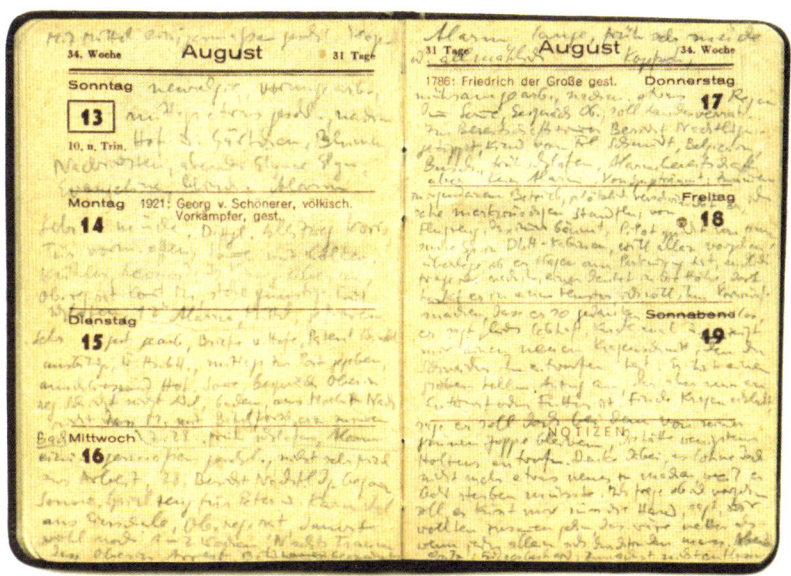

梅利塔于1944年8月13日至19日所写的日记。这几页记录了她在狱中的生活和感受,其中包括关于弗伦茨·阿姆辛克的梦

亚历山大·冯·施陶芬贝格身着国防军制服,摄于1940年

弗里德里希·弗伦茨·阿姆辛克身着德国空军制服,胸前佩戴着铁十字勋章、飞行员勋章和金质战伤勋章,大约摄于1943年

献给不断给我灵感的妹妹凯特·马利

在她那干巴巴的幽默感背后，有一颗温暖的心

致 谢

研究人物传记的一个奇妙之处在于，你有时会有穿越历史和历史人物握手或加入某场对话的感觉。阅读日记和信件，甚至是那些不那么私密的材料，都可以带来深刻的心灵交流之感，同时也会因为突然发现莫名其妙的偏见或者更糟的东西而感到震惊。重要的是不要掺杂太多的自我理解，或在不同的语言、时间或背景下的翻译中忘记某些易丢失的内容和成分。在与老兵、幸存者或其他目击者面谈时，偶尔真的会有令人双手颤抖的时刻。在这本书的写作过程中，我发现自己距离希特勒只隔着几个和他握过手的人，同时还要时刻牢记并不是每个人都热衷于和他握手。和人们会面时，看到他们房间里戴着铁十字勋章或行纳粹礼的父母的照片，也非常有趣。他们当时的决定和行动很少像70年后我们这些后世的人所能看透那样明确，想要触及任何人的许多真相，无论是历史事件上的、道德上的还是情感上的，都需要有同理心，抱持探究、批评以及关怀的态度，还要尊重档案材料中未能得以发言的人以及那些过去的痕迹。

如果没有那么多认识梅利塔·席勒·冯·施陶芬贝格和汉娜·莱契以及她们交际圈的人们的大力支持，这本书就不可能写出来。在德国，我很高兴见到了梅利塔和她丈夫家的几名成员。她的侄子赖因哈特·鲁德斯豪森博士及妻子埃尔克在他们美丽的湖畔小屋里慷慨地向我展示了完整的家庭书信收藏，后来还给我寄来了原始的家庭照片。海蒂马利·沙德和我谈了她童年时期的记忆，包括她如何嘲笑梅利塔带来的德国空军发的巧克力，她的哥哥弗里德里希·贝尔克纳也友好地分享了他所知道的一切。克劳斯·冯·施陶芬贝格的长子贝特霍尔德·冯·施陶芬贝格少将和我共进了一顿非常美味的早餐，花了整整一个上午的时间和我回忆他的家人。此外还要感谢他的妹妹康斯坦策·冯·舒尔特斯-雷希贝格分享了关于母亲的回忆。亨德里克·德瓦尔和他的妹妹卡金卡·德瓦尔热情地分享了他们的叔叔弗里德里希·弗伦茨·阿姆辛克的照片，他曾是梅利塔亲爱的朋友。梅利塔的第一位传记作者格拉尔德·布拉克自己对于第二次世界大战（后简称为"二战"）也有着丰富的童年记忆，并在多年后认识了梅利塔的妹妹克拉拉。格拉尔德十分慷慨地允许我翻阅他当年的个人采访记录、照片和资料，包括梅利塔1943年和1944年手写的日记，以及来自汉娜的一些有趣的但未发表的信件。

虽然未能见到汉娜的家人，但我有幸采访了一些认识她的人。其中有一位杰出的军官和试飞员——"光芒"（Winkle）埃里克·布朗上校，他是英国皇家海军历史上获得军功章最多的飞行员。在一系列的谈话中，埃里克向我描述了他在战前与汉娜一起参加派对的情形，在战争快结束的日子里，他向当局正式确认了她的身份，并在此后不时与她保持联系。通过身在加拿大的玛格丽特·尼尔森和弗吉尼亚·鲁斯林的鼎力相助，我还得以采访到战争期间结识汉娜的德国空军飞行上尉迪特里希·普特。在我访问佩内明德期间，一等兵瓦尔特·雷林给我发来了他关于汉娜的回忆。我采访过的最后一个曾与汉娜会面的人是英国广播公司的制片人约翰·格鲁姆，他在20世纪70年代后期为《秘密战争》系列节目采访过她，他和我讲了这段故事，包括他曾看到汉娜在描述使用火箭动力的梅塞施密特"彗星"飞机时激动得从椅子上摔下来这样的细节。约翰·马丁·布拉德利数年来一直为他的《第二次世界大战的战斗机飞行员》拍摄老兵的照片，他也大度地与我分享了他对海因·K.格林的采访，格林曾经从桌子上救下过被一只老鼠吓得惊慌失措的汉娜。詹姆斯·霍兰德好心地与我分享了他对诸多老兵的采访，这些也都曾发布在他的第二次世界大战论坛网站（www.griffonmerlin.com）上。非常令人兴奋的是，伊恩·塞耶慷慨地给我发来了他收藏的汉娜未发表的战后私信的扫描件，这使我对汉娜的教条性格有了全新、深入的了解。飞行员埃莉·拜因霍恩的儿子伯恩·德罗森迈尔和德国空军中校格奥尔格·帕瑟瓦特的女儿芭芭拉·帕瑟瓦特也友善地与我分享了他们的父母对梅利塔和汉娜的看法。

我还要感谢几位向我介绍过时代背景的老兵，比如英国皇家空军飞行员约翰·艾伦·奥特维尔，我的朋友和邻居莱恩·拉特克利夫中校，通过考斯福特英国皇家空军博物馆的格雷厄姆·考威认识的"铁锈"沃曼上尉、杰克·普拉格内尔上士，他们在"九头蛇行动"期间向佩内明德投掷了炸弹，而据说汉娜整场空袭都在睡梦中，还有英国空军妇女辅助队情报官员多琳·高尔文，以及我的父母吉尔和德瑞克·马利，他们也与我分享了他们的战时记忆。我真诚地感谢以上所有人。

为这本书提供帮助的其他人包括历史学家海科·彼得·梅勒，他带我参观了施陶芬贝格家的城堡，以及作家、策展人安妮·弗霍薇，她带我游览了梅利塔在柏林工作生活过的很多区域。伦敦大学学院的伯恩哈德·列赫尔教授友好地与我分享了他对战后汉娜的研究。卡罗琳·埃斯代尔讲了关于她父亲西蒙·莱斯在"水晶之夜"的回忆。克里斯·巴特勒通过分享他的家书，让我得以了解和平来临之初希特勒地堡里的情况。我还要特别感谢历史学家、作家奈杰尔·琼斯和保罗·斯特朗，与他们的对话让我了解了这些女性的故事，罗杰·摩尔豪斯和尼克·杰克逊慷慨地帮助我整理了伦敦、柏林和慕尼黑的各种档案馆和酒吧中的记录。

  我也要真诚地感谢档案工作者们，他们分别来自英国国家档案馆、帝国战争博物馆档案馆、亨登英国皇家空军博物馆、大英图书馆、慕尼黑德意志博物馆档案馆、慕尼黑工业大学档案馆、柏林本德勒德国抵抗运动博物馆、柏林鳊鱼湖监狱纪念中心、佩内明德历史技术博物馆、美国国家档案和记录管理局、康奈尔大学法学图书馆（多诺万纽伦堡审判合集）、亚历山大历史文物拍卖行、赫尔曼历史拍卖行、C. E. 丹尼尔收藏（C. E. Daniel Collection）……还有法国甘达鲁（Gandalou）机场的机组成员，他们勇敢地把我带到了滑翔机上，又很快把我带回了原地。

  伊恩·沃尔特和凯特·马利——谢谢你们的一切，你们都非常了不起。衷心感谢我出色的编辑乔治·莫利、塔尼亚·王尔德、菲莉帕·麦克尤恩和麦克米伦出版公司团队的其他成员，以及我的经纪人安德鲁·劳尼。此外所有那些非常友好地帮助我寻找和翻译书籍、历史资料，有时甚至是相当折磨人的诗歌的各位：玛丽·弗约格、芭芭拉·施鲁斯勒、沃尔夫冈·格伦、卡琳·费舍尔-布德尔、斯蒂芬妮·霍尔-德留、保罗·斯金纳和汉斯·夫勒瑞，以及我坚定的读者艾利森·马布尔和米歇尔·惠勒。最后，我非常高兴地感谢我的三个女儿：米莉和芙洛，她们自己在读到安妮·弗兰克和罗伯特·哈里斯后为我提供了适当的参考资料；也要感谢赫斯特，她为我提供了我在写作时最需要的鼓励和消遣。当然，其中若有任何错误都是我自己的原因。谢谢你们所有人！

克莱尔·马利
2017年2月

卷首语[1]

希特勒每天早上走出贝格霍夫的卧室时做的第一件事就是直奔一楼宏伟的露台。在某个特定的时间,他总会看到一个美妙而鼓舞人心的景象——两只巨大的鹰在天空中高高地盘旋;通过野外望远镜,他热切地观看这稀有且英俊的鸟类的雄伟飞行。然后,有一天,他惊愕地发现只看到了一只老鹰。另外一只呢?他焦急地想,发生了什么?

几天来,我们几次讨论了这个话题,因为我们都看到了希特勒对另一只老鹰的消失有多么担忧。

过了几天,我们决定像以往一样去萨尔茨堡给他过生日,而就在我们的车队从慕尼黑出发的前几天,在慕尼黑郊外大约30英里(约48千米)的地方,我们看到一辆快速行驶的汽车从相反的方向驶近,尽管它经过我们的时候速度很快,希特勒还是注意到了一只展开翅膀的大鸟躺在后座上。他立即叫停了车队。"我确信,"他说,"就是我那只老鹰!"他立刻命令突击队出发,掉头回去追那辆车。

"如果我身体好,先生们,我向你们保证,我会狠狠地惩罚那

---

1 Heinrich Hoffmann, *Hitler was My Friend: The Memoirs of Hitler's Photographer* (Frontline, 2011), pp. 194–195.

些无用的人以杀鸡儆猴！不只是他们，还有收鸟的人！"他说，脸黑得足以预示那些让他如此愤怒的倒霉蛋的下场。

大约一个小时后，我们看到突击队的汽车全速返回。我们停下车，拉登胡伯跑了过来。

"您是对的，我的元首，"他报告称，"是来自山区的老鹰。"

"送去给谁？"希特勒用威胁的口气问道。

犹豫不决的拉登胡伯继续说道："老鹰被送到了您在慕尼黑的住所……被嵌在了一块大理石底座上。"底座上刻有以下铭文：

致我们挚爱的元首
来自他的山区
4月20日
当地党组织
贝希特斯加登纳粹党敬上

海因里希·霍夫曼，1955年

前言　真相和生命

喂，历史这样、历史那样的……为什么不能为了达到戏剧效果骗骗数以百万计的杂志读者和影视观众呢？……要是真的有人在乎历史真相，他们直接来问我就好了。

——汉娜·莱契，1973[1]

历史不是按照一个概念发展演变的，它只按照自己的路线发展，而这路线往往混乱而随机。你没办法把某个人或者某个历史事件放进提前准备好的盒子，让它们穿越回去重新修改。人、事和进化本身都有自己的节奏。

——尼娜·冯·施陶芬贝格，1997[2]

1　Hanna Reitsch in *Die Welt*, 'Wie klein Mäxchen such den Untergang des Dritten Reiches vorstellt' [How the Little Maxes Imagine the Downfall of the Third Reich] (02.08.1973).

2　Quoted in Konstanze von Schulthess, *Nina Schenk Gräfin von Stauffenberg: Ein Porträt* [A Portrait] (Piper, 2009), p. 208.

汉娜·莱契自诩是一个诚实的女人。审问她的美国人在1945年10月的报告结语里这样写道："她提供信息时态度诚恳且认真，能看出她在尽力做到描述得真实准确。""她称她活到现在全部是为了真相。"审讯人员还这样补充道。[1] 在这次审问六周前去世的梅利塔·冯·施陶芬贝格却从来没有得到同样的在历史资料中发声的机会。她仍在世的妹妹克拉拉表示，梅利塔"做不到宣扬自己能力范围之外的事"。[2] 但是假使梅利塔有能力去回忆和反思战时的经历，这两位了不起的女性的记录恐怕也会大相径庭。

作为仅有的两位效力于纳粹政权的女试飞员，汉娜·莱契和梅利塔·冯·施陶芬贝格在许多方面几乎都是对方的翻版，虽然一个肤白貌美，风趣幽默，说话大嗓门，时时精力充沛；另一个则脸色黝黑，永远表情严肃，凡事都深思熟虑——从表面上看，这两个人之间明显的相似之处少得可怜——但是她们都是爱国主义战士，都对荣耀、责任和奉献有着坚定不移的信念，同时她们也都是不被时代认可的人，她们对肾上腺素飙升的刺激感的狂热，以及对个人自由的追求都让她们站在了所处时代社会预期的对立面上。

汉娜和梅利塔都出生于德国航空时代的开拓初期，那时候人们都希望飞行可以让整个国家更加团结。第一次世界大战改变了这种舆论，飞行员在军事侦察和军事格斗中都被赋予了新的使命，但人们却继续执着于这种飞行情怀。飞行员以他们的荣誉为傲，也以他们在空中的英勇身姿为豪，包括"红男爵"曼弗雷德·冯·里希特

---

[1] Cornell University Law Library: Donovan Nuremberg Trials Collection, Robert E. Work, Hanna Reitsch interrogation report, 'The Last Days in Hitler's Air Raid Shelter' (08.10.1945).

[2] Gerhard Bracke archive, letter Klara Schiller to Hanna Reitsch (27.06.1977).

霍芬在内的王牌飞行员成就了一代传奇。《凡尔赛条约》规定，战败的德国必须解散空军并销毁军用飞机，连发动机驱动的民用飞机的生产制造也被暂时叫停，但滑翔机被准许制造，结果导致战后的几年内，滑翔成了这个国家年轻人志向高远的标志性运动，这项运动不仅代表着和平和自由，也承载着这个国家得以重建的民族自尊心。很快地，成千上万的人开始集中到一起做飞行展示并举行飞行竞赛。

希尔施贝格谷天然适合滑翔，梅利塔就是在这里上的寄宿学校，而汉娜则在这里长大。两个女人在同一片长满青草的山坡上学会了滑翔，她们都曾经从用木头和帆布做成的滑翔机驾驶舱里探出过头，惹来朋友们的阵阵惊呼。对于20世纪20年代和30年代初的年轻德国小姐们来说，这绝对是无法想象的。一场飞行是具有危险性的，这种肾上腺素所带来的刺激感对于女人来说同样有着极大的吸引力，然而让这两个女人爱上飞行的不只是这种快感，还有滑翔所带来的自由，可以让她们远离魏玛时期德国的压抑和压迫，飞行也给她们提供了一个加入恢复祖国荣誉大业的机会。

1922年，大汉娜九岁也更有学问的梅利塔奔赴慕尼黑工业大学学习航空工程，而慕尼黑正是纳粹运动的腹地。她一走入社会开始工作，就把节省下来的每一芬尼都花在了学习驾驶发动机驱动的飞机上，很快地，她考下了各种不同类型的飞行驾照。与此同时，汉娜则在大学校园里，翘课去学开滑翔机，并很快用她的天赋征服了大家。1928年，阿梅莉亚·埃尔哈特成了首个驾驶飞机横跨大西洋的女人，令世界为之叹服。两年后，埃米·约翰逊单人驾驶飞机从英格兰飞抵澳大利亚，创下了女性的又一个纪录。这是一个迷人的飞行时代，埃尔哈特后来甚至还影响到了时尚界，[1]香水"翱翔"在各类时尚排行榜中榜上有名。不久，关于汉娜和梅利塔的报道在德国的民间杂志上变得随处可见，人们赞美她们的美貌，也赞赏她们的飞行技巧和在空中"细腻"的工作状态。

20世纪30年代中期，汉娜和梅利塔超人的能力、胆识和毅力使得她们成了新成立的纳粹政权的无价之宝，她们双双被授予女上尉军衔，成为首次被授予上尉军衔的女性。自此她们肩负起一些特定的爱国主义政治任务，比如，在声名狼藉的1936年柏林奥运会上，两名女飞行员都做了飞行表演，梅利塔还在颇有声望的德国飞行日上展示了飞行特技。两年后，汉娜作为首个驾驶直升机的女性在柏林汽车展上进行了室内飞行表演，让来自世界各国的观众大为惊叹。

1939年，战争又一次降临，两个女飞行员都决定为德国效力。小小的驾驶舱承载着她们对祖国和对飞行的热爱，这份热爱的程度在这一刻得到了检验。汉娜曾驾驶过许多滑翔机原型机，也批准过包括翼盾在内的德国首创飞机部件的设计和制造，这样的设计可以让飞机在防空气球的钢缆中间穿过。1941年，她成为这场战争中首个获得铁十字勋章的女性。此后不到两年，梅利塔也获得了同样的铁十字勋章，以表彰她在容克-87"斯图卡"俯冲轰炸机的研发和试飞等开创性工作中的卓越表现。尽管她们作为女性，在严格意义上从未正式加入德国空军，但这对双子星从那时起在其飞行生涯中就一直致力于纳粹军事航空事业最前沿的发展。

作为飞行员，在战场上多次为祖国出生入死的汉娜和梅利塔对

---

[1] 原文为had her own fashion line，但埃尔哈特并未成立自己的时尚品牌，只是参与了时尚界的产品推广，早期也有时尚产品获得其肖像使用权等。——译者注

于她们所取得的勋章尤为自豪。她们虽然都曾经为战时的纳粹德国做出过巨大贡献，但两个人对于祖国和纳粹政权的态度却有着天壤之别：汉娜认为当下的祖国才真正充满生命力，她为祖国应有的荣誉而战，对此，她备感骄傲；梅利塔则更为谨慎，那个传统保守的德国曾经是她的故乡，那个德国不仅在为生存反抗同盟国的攻击，也在反抗暴政极权的纳粹政权。虽然她们时时飞过同一片空域，也都是柏林飞行俱乐部的常客，但在战争期间这两个女人始终在回避彼此，无视彼此，甚至贬低彼此。她们大不相同的政见不仅让她们保持着这样的距离，也使得她们在与纳粹德国最高层领导建立联系时做出了迥然不同的选择。

战后的汉娜不但在德国家喻户晓，国际上也有很多书籍和电影作品以她为原型，虽然历史还原度良莠不齐。在美国人的审问压力下，她被迫对自己原有的价值观频频改口，但她始终坚定地认为诚实是她做人的根本，并发起了一场宣称要还原历史真实的运动。"残酷的现实不管多难接受也是必须要讲出来的，"她激动地对某个采访者说，"这对于全人类来说都是至关重要的。"[1]最终她出版了多本回忆录，每一本都只写到她是一名飞行员、一个不关心政治的普通爱国者。她曾表示这些书写起来都很容易，"因为我只需要讲真话，有什么说什么"。[2]然而作为她的旧友，英国飞行员埃里克·布朗则认为，汉娜至多只讲了"稀疏几句真话"。[3]她从未就纳粹政权的罪恶政策和犯罪事实发表过任何评价，也从未解释过她和这个政权的关系。

---

[1] Deutsches Museum archive, 101B, anon., 'Conversation with Hanna Reitsch' (nd).

[2] Hanna Reitsch, *The Sky My Kingdom: Memoirs of the Famous German World War II Test Pilot* (Greenhill, 2009), p. 261.

[3] Eric Brown, Mulley interview (March 2013).

梅利塔和汉娜恰恰相反,她像是从历史记录中消失了一般。20世纪70年代中期,她的两个妹妹,克拉拉和尤塔,开始从梅利塔的朋友及同事处收集关于她的故事和记忆。汉娜回复得很快:"梅利塔没有什么特别突出的成就。"这是当她听说有人可能开始筹划关于梅利塔的传记后,在给克拉拉的信中写的。[1]汉娜还表示,连梅利塔的铁十字勋章也"不是正当所得",她的试飞"连危险的边都沾不到",而她的志向"也不是那种正常人有的志向,不过是一种诱惑罢了,大概是源于某种她内心深处的绝望"。[2]"你要是能过来,我们当面说会更好,因为有些话写下来会比当面说更伤人,"汉娜继续写道,"有些话我没法写下来,我想和你私下讲。"[3]不论是迫于书信礼仪还是担心留下白纸黑字的证据,汉娜在信中并未明确她想说的话,但还是装腔作势地指责了梅利塔。"这些真实的事件原本只为少数人所知,要是连同细枝末节都写出来了不会很过分吗?但是谎言迟早会被拆穿,"她写道,"我相信你会正确理解我的意思。我想要保护你,也想要保护梅利塔的记忆。"[4]

汉娜并没有讲真话。问题在于,她在向谁说谎粉饰她和梅利塔的历史?又为什么要这样做?克拉拉回信感谢汉娜"如此真诚"地解释她的想法和用心。"当然,我们会接受所有历史事件的真相,"克拉拉在回信的结尾委婉地写道,"我想你也会乐见其成——为了发现真相。"

1　Gerhard Bracke archive, letter Hanna Reitsch to Klara Schiller (07.02.1975).
2　Ibid. (07.02.1975, 18.02.1975).
3　Ibid. (18.02.1975).
4　Ibid. (07.02.1975).

目 录

第一章　向往自由 1903~1932　　　　　1

第二章　寻找完美 1912~1933　　　　　32

第三章　公共关系 1933~1936　　　　　51

第四章　公开会面 1936~1937　　　　　86

第五章　盘旋 1938　　　　　110

第六章　下降 1938~1939　　　　　131

第七章　战时女性 1939~1941　　　　　147

第八章　挑战重力 1942~1943　　　　　180

第九章　众矢之的 1943　　　　　214

第十章　献身行动 1943~1944　　　　　245

第十一章　瓦尔基里行动 1944　　　　　278

第十二章　集中营里 1944　　　　　312

第十三章	在地堡 1945	352
第十四章	最后一次飞行 1945	380
第十五章	解放和关押 1945～1946	404
第十六章	名声	436

结语：矛盾时期　　　　　　　　　　　　474

参考文献　　　　　　　　　　　　　　481

第一章
向往自由 1903～1932

17岁的梅利塔·席勒把她深色的长发塞进皮飞行帽,让帽子紧紧地扣在头上,大步向她梦寐已久的滑翔机走去。它静静地停在草地上,薄薄的木制机身看起来就像一只小鸟的骨架一样又轻巧又脆弱,却仍旧能带给人希望。1920年春天,在德国东部的希尔施贝格[1],梅利塔几个月以来一直在观察这些在她寄宿学校附近学习山谷草地滑翔起降的年轻人。起先,她是完全被无视的。人们都认为,女孩子就该远离危险活动,只需为勇敢的男人摇旗呐喊,对他们不惜以生命换取飞行的刺激和荣光的行为表达崇敬之情。但是梅利塔对飞行充满了兴趣,全然不顾社会惯例和风俗。不久后,只要一有机会,她就开始参与滑翔机的起飞、回收和维修工作。一个暖阳高照的日子,她终于得到了一个亲自试飞的机会。她小心地在充当滑翔机座椅的木板中间坐好,双手放在操纵杆上,抬起头。她那

---

1 如今的耶莱尼亚古拉,位于波兰西南的下西里西亚。

张"我很好,我不好"的脸上一面写着欣喜一面写着紧张。[1]接着她短促地点了下头,片刻后,两排穿着针织套头衫的年轻人用橡胶牵引索拖着她的滑翔机向山坡下俯冲,梅利塔的滑翔机随即腾空而起。她拉起操纵杆,放下牵引,从地勤小组头上一跃而起,冲上云霄,而这些年轻人则由于惯性纷纷栽倒在草坪上。滑翔机在空中翱翔,世界在她脚下变成了一条条轮廓线。她的每一个动作,小到身体重心的移动,大到对操纵杆的控制,整台机器都发出震动予以回应,她则一边体会着飞行的快感一边观察着这种震动。梅利塔被这种奇妙的感受深深迷住了。她事后坦陈,从最开始的一瞬间,"飞行这件事就对我施了咒,我难以抗拒……我被这种向往自由的感觉所主宰,自始至终"。[2]

阿道夫·希特勒首次登上驾驶舱的记录也是在1920年的春天。希特勒的飞行经历更加传奇,他当时所乘坐的是一架开放驾驶舱的双翼飞机,为的是从慕尼黑飞往柏林参加右翼民族主义者发动的卡普政变,正是这场政变推动了历史上魏玛共和国的倒台。飞机上的希特勒用护目镜勒住皮帽,整理好情绪和表情,握紧他的小旅行箱,把生命交给了他的驾驶员——"一战"德国空军王牌飞行员罗伯特·里特尔·冯·格莱姆。"在这个狭窄的开放驾驶舱里,他挤在储物桶和油桶之间,劲风吹打着他的脸,而他的全部思绪都在一个问题上,"记者奥托·迪特里希写道,"我们能不能按时抵达柏

---

1 Elisabeth zu Guttenberg, Sheridan Spearman, *Holding the Stirrup* (Duell, Sloan and Pearce/Little, Brown, 1953), p. 212.

2 Archive Reinhart Rudershausen, Melitta Schiller (von Stauffenberg), 'Vortag gehalten in Stockholm am 6.12.43: Eine Frau in der Flugerprobung' [A Woman in Test Flying], Stockholm lecture (06.12.43).

第一章　向往自由 1903～1932

林？"[1] 恶劣的天气使他们的速度减慢，视野之差、风雨之急让飞行员和乘客都受了罪。在那个没有导航的年代，格莱姆只能在于特博格中途着陆，根据迪特里希的描述，那架飞机在这个中转站被一群"发狂的马克思主义者"围了个水泄不通。他们终于到达柏林的时候，政变已告失败。据说希特勒为了避人耳目，还特意贴了个假胡子，假扮成一名会计离开机场。[2] 然而尽管有骇人的天气、晕机的不适和迟到柏林以及政变失败的事实，希特勒对这次飞行经历仍然感到非常激动。对于他而言，飞机不只是消遣运动和军事工具，更是一个政治机器，他就此下定决心要支持这一最先进的出行方式。

德国在20世纪初期迎来了"航空时代"。1900年，巨大的齐柏林飞艇首次打开德国大众的想象力，具象化了长久以来人们对于自由和权力的渴求。三年后——梅利塔出生（1903年1月9日）后不到一年，莱特兄弟在美国成功发明了具有划时代意义的发动机驱动的飞机。之后五年内，在德国掀起的"飞行热"一直热度不减。之后的十年中，这个国家一再在飞行高度、飞行距离、飞行速度和续航时间上创造世界纪录，而这一系列成功又激起了一波爱国潮。飞行已经成为国际公认的衡量现代化和活力的指标，德国的壮志雄心逐渐成了它的新标志。尽管成长在这样一个对飞行抱有高度热忱的时期，但正如梅利塔日后坦陈的那样，"将毕生奉献给飞行事业和因此做出的工作的决定，从最初就似乎是一个格外男性化的决定，

---

[1] Otto Dietrich, *Mit Hitler in die Macht: Persönliche Erlebnisse mit meinem Führer* [With Hitler to Power: Personal Experiences with My Leader] (F. Eher nachf, g.m.b.h., 1934), p. 83.

[2] Richard J. Evans, 'The Life and Death of a Capital', review of Thomas Friedrich's *Hitler's Berlin*, in *New Republic* (27.09.2012); http://www.newrepublic.com/book/review/abused-city-hitlers-berlin-thomas-friedrich.

无可否认的是，这并不是一个在年轻女孩中常见的决定"。[1]

梅利塔出生在一个叫克罗托申的小镇，历史上属于波兰王国，但在普鲁士王国时期，克罗托申属于波森省，靠近俄国边境。[2]这座小镇的历史从它的人口统计中也可见一斑。几乎三分之二的小镇人口都是波兰人，但梅利塔家属于有钱有势的日耳曼社区新教保守派。她的父亲米夏埃尔·席勒是一名土木工程师、建筑师，也是一名公务员，他的家族原本来自敖德萨，通过做皮毛牛煮在当地发家致富，深深地扎下了根基。他是一名骄傲的地方官，喜欢穿高领的衬衣和昂贵的双排扣大衣，精心打理过的小胡子在发蜡的作用下总是向上翘着。她的母亲，玛格丽特·埃伯斯坦因，可以说是一位大家闺秀，祖上是高贵的日耳曼家族，父亲来自比得哥什，如今是本地的督学。玛格丽特比丈夫小了快20岁，她那位毕业于布雷斯劳艺术学院的天才姐姐葛特鲁德·冯·库诺尔斯基曾给她画过一幅肖像，画中的玛格丽特身着婚纱，贴颈的珊瑚锁骨链和裙上的深红色牡丹纹样相映成趣，[3]她的美似乎是与生俱来的，又几乎是漫不经心的。玛格丽特的女儿们始终记得她高贵而冷静的形象，尽管她曾经历过两场世界大战。[4]

在克罗托申，这对夫妇逐渐培养出了一种极强的民族认同感，与

---

1 Archive Reinhart Rudershausen, Melitta Schiller (von Stauffenberg), 'Vortag gehalten in Stockholm am 6.12.43: Eine Frau in der Flugerprobung' [A Woman in Test Flying], Stockholm lecture (06.12.43).

2 如今的克罗托申位于波兰中部。

3 Archive Reinhart Rudershausen, Gertrud von Kunowski, portrait of Margarete Schiller née Eberstein (1906).

4 Archive Reinhart Rudershausen, Jutta Rudershausen, 'Frau über den Wolken: Ein Leben für Wissenschaft und Fliegen' [Woman Above the Clouds: A Life for Science and Flying] (unpublished manuscript, nd).

同时代全国各地愈演愈烈的爱国主义热潮遥相呼应。他们从骨子里认同德国中上层社会的价值观,并携手将一种融合了权利和社会责任感的价值观成功传递给了他们的五个孩子。玛丽·露易斯是最大的孩子,小名叫莉莉;老二是个男孩,叫奥托,也是家里唯一的男孩;梅利塔的爱称是利塔,她是家里的老三;最小的两个妹妹分别是尤塔和克拉拉。尽管五个孩子的校内正式教育已被严格管理,米夏埃尔还是喜欢亲自指导孩子们的校外学习,这一点其实在当时很不常见。他尤其喜欢和孩子们讨论音乐、哲学和科学,而科学尤其让梅利塔着迷。玛格丽特也会带孩子们去剧院和音乐会,鼓励他们在自家花园的老马车里自己表演,还鼓励他们游泳、打网球、和社会同阶层的孩子们一起学跳舞。他们的姨妈葛特鲁德也会给他们支起画板,让他们画画,或者做可爱的泥雕小动物和精致的手工剪纸。所有的孩子都被教育要重视纪律职责,要有崇高的目标并为之奋斗,同时也要有积极独立的生活态度。孩子们一有机会就会躲开大人们的监督,躲进家里已经报废的第一辆车的空壳里玩耍,在草地尽头那片蔓生植物和矢车菊中度日,后来他们年纪大一些了,也会徒步穿过森林,去林中的湖里游泳,在树下扎营,一直等到月亮星星都升起来。

  1914年,第一次世界大战爆发的时候,梅利塔11岁。"在一个人的年少时光里,总能找到塑造其人生的起源和秘密,而我的年少时光,则与德国的深重苦难紧密相连。"她日后这样写道。[1]那年,她父亲已经53岁了,无法再上战场,但作为一名可以说一口流利俄语的预备军官,他被派到一个战俘营做监察员兼翻译。为表彰他在战时做出的贡献,

---

[1] Archive Reinhart Rudershausen, Melitta Schiller (von Stauffenberg), 'Vortag gehalten in Stockholm am 6.12.43: Eine Frau in der Flugerprobung' [A Woman in Test Flying], Stockholm lecture (06.12.43).

他被授予二级铁十字勋章。玛格丽特和他们的大女儿莉莉则志愿成为战地护士。"这是女人们最崇高也是最重要的任务。"梅利塔曾如此描述母亲和姐姐的工作。[1] 她当时年纪太小,无法加入她们,于是选择收养并照顾小动物。她并非天生做护士的料,但在她最喜欢的老鼠死掉后,她把它做成了一个标本,并留在了自己的卧室里。

当前线的战火烧到离克罗托申不到60千米的时候,这座小镇里已经伤员满营,梅利塔、尤塔和克拉拉因此被送去希尔施贝格,和她们的外婆住在一起,那时外公已经去世了。那年梅利塔12岁,这次被迫撤离对她来说最大的好处是她可以和她的舅舅恩斯特·埃伯斯坦因一起玩了。外甥和外甥女们都很喜欢恩斯特舅舅,因为他会讲笑话,为人也随和,不讲那么多规矩,他在家里最出名的事迹是他是首批参军加入德意志帝国空军的战斗机飞行员之一。他在一个侦察小队里做观测手,在多架军用双翼飞机上负责拍摄航空照片,还要兼顾操作架好的机关枪。1914年8月,他所在的小队参与了一场与俄国对手较量的战斗并大获全胜,他在战斗中的优异表现为他赢得了一个新称号:"坦能堡英雄",也是这场胜利让他获得了一级铁十字勋章。家族照片上的他在休假期间还穿着制服,坐在一棵树下,旁边围坐着一圈孩子,津津有味地听关于他在空中格斗时的勇气、战术和荣誉的传奇故事,并对此深信不疑。

随着战争的推进,特种空军部队被分成战斗机和轰炸机中队。此时的飞行员形象集合了所有的勇气和荣耀,成了现代男子的缩影。每每听到王牌飞行员"红男爵"曼弗雷德·冯·里希特霍芬、恩斯

---

1 Archive Reinhart Rudershausen, Melitta Schiller (von Stauffenberg), 'Vortag gehalten in Stockholm am 6.12.43: Eine Frau in der Flugerprobung' [A Woman in Test Flying], Stockholm lecture (06.12.43).

特·乌德特、赫尔曼·戈林等名人的故事，梅利塔都会骄傲地想到自己的舅舅。也曾参与作战的德国哲学家恩斯特·荣格尔后来指出，工业化大规模战争将大部分士兵的角色削弱成了被动的，甚至有点可怜的受害者形象，而相比之下，飞行员"这种穿着工装裤的理想类型，皮帽下一张仿佛石头凿成的脸"，是一种"居高临下的新兵种……无所畏惧，顶天立地……一个制造机器并依赖于机器的新种族"。[1] 正是这种英雄般的理想激励着梅利塔，让她发展了对飞行的热爱，这种热爱与她战时的爱国主义情怀、荣誉感和责任感，以及她对科学和肾上腺素升高所带来的刺激感的追求紧密结合在一起。

1914年11月，波森地区的局势渐渐好转，不再如以往一般动荡，席勒家最小的三个女孩子回到了家乡，句句不离舅舅的英勇冒险经历。她们的母亲则没那么浪漫，她关心的是如何在英国海军的封锁和镇上还有第一批安置难民的情况下搞到食物和燃料。玛格丽特遣散了她的用人们，开始自己在花园里种菜、养兔子，还养了一头山羊。因为没有燃料取暖，房子里也和外面一样寒冷，而且在接下来的几个冬天里孩子们经常挨饿。学校不上课的时候，梅利塔就自己在家自学，躲在好几层大衣和毛毯下学数学和拉丁文，她在这个冰冷的物质世界里几乎把自己裹成一颗蚕茧以度日，而在她的精神世界里，她一直在自由地奔跑。天气好的时候，她会带着书爬上花园里的大树或者跑到屋顶上研究天文学。如果有人打扰她，她就会变得很暴躁，但她有时候还是会让妹妹们和她一起绘制星座图。有一次，梅利塔和克拉拉带着一罐水爬上了一个棚子顶，趴在上面做实验验证滴液形成的理论。物理成了梅利塔长久以来的爱好。

---

1 Peter Fritzsche, *A Nation of Fliers: German Aviation and the Popular Imagination* (Harvard University Press, 1992), p. 63.

"现在我对飞行和火箭动力的研究特别感兴趣，"十几岁时的梅利塔对她的朋友莉斯莱特说，"我爸爸说，女孩到了18岁就会失去对科学的兴趣，所以我必须要在那之前学到更多！"[1]

1916年，同盟国[2]承诺重建历史上的波兰。这个建议将涉及国界的重新划分，其中就包括了梅利塔的家乡。最好的情况是，席勒家可以把这次事件当作一个"慷慨的指示"，为他们与俄国之间再多建立一个缓冲带，但他们更担心这次事件会刺激到波兰人民的民族主义情绪。梅利塔和她的姐妹们已经都感觉到了当地波兰孩子中"得意扬扬"的情绪，他们经常唱着他们不需要"你们的威廉[3]"，大人们也高举着镰刀和干草叉在镇上游行示威，大喊着"日耳曼统治者滚出去"。[4]两年后，美国总统伍德罗·威尔逊又再次重申对波兰的承诺。"我们都知道波森是属于波兰的。"莉莉在自己的日记中愤愤不平地写道。她认为，这实在是一种"侮辱"，也是那些在柏林潇洒的"坏蛋和卖国贼"对祖国的背叛。[5]毫无疑问，她并不是家里唯一一个这样想的人。波兰军队很快在停战日后抵达克罗托申，镇上和军队驻地里到处都是红白色的波兰国旗。当这座镇上大多数波兰居民都在大肆庆祝

---

[1] Archive Reinhart Rudershausen, Lieselotte Hansen, 'Memories of Lieselotte Hansen, née Lachman' (unpublished manuscript, nd).

[2] 此处为第一次世界大战期间的同盟国，包括德意志帝国、奥匈帝国、保加利亚王国和奥斯曼帝国。——译者注

[3] 指德皇威廉二世，德意志帝国末代皇帝和普鲁士王国末代国王，第一次世界大战的主要策划者。——译者注

[4] Archive Reinhart Rudershausen, Jutta Rudershausen, 'Frau über den Wolken: Ein Leben für Wissenschaft und Fliegen' [Woman Above the Clouds: A Life for Science and Flying] (unpublished manuscript, nd), p. 26.

[5] Marie-Luise Schiller, diary 1918, quoted in Thomas Medicus, *Melitta von Stauffenberg: Ein Deutsches Leben* [A German Life] (Rowohlt, 2012), p. 35.

的时候，和席勒家一样的日耳曼人则感觉这更像是一场入侵。

尽管和平已经降临，梅利塔1919年初的那个16岁生日仍然过得很伤心。她的哥哥奥托被召入日耳曼和平时期志愿军并被派往边界驻守。他私下里仍希望可以帮助帝国重新夺回疆土。米夏埃尔·席勒在德意志帝国战败后刚一回家就被波兰志愿军抓了做人质，并被押往他战时做翻译的那个战俘营关了起来。"你以为战争已经结束了，"莉莉当晚写道，"但其实更糟的事情开始了。"[1] 米夏埃尔十天后获准回家，但小范围的冲突一直持续不断，一直到边境线被划定并被写进《凡尔赛条约》。克罗托申和它周围的高山、森林像数百年前那样成为波兰的领土，而席勒一家却一下从社会精英阶层跌落，成为不受欢迎的少数派。

梅利塔所在的用德语教学的学校首当其冲，她成了波兰公民重组运动中的首批受害者。1919年10月，她和莉斯莱特出发去希尔施贝格上寄宿学校，如今这个小镇已经属于边境另一头的国家，她们的口袋里装着崭新的护照，背包里悄悄藏着非法的"饥饿的德国"专属的口粮包。[2] 也许梅利塔在这一漫长而充满不确定性的旅途中也非常忐忑不安，但她掩饰得非常好。莉斯莱特记得梅利塔站在秋风簌簌的站台上，看起来"一丝不苟，又充满纪律性"，她的水手裙藏在厚厚的海军大衣下，大衣领子向上立起，系带的长筒靴几乎碰到裙边，她长长的深色头发编成了辫子，系着黑丝带。[3] 这种看上去小心谨慎行动起来却大胆甚至莽撞的个性也成了梅利塔一生的做派。

1　Marie-Luise Schiller, diary 1918, quoted in Thomas Medicus, *Melitta von Stauffenberg: Ein Deutsches Leben* [A German Life] (Rowohlt, 2012), p. 36.

2　Archive Reinhart Rudershausen, Lieselotte Hansen, 'Memories of Lieselotte Hansen, née Lachman' (unpublished manuscript, nd).

3　Ibid.

相比在新学校里和新朋友玩，梅利塔更喜欢学习。有段时间莉斯莱特无论何时来看梅利塔，都会看到她身上带着两卷物理课本，再后来，她干脆在她寄宿的房子里没有供暖的阁楼上鼓捣出来了一盏电灯，好方便她彻夜学习而不被打扰。当物理无法再满足梅利塔的好奇心时，她又开始学哲学。[1]有一天，莉斯莱特发现她"全身心投入在叔本华的世界里"。"如果没可能幸福地生活，"梅利塔认真地对她还一脸茫然的朋友说道，"那么唯一的出路就是把生活活成英雄史诗。"[2]

起初，梅利塔的"英雄史诗"只是做更多运动。希尔施贝格被称为冬季运动胜地巨人山[3]的门户，冬天的每个周日她都在滑雪板上度过。两年后，她便可以和当地人一决高下了。"啊，这些可爱的男孩子！"她大笑着说，而陪她滑雪的年轻男子则一直在抱怨她的莽撞。"他们一直觉得女孩干什么都危险。"[4]她总是会把男人们说的话当耳旁风，其中包括一个暗恋她的老师，对于他们所说的，她都会用同样简洁精练的话反驳回去。巨人山面朝西里西亚的北坡是整个山脉融雪最晚的地方，当山谷里已经开满鲜花时，这里仍然有着厚厚的积雪。有时候，梅利塔的朋友们已经在山下打起网球了，而她还在山上坚持滑雪。

宁静的夏日里，巨人山是徒步、爬山、游泳的好去处，有时候借着月光就能看到森林静谧的侧影，甚至还能看到黑暗的湖面上舒

---

[1] Archive Reinhart Rudershausen, Lieselotte Hansen, 'Memories of Lieselotte Hansen, née Lachman' (unpublished manuscript, nd).

[2] Ibid.

[3] 梅利塔当时称其为巨人山（德语为Riesengebirge），它横贯现在波兰西南到捷克北部，被称为Krkonoše，即克尔科诺谢，意为巨人山脉。

[4] Archive Reinhart Rudershausen, Lieselotte Hansen, 'Memories of Lieselotte Hansen, née Lachman' (unpublished manuscript, nd).

展身体的鹭。只要起一个大早，走一天就可以走到毛尔的鲍伯尔水库。从前的农场和农田已经变成一片废墟，战后立起来的大坝让这里成了一片汪洋，再不见天日。梅利塔的紧腰宽裙里穿着泳衣，随时准备一到水边就扎进清凉的水底。"从那个大坝上往下跳简直就是不想活了。"莉斯莱特直白地写道。但在一个6月，水位还很高的时候，梅利塔跳下去了。这场壮观的跳水很快就在附近一传十、十传百地传开了。就像她对滑雪一样，"要知道你的极限在哪里，也要知道你要做的事情难在哪里，"梅利塔对莉斯莱特坦陈道，"如果你能做到这样知己知彼，那所有的危险就会降级为偶然事件。如果我们害怕所有的偶然事件，那车也不要坐了，马也不要骑了，所有的运动也都不能做了。"[1]

　　梅利塔在学校的最后一年，运动爱好者们开始在希尔施贝格山谷里玩滑翔。在1919年屈辱的《凡尔赛条约》签订之后，德国被迫解散了空军并销毁了所有的军用飞机：机身被锯断，引擎被砸烂，连所有以发动机驱动的飞机的生产制造也都被全面禁止了。滑翔成了浴火重生的凤凰，它不仅成了一项大众喜爱的全民运动，更代表着国家不屈不挠的精神和重生的希望。飞行表演全国风行，成千上万的观众总是会定期聚集在一起观看德国的滑翔机在空中翱翔的姿态，它们傲视着生灵涂炭的祖国，为所有人带来了自由解放之感，也为所有人注入了新的民族自豪感。

　　因为希尔施贝格天然适合滑翔，老兵们开始尝试在这里针对本地对飞行感兴趣的男孩们开设滑翔课程。女孩们则被统统拒之门外，但梅利塔还是常常会在场地边和看热闹的人一起看他们上课，尽管

---

[1] Archive Reinhart Rudershausen, Lieselotte Hansen, 'Memories of Lieselotte Hansen, née Lachman' (unpublished manuscript, nd).

从她的寄宿学校走过来路程并不近。起初看热闹的大部分都是男人，有时候他们还会帮忙用拉车的大马或者偶尔出现的公牛把滑翔机从坡底拉上来。后来，慢慢地有老老少少全家出来看热闹的了，也有成班成班的学生排着队来看他们上课了，其中也有一些穿着白色长裙和黑色长棉袜的女学生。梅利塔是少数不仅要看还要挽起袖子加入他们的女孩子之一，也是那段历史资料中唯一真正坐上了滑翔机的女孩子。她总是喜欢探索全部的可能性，不管是滑雪和跳水所带来的身体上的刺激，还是非专业科学探索所带来的脑力上的愉悦。所有对这一切的热爱在飞行中都集中在了小小的驾驶舱里。从肾上腺素狂飙的起飞到降落，梅利塔中规中矩的第一次滑翔体验进一步刺激了她对于飞行方方面面的痴迷。尽管她对自己的成就也备感自豪，但她骨子里就不是一个爱炫耀的人。然而据莉斯莱特介绍，有关希尔施贝格山谷开飞机的女孩的新闻很快变得"相当轰动"。[1]

1922年复活节，梅利塔以优异的成绩完成了毕业考试。为了庆祝毕业，她和几个同学决定再最后去山里滑一次雪，结果第二天的八卦头条又是关于梅利塔的。据说她游泳横渡了靠近山顶的一处湖泊，而当时大部分的湖面还冻得结结实实。但当莉斯莱特去祝贺她时，梅利塔已经准备迎接下一场挑战了：她拿到了慕尼黑工业大学的录取通知书。"它就在前方了，你的自由。"莉斯莱特不无羡慕地叹了口气。但梅利塔不这么看。"你错了，"她说，"自由在这里。我们在这里可以随心所欲地做我们想做的，有人操心我们，有人照

---

[1] Archive Reinhart Rudershausen, Lieselotte Hansen, 'Memories of Lieselotte Hansen, née Lachman' (unpublished manuscript, nd).

顾我们……现在我们要自己对自己负责了。"[1]梅利塔终其一生都在追求自由,但她却再也没能重新找回童年时无拘无束的快乐。

慕尼黑吸引梅利塔的其中一点是因为它是德国的文化中心,但当她抵达的时候,大多数艺术家正纷纷逃离这座正在快速成为德国极右势力中心的城市。[2]随着希特勒逐渐受到拥护,梅利塔所住的施瓦宾区的墙上到处都贴上了亮红色的民族社会主义德意志工人党海报。当地的报纸以及越来越多的全国性报纸都开始大篇幅报道这座城市啤酒馆里的纳粹党会议和大街小巷的党员集会。梅利塔那时候也许已经能认出未来的元首了,那时候的希特勒戴着一顶软毡帽,穿着一件系白腰带的雨衣,还会故意拿着一根鞭子,他后来放弃了这个装腔作势的动作。梅利塔甚至可能听过他的演讲,并且像很多人一样,认为他太过极端,无法获得长期的支持。

梅利塔在大学注册证上的照片中还是一个满脸稚气的年轻女子,长发梳得高高的垂在脑后,身穿一件带刺绣图案的白色田园风衬衫,[3]给人的总体印象还是老派又朴实,但她的目光很坚定。从小在乡村小镇长大又历经战争和大萧条的梅利塔一直穿着朴素,要么穿着柔软的长袖细褶衬衫,袖口的扣子一直扣到手腕处,要么就穿束腰宽裙或者水手裙。重要节日的时候,朋友们记得她也会打扮得"很美",爱穿"一身亮蓝色的亚麻衣服",有时候领口还会戴一些

---

1 Archive Reinhart Rudershausen, Lieselotte Hansen, 'Memories of Lieselotte Hansen, née Lachman' (unpublished manuscript, nd).

2 梅利塔1924年在慕尼黑让人给她画了画像,作者叫厄尔克·亚伯尔(Elk Eber),画的是一幅侧脸的素描——这是她最喜欢的姿势,她还把头发扎在紫色波希米亚帽里。亚伯尔后来成为纳粹媒体的绘图员,其战时的绘画作品被希特勒收藏。

3 Technical University Munich archive, Melitta Schiller entrance records (1922).

黄花九轮草装饰。[1]搬到时尚之都慕尼黑后,她决定彻底改头换面。也许那一刻,梅利塔决定剪掉她那头深色长发只是为了免去长发的困扰,也可能是为了获得自由解放的感觉,总之她决定留一个最时尚的鲍勃式短发,并抹上头油让其服服帖帖地贴在耳朵上,这一决定吓到了她的父母,也标志着一场不可逆的转变:她长大成人并开始追求独立自由了。[2]"德国的年轻人不再感到被束缚,被传统和惯例束缚。"她愉快地写道。[3]作为一个天然的"新女性",她自信、健美而又野心勃勃,她很快学会了抽烟,也学会了骑摩托车,这项运动也让她飞驰在城市街巷的时候体会到肾上腺素升高的快感。但是不管是留鲍勃式短发还是骑摩托车,都比不上她作为一名女性在著名的慕尼黑工业大学学工程来得更为激进。

由于身边都是男同学,梅利塔不久就遇到了初恋。沃尔夫冈·施洛泰尔赫尔"一战"时曾随德意志帝国海军参战,此后在慕尼黑工业大学就读,比梅利塔早入学几年。两人很快就走得很近,经常一起去沃尔夫冈在慕尼黑郊区的家里过周末。1923年,他们在克罗托申一起度过了一个暑假,尽管沃尔夫冈没有戴礼帽,在进门时还因为失礼造成了一点不快,他还是很快赢得了梅利塔父母的喜爱。后来他向她的父母表达了自己想娶梅利塔的愿望。但不知是哪

---

[1] Archive Reinhart Rudershausen, Lieselotte Hansen, 'Memories of Lieselotte Hansen, née Lachman' (unpublished manuscript, nd).

[2] 梅利塔的新发型并不一定带有政治意味。此前希特勒的民族社会主义德意志工人党保守派党员曾准许留短发的女人参加党内集会,但据希特勒御用摄影师海因里希·霍夫曼说,希特勒"更喜欢鲍勃式短发"。参见海因里希·霍夫曼,《希特勒是我的朋友》(Frontline, 2011),142页。

[3] Archive Reinhart Rudershausen, Melitta Schiller (von Stauffenberg), 'Vortag gehalten in Stockholm am 6.12.43: Eine Frau in der Flugerprobung' [A Woman in Test Flying], Stockholm lecture (06.12.43).

些不为人知的原因,他们未能举行婚礼。梅利塔回到学校后,仿佛又有了新的使命。她开始上大纲之外的飞行动力学和空气动力学课程,期末考试的时候还会去参加辅修考试。

随着学业的重点越来越倾向于航空工程学,梅利塔越发坚定地想要考取飞行驾照。由于学校不允许女生操作发动机驱动的飞机,她只能想别的法子来获得飞行经验,用她的原话讲,"不放过哪怕一丁点机会"。[1] 1923年,她申请加入刚刚组建的"学院派飞行者小组",但因为缺少飞行经验被拒之门外。梅利塔原本对自己的情况很满意,但显然飞行者小组组委会并不满意。她没有气馁,并到处求人拿到了搭乘商用调机飞行的机会。后来她在施莱斯海姆参观恩斯特·乌德特的飞机时,见到了恩斯特舅舅的熟人乌德特,同时也成功地向这位当时还健在的"一战"最伟大王牌飞行员请求带自己参加他的特技飞行表演。自此之后,乌德特"经常带着她去参加他的那些超惊险的飞行特技表演",梅利塔的妹妹尤塔这样写道。[2] 同年,在伦山山脉最高峰瓦塞尔库帕山上立起了一座纪念碑,以纪念战斗中牺牲的德国飞行员,这里也是自1920年起每年举办滑翔大赛的比赛场地。已有超过三万人参加过这一赛事。梅利塔因此备受鼓舞,也申请了滑翔课程,但她既没有时间也没有钱去上课。

梅利塔的父亲米夏埃尔·席勒现在把所有的收入都花在了他的

---

1 Archive Reinhart Rudershausen, Melitta Schiller (von Stauffenberg), 'Vortag gehalten in Stockholm am 6.12.43: Eine Frau in der Flugerprobung' [A Woman in Test Flying], Stockholm lecture (06.12.43).

2 Archive Reinhart Rudershausen, Jutta Rudershausen, 'Frau über den Wolken: Ein Leben für Wissenschaft und Fliegen' [Woman Above the Clouds: A Life for Science and Flying] (unpublished manuscript, nd), p. 37.

风的女儿

两个小女儿尤塔和克拉拉的教育上。莉莉正在柏林参加培训，即将成为一名放射线技师，奥托在布雷斯劳学习农业。[1]梅利塔不多的大学补助金严格意义上讲还是来自波兰，她也申请了奖学金，还从哥哥奥托那里借过钱，但是她大学的花销大部分还是靠自己给同学补课挣的钱。她从没体验过真正揭不开锅的窘状，但出现自己力所不能及的情况还是让她再次感到备受打击。与此同时，她也无助地目睹政府在战争赔款、恶性通货膨胀、经济停滞和公众抗议的压力下宣布进入全国紧急状态。一天下午，她的母亲和妹妹们突然被逮捕并被指控入境德国参加一个亲戚的婚礼时夹带美元和一只宰好了的兔子。虽然她们后来被释放，美元还是被没收了，全家人都感到颜面扫地。"这太可怕了。"克拉拉后来回忆道。[2]

1923年秋天，希特勒和他的民族社会主义德意志工人党的部分党员在不少当地学生的支持下组织实施了慕尼黑啤酒馆暴动，意图推翻巴伐利亚政府和魏玛政权。虽然政变失败，希特勒被捕并被处以监禁，德国总理还是在不信任票的压力下很快被迫辞职。新的联合政权又存续了不到一年的时间。随着外国军队的撤出和条约实施后经济援助的就位，德国国内的情况慢慢好转，但反犹太主义、共产主义和民粹主义运动仍然愈演愈烈。梅利塔的父母这时已经搬到了但泽自由市[3]，住在奥利瓦小镇上的"一幢小粉房子"里，在这里米夏埃尔还可以继续提取他的退休金。[4]也是在这个被森林和波罗的海海岸包围的

---

1 现在的弗罗茨瓦夫，是波兰西部最大的城市。

2 Gerhard Bracke archive, Klara Schiller, Gerhard Bracke interview, 'Erinnerungen' (09.10.1982).

3 但泽自由市作为半自治市成立于1920年，1939年并入纳粹德国。如今是波兰的格但斯克市。

4 Archive Reinhart Rudershausen, Marie-Luise (Lili) Lübbert, 'Zweig Otto Eberstein' [Otto Eberstein family branch].

城市，梅利塔于1926年夏天写完了她的毕业论文，正式开始找工作。

10月，她在柏林安德尔斯霍夫空军基地参加了大名鼎鼎的德国航空研究所（简称DVL[1]）的面试，面试官是研究所空气动力部门的负责人。这个研究所在战争期间暂时关闭了一段时间，如今正致力于重塑德国在国际科技领域的领先地位，因此乐于录取最聪明的一批毕业生。梅利塔也被邀请观看研究所的一场试飞活动，她原本正忙着和别人讨论，突然她正观察记录的飞机头朝下从空中直直地扎了下来，在离她只有100米远的地方摔成了碎片，全部机组成员在如此大的冲击力下当场死亡。梅利塔也吓坏了，但恐惧并未能撼动她对飞行的向往和决心。转年，25岁的梅利塔拿到了毕业证，正式开始在德国航空研究所工作，作为随机工程师和数学家从事空气动力学实验研究。她起初的研究对象是螺旋桨，当时还被叫作"空中螺旋桨"[2]，研究重点是高海拔对声音和阻力的影响。

她在柏林安德尔斯霍夫所住的地方离工作地很近，总是能听到基地飞机的声音。然而她起先和同事们的关系却很疏远，毕竟对于在德国航空研究所工作的男人们来说，一个女人的存在实在是太新鲜了。她的上司经常开她的玩笑，也很少有同事肯定她应有的成绩。梅利塔感觉自己受到了侮辱，在同事口中，她是"难以取悦的、矜持的"，"外表上有距离感，很酷，甚至有点冷漠"。[3]她的社

1　德语全名为Deutsche Versuchsanstalt für Luftfahrt。
2　原文为propeller和airscrew，现均译为螺旋桨，但为区分两个英文单词故中文译文有变。——译者注
3　Archive Reinhart Rudershausen, Hermann Blenk, 'Erinnerungen an Melitta Schiller' [Memories of Melitta Schiller] (13.09.1974); and Archive Reinhart Rudershausen, Georg Wollé, 'Memories of a Colleague of Melitta Schiller in the Versuchsanstalt für Luftfahrt [Institute of Aviation] (DVL)' (11.02.1974).

交生活完全被她现在的男朋友垄断了，据她的妹妹尤塔讲，这个占有欲极强的丹麦学生亨德里克"会因为任何靠近她的东西吃醋"。[1] 亨德里克后来还下了最后通牒：是要选飞行还是选他。不过，"答案则是显而易见的。"尤塔说道。[2] 此后，梅利塔有了更充裕的时间投入研究工作中，慢慢地，她"非常谨慎而可靠"的做人做事态度赢得了大家的肯定，正如工程师保罗·冯·亨德尔所说："总有人请教她问题，问她意见，比她年长的同事也会这样做。"[3] 终于，梅利塔也放松了下来，她开始加入大家的日常聊天，有时候还会用她的办公桌或者椅子做道具给大家表演杂技。很快地，她和大家关系融洽了，并像一个功勋卓著的人一样。"不管在哪儿，不管面对谁，都会受到爱戴。"一个同事这样写道。她甚至也开始有关系很近的朋友了。[4]

工程师格奥尔格·沃利有一辆很棒的摩托车，他总是在午休的时候围着机场的混凝土围墙骑摩托车。有一次他偶然发现梅利塔也喜欢这辆车，便在此后不久让梅利塔坐进了摩托车的挎斗里，后来干脆直接让她自己骑。又过了一段时间，格奥尔格又开放了他那盏昂贵的日光灯的使用权给梅利塔，让她用这盏灯工作学习。格奥尔格十分欣赏梅利塔"迷人的性格和难以捉摸的小心思"，他很清楚梅利塔不习惯与人亲近，因此他们两人的友情让他在人前总是

---

1 Archive Reinhart Rudershausen, Jutta Rudershausen, 'Frau über den Wolken: Ein Leben für Wissenschaft und Fliegen' [Woman Above the Clouds: A Life for Science and Flying] (unpublished manuscript, nd), p. 33.

2 Ibid., p. 38.

3 Archive Reinhart Rudershausen, Paul von Handel, 'Erinnerungen an Litta' [Memories of Litta] (nd).

4 Ibid.

带着一点小骄傲。但他还是没办法对她直呼其名,或者用更亲近的"你"来称呼她,[1]"虽然有过很多很合适的机会"。[2]他在给梅利塔的信中写道,你的灵魂就像是"一片陡峭的海岸",希望以此来拉近和她的距离。[3]尽管很快他们就变得"非常亲密",但格奥尔格认为他们的友情更多的还只是"同志战友般的情谊",而不是"她可以放心把自己交给对方的那种朋友"。她的矜持,在他看来,只是"她不想受到太多关注的一种谦虚的态度"。[4]

梅利塔和骨瘦如柴却一脸严肃的保罗·冯·亨德尔有着一种不同的友谊,他们的关系缘起于他们对新的物理原理的偏好:相对论、量子工程、因果律问题、绝对和相对问题、自由意志和生物学的可能性。他们租住在同一个街区,经常相约一起读书,梅利塔"永远都会翻开一个笔记本放在手边",方便边说边计算他们的新理论。[5]对于保罗来说,梅利塔是"超越人类的存在"。[6]他觉得很难给她分类,她既不是一个典型的工程师,也不是一般的飞行员,而是在这两方面都比一般人有更大的兴趣。他们后来成了一生的密友。

还有一个梅利塔的同事,赫尔曼·布伦克,后来在"二战"期

---

1 德国人一般用"您"来称呼陌生人和关系一般的同事,德语为"Sie"。一般只会对亲密的人,如好友,用"你"来称呼,德语为"Du"。——译者注

2 Gerhard Bracke, *Melitta Gräfin Stauffenberg: Das Leben einer Fliegerin* [The Life of an Aviatrix] (Herbig Verlag, 2013), privately translated, p. 99.

3 Archive Reinhart Rudershausen, Georg Wollé, 'Memories of a Colleague of Melitta Schiller in the Versuchsanstalt für Luftfahrt [Institute of Aviation] (DVL)' (11.02.1974).

4 Gerhard Bracke, *Melitta Gräfin Stauffenberg: Das Leben einer Fliegerin* [The Life of an Aviatrix] (Herbig Verlag, 2013) ,privately translated, p. 99.

5 Archive Reinhart Rudershausen, Paul von Handel, 'Erinnerungen an Litta' [Memories of Litta] (nd).

6 Ibid.

间做了空气动力学研究所所长，他一直非常欣赏梅利塔对自己的兴趣爱好能有如此深的研究，也明白她身在空军基地却没机会飞上天的沮丧。梅利塔"不仅是想要知道这些知识"，布伦克很清楚，她更"想要把知识付诸实践……她最大的愿望就是能学会开飞机"。[1]格奥尔格告诉她，这样的想法非常不切实际。不仅是因为作为一个"非常敏感"的人，他感觉她会把事情搞得一团糟，还因为飞行是一件非常烧钱的事。格奥尔格非常清楚她挣得和他一样少。[2]他也完全不是一个会轻易低估她的人。

1929年7月，梅利塔在斯塔肯报名加入了飞行学校，学校的机场在柏林以西，也是著名的齐柏林飞艇一年前着陆的地方。从她住的公寓到学校要两个小时，但只要早些起床，然后集中注意力工作，她就能刚好完成她的工作而不耽误上课。她一直会抽空草草地给格奥尔格写明信片，告诉他自己的最新进展。有一天，梅利塔汇报说她首次进行了单飞。两个月之后，她拿到了轻型飞机的临时驾照，凭着"钢铁一般的意志"，她后来骄傲地说道，并在转年的春天拿到了全机型驾照。[3]

后来的几年中，梅利塔把她所有的业余时间和工资都花在了学开不同动力类型、不同起降种类的飞机上。她十分清楚"哪怕一个小错、一个瞬间的失误，哪怕一秒钟的走神"都会毁了她的工作和生活，但她也很明白她必须"在训练中比平均成绩高，也就是说要

---

1 Archive Reinhart Rudershausen, Hermann Blenk, 'Erinnerungen an Melitta Schiller' [Memories of Melitta Schiller] (13.09.1974).

2 Archive Reinhart Rudershausen, Georg Wollé, 'Memories of a Colleague of Melitta Schiller in the Versuchsanstalt für Luftfahrt [Institute of Aviation] (DVL)' (11.02.1974).

3 Melitta Schiller, CV (1943), quoted in Thomas Medicus, *Melitta von Stauffenberg: Ein Deutsches Leben* [A German Life] (Rowohlt, 2012), p. 78.

比一般的男飞行学员冒更大的风险，才能勉强通过"。[1]她因此"毫不介意任何类型的机会"，对此她也承认，"不管是最贵的飞机，还是未经测试的飞机、老飞机，也不管是怎样的天气类型"，[2]她都愿意试一试。有时候，她会参加演示飞行或者带人们做观光飞行来为她的飞行课程买单，另一方面，这也能为她积累飞行时长。格奥尔格会帮忙协调安排这些飞行活动，而梅利塔也都在给他的信里明确地表达了她的感激。"亲爱的经理"，她信中新的抬头如此写道。她坚定的意志和顽强的毅力让她受到越来越多人的敬佩，也有不少男同事羡慕她，但她的冒险行为却未必总是这样顺利结束。

12月的一个周末，梅利塔终于想法子摸到了一架"更快的、有敞开式座舱"的战斗机，她希望能开一下这架飞机，顺便为她的下一个驾照积累更多飞行时长。[3]于是在那个又冷又起大雾的早晨，她穿上毛领的飞行服，戴上手套和护目镜，从柏林飞往了科隆。一到目的地，她就决定沿着莱茵河一路贴着水面飞过去。等到她再想把飞机拉起来的时候，遭遇了狂飚大雪，雪之大、风之疾，连科隆大教堂都看不到了。大风越刮越烈，在两岸的峭壁间，她的飞机被卷进了"一个疯狂的旋涡中"。[4]冰雹和雪块不断地砸在风挡和她的护目镜上，她用毛手套擦护目镜，却留下了"一层薄薄的

1　Archive Reinhart Rudershausen, Jutta Rudershausen, 'Frau über den Wolken: Ein Leben für Wissenschaft und Fliegen' [Woman Above the Clouds: A Life for Science and Flying] (unpublished manuscript, nd), p. 44.

2　Archive Reinhart Rudershausen, Melitta Schiller (von Stauffenberg), 'Vortag gehalten in Stockholm am 6.12.43: Eine Frau in der Flugerprobung' [A Woman in Test Flying], Stockholm lecture (06.12.43).

3　Ibid.

4　Ibid.

几乎透明的冰",[1] 她只好摘掉了护目镜,"锋利的冰碴"接连扎在她的眼睛上。[2] 她扯掉了一只手套,挣扎着用冻僵的手指在风挡的积雪上融化出一小片区域,靠着这仅有的视野,她幸运地躲过了两岸之间架设的电线。

最终,她在莱茵河上转了个弯,风也渐渐弱了,积雨云太厚,压着她往西南方向飞。没有地图、视野有限的梅利塔一直飞到飞机油料几乎耗尽,才找到了一个小机场勉强把飞机停了下来。她对着地面上几个裹得严严实实的人影大喊了几句,却没有人回应,这时她才意识到自己不小心已经飞进了法国的领土——这确实是个壮举,但在当时两次世界大战之间,这样的"壮举"却可能导致她被捕,她借来的飞机也可能被没收。"我用命令的手势,"她后来在报告中写道,"让那些人远离我的飞机,接着我给足油门把飞机开走了。"[3] 她才飞离边境线,引擎就彻底熄火了,梅利塔只好在边境线的德国一侧找了一处耕地把飞机停了下来。她的飞机一着陆,"起落架就在松软的土地上越陷越深",然后不断向前倾,一直到起落架完全被掀翻。[4] 那个瞬间"整架飞机彻底翻了个仰面朝天,倒在地上"。[5] 梅利塔很幸运,没在飞机倾覆的过程中摔断脖子。她整个人此刻被锁死在驾驶舱里,夹在操纵杆和泥堆中间,她解不开自己

---

1 Archive Reinhart Rudershausen, Melitta Schiller (von Stauffenberg), 'Vortag gehalten in Stockholm am 6.12.43: Eine Frau in der Flugerprobung' [A Woman in Test Flying], Stockholm lecture (06.12.43).

2 Ibid.

3 Ibid.

4 Ibid.

5 Ibid.

的安全带，完全无法脱身。更尴尬的是，残存的机油流了她一身。[1] 当她终于听到人声时，竟发现是两个附近的农民在讨论是不是要把烟熄了。"这一点都不爽，"梅利塔写道，"完全无助地卡在一个老鼠洞里，身上都是机油，结果旁边还有点燃的香烟。"[2]

最终这两个农民找来了铲子把梅利塔挖了出来，看到是一个女人从飞机中爬出来，他们便问她飞行员的下落，尽管她几度解释，大家还是坚持认为飞行员逃跑了，这个说法很快在附近传开了。"这种飞行员绝对不会做的、如此不专业的行为在他们看来还是比一个女人开军用机靠谱。"梅利塔轻蔑地写道。[3]从泥坑里爬出来不是难事，还有一个更大的麻烦等着梅利塔解决。迫降本身无可厚非，那天风雨交加的天气让其他很多军机也迫降各地，但经停法国却是完全不能容忍的。梅利塔被禁飞了，这一决定让她几乎崩溃，她"固执又伤心地尝试反抗"，但她在外交部的朋友，甚至包括法国大使本人，都不能改变这个结果。最后还是恩斯特·乌德特出手帮她，才解除了禁飞令。

梅利塔很早就坦承她在德国航空研究所工作期间"彻底痴迷于飞行的魅力，不论是理论还是实践层面"。[4]她整日地分析气流控制，试验飞机动力、机翼形状和控制系统，研发测试多种螺旋桨类型和其他飞机设备。终于她开始自己参与试飞。飞行员们大多是年轻男子，他们都很喜欢梅利塔，据保罗介绍，"不仅因为她非常漂亮"，

---

1 Archive Reinhart Rudershausen, Melitta Schiller (von Stauffenberg), 'Vortag gehalten in Stockholm am 6.12.43: Eine Frau in der Flugerprobung' [A Woman in Test Flying], Stockholm lecture (06.12.43).

2 Ibid.

3 Ibid.

4 Ibid.

更因为大家都很钦佩她的勇气和对飞行的热爱。她的勇气不是飞行爱好者的匹夫之勇，保罗赏识的是，她的勇气是"基于了解所有风险之后的知难而上……是真正的勇敢"。[1]

梅利塔不仅在工作时全身心投入飞行之中，连下班后的大部分时间也都奉献给了飞行，在不同机场间通勤、参加有关飞行的活动和培训课程是她工作之外的常态。偶尔她也会做做其他运动或者给同事做半身泥塑来放松自己，除此之外基本上就没有更多爱好了，也很少回家。但到了20世纪30年代初期，连不问世事的梅利塔都无法再无视飞行工作之外的世界。

一直到1928年，人们都还认为德国的经济在渐渐复苏。转年，华尔街的黑色星期四很快波及德国，工业发展渐渐停滞，上百万人因此失业，全国再次陷入一片混乱。对于很多德国人来说，当祖国再次受辱，当国人再次面临失业，当食物、燃料和生活物资再次紧缺，希特勒此时越来越像一位有活力的新领导人：他不仅能重振祖国的民族自尊心，更可以让国人重新抬头挺胸做人。梅利塔一直很聪明，也天生有质疑精神。工作上，布伦克记得她"随时可以加入各个方面"的政治经济话题进行讨论，在他看来，"她对于呼声越来越高的民族社会主义一直持冷静的态度"。[2]梅利塔从不过多关注纳粹党的讨论，她更喜欢用飞行转移注意力。一旦腾云跨风，地上的怨声载道也好，争权攘利也好，总算变得微不足道了。

1930年，梅利塔首次参加有组织的飞行活动，那一年她27岁。

---

1 Archive Reinhart Rudershausen, Paul von Handel, 'Erinnerungen an Litta' [Memories of Litta] (nd).

2 Gerhard Bracke, *Melitta Gräfin Stauffenberg: Das Leben einer Fliegerin* [The Life of an Aviatrix] (Herbig Verlag, 2013), privately translated , p. 26.

女飞行员在那个年代人数极少，但这样的好处是，她们能在类似的活动中频繁相见，最终形成一个有强大向心力的社团。比梅利塔小几岁的埃莉·拜因霍恩和马尔加·冯·厄尔兹朵夫都同样具有飞行天分，也都是富贵人家的孩子，她们二十出头的时候就学过私人飞行课程了，尽管埃莉去上课并没有得到父母的支持。埃莉并不像梅利塔一样对科学和研究充满激情，所以当她的钱花完了，她便像战时王牌恩斯特·乌德特、罗伯特·里特尔·冯·格莱姆那样周末做飞行特技表演挣钱。[1] 受到女飞行员埃尔哈特和约翰逊的激励，埃莉对长途飞行有着极大的热情，20世纪30年代初，她开启了一系列高调的远征行动，驾驶飞机飞往当时的葡萄牙属几内亚、波斯[2]、印度尼西亚和澳大利亚。在德国媒体看来，类似这样的飞行可以调动全国人民团结奋进的精神，有时也被看作德国对于领土扩张和科学探索的潜在野心。

马尔加·冯·厄尔兹朵夫是一名普鲁士上尉的女儿，父母双亡使她成了孤儿，她也是在"一战"后第二位拿到飞行驾照的女性。1930年，她买了自己的飞机，是一架全金属的容克"少年"[3]，她把它喷涂成了亮黄色，并驾驶着它参加了同年5月举办的首届德国女性飞行特技表演冠军赛。她和梅利塔日后成了至交好友。周末，她们和格奥尔格·沃利一起开车去柏林东南边的湖区游泳。马尔加和梅利塔一样"留着鲍勃式短发"，格奥尔格注意到，"她也一样拥有男性化的待人

---

1 Elly Beinhorn, *Premiere am Himmel, meine berühmten Fliegerkameraden* [First in the Sky: My Famous Aviator Comrades] (Malik National Geographic, Munich, 1991), p. 250.
2 如今的几内亚比绍和伊朗。
3 即容克A-50全金属双座下单翼飞机，是一种体育运动教练机。——译者注

风的女儿

接物方式"。[1]仿佛她们并不是在以女飞行员的身份驾驭飞行，而是成了一种现代的新人类，定义她们的不是性别，而是她们的飞行能力。就像埃莉一样，马尔加也越来越喜欢长距离飞行，她飞去过土耳其、西班牙、摩洛哥和西西里。一个周末，当朋友们在马尔加家乡的庄园里度假时，她向大家透露了自己想要完成首次从德国飞往日本的独航计划。转年，格奥尔格帮马尔加检查了她那架小容克飞机的设备，然后她便从柏林出发了，没有敲锣打鼓、鞭炮齐鸣的欢送仪式。12天后，马尔加成功落地东京，一举成名。但马尔加的飞机在返程时报废了，尽管她幸运地活了下来，最后却只能灰溜溜地坐民航回家。

梅利塔对于朋友们的壮举感到非常骄傲，也对自己的成就很自豪，但她从来没有想要成名，也不想承受获得公众知名度后随之而来的压力。[2]偶尔有柏林的周刊画报会在宴会或其他社会活动上给她和其他女飞行员画像。对于飞行和摩托骑行，她从来不怕也毫不犹豫，但对于上报纸杂志这种事，据她自己讲，完全不是一件"符合我关于女性尊严看法"的事。[3]

和梅利塔关系最好的还是她的男性朋友。1931年4月，保罗·冯·亨德尔邀请她在他的婚礼上做伴娘，他在柏林迎娶了伊丽莎白·于克斯屈尔-格林班德女伯爵，梅利塔还受邀在他们的婚礼上进行了飞行表演。新娘的表兄弟中有一个身材魁梧的年轻人，高颧骨，棕眼睛，有一头浓密的深色头发，对诗歌和历史非常感兴

---

1 Archive Reinhart Rudershausen, Georg Wollé, 'Memories of a Colleague of Melitta Schiller in the Versuchsanstalt für Luftfahrt [Institute of Aviation] (DVL)' (11.02.1974).

2 Gerhard Bracke archive, *Berliner Illustrierte Zeitung*, jg. 38, No. 42 (20.10.1929).

3 Archive Reinhart Rudershausen, Melitta Schiller (von Stauffenberg), 'Vortag gehalten in Stockholm am 6.12.43: Eine Frau in der Flugerprobung' [A Woman in Test Flying], Stockholm lecture (06.12.43).

趣。他的名字叫亚历山大·冯·施陶芬贝格。据保罗讲,亚历山大"天资聪颖",而且在"艺术和诗歌方面颇具天赋,是个思想家也是梦想家,不是一个行动派"。讨巧地说,梅利塔也同样"爱思考爱做梦,同时也充满激情和事业心"。[1]婚礼照片上,梅利塔和亚历山大站在人群的两端,梅利塔第一次穿了一条拖地长裙,头上戴着小花环。"她的笑带着一种迷人的天真……"她的妹妹尤塔回忆道,"整个人的气质可以说很高贵。"[2]也许是看到梅利塔倾心于贵族出身的亚历山大,尤塔才故意这样说,想让他们看起来更平等。[3]据朋友们描述,亚历山大总能"给人一种举足轻重的感觉"。实际上,作为一名大学毕业的工程师,梅利塔在上流社交圈子里也已经非常出众了,而她的飞行员身份更能引起轰动。由于身高很高,亚历山大有一个贴心的习惯,倾向于把头向前伸,仿佛他听得很用心,也对讲话者表示尊重。梅利塔因此对他印象很好。她本人也非常有魅力,举手投足间带着"无与伦比的王者风范",她和人交流时非常注重倾听他人的讲话内容,而讲到自己的时候却永远"格外谦逊"。[4]梅利塔和亚历山大都躲着婚礼现场吞云吐雾的宾客们,慢

---

1 Archive Reinhart Rudershausen, Paul von Handel, 'Erinnerungen an Litta' [Memories of Litta] (nd).

2 Archive Reinhart Rudershausen, Jutta Rudershausen, 'Frau über den Wolken: Ein Leben für Wissenschaft und Fliegen' [Woman Above the Clouds: A Life for Science and Flying] (unpublished manuscript, nd), p. 52.

3 Karl Christ, *Der Andere Stauffenberg: Der Historiker und Dichter Alexander von Stauffenberg* [The Other Stauffenberg: Historian and Poet Alexander von Stauffenberg] (C. H. Beck, 2008), p. 9.

4 Gerhard Bracke archive, Philippa Countess von Thun-Hohenstein (née von Bredow), filmed interview, 'Memories of Melitta: personal impressions of Countess von Stauffenberg' (07.07.2000).

慢地，他们发现了他们关于奋进、关于文化、关于祖国的相同的热爱，也彼此欣赏对方的所有观点——从古代史到现代空气动力学。

梅利塔很快熟识了施陶芬贝格家三兄弟：聪颖的亚历山大，他的双胞胎弟弟贝特霍尔德，还有小弟弟克劳斯。他们属于德国最高贵的家族之一，这三个男孩子从小养尊处优，家里在斯图加特有一套带有角塔的别墅，还在斯图加特郊区劳特林根有一座壮观的城堡。[1] 他们从小受家庭教师教育，在当时的顶级文化名人的启发下，他们都致力于成为社会精英，继承王室、贵族、教会和军队的贵族传统。他们小的时候就有机会加入著名诗人斯特凡·格奥尔格的社交圈子，格奥尔格是他们的首个精神领袖，他对男性英雄主义、忠诚和自我牺牲的推崇影响了兄弟三人，他提出秘密精英阶层概念，并指出他们的崇高精神应成为全国的主流，这一点让三个男孩最受鼓舞。

施陶芬贝格家的三个男孩都非常优秀，也都壮志满怀，但格奥尔格对贝特霍尔德和克劳斯的偏爱打破了三个男孩间的平衡。亚历山大觉得贝特霍尔德是三兄弟中最优秀的，也忍不住思忖自己这个双胞胎弟弟和小弟弟的关系是否比和自己更近。他一直相信自己的弟弟比他更聪明，也更有英雄气概，但他在满怀欣慰地仰慕他们的同时从来没放弃过坚持走自己的路。很快地，他为自己发现了一位新的导师——历史学家威尔海姆·韦伯。韦伯邀请亚历山大参加自己环意大利古城的演讲之旅，这让这个施陶芬贝格家的男孩备感兴奋。在韦伯和荷马的启发下，亚历山大在柏林大学成为一名古代史讲师，自此开始了自

---

[1] 男孩们的父亲阿尔弗雷德·申克·格拉夫·施陶芬贝格，是符腾堡国王威廉二世的最后一任宫务大臣。他们的母亲卡罗琳·冯·于克斯屈尔－格林班德女伯爵，是符腾堡夏洛特女王的女傧相。

己的学者生涯。贝特霍尔德后来成了一名法学教授，在国际联盟开设在海牙的常设国际法庭工作。克劳斯则加入了著名的德国陆军班贝格骑兵团，身着戎装参加了保罗的婚礼。

接下来的几年里，梅利塔经常和亚历山大、贝特霍尔德和克劳斯一起过周末。她很快给亚历山大起了外号，称他为她的"小鹬鸟"，这种小小的涉水鸟一受到惊吓就会飞成之字形，求偶的时候还会发出类似小羊或者小牛的叫声并夹杂着一种拍打的声音。这个词作为昵称来讲非常亲密也洋溢着爱慕之意。梅利塔的名字本意即为蜜蜂或甜蜜，也许在亚历山大看来已经很亲密了。有时候这对情侣会在施陶芬贝格和于克斯屈尔家的乡下大房子里度假，梅利塔很快便和大家熟络起来，感觉像在家一样自在，他们有时徒步去猎人小屋打猎或者放猎狗抓兔子，有时穿着晚礼服、吸着雪茄讨论当天的新闻轶事。[1]

1932年，对于大多数人来说，德国已经全面崩溃。600万人失业，人们积怨已深，经常发生希特勒纳粹党支持者和共产主义激进分子的街头冲突。1932年年底，选举出来的德国总统保罗·冯·兴登堡又开始商讨组建新政府的问题，这一次是和希特勒。对于施陶芬贝格和席勒家的老一辈人来说，他们并不关心街头政治博弈中那些肮脏的细节，他们更感兴趣的是"文化浪潮"。"那些蜂拥支持'棕营'和'红营'的人被认为是当时社会令人厌恶的产物。"梅利塔的妹妹尤塔后来写道。[2]正如很多右翼知识分子

---

[1] Archive Reinhart Rudershausen, Paul von Handel, 'Erinnerungen an Litta' [Memories of Litta] (nd).

[2] Archive Reinhart Rudershausen, Jutta Rudershausen, 'Frau über den Wolken: Ein Leben für Wissenschaft und Fliegen' [Woman Above the Clouds: A Life for Science and Flying] (unpublished manuscript, nd), p. 53.

那样，他们认为纳粹党的做法也许不完全令人满意，但他们的口径确实能够回应人们心中对于民主主义深切的呼唤，况且所有的新政权不是都要面临创业的艰辛吗？此时，对于梅利塔、亚历山大，以及他们那些有钱有势的朋友来说，他们关心的是他们的事业发展、他们的周末聚会，还有他们个人的生活，那段时间当真如保罗所说，是他们"最好的时光"。[1]

梅利塔这时已经基本上把所有电传控制飞机的驾照都考遍了，也有资格参与飞行特技表演和飞行无线电操作。那一年她代表德国航空研究所职工飞行俱乐部赢得了德国可靠性飞行竞赛的冠军。而后她又回归了滑翔这种最纯粹的飞行形式。她那时的教练是彼得·雷德尔，他是达姆施塔特滑翔研究所的所长，1933年凭借全国滑翔冠军和兴登堡奖杯一举成名。

彼得和梅利塔差不多大，因此对他的这位女学生总抱有浪漫的幻想，尽管她从未回应过他的追求。她是一个"非常有魅力的女人，"彼得写道，"但极其保守内敛。"[2]他们只在讨论飞行的时候才能畅快地沟通，后来讨论的范围也扩大到了希特勒的崛起。"很明显，所谓的民主政府已经垮了，"彼得后来回忆道，"国家完蛋了，人们吃不饱饭……大批人失业，每天报纸上都是令人们绝望到自杀的消息。"[3]谈共产主义是谈革命，而纳粹党，在他看来，代表的是强有力的领导力、爱国主义和履行职责，"听起来确实不错"。[4]尽

---

1 Archive Reinhart Rudershausen, Paul von Handel, 'Erinnerungen an Litta' [Memories of Litta] (nd).

2 Gerhard Bracke archive, letter Peter Riedel/Mrs Hacker (25.08.1980).

3 Martin Simons, *German Air Attaché: The Thrilling Wartime Story of the German Ace Pilot and Wartime Diplomat Peter Riedel* (Airlife, 1997), pp. 11–12.

4 Ibid., p. 12.

管如此，彼得还是对于这个政权展现出来的军国主义和扩张主义倾向表示担心，他开始想要移民非洲。"在某种程度上，她是赞同我的观点的。"他后来声称。[1] 梅利塔也许赞同过大家对共产主义威胁的说法，但作为一个坚定的爱国者，她绝对不会背弃德国或她的工作，这份工作在她看来不仅是为国效力，也是个人自豪感的来源。对她而言，自由意味着为祖国而飞，而不是飞离祖国。况且不管怎样，她还有深爱着的亚历山大。

最后，彼得认定，梅利塔"对我来说还是太过严肃了"。[2] 几年后他真的坐船出海离开了德国，但并不是去非洲，而是去了南美，陪伴他的是另一名女飞行员。汉娜·莱契有着和梅利塔完全不同的同理心和看法，因此她和彼得有着一段更加戏剧化的友谊。那个时候，梅利塔已经和亚历山大·冯·施陶芬贝格定下了非正式的婚约，而希特勒作为被选定的德国总理，也宣布了第三帝国的到来。

1　Gerhard Bracke archive, letter Peter Riedel/Mrs Hacker (25.08.1980).

2　Gerhard Bracke archive, Peter Riedel interview (late 1980s).

第二章

寻找完美 1912~1933

1920年，当少女梅利塔打量着寄宿学校附近山坡上的滑翔机时，在同一个小镇的另一端，活泼可爱的七岁女童汉娜·莱契也正抬头望着天空。她长得很水灵，身材娇小，金发蓝眼，甚是好看。汉娜和她的父母住在希尔施贝格，家里还有哥哥库尔特、妹妹海蒂和几名女佣，但她从小就知道自己注定要去更广阔的天地中闯荡。据她家里人说，她四岁的时候就第一次尝试摆脱万有引力，双臂张开，要从二层的阳台起跳。尽管那一次失败了，但她从来没有停止对飞行的憧憬，也没有放弃飞上天的尝试。"这种向往越来越强烈……"她写道，"我看到鸟儿飞过湛蓝的夏日晴空的时候，我看到空中随风飘摇的云的时候，这种向往都会演变成一种深沉而恒久的思乡之情，不管我走到哪里它都伴随着我，一刻不停。"[1] 汉娜曾在进行一次雄心勃勃的尝试——从一棵杉树树杈上向下跳——时把头骨摔骨折了，从此彻彻底底被父母禁足关在屋里，但她从没怀疑

---

[1] Hanna Reitsch, *The Sky My Kingdom: Memoirs of the Famous German World War II Test Pilot* (Greenhill, 2009), p. 1.

过自己，她相信自己有一天一定会在空中翱翔。"是哪个孩子，如我一般，生活在现实和童话的夹缝之间？"她在回忆录开头写道，"谁不曾时常渴望离开熟悉的一切，去探求新的完美世界？"[1]汉娜不像梅利塔那样，她想要的不只是自由。在很多方面她本都可以实现自己的愿望，但她从没真正面对过现实，有时候在她全身心追求完美世界的过程中，她已经难辨现实和梦想。

生于1912年3月29日的汉娜，两岁的时候第一次世界大战爆发，七岁时战争才结束。战时的汉娜已经到了懂得很多道理的年纪，可以理解祖国对于胜利的热望，也能体会战败带来的困苦和耻辱。然而她大部分的童年记忆并不是这场战争带来的人间冷暖或万念俱灰，而是战后的大萧条和在经济困难时期长大的经历。汉娜的少女时期充斥着德国战后赔款、通货膨胀、失业焦虑和民间暴动给社会带来的负面影响。她家原是中产阶层，算得上小康之家，全心全意爱国敬上帝。在他们看来，《凡尔赛条约》所规定的将上西里西亚东部地区划归波兰，以及协约国残酷的战争赔款条款都是极大的不公。国内外崛起的共产主义也坚定了他们的爱国主义、民族主义世界观。"要尊重尊严和荣誉"、热爱祖国，是汉娜家最重要的道德观和做人原则。[2]她从小被教育，认为德国的民族荣誉和家族荣誉都被战争所侵害，祖国的团结统一也受到了威胁。魏玛共和国所欠缺的是一个强有力的，可以训练、团结、号召全国人民的领袖。

汉娜的父亲维利·莱契博士是一个为人严格、沉默寡言的男人，他是普鲁士人，信新教，也是共济会成员，在全家人面前有

---

1 Hanna Reitsch, *The Sky My Kingdom: Memoirs of the Famous German World War II Test Pilot* (Greenhill, 2009), p. 1.

2 Ibid. ,p. 177.

"不容置疑的绝对权威"。[1]他是一名眼科医生,经营着一家私人诊所。汉娜很钦佩自己的父亲,父亲却很少表扬她。维利·莱契还是一位小有名气的大提琴手,他家最热闹的时候就是他在家开音乐演奏会的时候。他的演奏会标准很高,虽然孩子们都在认真地学小提琴和钢琴,还学唱三声部的奥地利特色音乐约尔德调(yodelling),他们却很少得到在家里的演奏会上表演的机会。孩子们剩下的和父亲亲近的机会就是学医——有时候维利会从屠夫那里收一些猪或者羊的眼睛,带回家演示眼部手术,有时候库尔特和汉娜甚至会被允许陪父亲一起去上班。他们看到父亲对病人的细心付出,父亲的形象变得更加高大、让人敬仰,但他们却从未对父亲的日常工作真正提起兴趣。对于汉娜来说,这倒不是一件大事。"在我家,"她后来写道,"大家都对一条原则心知肚明,女孩的一生只有一个任务:结婚,然后做一个好妈妈。"[2]

汉娜的母亲埃米,是一个丧偶的奥地利贵族的大女儿。她虽然明面上让孩子们和父亲一起信仰新教,但暗地里始终试图让孩子们皈依天主教。和丈夫一样,埃米也是一个热诚的爱国者。她通常为人和蔼大度,但一谈到政府、外国势力、犹太人或者任何她觉得有愧于德国的人事物,偶尔也会发表一番激愤的长篇大论加以批评。埃米有着丰富的感情,但少有怀疑精神,她是汉娜的道德模范,尽管这个模范未必真的值得信赖。"我的母亲和我非常了解彼此,"汉娜写道,"我们不需要刻意坦白或透露什么,就可以觉察到对方的想法。"[3]埃米知道

---

1 Hanna Reitsch, *The Sky My Kingdom: Memoirs of the Famous German World War II Test Pilot* (Greenhill, 2009), p. 178.

2 Ibid., p. 3.

3 Ibid., p. 3.

自己的女儿所追求的不只是信个教、生个娃,在一个宜人的乡下小镇平静地度过一生,这一点让她很担心。她经常提醒汉娜不要对虚荣和野心怀有执念。

维利·莱契则没有妻子这样的同理心。他只单纯觉得女儿的考试成绩太差,她对什么都兴致勃勃的劲头也让他头疼。对他来说,女儿对于飞行的执念是令他无法接受的,他一点都不能理解。汉娜喜欢花半天时间只为看百灵鸟在田野上空盘旋,或是夏日翱翔的秃鹰,又或是划过天空的某架滑翔机。就像梅利塔一样,有时候,汉娜会坚持在树上写作业,也经常张开双臂从不同的窗台向下跳。但汉娜最大的问题似乎是——就像她学校的某个朋友说的那样——你"很难无视"她。[1] 汉娜永远都精力充沛,而且自信满满,她经常十分招摇,甚至有些放肆。她经常头上扎着两条辫子,辫子上系着颜色鲜亮的发带,笑起来脸颊上会有两个顽皮的酒窝。她常常大笑,而且笑得很失态,她不太容易集中注意力,很容易就会觉得无聊,"说话的用词经常用最高级",就像很多小女孩一样。[2] 她在学校学的东西不多,历史只学到了1848年,老师不鼓励学生讨论,只要求他们听话。汉娜不在乎考试作弊,但她非常在意别人对她的批评,对不公正之事也表现得非常敏感。她是一个天生外向的孩子,当她感到自己的个人荣誉被玷污了,就会立刻将她的所有痛苦和委屈一抒为快,这样才能让她心情畅快,然后重新振作起来。

当时很多家庭的生活都是捉襟见肘的,维利·莱契是其中的幸运儿,他的生计来源很稳定,汉娜童年的早期总体来讲比较幸福。

---

1 Quoted in Judy Lomax, *Hanna Reitsch: Flying for the Fatherland* (John Murray, 1988), p. 5.

2 Ibid.

汉娜校外的生活也很有趣,他们全家会一起徒步、去山里野餐,假小子般的汉娜会和哥哥库尔特一起穿着皮短裤搞恶作剧。但随着她慢慢长大,她越发感到活得束手束脚。虽然她个子并不高,但她的金色发辫、蓝得透亮的大眼睛,还有明媚的笑脸都使她成为标准的、漂亮又健康的雅利安少女。如果汉娜想要更多东西,那一定不是因为她活得太过清贫而总是勉强度日。她是那个穿灯芯绒裙子的、永远都很开心的小姑娘,从没尝过贫穷之苦。她想要的不是物质上的享受,而是地位上的优势,是体会理想和为之奋斗的乐趣。冬天她喜欢去滑雪滑冰,夏天她可以去徒步和骑车,但除此之外的体育活动都被认为是不适合女性的。音乐会和舞会确实能让人放松,但每次去电影院,播放的电影是否适合她观看也要被审核调查,而且如果没有监护人,她根本都不被允许出门。汉娜倒不是只喜欢和男孩玩,吸引她的是那些他们能做而她做不得的事。她现在基本上每天都会坐电车或者骑车去镇子外面的滑翔俱乐部,找各个观看飞行的有利位置,躺在草坪上,看着别人的梦想起飞,在她头上翱翔。

  汉娜在十几岁的时候就对自己的人生提出了战略规划:她向父母表示自己要做一名医生,"不要做那种普通的医生,要做一名传教士医生……最重要的是,要做一名会开飞机的传教士医生"。[1]她的父亲对此持怀疑态度,她的成绩如此之差,没可能实现这样的宏伟目标,他也怀疑她能坚持多久。然而见到女儿异常坚定的态度,维利还是和汉娜达成了一个约定:如果她能在未来的两三年内绝口不提与飞行相关的任何事,直到她通过毕业考试——那场可怕的高

---

1 Hanna Reitsch, *The Sky My Kingdom: Memoirs of the Famous German World War II Test Pilot* (Greenhill, 2009), p. 3.

中毕业考试，那她就可以被奖励去上一期滑翔课程。两年后，汉娜的父亲在女儿的毕业典礼上送了她一块古董金表。两年内，她一直坚守和父亲的约定，再也没有提过与飞行相关的话题，导致父亲甚至都已经忘记了两年前对女儿的承诺，但是汉娜从来没有忘记。她去提醒父亲这一承诺时，维利的脸唰的一下变得惨白，大丈夫言出必行，他不得不同意兑现当初的诺言，资助汉娜去上滑翔课。

汉娜的父母本希望所谓的医学和飞行都只是她未来结婚生子之前的小插曲。埃米一直想让汉娜为未来的家庭生活做好准备，不管未来嫁在国内还是远嫁国外，她坚持要汉娜在去参加滑翔课程之前先去伦茨堡上一年的女校。尽管德国和其非洲殖民地的关系彻底被《凡尔赛条约》切断，但国内兴起的恢复失地运动却在努力扭转目前的局面。毫无疑问，这所女校的殖民背景令汉娜的父母非常满意，更何况学校旁边就是一个海军训练学院，保证了汉娜身边有足够多的年轻男子。汉娜在学校里学会了做饭、打扫卫生、饲养动物、补鞋、修锁和修窗户，还学会了说英语、西班牙语和一门西非国家的语言。她"唯一值得炫耀的成绩"，日后她毫无感情地写道，是她能够训练猪上厕所。

汉娜19岁的时候，终于要在日渐名声大噪的格吕瑙滑翔学校学成毕业了，她"充满了自信和希望，兴奋到发抖"地骑车来到学校。正如之前的梅利塔一样，她是这里唯一的女生，她此刻也准备在同一片草地上一飞冲天。那是1931年的一天，晴空万里，距离梅利塔的首飞已过去了11年。汉娜的"心脏简直要跳出胸腔"，她爬进了滑翔机敞开的驾驶舱，对身边男孩子的冷嘲热讽毫不在意。她首先要学会掌握平衡，滑翔机停在草坪上，一点微小的动作都会让整架机器颤抖不已，她感觉整架滑翔机"像一只受到惊吓的小鸟"。[1]人们把一根弹力绳拴在了她飞机的机头上，一队学生将弹力绳拉得笔直，另一队学生抓着机尾。她只需让滑翔机朝着坡底滑去，但大家一松手她便忍不住拉操纵杆。下一秒，她"什么也看不到了，只有蓝天，然后又是更多的蓝天"。[2]汉娜身高只5英尺出头（约1.52米），体重还不如七块大石头加到一起重，她小巧的身材完全消化不了地勤人员赋予这架滑翔机的强大的起飞动力，她把操纵杆进一步向前推，飞机以更陡直的角度冲了上去。"我这辈子第一次感觉到有一股无形的力量把我举起来了，举着我越来越高，直到我飞过了山脊，它才慢慢从我身下撤离。"她后来说道。她双眼放光，"简直就像是童话故事成真了一样，非常奇妙"。[3]但结局却不像童话故事里的一样美好。滑翔机很快跌回地面，安全带断裂，汉娜被狠狠地从驾驶舱里甩了出去。如此重大的事故本可就此结束她的性命，然而她和滑翔机都奇迹般地并无大碍。

汉娜的莽撞操作违反了学校的纪律，但她还是因此赢得了"平流层"的称号，同学们这么叫她也多多少少地表示他们还是被她的表现所震撼。他们当中一个人能这样叫汉娜，更是格外有意义，这个人就是沃纳·冯·布莱恩，未来的德国火箭设计师，只比汉娜大不到一周。在天才儒勒·凡尔纳和梅里爱的鼓舞下，在父母送他望远镜的鼓励和支持下，布莱恩一直把野心瞄准在太空。"别告诉我人类不属于那里，"他有一次评论道，"人类想去哪里就属于

---

[1] Hanna Reitsch, *The Sky My Kingdom: Memoirs of the Famous German World War II Test Pilot* (Greenhill, 2009), p. 9.

[2] Ibid.

[3] *Hanna Reitsch: Hitlers Fliegerin* [Hitler's Pilot], Interspot Film (dir. Gerhard Jelinek and Fritz Kalteis, 2010).

哪里。"[1]作为一个在柏林长大的男孩，他小时候就用自行车打气筒给自己的火箭模型加过压，后来又因为在时尚中心动物园街上测试世界上第一辆火箭动力的卡丁车而被警察警告。布莱恩非常自信，又聪明又帅气。他"帅得可以去做电影明星，他自己也很清楚这一点"。后来一位记者这样写道。他的女性朋友会把他比作"著名的阿尔弗莱德·道格拉斯画像"。道格拉斯又称"波西"，是奥斯卡·王尔德的贵族恋人。[2]遗憾的是，没有记录显示汉娜对这位滑翔课同学的相貌如何评价。但布莱恩却非常欣赏汉娜的勇气和活力。"汉娜有一种不常见的迷人的性格……"布莱恩后来满怀热情地写道，"她做过各种疯狂出格的事。"[3]和汉娜一样，布莱恩日后也自称对政治并不感兴趣，是他们对飞行的共同爱好让他们走到了一起。"我们的思维永远都在天外。"一个朋友如此描述道。[4]

汉娜首飞坠机的那天晚上，滑翔学校校长沃尔夫·希尔特不得不思考是否要为了汉娜的人身安全而被迫开除这位格外危险的学生。结果她只因为不守纪律被禁足了三天。这三天里，她每天都聚精会神地看她的同班同学训练。晚上她在床上模拟演习操作，用一根拐杖充当操纵杆。第四天是A级考试，当最有经验的同学第一个上场却没能飞离山坡时，汉娜被第二个点名上场，大家都准备看她第二

---

[1] Deutsches Museum archive, 130/18, Wernher von Braun obituary, unknown newspaper (June 1977).

[2] Michael J. Neufeld, *Von Braun: Dreamer of Space, Engineer of War* (Alfred A. Knopf, 2008), p. 147; Arthur C. Clarke, *Astounding Days: A Science Fiction Autobiography* (Bantam Books, 1990), p. 181.

[3] Deutsches Museum archive, 130/18, Wernher von Braun to Harry Walker (6 January 1960).

[4] Arthur C. Clarke, *Astounding Days: A Science Fiction Autobiography* (Bantam Books, 1990), p. 181.

次失利的笑话。她小心地控制着速度和平衡度滑下山坡，起飞，滑翔机成功升空。这是一次完美的飞行，比考试要求的时间还多飞了9秒，最后以一个平稳的降落结束。当同学们蜂拥着跑下山坡来迎接她时，"我一动没动，"汉娜写道，"我只静静地坐在我心爱的滑翔机里，有一点恍惚却被喜悦包围。"[1]考官说她完全只是运气好，对此，汉娜则无比开心地趁机又一次飞上天，用又一场完美的胜利轻而易举地通过了考试。

沃尔夫·希尔特第二天早上亲自来考评这个从失利中爬起来重获成功的女生。希尔特是德国飞行史上重要的先驱之一。1920年取得飞行执照后，他和其他几位爱好者成立了学院派飞行俱乐部——就是后来拒绝梅利塔加入的那个组织。尽管在1924年的一场摩托车事故中失去了一条腿，希尔特仍然坚持继续深造，他学习工程，并环游世界推广、展示滑翔运动，还设计制造了他自己的滑翔机。他是一个大烟鬼，他的标志性烟盒是用自己摔断了的腓骨雕刻而成的。对于汉娜来说，希尔特是"半人半神"的存在。[2]而就他本人而言，他认为汉娜也让人印象深刻，是一个天生的飞行员——尽管她是个女人。他观察过汉娜无可挑剔的滑翔过程，后来便安排她每天在自己的亲自指导下练习飞行。不出几个月，汉娜学会了逆风和顺风滑翔，通过了B级和C级考试。

1932年年初，汉娜受邀试飞新设计的滑翔教练机。终于获准可以飞到自己心满意足为止，她一边唱起了"能记起来的最开心的歌"，一边在空中自在飞翔——这种幸福到要唱歌的习惯从此伴随

---

[1] Hanna Reitsch, *The Sky My Kingdom: Memoirs of the Famous German World War II Test Pilot* (Greenhill, 2009), p. 16.

[2] Ibid., p. 18.

着她一生无数次的飞行。汉娜几乎没有注意到开始下雨、下雪,一直到风停她才返回地面,这一飞就是五个小时。她降落的时候才发现,地上已经聚集了一大群激动的人:她已经创下了女子滑翔时长的最长纪录。那天晚上,电台里都是汉娜的名字,鲜花和祝贺信从德国各地涌来。"我觉得这种感觉棒极了——我那时候还年轻,已经被彻底冲昏了头脑。"她作为一个成功者诚实地记录道。[1]

阿道夫·希特勒1932年也再次坐进了驾驶舱。1920年他乘双翼飞机飞往柏林参加卡普政变的经历让他感受到了飞行的潜力,此后的12年间,纳粹党始终致力于充分利用航空的象征意义和这个行业所带来的实际机会。到处贴的海报上都印有带NSDAP[2]字样的齐柏林飞艇,成功地帮助纳粹党宣传了自己日渐扩大的党组织。1932年的选举活动中,在主要城市上空都有盘旋的飞机投放宣传单,上面印的是:统一、团结、和平、秩序和工作,请为阿道夫·希特勒投票,他会给你工作、面包和自由。[3]如今,希特勒计划乘飞机环游全国进行所谓的"泛德飞行"——一次空中竞选活动,他也是首个用这种方式和选民接触的政治领导人。

这样的飞行竞选是很累人的。在这个人生阶段,希特勒总是第一个起床的,他每天早上一边喝着粥和牛奶一边讨论整个竞选计划的进程。他从不喝咖啡,"因为一上飞机就会觉得恶心"。[4]一旦行

---

1 Hanna Reitsch, *The Sky My Kingdom: Memoirs of the Famous German World War II Test Pilot* (Greenhill, 2009), p. 26.

2 民族社会主义德意志工人党(Nationalsozialistische Deutsche Atbeiterpartei),即纳粹党的缩写。

3 Gerda Erica Baker, *Shadow of War* (Lion, 1990), p. 23.

4 Otto Dietrich, *Mit Hitler in die Macht: Persönliche Erlebnisse mit Meinem Führer* [With Hitler to Power: Personal Experiences with My Leader] (1934), p. 74.

程敲定，就几乎很难让他再做调整。希特勒的私人飞行员汉斯·鲍尔是一名"一战"老兵，也是早期的纳粹党员，有时候载着希特勒一天飞赴五场不同的大规模集会活动。希特勒确信自己正在走上坡路，连鲍尔盲飞过厚厚的云层时，他也毫无畏惧，而且显得尤为兴奋。有时候鲍尔会发现飞机油料不足；有一次还在一个雹暴天气里坚持飞行，而那天的恶劣天气迫使所有汉莎的航班滞留延误。"我们成了飞人。"记者奥托·迪特里希写道，享受着作为这超级组合中的一员的特殊优待。飞机每停靠一站，都有成群的支持者热切地一边高喊着"元首万岁！"一边目送希特勒的车队进城。在希特勒发表完演讲和一场简短的仪式过后，他们又会出发去往下一个目的地。"这种群情鼎沸的场景……至今仍让人心潮澎湃。"[1]

在所有的飞行类型中，希特勒最喜欢的是夜航。作为一个"舞台艺术大师"，希特勒倾向于在黄昏时开始他的演讲，让人群中越来越多的火把点亮整个舞台，演讲结束后再赶往机场，那时鲍尔已经发动了飞机，随时准备起飞。飞机曲线攀升，地面上的人群变得越来越小，这时希特勒会要求点亮驾驶舱。"那一刻人群便看到了那个'空中火船'，正搭载着元首冉冉升起，"迪特里希兴高采烈地继续写道，"从成千上万个喉咙里发出的欢呼声振聋发聩，声音之大，几乎掩盖了我们发动机的轰鸣声，人们挥舞着火把向我们致敬。"[2] 希特勒低头看着这一壮观的景象，从不做任何评论。"而我们沉浸在一种全新的感受中，仿佛身处宇宙深处，难以言表。"[3]

---

1 Otto Dietrich, *Mit Hitler in die Macht: Persönliche Erlebnisse mit Meinem Führer* [With Hitler to Power: Personal Experiences with My Leader] (1934), p. 9.

2 Ibid., p. 86.

3 Ibid., p. 10.

正是在这种全民亢奋的政治环境下,作为一名合格的滑翔机飞行员,汉娜按照和父亲的约定去往柏林学习医学。在沮丧的情绪中学习的汉娜很快厌倦了学校的课程,她意识到自己"只有一个愿望,那就是再次冲上云霄"![1]她用父母给她的大学学费又报了新的飞行课程,去柏林斯塔肯机场学开发动机驱动的飞机。

就像两年前曾在斯塔肯学习的梅利塔一样,汉娜每天都要早早起床,凌晨5点出发才能按时到达机场的驾校。也如两年前的梅利塔一样,她是唯一一个在校学习的女学员,尽管当时也有其他一些女飞行员从斯塔肯起飞去往其他城市,包括刚刚结束了世界巡航的埃莉·拜因霍恩——她如今也和汉娜做了朋友。对于汉娜来说,只要能让她飞上天她就心满意足。她很快凭借着自己在飞行技巧方面的实力和对飞行的研究精神改变了周围男性对她的负面看法,但更具挑战性的是有关飞机的机械知识。有一次,她在一帮地勤机械师的监督下在机场一个车间里拆了一台旧发动机,整整研究了一个晚上之后又把它重新组装好,赢得了不少尊重和肯定。

随着汉娜研究的发动机类型越来越多,她和机场里的机动车修理工都成了朋友。通过他们,她不仅很快学会了开车,也了解了男人们战时所做出的贡献与牺牲,以及他们战败回国后的痛苦、失业回家时的无助。汉娜非常佩服他们的坚忍不拔,她答应他们会从她父亲那里给他们带眼药膏,也会从她母亲那里给他们的妻子带裙子。"但当他们一开始讨论政治",汉娜叹气道,他们脆弱的战友情谊就分崩离析了。[2]他们几乎各自有着支持的党派阵营,一讨论起来就恨不得吵个

---

[1] Hanna Reitsch, *The Sky My Kingdom: Memoirs of the Famous German World War II Test Pilot* (Greenhill, 2009), p. 27.

[2] Ibid., p. 31.

你死我活。不谙世事的汉娜往往跟不上大家的讨论节奏。"我虽然从小被培养要爱国，"她用年轻而天真的笔触记录着，"但我家从来没有过任何政治观念上的分歧。"[1]她从小默认父母那种保守的、带有民族主义和种族主义色彩的、甚至有点反犹的世界观是普世的，而且是中立的，她不认为自己其实也有自己的政治立场，也没想过政治可能会与她个人有任何关系。如今令她感到恐惧的，并不是某种特定的观点或组织，而是政治会给人们带来分歧和反对的声音。"为什么原本相安无事的人们一谈到政治就变成了苦大仇深的敌人？""这很令人压抑也发人深思"，她远离了这些工人，具有讽刺意味的是，她也错过了学习并加入这些讨论的机会。

如果汉娜真的像她后来说的那样不关心政治，那也是她自我筛选后的"不关心"。她对航空相关的种种事情都有极大的兴趣，但在自己的回忆录里她一次也没有提到过希特勒有关推进德国航空的运动，也没有写到那年7月她见证了纳粹党成为德国国会第一大党的选举。虽然她经常回家看父母，但她也从没评价过家乡日渐严重的反犹情绪。布雷斯劳距离希尔施贝格只有不到两小时车程，有着庞大的犹太人群体，也是纳粹拥护者们的据点。那时已经开始有抵制犹太人商店的活动，甚至开始限制店主的自由并在舆论上排挤他们。对此，汉娜后来只是说，自己在那个夏天只是心无旁骛地学习飞行。

汉娜的教练机是一架开放驾驶舱复式操纵的梅赛德斯－克莱姆飞机，是根据《凡尔赛条约》为数不多的一种被允许生产的低功率民用机。在和飞机的合照中，汉娜在操纵杆旁，戴着一顶深色的皮飞行帽，笑容可掬，光彩照人。几周后，她便驾驶克莱姆飞机爬升

---

[1] Hanna Reitsch, *The Sky My Kingdom: Memoirs of the Famous German World War II Test Pilot* (Greenhill, 2009), p. 31.

到了海拔6500英尺（约1981米）的高度，这一次她穿的是一件毛领飞行套装，脸上也涂了防晒和防寒的润肤油。海拔的攀升会让飞行员有一种超脱尘世之感，从起飞前的小组会开始，汉娜就有"一种奇怪的感觉，仿佛我已经不再是他们的一员"。[1] 而当她飞过机场工人们的头顶，她也会忍不住想他们是否还在讨论政治，但她对自己说："我没时间想那些，我的耳朵的注意力要全部放在引擎上……很快地上那些事都会变得无关紧要。"[2] 对于汉娜来说，高海拔飞行是一种可以到达人间极致的经历，"飞行者会感觉靠近了上帝"，"所有那些迄今为止看似重要的事都慢慢退去"。[3]

如果汉娜真的在意过她的医学课，那大概只是一种逃避父母的手段罢了。如今飞行的机会唾手可得，她几乎再也没有上过医学课，也再没翻开过她骑车去斯塔肯时绑在自行车上的课本。1932年暑假，她回家继续在沃尔夫·希尔特的指导下上滑翔课，同时还成了希尔特工作室的助手，向他学习滑翔机的制造和维修。晚上汉娜会去希尔特家学习飞行理论，包括希尔特本人关于热气流的创造性研究：他发现容易吸热的地表之上，比如荒野和公路，太阳照射下的空气会自然上升，形成气流，给滑翔机以上升的助力。希尔特实际上成了汉娜的"飞行之父"，是她一系列比她年长的男性导师中的第一位，从他们身上，她得到了很多认可，也由此获得了很多进步。9月，汉娜的父亲安排她去基尔继续学医，那里的干扰因素更少，也离汉娜的哥哥库尔特更近，库尔特当时已经成为纳粹德国海军的一

---

[1] Hanna Reitsch, *The Sky My Kingdom: Memoirs of the Famous German World War II Test Pilot* (Greenhill, 2009), p. 32.

[2] Ibid., p. 33.

[3] Ibid., p. 34.

名少尉候补军官，驻军在基尔。但汉娜对飞行之外的事或是已经失去了兴趣，或是选择不再赘述，总之，她的回忆录直接跳到了1933年5月，那时她已经回到了希尔施贝格。

1933年年初，600万德国人失业，人们越发对现有的政治体制失去信心。一年之内走马灯似的换了三任总理，几乎同时崛起的纳粹主义和共产主义之争经常导致街头暴力冲突，通常都是由穿棕衫的纳粹冲锋队挑衅。和很多人一样，汉娜的父母对于希特勒的民族主义表态表示满意，他承诺给大家新工作，恢复社会安全，重建民族自豪感。1月，在经过大量的后台操纵后，希特勒终于被任命为帝国总理，并很快巩固了自己的权威。财政上他有大批实业家支持，外交上有兴登堡总统和包括前总理弗朗茨·冯·帕彭在内的很多政治家支持，虽然后者错误地以为他们可以控制这个备受欢迎的新领导人。2月，德国国会大火给纳粹党提供了陷害布尔什维克的机会，他们趁机关押了很多共产党人以及其他党派领导人和独立媒体人。5月5日，纳粹党赢得了44%的选票，获得了足够多的席位，得以推进通过《授权法》，并就此赋予希特勒绝对权威，得以立法、废除工会、将反对派划为非法组织，并有效地建立起一套以盖世太保为保障的恐怖统治。

那个月，汉娜从基尔回到家，她的思绪完全不在政府最新一任总理的任命和新政上。有一天，她穿着凉鞋和轻质棉布长裙，正在希尔施贝格灼热的街上漫无目的地散步，一心梦想着驾驶滑翔机划过晴天，突然撞见了沃尔夫·希尔特。希尔特的心情也如春天般明媚——他刚刚投资了一架施耐德格鲁瑙宝贝，这是他参与设计的最新一款细长型双座滑翔教练机。这架飞机还配有初级"盲飞"控制面板，首次包含六组仪表，可用于显示飞机的航速和高度、在上升还是在下降、要水平转弯还是要垂直翻身。从理论上说，它们有助于飞行员在视野受限时继续穿越云层或大雾,保持安全飞行。他问汉娜是否有兴趣驾驶一次他这架让人印象深刻的新飞机。

不到一小时之后,汉娜就坐进了这架格鲁瑙宝贝飞机的封闭驾驶舱,没戴护目镜和头盔,只是把降落伞背带紧扣在长裙上。希尔特开着一架以发动机为动力的飞机,把她拖上1200英尺(约366米)的高空,然后示意她松开拖绳。空中的气流仿佛静止了,汉娜控制着滑翔机优雅地下降,在250英尺(约76米)的高度,她开始寻找降落地点,这时她突然感觉到滑翔机在颤动。片刻后,她又盘旋着升空了,在热气流的托举中,一路扶摇直上,一直到了几千英尺高。她抬眼只见头顶一大片黑压压的云,那是载她乘风而来的热空气遇冷快速凝结成的雨云。"看到这头黑暗的怪兽,"她写道,"让我心生欢喜。"[1]

汉娜在学会飞行之前就喜欢盯着天上软绵绵的白云,看它们在空中绵延的壮美景观,也向往着有一天能在云中玩耍。直到此刻她都很清楚,如果不穿过云层,她是永远不可能触碰到这些云彩的,它们如幽灵一般飘浮在空中。而雷雨云则看上去手感更好,让人更想要触摸它。汉娜从来不是会在已经被警告过的事上犯错的人,但她决定把这一刻看作在厚云层中首次"盲飞"的机会。片刻后,她的滑翔机冲进了云层,周围一片灰暗,她什么也看不见。她拿出了一个业余飞行员能有的全部信心,观察了一遍所有的仪表,把飞机进一步推到了5500英尺(约1676米)——高高地超出附近山峰,保持了安全距离——然后放松了下来,重新享受飞行的快意。事后谈到和地面失去联系的时候,她说她产生了一种"谦逊而感激的心

---

[1] Hanna Reitsch, *The Sky My Kingdom: Memoirs of the Famous German World War II Test Pilot* (Greenhill, 2009), p. 49.

情",这是因为"她知道那里(地面上)有她可以信任的人,有强有力的保障,在指引她、守护她"。[1] 就在这时,暴风雨来了。

危险降临的第一个信号是"一阵狂暴而短促的震耳欲聋声,连续不断、令人憎恶的"雨和冰雹,不断敲打在她的滑翔机机翼上。随着一声断裂声响起,舷窗开始全面结冰,她马上去看仪表盘的情况,滑翔机还在不断快速攀升。在快到海拔1万英尺(3048米)的时候,仪表开始反应延迟,接着就被冻住了。汉娜此刻既丧失了肉眼的视野,也失去了仪表的指示。她试着把操纵杆放在正常的位置上,但没有方向上的指引,她完全不知道该往哪里飞。然后突然起了"新的声音,一种高频的、尖厉的呼啸声",她身子猛地前倾,安全带紧紧地勒在她身上,她感到血正快速往头上涌。[2] 她的滑翔机被锁死在暴风雨中心的下曳气流中,整架机器开始直直地向地面扎去。她拼命拉起操纵杆,却发现自己已经彻底被安全带捆住了,"随着滑翔机箭似的向下俯冲,一边发出尖锐刺耳的噪声",她也开始在机舱里被外力推拉着转了好几个圈。[3]

从已经结冰的舷窗向外什么都看不到,她几拳把舷窗打破,但仍然除了云什么都看不到,而在暴雨、冰雹和夹雪中,她很快被冻得浑身发抖,手也开始冻得发青,身上的夏季长裙早已被雨雪彻底打湿。她把最后的希望寄托在了这架格鲁瑙宝贝上,希望它还能保持部分固有的稳定性。她放弃了所有操作,"不再是个飞行员……

---

[1] Deutsches Museum archive, PERS/F/10228/1, *Alte Adler* member magazine, Friedrich Stahl, Alte Adler president, speech at Hanna Reich's sixtieth birthday party (Spring 1972), p. 8.

[2] Hanna Reitsch, *The Sky My Kingdom: Memoirs of the Famous German World War II Test Pilot* (Greenhill, 2009), p. 50.

[3] Ibid., p. 51.

而是一个乘客",迄今为止第一次,汉娜承认自己内心对飞行有了恐惧。[1]后来这架轻质的滑翔机又被风吹了起来,在巍峨高耸的山巅,云层中的飞机就像一张在烟囱里被吸起来的纸片。汉娜害怕自己晕过去失去意识,不断地大喊自己的名字,让自己保持清醒。突然,飞机被大风推了出来,她又重见了光明,虽然机舱还是颠倒过来的,但她仍安全地飞在巨人山脉白雪皑皑的峰顶之上。她感恩上帝让自己活了下来,调整好滑翔机,一路下降,一直到又可以看到山上的一个个小点,那是晚上结束了滑雪正在回家的人们,最后她在一家酒店门口的山坡上安全着陆。

汉娜浑身湿透,身上都是泥,勉强把自己从滑翔机里拔了出来,机身已经被冰雹砸得千疮百孔,她走到酒店里打电话,终于联系上了希尔特。希尔特立刻反应过来,汉娜已经不小心飞进了靠近捷克斯洛伐克边境的中立区。正如梅利塔在未经允许的情况下飞抵法国一样,汉娜已经严重违反了纪律,有可能导致飞行执照被吊销。而在那个特殊的时间和地点,她的闯入甚至可能造成国际事件。希尔特让她找尽量多的人来帮忙,并让她在原地等着自己——他也要冒着失去飞行执照的风险飞来这里,空投给她起飞索,帮她回家。半小时后,在两批酒店住客的帮助下,汉娜和滑翔机又一起飞进了漆黑的夜空里。希尔特飞在高处,带着她飞到一个山谷里,临时停机坪已经被提前停好的汽车前大灯照亮。

再次回到地面上,汉娜在滑翔机里坐了好一会儿,一句话也没有说,她的浪漫主义情怀此时正在这次冒险经历后重塑,让她继续认定飞行这件完美的事依旧是她的最爱。"天地都在沉睡,"她写

---

1 Hanna Reitsch, *The Sky My Kingdom: Memoirs of the Famous German World War II Test Pilot* (Greenhill, 2009), p. 51.

道，"我的滑翔机鸟儿也静静地睡着，机身闪烁着温柔的星光。这只漂亮的鸟儿，快得超过东西南北风，抵抗过暴风雨，一飞冲天直插云霄，探索浩瀚天际。"[1]她后来发现这次风暴之行中还有一件更值得庆祝的事，她在无意中达到的飞行高度已经超越了此前所有的滑翔机飞行员，尽管这并不是官方认可的成绩，但这个新的世界纪录还是被德国媒体大肆宣扬。母亲虽然长期教育汉娜做人要谦虚，但她还是很快接受了一系列采访，也发表了很多热情洋溢的演讲。"滑翔是灵魂的胜利！"她夸张地说道。[2]汉娜自称她从来不是为了自己的野心而飞，而是单纯为了"飞行带给我的巨大的愉悦感"。但此时此刻，她灵魂向往的已经不仅仅是飞行的愉悦，更有肾上腺素飙升的刺激，以及所谓的声名远扬和荣誉等身。[3]

---

1 Hanna Reitsch, *The Sky My Kingdom: Memoirs of the Famous German World War II Test Pilot* (Greenhill, 2009), p. 56.

2 Quoted in Judy Lomax, *Hanna Reitsch: Flying for the Fatherland* (John Murray, 1988), p. 15.

3 *Hanna Reitsch: Hitlers Fliegerin* [Hitler's Pilot], Interspot Film (dir. Gerhard Jelinek and Fritz Kalteis, 2010).

第三章
公共关系 1933～1936

"女性一直以来都是我最有力支持者中的一分子,"希特勒在1933年7月接受《纽约时报》采访时说道,"她们觉得我的胜利就是她们的胜利。"[1]他一直致力于呼吁女性去尽自己应尽的职责——那是一个备受尊敬的岗位——在他看来就是做家庭妇女。希特勒也一直热衷于充分利用纳粹党所需的任何一种支持。有时候这意味着他要应付如潮水般涌来的女粉丝的邮件,还要准备面对时常发生的公开示爱。面对这些女性,"他经常感到尴尬",他的朋友兼首席摄影师海因里希·霍夫曼回忆道,但他"别无选择,只能接受她们的崇拜"。[2]霍夫曼认为,希特勒会"和蔼地欣赏女性的政治影响力",早在选举前,他就"确信女性的热情、韧性和狂热会成为决定性因素"。[3]事实上,大部分支持希特勒的女性并不是出于

---

[1] Helen L. Boak, 'The "Frauenfrage" and the Female Vote', http://www.academia.edu/498771/Women_in_Weimar_Germany_The_Frauenfrage_and_the_Female_Vote, p.1.

[2] Heinrich Hoffmann, *Hitler Was My Friend: The Memoirs of Hitler's Photographer* (Frontline, 2011), p. 143.

[3] Ibid., p. 142.

对领导人的热爱才支持他，也不是响应他的号召希望回家相夫教子，她们支持他的理由和男性一样：是对建立起一个足够强大的政府的期望，期望这个政府可以应对"共产主义的威胁"，可以消除"凡尔赛之辱"，可以提供就业，并公平地对这个国家的财富进行再分配。尽管如此，吸引女性选民并加强她们的宣传价值一直是希特勒当选之前和执政之后非常重要的工作。汉娜和梅利塔很快都会在这个阶段上演她们的戏份，在这个新的政权下学会欣赏公共关系的绝对重要性。

随着汉娜羽翼渐丰，整个国家的情绪似乎也跟着她一起好转了起来。她在1933年3月过了21岁生日，对于她来说，过去的几年一直是一场精彩的冒险：离开家，学飞行，几乎轻而易举地打破世界纪录。在希尔施贝格也好，在全国也罢，经常有爱国游行，人们点着火把，扛着大旗和彩旗示威、演讲、一起高歌。希特勒的演讲试图消除工人们所共有的悲愤情绪，"福音式"的简练语言也让他们更容易理解。他承诺要给大家提供更高的生活水平，人人都要有车，有漂亮的房子，能有钱去度假，结婚有补贴，生育最光荣，还有最重要的，永远不会受布尔什维主义的侵扰。人人都感到振奋，到处都是有关"团结的德国人"和"全国起义"的讨论。[1]汉娜对于党派和时政都不感兴趣，她支持希特勒和他看起来充满活力的政权完全是出于爱国主义情怀。终于，未来看起来又充满希望了。而汉娜热衷于抓住所有机会，所以当元首在1933年5月1日号召全体德国人民"觉醒来实现你的个人价值"时，她想象着元首是在对她

---

[1] Bernt Engelmann, *In Hitler's Germany: Everyday Life in the Third Reich* (Schocken, 1986), p. 27.

本人谈话——这并不为过。[1]

梅利塔对于国内纳粹党权力的进一步稳固则持一种更为冷静和批判的态度。她当然欢迎也期待有一个稳定的政府，也欢喜于他们承诺的社会安全、就业机会，欢喜于他们提出的对科研经费的投入和重建德国人民族自豪感的举措，以及重新登上国际舞台的畅想。但同时，她对于这个政权的合法性和原则性问题的质疑却有增无减。汉娜只看到了游行的队伍和彩旗，梅利塔看到的则是德国宪法正遭受空前的冲击。写满了仇恨语句的海报贴得到处都是，报纸上全是宣传口号，坐满了冲锋队和党卫军的卡车经常在主要城市的大街上招摇过市，招兵、审问，偶尔直接冲进公寓里抓人，他们除了抓共产党员——梅利塔也觉得共产党员是目前社会上的主要威胁——还抓社会民主党人、工会领袖，以及自由派知识分子。纳粹党的计划是擒贼先擒王，抓走潜在的反对派领袖，清除任何可能成气候的反对派组织，同时也能起到杀鸡儆猴的作用。像很多人一样，梅利塔希望这样的战术很快就会被更为仁慈的政策所取代。结果5月下旬，一场个人的不幸差点压垮了她。

梅利塔最好的女飞行员朋友马尔加·冯·厄尔兹朵夫那时正从德国飞往澳大利亚，创下了新的飞行纪录，结果她的克莱姆飞机在一场大风中受损，只能迫降在阿勒颇的一个机场，当时那里是法属叙利亚托管地。马尔加要了一间安静的屋子休息，掏出枪朝自己开了一枪，当场死亡。后来人们得知，法国政府在她的飞机上发现了一家德国武器制造商的传单，还有一个机关枪模型。似乎马尔加一直在通过搞武器运输给自己的飞行计划拉赞助，这直接违反了《凡

---

[1] Norman H. Baynes, *The Speeches of Adolf Hitler 1922–1939*, Vol. 2 (OUP, 1942), p. 1021.

尔赛条约》。一听说马尔加的死讯，德国航空研究所的工程师格奥尔格·沃利直接找到了梅利塔。梅利塔在沃利的办公室里"泪如泉涌"。[1]朋友的死"对她打击非常大"，梅利塔的妹妹尤塔回忆道。她还补充说，"此后她还有太多身边的同事需要她默哀"。[2]

汉娜也要面对个人生活中的悲剧。1933年春天，她在沃尔夫·希尔特的滑翔学校做教员，结果她的一个学生在坠机事故中死亡。那是汉娜首次体会到失去同事的痛苦，这种痛和梅利塔所经历的一样刻骨铭心。汉娜很悲痛，但她仍坚持要亲自面对这个男孩的家人。他的母亲在门口见到了她，等着她宣布这个不幸的消息。这位母亲告诉汉娜，前一天晚上，她的儿子梦见过自己会死。不管那真的是一种预兆，还是只是一个使他无法在次日集中精力的不眠之夜，汉娜都突然感觉有点如释重负，这稍稍帮她减轻了一些痛苦。几天后，她要去勒恩-雷巴奇[3]参加滑翔比赛，她需要更加专注地向世界展示她的本领。

由气象学家瓦尔特·格奥尔基组织的首届勒恩滑翔比赛于1920年在瓦塞尔库帕山举行。从此以后每年夏天，成千上万的游客都会乘火车或者徒步到达勒恩山谷的最高点——光秃秃的瓦塞尔库帕山山峰——观看每年一度的比赛。据德国飞行杂志记载，截至20世纪20年代，瓦塞尔库帕山上已经形成了一个滑翔营地，有独立的水

---

1 Archive Reinhart Rudershausen, Georg Wollé, 'Memories of a Colleague of Melitta Schiller in the Versuchsanstalt für Luftfahrt [Institute of Aviation] (DVL)' (11.02.1974).

2 Archive Reinhart Rudershausen, Jutta Rudershausen, 'Frau über den Wolken: Ein Leben für Wissenschaft und Fliegen' [Woman Above the Clouds: A Life for Science and Flying] (unpublished manuscript, nd), p. 44.

3 雷巴奇（Rybachy）位于今俄罗斯摩尔曼斯克(Murmansk)州，原文中所用词为Rossitten，是其属德国东普鲁士省辖地时的德语地名。——译者注

电供应，有酒店、酒吧和餐厅，还有一个盖独特邮戳的邮局，总而言之几乎什么都有，"就像在大城市一样，甚至你可以在这里跳舞，还可以剪一个鲍勃式短发"！[1] 也许他们的记者是在这里的人群中见过梅利塔才这样讲。曾经她也是一名普通的观光客，1924年她在瓦塞尔库帕山报名了滑翔课程，虽然因为工作没能上课，但她一有时间就会来这里。

到20世纪30年代，勒恩山谷的周末变得非常热闹，每周都有固定超过两万人来这里过周末。甚至1932年的国会选举当天，这里也开设了一个投票站，瓦尔特·格奥尔基号召德国人民"和滑翔手做一样的决定"。他的用意很明显：是时候承认自然的力量，迎接以技术支持为特点的新未来，拥抱深沉的民族自豪感了。纳粹党在这个山里的投票站获得了超过半数的选票，瓦塞尔库帕山兄弟会对希特勒的支持明显高于全国平均水平[2]。在这里，有沃尔夫·希尔特的陪伴，汉娜享受着作为滑翔团体一员的感觉，也感觉自己属于一股勇敢的、理想主义的奋进力量，甚至认为自己完全可以代表道德本身，远远超脱于山谷里的党派政治追求。

瓦塞尔库帕山高出平原1300英尺（约396米），空气气流到了这里就被迫向上，而且据汉娜说，这里"风量充足"，然而她的首次综合飞行却没找到一股向上的风以带动她和她那架相对更重也高别人一等的滑翔机。[3] 她被迫跌回地面，只能干等着，用她的话说就是"坐在沟里"。而另一边的其他选手，包括希尔特，持续不断

1　*Luftfahrt* (Aviation) 30 (20.08.1926), quoted in Peter Fritzsche, *A Nation of Fliers: German Aviation and the Popular Imagination* (Harvard University Press, 1992), p. 109.

2　纳粹党在1932年投票中只赢得了全国37%的选票。

3　Hanna Reitsch, *The Sky My Kingdom: Memoirs of the Famous German World War II Test Pilot* (Greenhill, 2009), p. 61.

地从她头上呼啸而过。第二次试飞依旧如此。也许是滑翔机设计的问题，或者是她为她的学生悲伤过度，又可能是她太疲惫了或是运气不好，这样糟糕的表现持续了一天，也延续到了整场活动的每一天。汉娜一度心灰意冷，虽然并没有彻底丧失继续尝试的决心，但她很快成了一个"搞笑型"选手，大家都拿她当笑料，最终她再也无法压抑自己的泪水，哭了出来。所以当她最后在领奖台上看到自己名字的时候，便感到十分惊讶。赞助商捐赠了一台绞肉机和一套厨房用秤——作为末等奖，还有什么奖品比这些更讽刺呢？颁奖的时候这套奖品不仅引得全场哄堂大笑，汉娜沮丧地记录下当时的心情，而且还成了一种警告："小女孩居然还妄想上天吗！"[1]

梅利塔此前的滑翔教练彼得·雷德尔像往年一样出现在勒恩比赛现场。彼得当时正申请加入纳粹党，他和瓦尔特·格奥尔基一起在滑翔研究所[2]工作，他们一起研究上升气流和穿云飞行，期望可以达到更高的飞行高度和更远的飞行距离。在汉娜受领厨房用秤的时候，他正因创下飞行距离142英里（约229千米）的新世界纪录被授予兴登堡杯。彼得很清楚，汉娜得到的奖品是"一个粗俗的信号，暗示女人应该待在厨房"，而他对此并不赞同。[3]他已经见识过梅利塔在空中的飞行天赋，也看到过汉娜的决心和毅力，后者拒绝"让这种当众羞辱成为她放弃飞行的理由……放弃为德国……为希

---

[1] Hanna Reitsch, *The Sky My Kingdom: Memoirs of the Famous German World War II Test Pilot* (Greenhill, 2009), p. 64.

[2] 也就是前文提到的勒恩-雷巴奇滑翔协会，瓦尔特·格奥尔基教授建立的该组织在1933年改名为德国滑翔研究所，是1937年成立的德国滑翔研究中心（DFS）的前身。汉娜1934年开始在此工作。

[3] Martin Simons, *German Air Attaché: The Thrilling Wartime Story of the German Ace Pilot and Wartime Diplomat Peter Riedel* (Airlife, 1997), p. 88.

特勒奉献的理由"的态度也赢得了他公开的支持和赞赏。[1]并非只有彼得如此评价她,在赛后演讲中,德国滑翔先驱、勒恩比赛的创始人奥斯卡·乌尔希努斯也明确地指出:"就飞翔这件事而言,重要的不是赢得比赛,而是这种精神。"

瓦尔特·格奥尔基注意到了汉娜引发的关注和讨论。他在计划前往上升暖气流之源南美洲做科学考察时,本已经邀请了沃尔夫·希尔特、彼得·雷德尔和另一个瓦塞尔库帕山选手——一个带着孩子气的帅小伙儿海尼·迪特马尔,他只比汉娜大一岁,驾驶的是他亲手造的滑翔机。格奥尔基如今也邀请汉娜加入这支考察队做一名替补飞行员。他心里暗打算盘,希望她的出现能成为一个让滑翔研究所和德国两者的名气在国外一炮打响的公关手段。汉娜非常激动——唯一的问题是她必须自己支付这一大笔旅行费用。

作为一名勇敢的飞行员,汉娜活泼的性格、时尚的外表和迷人的笑容确实让她从坐进滑翔机的那一刻起就成了人们的焦点。在她那次创纪录的风暴云飞行过后,带有民族主义倾向的电影制片厂全球电影股份公司(UFA)便邀请她在一部有关滑翔的电影里担任特技替身。汉娜接受了这个邀请,签约条件是对方付给她3000帝国马克,用来支付南美之行的费用。

《空中对手》[2](*Rivals of the Air*)是一部早期的纳粹宣传电影,用于鼓励年轻男子投身军营成为飞行员。这部电影的制片和主演都是卡尔·里特尔,他本人是"一战"时的一名飞行员,也是一名表现积极的纳粹党员。电影围绕一个年轻的滑翔爱好者展开,他在电影

---

1 Martin Simons, *German Air Attaché: The Thrilling Wartime Story of the German Ace Pilot and Wartime Diplomat Peter Riedel* (Airlife, 1997), p. 88.

2 德语名为 *Rivalen der Luft*(UFA,1934)。

里劝说他的一位大学女同学和他一起上滑翔课，结果女同学考试没有通过，没有资格参加勒恩的滑翔比赛。然而"这个身量虽小但能量无限的人"，按汉娜的话说，"有着自己的主意"。[1]这个年轻的女子明显是以汉娜为原型的，在电影里她借了一架滑翔机，去追赶其他的男性选手，结果却是被比她年长的滑翔教练从风暴云中救出来，这个教练身上也带着沃尔夫·希尔特的影子。在几度加油鼓劲之后，滑翔教练把女孩救了下来，而年轻的男主角赢得了比赛：一个你好我好大家好的结局——尤其是汉娜，她明显毫不介意电影背后的政治含义，只沉浸在有机会反复在湖中"坠机"的演出中，何况还有人付钱让她享受这种特殊的待遇。

1934年1月初，汉娜扬帆起航前往南美，这是她首次出国冒险。身边是四大滑翔明星——瓦尔特·格奥尔基、沃尔夫·希尔特、彼得·雷德尔和海尼·迪特马尔——这又是另一个梦想成真的时刻。也许是由于他们在电影中的"浪漫"过往，海尼试图和汉娜调情，但她却无动于衷，只和高大的、像哥哥一样的彼得抱怨他们的同行有点烦人。也许是出于这种痛苦，海尼后来和一个他们共同的朋友说，他"十分确定"汉娜是一个女同性恋。[2]彼得则早已心有所属，他从没觉得汉娜性感。"就拿一点来说吧，她太矮了。"他开玩笑地说道。但他把她当作"一个很好的朋友"，就像对梅利塔一样。[3]无论如何，汉娜对每一段难免限制她自由的恋情都毫无兴趣。就像她在电影里作为替身出演的角色那样，她真正仰慕的永远都是那些年

---

1 Hanna Reitsch, *The Sky My Kingdom: Memoirs of the Famous German World War II Test Pilot* (Greenhill, 2009), p. 66.

2 Eric Brown, Mulley interview (June 2014).

3 Martin Simons, *German Air Attaché: The Thrilling Wartime Story of the German Ace Pilot and Wartime Diplomat Peter Riedel* (Airlife, 1997), p. 88.

长的人,像父亲一样的人,比如沃尔夫·希尔特。

除此之外,这次旅行的方方面面都让她十分满意:波光粼粼的海面,"浮冰碰到船桨时碎裂的清脆的叮当声,就像一千个玻璃杯同时在祝酒",还有海豚、飞鱼,还有"半裸的黑人男孩们,像鱼一样灵活",他们会潜到水里去捡船上的人从栏杆处丢下去的硬币,[1] 船长甚至允许她爬上了桅杆。汉娜和当时的很多人一样,接受了——也无意中助推了——种族主义。虽然可以远远地欣赏那些黑人男孩的泳姿,可一旦走近,她就觉得这些西班牙属加那利群岛的黑人"长得又黑又邪恶,让人不由自主地脊背发凉"。[2]

探险队一到达里约热内卢就开始了公关活动,召开了一系列发布会,举行了很多场晚宴和演讲。瓦尔特·格奥尔基非常精明,他让小巧可人的汉娜特意穿了一身白,从飞行帽到长筒袜和鞋子。她是那么引人注目,很快获得了大量的关注和曝光。她不仅是队伍里唯一一名女性,还是年龄最小的队员。"有一个女孩在场……"她现在才意识到,情绪有点复杂,"自然而然地增加了……人们的兴趣和好奇心"。[3] 每天成百上千的观众长途跋涉到机场来观看汉娜表演飞行特技,男人们带头准备跨国飞行之旅,而这实际上才是他们来到巴西的真正意义。

几周后,他们搬到了圣保罗,汉娜在这里有更多机会参与长途飞行了,时而在热上升气流形成的积云中穿梭,时而追逐逆热气

1　Hanna Reitsch, *The Sky My Kingdom: Memoirs of the Famous German World War II Test Pilot* (Greenhill, 2009), pp. 69, 71.

2　Ibid., pp. 69, 70.

3　Ibid., p. 72.

风的女儿

流而上的黑美洲鹫[1]。一个周日的早上，她把一小股热气泡似的暖气流错看成了一股足以带动一架滑翔机的强大上升气流。像以往一样，汉娜还是那么自信也那么缺乏耐心，她过早地从带引擎的牵引飞机上把自己的滑翔机放了下来。令她惊愕的是，她很快就发现自己开始打着转下降，只好被迫寻找一处紧急降落点。地面上的城市人群熙攘，她好不容易找到了唯一一处看上去平坦的地方，慢慢靠近了才惊恐地发现那是一个足球场，而球场上还有正在进行的足球比赛，周围满满的都是观众。根据汉娜的记录，一直到她"快速俯冲穿过了一个球门"，用西班牙语大喊着让人们闪开，球员们才意识到她确实没办法再飞起来了，人们乱跑乱撞，纷纷趴在地上。幸运的是，滑翔机没有撞到人。一落地，她的滑翔机就被人群团团围住，据她讲，是"一个德国人"叫来了骑警才把她救出来。而踩踏导致一些人受了伤。汉娜并没有因为此事被责难，这一事件反而成了该次科考活动中最成功的公关行动，当地很多报纸都报道了"非凡怪事：从天而降的女孩"。[2]

汉娜在巴西待了好几周，接着又到了绿茵遍野的阿根廷平原上空翱翔。揭幕表演后，她在距离战争部长仅20米远的地方停了下来。当然，当地人会问及希特勒的问题，彼得写道，他们的飞机"印着纳粹万字符，飞在阿根廷上空"。[3]1934年4月，等到这支队伍

---

1 这种鸟类十分擅长寻找气流，探险队后来抓了几只带回了德国。不出所料，它们在笼子里被投喂习惯了之后便拒绝飞行。因此其中几只被捐赠给了法兰克福动物园，据说有一只是走到海德堡去的。

2 Hanna Reitsch, *The Sky My Kingdom: Memoirs of the Famous German World War II Test Pilot* (Greenhill, 2009), pp. 76, 77.

3 Deutsches Museum archive PERS/F/102228/2, *Luftwelt* [Air World], 10, Peter Riedel, 'German Gliding in Argentina' (1934), p. 175.

准备回国的时候，汉娜已经作为贵宾出席了多种场合的活动，也在不少偏僻的乡村完成过降落。她坚定地拒绝了海尼对于她如何进步的建议，她更不愿意听取一个年轻帅气的西班牙飞行员的建议。她获得了银飞行奖牌（*Silver Soaring Medal*）[1]，这还是首次有女性获得这个奖牌。彼得在长距离飞行上创下了新的纪录，沃尔夫史无前例地完成了连续环形飞67圈，海尼则打破了最高海拔的飞行纪录。但"更重要的是"，按照汉娜的说法，"我们架起了友谊之桥"。[2]

他们不在国内的这段时间，德国已经在海外变得越来越不受欢迎。虽然他们的旅行并不是一次官方的友好访问，汉娜还是很乐见自己成为祖国的义务大使。此时，在德国国内，"希特勒似乎带动起了身边每一个人"，彼得在回国后写道，"经济在蓬勃发展，失业问题也差不多都解决了，国家在经历了这么多年的绝望后又一次强大了起来。"他此前对纳粹政权抱有的所有怀疑如今都慢慢褪去了。"我当时以为希特勒就是德国的大救星。"他说。[3]汉娜也断然表示支持。

当汉娜在国外为了她自己也为了纳粹政权大肆宣传曝光自己的时候，梅利塔则刻意在德国航空研究所低调地工作、生活。几年前，作为一个"新女性"的她，学习工程学，骑在摩托车上招摇过市，甚至还吸烟，在魏玛共和国她非常扎眼。然而在20世纪30年代的德国，尽管她作为女性的职业选择仍然与众不同，但随着纳粹政权的崛起，梅利塔却似乎在小心翼翼地退出公众视野。

梅利塔自始至终从心底里都是一个传统主义者。诚然，飞行之

---

1 该奖牌用于奖励完成单次飞行距离超过50千米的跨国飞行的飞行员。——译者注

2 Hanna Reitsch, *The Sky My Kingdom: Memoirs of the Famous German World War II Test Pilot* (Greenhill, 2009), p. 82.

3 Martin Simons, *German Air Attaché: The Thrilling Wartime Story of the German Ace Pilot and Wartime Diplomat Peter Riedel* (Airlife, 1997), p. 12.

风的女儿

于梅利塔有如呼吸之于普通人，但31岁的她本质上还是在社会交往上比较保守，热衷于对传统的传承和职责的遵守，认为辛勤地工作才值得被奖励。她也许在飞行员和工程师同事中有几个朋友，并和贵族施陶芬贝格家的三兄弟打成一片，他们如今已是学术界、法学界和军事界冉冉升起的新星。梅利塔自己的兄弟姐妹如今也在令人尊敬的各个领域中蒸蒸日上，从行政部门到医学界再到商业和新闻领域。梅利塔标志性的鲍勃式短发早就被换掉了，如果她还穿着长裤去上班，那长裤如今也只是剪裁合身的套装里的一分子了，丝绸衬衫和珍珠项链也让她看起来温柔了许多。她现在的穿着打扮更加入时，而不再是为了惹事，这似乎也反映了她对于人生整体看法的转变。尤塔发现，她的姐姐"坚决拒绝被扯进公众视野"，梅利塔自己也宣布她不会"掺和到报纸电台尖锐的宣传世界里"。[1] 她可能天生内敛，但她如今还有了另一个理由不去制造不必要的热点。在各种机会向汉娜敞开大门的同时，梅利塔却已经得知，她家里的一些往事不仅威胁到她的飞行机会，还影响到了她的个人生活、经济状况，甚至她的恋爱关系。

梅利塔的父亲上大学期间受洗皈依了新教，从此信奉基督教并决定未来将同样的信仰灌输给他的孩子。然而梅利塔的爷爷摩西却是一个犹太教徒，尽管他并不严格践行犹太教教义。19世纪，波森划归普鲁士统治之初，这里建起了一座新的犹太教堂，而当地的犹太人和大多信新教的德国人建立了密切的联系。摩西喜欢德国的文化，所以米夏埃尔受洗后，父子都决定将他们的犹太背景抛诸脑后。他们都成了德国的爱国人士。可能是因为担心自己受辱并想要避免受到歧视，也

---

[1] Archive Reinhart Rudershausen, Jutta Rudershausen, 'Frau über den Wolken: Ein Leben für Wissenschaft und Fliegen' [Woman Above the Clouds: A Life for Science and Flying] (unpublished manuscript, nd), p. 40.

可能因为大家觉得这种事本就没有关系，席勒家从来没再讨论过自己的犹太血统。没有一个米夏埃尔的朋友知道这个年轻人其实并不是一个德国新教徒的模范，尽管他看起来像模像样，也自恃如此。

梅利塔是何时发现父亲家的犹太血统的，至今仍然是一个谜，也许是她14岁被施以坚信礼的时候，也许是1933年希特勒执政后，那时，这一事实已经可以产生极大的政治影响力。同年，第一波限制犹太人参与德国公共生活的法律出台，无论是做学生，还是做公务员、律师或是医生，都有了明确的限制规定。到1935年9月，梅利塔肯定早已清楚了自己的家族背景，当年生效的《纽伦堡法令》进一步明确了纳粹政权的反犹性质，法令剥夺了所有德国籍犹太人的公民权和一系列基本政治权利，禁止他们和雅利安人结婚或发生性关系。《纽伦堡法令》的出台彻底打破了部分在德国的犹太群体对祖国抱有的幻想，他们曾以为祖国会宽容地接纳他们，然而并没有。

和梅利塔关系好的朋友和同事很清楚梅利塔对纳粹政策的批判态度。也许她早在慕尼黑读书的时候就听过了希特勒早期的演讲，从那时起他就说犹太人是"害虫"，坚持认为"犹太人永远不可能成为德国人，不管他宣誓证明多少次"。[1] 这种所谓"民族主义"的意识形态——这种以血统而非信仰或合法地位定义种族的想法——深深地烙印在他的两卷《我的奋斗》中，第一卷和第二卷分别于1925年和1926年出版。[2] 那时，和很多人一样，梅利塔可能还在怀

---

1 Norman H. Baynes, *The Speeches of Adolf Hitler, April 1922–August 1939* (OUP, 1942), pp. 52, 59.

2 然而在很多有名的案例中，定义种族的却不是血统，而是偶然的机会。1935年，赫尔曼·戈林亲自挑选了所谓代表最纯正的雅利安人的婴儿照片，用于印发全国的宣传卡片和海报。这个孩子其实是一个犹太人。参见 *Independent*, 'Hessy Taft: Perfect Aryan Baby' (02.07.2014)。

疑希特勒能走多远。到1933年,"纳粹党已经掌权,但没人想到这样的政权会长久",一个施陶芬贝格家的朋友写道,并补充说,"看到如此麻痹德国的独裁专政能以如此迅猛的速度发展实在是太神奇了"。[1]两年后,梅利塔一定格外留意希特勒《纽伦堡法令》的颁布,但元首在这里的表述却一反常态地模糊。在后来接受采访的时候,希特勒表示"这部法令不是反对犹太人,而是支持德国人。德国人的权利由此得到了保护,不受犹太人毁灭性的影响的侵害"。[2]

米夏埃尔·席勒现在已经74岁了,对于发生的一切,他带着一种半无畏半谨慎的态度来看待。1935年年末,他向德国《自然与灵魂》(Nature and Spirit)杂志投出了三页纸的稿件,旨在证明教育孩子"做真正的人"是要通过培养理性的思考,而不是通过对非自然力量的迷信来实现的。[3]他并不是在为犹太人站台,也没有想过人权这么大的话题,只是在说他自己的小家而已。他不明白为什么要通过血统,而不是更为显见的智商和能力来定义他们。文章一经发表,他就把杂志寄给了他的孩子们。这并不是他最后一次尝试保护他们。

实际上,起初《纽伦堡法令》没有直接影响到席勒家。纳粹政权绞尽脑汁试图系统化地歧视犹太人,规定所谓的犹太人是指那些有三到四位人种上即为犹太人的祖父母和外祖父母的人,或者有两位严格奉行犹太教教义的祖父母和外祖父母。梅利塔和她的兄弟

---

1 Elisabeth zu Guttenberg, Sheridan Spearman, *Holding the Stirrup* (Duell, Sloan, Pearce/Little, Brown, 1953).

2 Norman H. Baynes, *The Speeches of Adolf Hitler, April 1922–August 1939* (OUP, 1942), p. 731.

3 Archive Reinhart Rudershausen, *Natur und Geist: Monatsheft für Wissenschaft, Weltanschauung und Lebensgestaltung* [Nature and Spirit: The Monthly Bulletin of Science, Philosophy and Lifestyle] 3.12 (December 1935).

姐妹因此被排除在外。此外，对于那些被授予过高级荣誉勋章的老兵、65岁以上的老人还有那些已经和雅利安人结婚了的人，法令起先也把他们排除在外，这也就意味着米夏埃尔可以逃过此劫。席勒家那时并不需要着急想办法把自己划为失踪人口，或者干脆人间蒸发。尽管如此，有一件事是明确的：席勒家不再是和从前一样的德国公民了。如今种族隔离和歧视的原则已写入德国法律，他们无法确保自己不会受到任何形式的迫害。

截至1935年年底，新的法律已在进一步边缘化德国籍犹太人：犹太军官被从德国部队里开除，犹太学生不再能读博士，德国法庭不能引用犹太人的证词，有些城市甚至开始禁止犹太人在市医院就诊。很快地，上大学、找工作、结婚都开始需要出示"雅利安人证明"。"幸运的是，我们那时都已经完成了全部学业"，克拉拉日后回忆道，但"从那时起，危险就有如达摩克利斯之剑一般时时威胁着我们"。[1]大姐莉莉在柏林接受过X射线助理技师培训，但她结婚后便低调地回归了家庭，不大可能吸引太多注意。尤塔也结婚了，丈夫是一名纳粹高官。对于她来说，那几年过得很平静。然而，奥托、梅利塔和克拉拉的工作都需要人种证明。他们决定隐瞒自己的家族历史。他们的父亲米夏埃尔在边境划分后成了波兰公民这个事实也帮助他们成功地拖延了时间。为了争取时间，克拉拉说道，"我们假装我们的证件资料都从敖德萨来"。[2]后来他们则声称什么资料都找不到了。奥托现在在德国驻莫斯科大使馆做农业专员。1932年，他曾去乌克兰调研斯大林农业集体化政策导致的饥荒情况，这

---

1 Klara Schiller quoted in Gerhard Bracke, *Melitta Gräfin Stauffenberg: Das Leben einer Fliegerin* [The Life of an Aviatrix] (Herbig Verlag, 2013), privately translated, p. 39.

2 Ibid.

使得他对于纳粹政权来说有着特殊的重要意义。他的职位暂时是稳定的。克拉拉在1932年拿到了此前申请的德国公民身份，同年，她去往苏联看望哥哥奥托，在北高加索学习营养学，后来也在那里工作了一段时间。1935年，也许是为了让她远离国内，奥托帮她找到了一份在西班牙种植大豆的工作。

作为一个坚定的爱国者，梅利塔始终对德国忠心耿耿，但与汉娜不同，她此刻已经将自己深爱的有着深厚文化积淀的祖国和所谓的第三帝国明确区分开了，在这个第三帝国里，她突然开始需要隐瞒家里的过去。她很清楚她所在的德国航空研究所和所从事的研究工作对于国家来说至关重要，她拼命工作以确保她是团队中不可或缺的成员，防止有一天她的犹太背景暴露导致工作能力遭人质疑。她现在连续多日待在机场或者办公室里做研究，不再大谈政治，也几乎从来不谈家里的事。

纳粹对科学和航空的兴趣给了梅利塔所在的研究所期盼已久的支持。"突然就多了一大堆设备，资金也变得充裕了，都用来打造一支全新的队伍，开展全新的科研项目，包括对飞行也一样。"她的朋友兼同事保罗·冯·亨德尔这样写道。[1]1934年至1936年，梅利塔承担了具有重大军事意义的试飞工作的首批项目研究。此前她也曾在最高水平的风洞做过实验，测试评估机翼的前缘缝翼、后缘襟翼和可调节螺旋桨对空气动力学、速度和效率的影响。她的开创性设计方案为商业航空立下了行业标准。1934年，她将研究重点放到了骤降对螺旋桨的影响上，她所做的试飞工作、设计分析和修改，日后都对德国"二战"时期的空军发展起到了至关重

---

[1] Archive Reinhart Rudershausen, Paul von Handel, 'Erinnerungen an Litta' [Memories of Litta] (nd).

要的作用，她本人也很清楚自己的工作可能带来的这些影响。1934年下半年，梅利塔作为女性已经被禁止参加德国的巡回飞行比赛，只能在场外开着救护飞机沿着赛道飞行。她也是唯一一名在这条赛道上没有受到过处罚的飞行员。梅利塔不只是在证明自己的个人能力——"她只是不把她反对的事情放在心上"，她的一个妹妹评价道[1]——她也在利用这个机会熟悉救护飞机，而这种飞机很快就会出现巨大的需求缺口。

1934年秋天，希特勒的私人飞行员汉斯·鲍尔驾机载着元首参加一年一度的纽伦堡集会。当银光闪闪的飞机盘旋在老城的上空，成千上万的人极目远眺希望可以看到元首"从天而降，仿佛一位日耳曼神"。[2] 1935年3月，希特勒宣布扩充国防军，恢复全民征兵，并正式组建德国空军。纳粹党组织了多场公开典礼和仪式，天上有飞行表演，地上有军队阅兵式，令人过目难忘。在汉娜看来，这只是"一般的和平年代的征兵仪式"，但她也承认国际局势当时"极度紧张"。[3] "直到那时，"温斯顿·丘吉尔后来写道，"人们才发现，德国的空中运动和通用航空其实只是障眼法，背后是'一个为空战做准备的庞大组织'。"如今，"最后一层面纱被揭开，人们得以一窥这个恐怖的组织……希特勒也不再掩饰，他跳出来，武装到了牙齿，他的军火工厂没日没夜地快速生产着，他的飞行中队一眼望不

1　Archive Reinhart Rudershausen, Jutta Rudershausen, 'Frau über den Wolken: Ein Leben für Wissenschaft und Fliegen' [Woman Above the Clouds: A Life for Science and Flying] (unpublished manuscript, nd), p. 54.

2　C. G. Sweeting, *Hitler's Squadron: The Führer's Personal Aircraft and Transport Unit, 1933–1945* (Brassey's, 2001), p. 20.

3　Hanna Reitsch, *The Sky My Kingdom: Memoirs of the Famous German World War II Test Pilot* (Greenhill, 2009), p. 100.

到边"。[1] 同年下半年，曾经和梅利塔的舅舅一起参加过"一战"的王牌飞行员恩斯特·乌德特在帝国的党会上展示了外形圆胖的灰色涂装霍克战斗机和一架福克-沃尔夫俯冲轰炸机，为全机开发项目打下了基础。梅利塔很快开始承担盲飞任务并参加无线电课程的学习，同时还在研究开发测试轰炸机的俯冲制动装置。在安全措施不足的那个时代，这些都是风险极高的工作，仅1934年到1937年，梅利塔所在的德国航空研究所就有13名同事在试验事故中遇难。

政府对军事应用研究的经费支持在增加，梅利塔对此感到满意，然而保罗却感觉，在德国航空研究所"纳粹政策的影响起初几乎让人察觉不到"，[2] 即使是在部队里也是如此，他认为"很少有政治利益的影响"。他和梅利塔共同的朋友克劳斯·冯·施陶芬贝格自认为是一名不关心政治的陆军军官，承袭了部队的优良传统，虽然他家人后来表示，他一听到犹太人受辱的事就会立刻起身离开房间。[3]

在德国的高校里，情况稍有不同。自从纳粹党当政，各个层面的教育都被严格地管控了起来，并受纳粹党的指导。梅利塔的男朋友——亚历山大·冯·施陶芬贝格——当时是柏林大学古代史教授，后来被派去吉森大学执教，并在维尔茨堡大学做助理教授，为出于政治目的而扭曲历史拉开了序幕。保罗认为，正因为如此，亚历山大才变得"更加批判地看待希特勒执政下的德国政治发展，远

---

1 Winston Churchill, *Great Contemporaries* (Odhams Press, 1947, first published 1937), pp. 206, 208.

2 Archive Reinhart Rudershausen, Paul von Handel, 'Erinnerungen an Litta' [Memories of Litta] (nd).

3 Konstanze von Schulthess, *Nina Schenk Gräfin von Stauffenberg: Ein Porträt* [A Portrait] (Piper, 2009), p. 71.

比利塔、克劳斯和我（保罗）批判得多"。[1]可能是因为社会经验不足，也可能是出于愤怒下的反抗，亚历山大曾经多次公开批评纳粹政权及其出台的政策，这在当时是极少数人才敢做的事。他的双胞胎弟弟贝特霍尔德此时在海牙做律师，也为动荡的政治风云感到烦恼。1933年7月，纳粹宣布成为德国唯一合法政党，同年10月，德国退出国际联盟，导致贝特霍尔德返回德国柏林威廉皇帝研究所工作。纳粹政权合法性的缺失和对国际法的蔑视让他深感不安。他可以接受民族主义和爱国主义，甚至可以接受一定程度上的种族歧视，但暴政专政和制度化的种族压迫是他绝对不能接受的。和其他亲朋好友不同，施陶芬贝格家三兄弟没有一个人加入纳粹党。

亚历山大不声不响地于1934年和梅利塔同居了。虽然她还没有正式向家人介绍这个男朋友，但两人都很明确这段恋爱关系将是永久的。1933年9月，克劳斯顺从地迎娶了女男爵尼娜·冯·莱兴费尔德，[2]她是一位极其美丽的巴伐利亚贵族，"深色的细长眼，头发柔顺而富有光泽"。[3]贝特霍尔德和一个俄国出生的姑娘米卡·克拉森订了婚，1936年6月——他们的父亲去世后不久——他也和这个姑娘成了亲。米卡家是在1918年德国十一月革命期间逃到苏俄的，贝特霍尔德家人十分反对这门婚事，因为米卡并不是德国贵族家庭出身。[4]只有亚历山大到这时还是单身，他的父亲应该对梅利塔的

---

1 Archive Reinhart Rudershausen, Paul von Handel, 'Erinnerungen an Litta' [Memories of Litta] (nd).

2 克劳斯和尼娜在德国波恩度蜜月，其间参观了庆祝墨索里尼执政10周年的一个展览，因此错过了1933年的德国大选。

3 Elisabeth zu Guttenberg, Sheridan Spearman, *Holding the Stirrup* (Duell, Sloan and Pearce/Little, Brown, 1953), p. 184.

4 Count Berthold von Stauffenberg, Mulley interview (05.11.2014).

犹太身世并不清楚，但他确实对她的社会地位持观望态度。

梅利塔家也并非对偏见天生免疫，他们认为如果一个人的特权不是通过个人的努力和美德获得的话，那就荒唐得有点可笑。"母亲有时开玩笑说起自己家祖上如何高贵，哥哥姐姐就会挤眉弄眼地逗她。"尤塔日后回忆道。父亲能感觉到梅利塔的局促不安，便会说从前的特权阶层"让人的性格被培养得更加理性，也更勇于承担责任"。[1] 很遗憾，没有资料记载梅利塔的回应，但她有很强的自尊心和自信心，相信自己作为一名飞行员和贵族一样享有特权。不管怎样，亚历山大对于贵族的传统理解注定了他不可能在家族的光环下碌碌无为一生。事实上，他和梅利塔一样，着迷于自己的工作。然而阻碍他们申请结婚的还有另一件事：梅利塔必须出示"雅利安人证明"。她最终抵挡不住了，还是为自己和兄弟姐妹都正式提交了雅利安人身份申请，这个申请得以上交的前提是他们父母的结婚证上写着双方都是新教教徒。然后梅利塔开始了等待。

汉娜于1934年晚春时节从南美回到了德国。"我们现在不能让你走，"瓦尔特·格奥尔基返程的时候对她说，"你是我们的一员。"[2] 那年6月，她和彼得·雷德尔、海尼·迪特马尔一起加入了格奥尔基的备受国际赞誉的滑翔研究所，位于达姆施塔特，就在法兰克福南边。"我简直想象不出比这更幸福的事了。"她写道。[3] 这是一个好的时机。纳粹对于滑翔的投入之大也是前所未有的，正如梅利塔所在的航空研

---

1 Archive Reinhart Rudershausen, Jutta Rudershausen, 'Frau über den Wolken: Ein Leben für Wissenschaft und Fliegen' [Woman Above the Clouds: A Life for Science and Flying] (unpublished manuscript, nd), p. 52.

2 Hanna Reitsch, *The Sky My Kingdom: Memoirs of the Famous German World War II Test Pilot* (Greenhill, 2009), p. 83.

3 Ibid., p. 85.

究所一样。但是汉娜想要正式成为滑翔机试飞员还需要大量的训练。在几周的时间内，她又创下了一项新的女子长距离滑翔的世界纪录，这一次她的滑翔距离超过了100英里（约160公里）。此外，她还获得了在斯德丁[1]民航训练学校学习的机会，而这里通常只收男学员。

斯德丁是德国众多低调的军事基地之一，人们后来才知道，那些学生穿的校服和德国空军的制服惊人地相似。"学校里都是军官，"汉娜说，"他们看到机场上出现了女人简直就像是一头公牛看到了一块红布。"[2]尽管她在出早操排队的时候闹了不少笑话，她小巧的身材难免"打破了男性身材剪影的伟岸画面"，她这样说道，但她还是很快证明了自己的能力，并得到了同伴们的认可。大多数飞行服对汉娜来说都太过肥大，她在驾驶舱里太矮，只能垫个垫子才能和大家差不多高，但她还是学会了驾驶福克-沃尔夫FW44双座敞开式双翼飞机，这架飞机的德语代号是"Stieglitz"，意为金翅雀。她在空中做环形飞行，翻转滚动，然后悄悄地把自己初次驾驶的呕吐物吐进她的一只手套里，小心翼翼地不让人发现。回到达姆施塔特的时候，汉娜已经可以驾驶六架重型亨克尔飞机中的一架了。这些飞机曾经用于军事侦察，而后被卸下了所有武器，并被重新注册成民用飞机，用于飞行表演和研究所出于气象观测目的的夜飞。鉴于这些飞机战后先是分配给了德国航空研究所，所以汉娜很可能正坐在当年梅利塔的老座位上。

1935年，汉娜正式成为了一名滑翔机试飞员。她试飞的第一架飞机是研究所制造的DFS滑翔机，代号"起重机"，一切都很顺利。接着第二架是"海鹰"，世界上首架水上滑翔机，它的鸥形翼经过

---

1 德国统治期间城市名，现在是波兰城市什切青。——译者注
2 Hanna Reitsch, *The Sky My Kingdom: Memoirs of the Famous German World War II Test Pilot* (Greenhill, 2009), p. 91.

精心设计，保证不受波浪和水汽影响——虽然并非每次都有效。在早期的一次试飞过程中，汉娜的"海鹰"被牵引绳的重力拉到了湖面以下，最后只能由一架道尼尔水上飞机从水中拉回天上。

面对如此危险的试飞，母亲每天寄给汉娜的信给了她莫大的安慰。母亲让她放心，因为她的生命在上帝的手中，但是母亲反复警告"虚荣心和自负会让人目中无人"，这也让汉娜感到有些烦人。母女俩唯一的共识是她们有一个共同的信念，那就是汉娜的工作说到底是了不起的，是"为了德国和拯救人类性命的"。[1]

在彼得·雷德尔看来，汉娜很快成了一名"相当优秀的飞行员"，他忍不住补充道，"她能和最好的男飞行员媲美，甚至超越他们"。[2]除了潜心于德国航空研究所工作的梅利塔，汉娜是当时唯一一名得以有如此令人激动的机会试飞原型机的女飞行员。于是汉娜开始收到各种邀请，请她在国外的飞行活动上代表德国做展示。在芬兰，她的滑翔展示被用来号召年轻人参与到这项运动中。但在汉娜去葡萄牙的路上，当地恶劣的天气给她惹了麻烦，她未经允许迫降在了一个法国军用机场里。有监控拍到了这一画面，汉娜因此被指控是间谍。她"气到脸色苍白"，激动地否认了这项指控，并认为这样的指控不仅是对她个人的污蔑，更是对她祖国的侮辱。[3]最终法国航空部宣布将她释放。她心满意足地将"外国的紧张气氛"抛在脑后，继续出发飞往里斯本，然后幸福地放任自己去回应内心

1　Hanna Reitsch, *The Sky My Kingdom: Memoirs of the Famous German World War II Test Pilot* (Greenhill, 2009), p. 125.

2　Martin Simons, *German Air Attaché: The Thrilling Wartime Story of the German Ace Pilot and Wartime Diplomat Peter Riedel* (Airlife, 1997), p. 88.

3　Hanna Reitsch, *The Sky My Kingdom: Memoirs of the Famous German World War II Test Pilot* (Greenhill, 2009), p. 105.

第三章 公共关系 1933～1936

"那一个强烈的欲望——去体会一飞冲天的美"。[1]

"希特勒想要让德国人都会开飞机,让德国成为一个飞行家的国度,"汉娜的朋友卡尔·鲍尔的妻子说道,卡尔本人是梅塞施密特飞机的试飞员,"如果城里有什么庆祝活动的话,飞行表演是必需的。"[2]卡尔和汉娜一起开发了一个飞行特技项目,此后汉娜便开始了环德国的区域性飞行日展示,给观众表演飞行特技动作。卡尔的妻子认为汉娜只是一个"年轻的、看起来弱不禁风的姑娘",但卡尔却对她表演时倾注的热情和精力印象深刻,认为她是一个"非常有才华、非常热情的飞行员"。[3]

汉娜如今有越来越多的机会和德国其他航空明星并驾齐驱,包括驾驶风驰电掣的梅塞施密特Bf-108"台风"的埃莉·拜因霍恩和恩斯特·乌德特。乌德特每次出场都会引起轰动,他能驾驶一架敞开式双翼飞机从空中呼啸着俯冲到贴地飞行,还能用翼尖挑起一块手帕。自"一战"以来,乌德特便和他的朋友兼战友罗伯特·里特尔·冯·格莱姆一起,以表演飞行特技和模拟空战为生,他一直认为格莱姆是一位"了不起"的飞行员。[4]乌德特还出演过不少电影,这时已经是享誉全国的超级明星。"但在这种浮夸背后,我的内心深处还是有个隐秘的声音,追寻着一股激励我们成为国之栋梁的力量。"他在1935年的回忆录中写道。"我们都是没有番号的战士。"他如是说。

---

1 Hanna Reitsch, *The Sky My Kingdom: Memoirs of the Famous German World War II Test Pilot* (Greenhill, 2009), p. 109.

2 Isolde Baur, *A Pilot's Pilot: Karl Baur, Chief Test Pilot for Messerschmitt* (J. J. Fedorowicz Publishing, 2000), p. 27.

3 Ibid., p. 28.

4 Ernst Udet, *Ace of the Black Cross* (Newnes, 1935), p. 162.

直到1933年，那时"老兵们才又有了活下去的意义"。[1]

汉娜越来越频繁地出现在公众视野当中，她也成了一个小明星。1934年，她在滑翔杂志的报道中突然从只有寥寥几句介绍变成了标题中的主角，甚至登上了杂志封面，照片中的她坐在开放驾驶舱里对着镜头微笑，金色卷发塞在紧贴头皮的飞行帽下，护目镜架在帽子上。她甚至还身着华丽的毛领飞行夹克，成为"现代美人"系列图案的一幅出现在烫金的加尔贝蒂牌（Garbáty）烟盒上。此外，她和埃莉·拜因霍恩也是全德国女性中和1932年上市的卡朗"翱翔"香水[2]关系最紧密的。汉娜是一个天生的演员，当年的无声电影片段中，穿着飞行服的她看起来惬意而迷人。她一边用手遮着太阳避免阳光直射眼睛，一边大笑着，兴致勃勃地打掉了一个年轻帅小伙儿手中挥舞的羽毛掸帚，后来掸帚被支在了她的滑翔机机头前，更多男子走到她周围开她的玩笑。整个场景看起来非常欢乐。而在另一幕中，汉娜又穿上了白衬衫，脖子上系着方巾，在镜头前做着鬼脸，身边还有一只像大型毛绒玩具一样的、穿着宠物夹克和裤子的大狗。尽管不断受到性别歧视，汉娜还是能一笑置之，因为她知道自己在天上能超过所有这些笑她的男人。她一旦戴好了护目镜，在驾驶舱里扣好了安全带，就会有大约50个男人围拢过来看她起飞，其中也有不少穿制服的军人。她那架优雅的白色滑翔机微微下沉，消失在人们的视野中，然后又华丽地拔地而起，把观众们远远地甩在身后。

汉娜那时公开和新政权保持联系，并开始与其一起日益成长，

1　Ernst Udet, *Ace of the Black Cross* (Newnes, 1935), p. 243.
2　卡朗"翱翔"香水的调香师是埃内斯特·达尔特罗夫，出身于一个苏联的犹太中产家庭。1941年，他借道巴黎逃往美国。

第三章　公共关系 1933～1936

但她并非完全支持纳粹党的政策。她的一个飞行伙伴尤阿希姆·屈特纳，那时已被认定为"犹太混血"。两人一起飞过芬兰，后来又和彼得·雷德尔一起去瑞典进行飞行特技展示。在瑞典的时候，汉娜问她的一个航空机械师朋友沃尔特·施滕德尔，能不能帮屈特纳在国外找一份工作。施滕德尔拒绝了，只回复说她想要帮一个犹太人的愿望是"值得尊敬但十分危险的想法"。[1] 实际上，那时为屈特纳争取机会可能并不会使她自己身处险境，但是她能为朋友担心，也证明了她那时意识到了政府授意下日益高涨的反犹情绪，也显示了她并没有因为自己不受影响而心安理得地接受这一政策。然而在现实面前，她只选择为自己的朋友走后门，而不是站起来反抗这一现状。"她并不认为这些例子能从本质上说明什么，"她的一个朋友说道，"在她看来这些只是个案，凭一己之力就可以解决……她看不出这背后的邪恶本质。"[2]

1936年2月，汉娜非常开心地加入了彼得在巴伐利亚山区加尔米施-帕滕基兴举行的冬季奥运会上进行的滑翔特技表演。整个活动很有意思，在结冰的湖面上起飞和降落，这里同时也是花样滑冰的比赛场地。乌德特也在这里，和包括汉斯·鲍尔在内的希特勒私人飞行员一起参加以发动机为动力的飞机拉力赛。对于参加冬奥会的飞行员来说，最大的遗憾是当年的雪少得可怜，在这个后来被称为加帕村（Ga-Pa）的地方，像雪崩一样铺天盖地的是纳粹万字符，它们被印在海报、彩旗上，随处可见。这一新的标志替代了此前的

---

1 Deutsches Museum archive, 130/101, Walter Stender, 'Politische Erklärung' [Political Statement] (01.07.1947).

2 Deutsches Museum archive, 130/101, letter Horst von Salomon/ Kaplan Volkmar (27.04.1947).

反犹宣传，那些宣传大字报在国际运动员、媒体和观众们到达之前就统统被撤下了，这从侧面证明了纳粹党很清楚其他国家可能并不能理解他们的种族政策。这届冬季奥运会实际上目的在于证明纳粹政权的合法性。尽管并没有计划中那么多外国观众来德国看比赛，还有全美新闻服务（American Universal News Service）[1]局长威廉·夏勒式的犀利的批评报道，纳粹党的目的还是达到了。如果这届奥运会遭到了国际抵制，又或者观众们通过本届奥运会对纳粹新政权略有了解的话，也许希特勒就不会在短时间内启动他的扩张主义外交政策。然而历史告诉我们，这届冬奥会开幕一个月后，德国的军队就违反了《凡尔赛条约》，踏入了莱茵兰的非军事区。

1936年春天，汉娜回到了达姆施塔特的滑翔研究所，开始测试滑翔机的减速板。这一设计可以防止高速飞行中的滑翔机突破机身设计的结构强度极限，即使是在垂直下降的过程中，飞行员也可以重新获得控制权。测试过程十分吓人，原型机一加入减速板，整架飞机都会猛烈颤抖。根据汉娜的报告，她只能揿住驾驶舱的一侧，才能保持对飞机的控制。此后的改动和最终的成功是航空学上的里程碑事件。也许这并不是偶然，德国空军此时也在开发同样的制动方式，用于斯图卡俯冲轰炸的可行性研究。

此时，汉娜和梅利塔的工作首次出现了重叠。梅利塔已经就可调节螺旋桨及"头向前的下降"对飞行的影响做过了实验研究，这种下降其实换句话说就是俯冲，而汉娜此时在测试俯冲制动。毫无疑问，这两位非同小可的女性到这时已经彼此相识了。试飞员之间已经形成了一个亲密且相互支持的圈子，而汉娜和梅利塔在各自的

---

[1] 属于威廉·伦道夫·赫斯特名下的媒体品牌，1937年被国际通讯社（International News Service）兼并。——译者注

研究机构里都是唯一的女性，这也让她们成了男人们的好奇心所指和八卦所向，同时也给了她们可能彼此支持的情感来源。此外，她们还有很多共同的好友，包括彼得·雷德尔、埃莉·拜因霍恩，还有著名的飞行员老兵恩斯特·乌德特。然而汉娜和梅利塔却始终没有公开评价过彼此，仿佛是拒绝认可在同一工作领域的另一个女人。

1936年3月，汉娜在包括乌德特在内的众多德国空军上将面前成功展示了滑翔机制动，乌德特后来很快被任命为德国空军技术办公室主任。乌德特的朋友——罗伯特·里特尔·冯·格莱姆也在展示现场。格莱姆也是为数不多的曾为希特勒驾驶过飞机的飞行员之一，1920年，正是他驾机载着希特勒突破重重恶劣天气去柏林参与卡普政变。1935年，德国空军正式成立的时候，戈林任命格莱姆为第一中队队长，此时，44岁的格莱姆正在空军体系里平步青云。汉娜展示的新技术和她本身都给格莱姆和其他军官留下了深刻印象。

此后不久，汉娜接到通知，自己即将荣获女上尉的称号，是首个获此殊荣的德国女性。尽管声称"不认为奖章有价值"，汉娜还是异常激动。[1] 3月末，戈林又授予她一枚特制的女性版飞行员兼观测员奖章，这是一枚金章，上面配有钻石，还有一张他本人的签名照，上写"致空军上尉汉娜·莱契"。两天后，在汉娜的24岁生日会上，乌德特送给了她一个螺旋桨形状的胸针，胸针是金的，上面还有一个用蓝宝石做的纳粹万字符，背面刻着他的寄语。汉娜明显已经成为第三帝国中最有名的女飞行员，这一点她和梅利塔都心知肚明。

对于1936年的德国来说，冬奥会绝对是一件大事，但是那一

---

[1] Hanna Reitsch, *The Sky My Kingdom: Memoirs of the Famous German World War II Test Pilot* (Greenhill, 2009), p. 91.

年更大的事则是8月的柏林奥运会。1931年，德国赢得奥运会举办权，但由于国内经济萧条，场馆的建设并没有大兴土木。执政不满三年的纳粹党建了一个纪念体育场来向世界展示一个重生的德国。在纳粹德国，体育与民族主义和种族优越感密不可分，强调塑造身体完美的年轻人。尽管国际上对于德国作为东道主一直有反对的声音——这也是首届被抵制的奥运会，但1936年7月，德国首都还是挂起了奥林匹克旗，和红白黑三色的党旗一起在城市街头飘扬。体育场上空的兴登堡号飞艇尾翼上画着纳粹万字符，在贡多拉小船上拉着一条奥林匹克横幅。柏林菩提树大街两旁栽上了新树，一条新的轨道在柏林地下延展，宏伟的新体育场有着明显的纳粹建筑风格，德国明显希望能让观众和运动员印象深刻，并激励所有来到这里的人。柏林做好了迎接将近4500名参赛选手和15万名外国观众的准备。[1]此外仅柏林一处，大约就有100万居民观看了奥运会比赛，而他们观赛的原因则是为了看赛场边的希特勒。"柏林的节日氛围很浓，"电影制作人雷妮·瑞芬舒丹在日记中写道，"整座城都沉浸在奥运热中。"[2]虽然乌德特被禁止飞到比赛场地上空拍摄电影镜头，瑞芬舒丹还是想要试一试用氢气球绑着相机拍几张照片。具有讽刺意味的是，她从没有拍到过奥运会期间的任何空中场景。

德国一直以来都试图在奥运项目中加入滑翔项目，但国际奥林

---

1 在抵制柏林奥运会的人士中，比较著名的是英国科学家阿奇博尔德·维维安·希尔。"我有很多德国朋友，"他写道，"但只要德国政府和德国人继续迫害我们犹太人和其他同仁，参加德国任何带有科学性质的活动……对我来说都是可耻的。"参见David Clay Large, *Nazi Games: The Olympics of 1936*（2007）。

2 Cooper C. Graham, *Leni Riefenstahl and Olympia* (Scarecrow, 2001), p. 75.

匹克委员会在讨论了几个月后拒绝了德国的这一提议。[1]为了能够继续展示德国人在空中的高超飞行技术，在奥运会正式开幕的前一天，7月31日，德国在柏林坦佩尔霍夫机场举行了一场"奥林匹克大飞行日"（Olympic Great Flight Day）。那一天热闹极了，空中飘浮着系绳的热气球，有滑翔机飞行员的编队飞行，有男子飞行特技锦标赛决赛，还有很多各式"二战"前飞机的飞行展示，包括轻型飞机和以发动机为动力的飞机。受邀参加这一活动的人是梅利塔，而不是汉娜。梅利塔参与的项目是驾驶代号为"闪电"的亨克尔He-70飞机进行难度极高的飞行特技表演，这种型号的飞机此前曾被用作轻型轰炸机，也参与过空中侦察任务。在梅利塔之后表演的是一对跳伞运动员，接着是焰火表演，然后是埃莉·拜因霍恩令人惊艳的梅塞施密特Me-108飞机飞行展示，她称这架飞机为"台风"，因为它"发出的声响如此振聋发聩，举世瞩目"。[2]所有参加活动的飞机都装饰有纳粹万字符。这是一个最华丽的政治舞台。

我们无从得知梅利塔对于自己被卷入如此大规模的政治表演做何感受。但是，举办奥运会对于德国来说是一份来之不易的国家荣誉，很少有人会在此时批评祖国令人惊叹的筹备工作，而是纷纷把这一切当作预示着美好未来的开始。梅利塔也认为德国不只是当下的纳粹政权，所以她可能对自己能当选为大飞行日飞行员一事感到非常骄傲，并辩称自己并不是在为纳粹政权服务，且不选择直接面对已经面目全非的奥运会：柏林奥运会已经成了纳粹政权和希特勒

1　1938年，国际奥委会同意将滑翔作为自选项目，并计划在1940年东京奥运会上首次亮相。希特勒本希望柏林奥运会后所有奥运会都在德国境内举行。然而东京奥运会由于芬兰与苏联"冬季战争"爆发而取消。

2　Bernd Rosemeyer, Elly Beinhorn's son, interview, *ZDF-History*, 'Himmelsstürmerinnen, Deutsche Fliegerinnen' [Sky-Strikers, German Aviators] (2011).

的表演场/附庸，成了为回应世界舆论而故意申办的宣传活动。她一定很清楚，如果自己在这时拒绝邀请，一定会被认为是反德国，考虑到她当时还在等她的合法雅利安人身份证明，这种风险尤显突出。

活动当天，天气糟糕透了。乌云压城，空气湿度很高，妖风阵阵，吹翻了不少人的遮阳帽，吹得横幅啪啪直响，吹起了漫天灰尘，直让人迎风流泪。即便如此，身着棕色制服的希特勒，矮壮而神情坚定，在意大利最后一任国王翁贝托二世的陪同下出席了飞行日的活动，在场的观众能有上万人。虽然天气情况糟糕，但飞行活动还是尴尬地展开了。150架参与飞行表演的飞机中，有40架由于天气原因或者引擎失灵被迫退出表演。"那简直就是地狱。"一名飞行员在采访中说道。[1] 然而梅利塔的表演却是完美的。她出众的飞行特技动作、对飞机的精准控制引来观众的阵阵掌声和经久不息的叫好声，对于她的关注又多了起来。

汉娜也期待着在夏季奥运会上一展身手。滑翔已经成为一项"表演项目"，因此8月4日的柏林斯塔肯机场安排了滑翔展示。这并不是正式的比赛，也不会有颁奖。那天天气比大飞行日好得多，共有七个国家的飞行员参与展示，汉娜是能力超群的德国队的一员。不幸的是，这一场滑翔展示造成了柏林奥运会上唯一一次死亡事故，一架奥地利滑翔机机翼损坏，最终机毁人亡。

观看这场展示的人群中有一个17岁的苏格兰男孩埃里克·布朗，他的父亲是一名英国空军老兵，受乌德特邀请来德国看奥运

---

[1] Isolde Baur, *A Pilot's Pilot:Karl Baur, Chief Test Pilot for Messerschmitt*(J. J. Fedorowicz Publishing, 2000), p. 72.

会，用埃里克的话说，和他们之前的劲敌一起狂欢。[1]乌德特后来潜移默化地培养出了埃里克对飞行的终身热爱。他会带男孩去做翻转动作，要开始180度翻转飞机的时候只会冷漠地看一眼埃里克是否还老老实实地系着安全带，飞机一边天旋地转一边向地面降落。埃里克一度以为"这个傻老头犯了心脏病"，他吓得一句话都说不出，但乌德特却"笑声震天"。[2]降落到地面上后，乌德特拍拍少年的后背，用一种老派飞行员的方式向他打招呼："Hals und Beinbruch！"（这句德语意为祝一切顺利。）然后他开始教这个年轻人飞行，也教他德语。"对于那些想要冒险的人来说"，他是一个"好老师"，埃里克说。汉娜毫无疑问也是这么想的。[3]乌德特在机场介绍他们俩认识。汉娜"是一个了不起的女人，个子小小的"，埃里克如此评价道，他还补充说她"驾驶滑翔机的时候简直像一个天使"。[4]20分钟后，他对她的评价就成了"一个严肃又坚强的女人，踌躇满志并意志坚定"。[5]然而就像很多人一样，埃里克其实还是低估了汉娜的能力。当他得知她想要试飞发动机驱动的飞机的时候，他感觉她"没戏"，因为她绝对没有"驾驭大型飞机的体力"。[6]然而汉娜很快就会证明他是错的。

人们无从得知当年的飞行活动哪个更有名气，是奥运会飞行

---

1   *Britain's Greatest Pilot: The Extraordinary Story of Captain 'Winkle' Brown*, BBC2 documentary (ed. Darren Jonusas ASE, Executive Prod. Steve Crabtree, 01.06.2014).

2   Eric Brown, James Holland interview, www.griffonmerlin.com (2012); and Eric Brown, *Wings On My Sleeve: The World's Greatest Test Pilot Tells His Story* (Phoenix, 2007), p. 4.

3   Eric Brown, Mulley interview, West Sussex (18.03.2013).

4   Ibid.

5   Eric Brown, *Wings On My Sleeve: The World's Greatest Test Pilot Tells His Story* (Phoenix, 2007), p. 3.

6   Eric Brown, Mulley interview, Chalke Valley History Festival (29.06.2013).

项目、大飞行日还是滑翔展示。不管怎样，这两位女飞行员在各种聚会和官方宴会上，包括在日后成立的柏林飞行员之家，一定有过不少尴尬的会面。飞行员之家是由戈林创立的，旨在为飞行员和主管飞行的官员建立一个固定聚会交流的场所。汉娜后来很快开始在这样的活动中讽刺梅利塔的飞行技巧，而据说梅利塔则从来没有评价过汉娜，甚至拒绝和她一起喝茶。因此坊间也许难免出现流言蜚语，说这两个了不起的女飞行员是对手关系。虽然汉娜那时应该不知道梅利塔有犹太血统，但还是有很多其他原因导致两个人没能做成朋友。汉娜很活泼，喜欢放声大笑，看起来对生活也毫无规划，但对自己选中的职业却善于投机取巧，发现机会后可以为实现自己的目标不顾所有困难下定决心。她肯定无法接受梅利塔如此明显的优越感和权利意识。对于职业的热爱和承担风险，梅利塔和汉娜相比则有过之而无不及，但梅利塔更相信传统的成功之道：谦虚做人，努力学习工作。对于她来说，尊重是靠自己争取来的，她也不认为完全不懂航空工程的汉娜和自己是一类人。目睹这样一个学历和经验都不如自己的人能在如此短的时间里飞黄腾达一定是一件恼人的事，而当这样的故事发生在一个急于将自己塑造成新政权崛起之代表的人身上，接受起来则一定更有挑战性。

"极具阳刚气质的第三帝国将自己的成功在相当程度上归功于国内的女性运动员们。"《纽约时报》在柏林奥运会报道中这样写道。[1] 尽管纳粹政权起初以竞技体育不适合女性并可能伤及她们的生殖器官为由反对女性参与，但后来却越来越看重宣传女性运动员所能带来的舆论价值。尽管如此，关于女性运动员和赛事的报道相较

---

1 Helen Boak quoting the *New York Times*, *Women in the Weimar Republic* (Manchester University Press, 2013), p. 265.

她们的男同胞来说还是少之又少。竞赛一如既往，但种族又是另一回事了。有部分犹太血统的"雅利安人的骄傲"——德国击剑女运动员海伦妮·迈尔此前曾为躲避针对犹太人的迫害逃往美国，她也曾入选德国国家队名单，而她的入选只是为了向国际奥委会证明纳粹政权在挑选运动员的时候完全是凭实力说话。另一位官方记录的德国籍犹太人运动员是田径明星**格雷特尔·贝格曼**，然而这个名字却在公布名单前的最后一刻被悄悄抹去了。当全世界都为杰西·欧文的历史性胜利欢呼，认为这是**纳粹**意识形态败北之际，却几乎没人知道，甚至在德国也少有人知，在开幕式的飞行表演上，还有一位有着部分犹太血统的女性。

事实证明，1936年的奥运会对于德国来说是一场了不起的胜利，不管是在奖牌的数量上还是在国际关系上。"我们是世界的领头羊！"戈培尔在日记中不无欣喜地写道。而《奥林匹亚报》则问得更为明确："难道我们不该承认奥运会最大的赢家是阿道夫·希特勒吗？"[1]大多数国外评论员对待该届奥运会都持比较积极的态度。"不管你在德国哪个角落，只有又聋又瞎的固执之辈才会看不出、听不到德国进步的脚步。"《纽约客》在报道中评价道。[2]与此同时，受戈林邀请来看奥运会的美国著名飞行员查尔斯·林德伯格也表示，他"无论走到哪里都始终带着一种对德国人民的钦佩之情"。然而他同时也补充道，在受邀参观过新组建的民用和军用机场设施后，他对纳粹还是持保留意见，**林德伯格**认为关于在德国的犹太人

---

1 David Clay Large, *Nazi Games: The Olympics of 1936* (W. W. Norton, 2007), pp. 290-291.

2 Janet Flanner, *New Yorker*, August 1936, quoted in Cooper C. Graham, *Leni Riefenstahl and Olympia* (Scarrow, 2001), p. 127.

遭受迫害的传闻都有所夸大，而且德国犹太人也该为对共产主义者的一味支持受些惩罚。"尽管有这些我们批评的事"，他认为，希特勒"毫无疑问还是一个了不起的人"，"我相信他的确为德国人民做了很多事"。[1]他的妻子安妮·莫罗·林德伯格是第一个获得一级滑翔机飞行执照的美国女飞行员，她对德国和希特勒则更有热情，据她描述，希特勒是一个"有远见的人，真的是一切都为了祖国的利益"。[2]尽管希特勒签署了《纽伦堡法令》，又导演了入侵莱茵兰的军事行动，如此积极的评价却在国际社会上普遍存在。

作为两个在第三帝国由男性主导的飞行世界里打拼自己事业的女性，汉娜和梅利塔却没有结成战友般的情谊。尽管母亲多年来都提醒汉娜不要骄傲、不要虚荣，但汉娜仍然热衷在众人面前表演，也经常宣示自己愿意为纳粹政权做更多事，而不只是在公共关系圈里做做飞行展示。在一次海外访问结束后，德国航空俱乐部致信汉娜，感谢她起到了"令人钦佩的政治作用"。[3]汉娜正在一点点地沦为一个非常得力的宣传工具，她也许还不能彻底理解个中含义，但只要收益对她有利，她并不介意被利用，甚至乐此不疲。她的曝光率越高，她在德国的飞行员一职就坐得越稳，而这时的德国正在快速推进军事化进程，人们不再需要光彩照人的女飞行员们。梅利塔也是一个满怀报国热情的人，但对她来说，1935年纳粹政权下的"公共关系"则有着完全不同的含义。一想到她的成名将会导致她的家人也成为舆论监督的热点，她只觉得令人反感；而一旦成为热点就最终可能暴露自己的"犹太血统"，从而不可逆地导致全家在

---

1 A. Scott Berg, *Lindbergh* (G. P. Putnam's Sons, 1998), p. 361.
2 David Clay Large, *Nazi Games: The Olympics of 1936* (W. W. Norton, 2007), p. 210.
3 Judy Lomax, *Hanna Reitsch: Flying for the Fatherland* (John Murray, 1988), p. 33.

社会生活和工作上受到双重压力,这让她觉得害怕。从这时起,梅利塔每做一个决定、每一次行动都会深思熟虑,并和家人讨论,防止增加暴露弱点的风险。

1936年柏林奥运会,汉娜和梅利塔都做好了出场亮相的准备。两人的轰动性表演为她们带来了更多的荣誉和关注度,但却将她们送上了截然不同的两条路。很快地,这两位女性都会被要求帮助树立国家形象。不管她们对此是否乐于接受,她们作为德国飞行女英雄的名声必然会越来越大,而她们在新德国中扮演的角色也将日益重要。

第四章
公开会面 1936～1937

柏林奥运会的光芒和喧哗退去一个月后，梅利塔突然从德国航空研究所离职。这让所有人都为之震惊。因为过去的八年里她一直坚定地在这里工作，反抗社会对女性施加的刻板印象，赢得了同事们的尊重，也赢得了大家的友情。作为工程师兼试飞员，她通过理论和实验研究得出的空气动力学开创性概念已经被广泛应用在商用和军用航空领域。没人知道她为什么离开，德国航空研究所的推荐信上写着她是一个"充满热情"，也"技术过人"的飞行员，"始终能将委托给她的任务以更高的要求完成"，由此可见，她并不是因为工作不力被辞退。[1]

航空研究所给梅利塔开具的推荐信中还写道，"她的离开完全是出于个人意愿"。[2]然而在给前同事赫尔曼·布伦克的一封信里，梅利塔透露出她在研究所里遇到了某些"困难"，也谈到了她"被

---
1 Archive Reinhart Rudershausen, Melitta Schiller, DVL job reference (23.11.1936).
2 Ibid.

辞退"。"我非常希望你不会因为我而有任何不适。"她写道。[1]她的妹妹尤塔感觉德国航空研究所不喜欢她口中梅利塔的那种"独立的本性和体贴的性格"。[2]布伦克后来也承认梅利塔比他或者任何一个同事都爱批评纳粹政权。同样地,团队里的另一个同事也感觉"政权交接后……她大概是感觉到了纳粹对我们的工作产生了兴趣",并因此难免"忍受"政权施加的影响。梅利塔未经允许飞往布达佩斯之后,事情就比较棘手了。"在这种情况下,这种在其他时候并不会发生的带有持久影响的事情,就成了不和谐的开始。如果这种不满情绪到了一定程度,分不分开只是时间问题了。"一个同事小心翼翼地评价道。[3]看起来可能是梅利塔的"独立的本性",让她从递交雅利安人身份证明申请开始,给有关领导敲了警钟,也让大家注意到了这个女人。私自飞行只是给她的离职提供了说辞。

德国航空研究所实际上是一个国家机关,受航空部的直接管控。身份可疑的人是不可能在这里就职的。这是一场先发制人的辞职也好,是一次非正式的辞退也好,梅利塔的离开却是早就设计好的。她努力想要找到同等水平的工作,却一直没能成功,有段时间她回归家庭重新去做泥塑,重出江湖的第一个作品便是亚历山大的半身像,雕刻得确实十分精美。与此同时,她最小的妹妹克拉拉也被迫放弃了吉森大学的教职和博士学位,开始在国外找工作。同时奥托也发现自己失去了申请德国驻北平领馆职员职位的资格,只能

---

1 Gerhard Bracke, *Melitta Gräfin Stauffenberg: Das Leben einer Fliegerin* [The Life of an Aviatrix] (Herbig Verlag, 2013), privately translated, p. 40.

2 Archive Reinhart Rudershausen, Jutta Rudershausen, 'Flugkapitän Melitta Schiller-Stauffenberg' (nd), p. 54.

3 Gerhard Bracke, *Melitta Gräfin Stauffenberg: Das Leben einer Fliegerin* [The Life of an Aviatrix] (Herbig Verlag, 2013), privately translated, pp. 40–41.

去罗马尼亚工作。席勒家此时已经上了某个名单。

与之相对，汉娜的事业自从她在奥运会上表演后便风生水起。她还是在达姆施塔特滑翔研究所做试飞员，1936年秋天，她完成了一系列装有减速板襟翼的"雀鹰"滑翔机的垂直俯冲，这个减速板设计是由汉斯·雅各布斯在梅利塔和其他前辈关于以发动机为动力的飞机的研究基础上完成的。1936年年末，乌德特安排她给几位空军上将做飞行展示。看了汉娜的表演，他们深受震动，航空部同意授予她"试飞女上尉"称号，此前"试飞女上尉"称号只授给通过了一系列试飞和考试的汉莎航空高级民用飞机女飞行员。

1937年春天，25岁的汉娜荣获德国首个女上尉荣誉称号，[1]并有幸和希特勒进行了一场简短的会面。她私下里声称自己对元首的印象很一般，她说，元首的声音听起来很粗俗，穿了一身皱皱巴巴的套装，而且公开抠鼻子也让她觉得很恶心。[2]德国媒体也被汉娜的评价逗笑了，他们一方面为她的勇气和决心鼓掌喝彩，一方面又简单地把她归类成一个"行为举止像男人"的女孩子。[3]汉娜当然是个个例。如果没有相当优秀的飞行技巧和钢铁一般的决心，作为一个女性，她永远不可能在飞行员的职业之路上走得如此之远。即便可以成为飞行员，当时能在30岁之前像她一样获得女上尉称号的人，或者哪怕只是有资格参评的女飞行员，也是寥寥无几，但是汉娜的飞行时长此时已经超过了2000小时，此外她也有极高的知名度，还拥

1　实际上，女飞行员埃尔弗里德·里奥特此前也可能被授予了女上尉称号，她曾于1913年在一艘飞艇中担任机长一职。但这个记录后来并没有被保存下来。

2　Judy Lomax, *Hanna Reitsch: Flying for the Fatherland* (John Murray, 1988), p. 75.

3　*Leipziger Neueste Nachrichten* (1937), quoted in Bernhard Rieger, 'Hanna Reitsch: The Global Career of a Nazi Celebrity' in *German History: The Journal of the German History Society*, Vol. 26, No. 3, p. 388.

有乌德特的支持。

汉娜的女上尉授衔典礼在达姆施塔特机场的一个大飞机棚里举行。她被授予一顶上尉帽和一把佩剑，剑鞘是一个飞机机翼的截面，代表了她所获得的新的身份等级。研究所的所有男同事都列队听她指挥。那是"最后以混乱结束"的一幕，她在给朋友的信中写道，因为她不知道正确的指挥用词，"差点害我丢了我的新头衔"。[1] 尽管如此，她还是对自己的新荣誉称号备感骄傲，并经常端出自己的女上尉身份，这一点让部分同事很不舒服，认为她"是用了美人计"才得以获得这个称号，而汉娜后来则干脆声称自己要"把女上尉的称号带到坟墓里去"。[2]

1937年3月，汉娜回了一趟希尔施贝格，参加姐姐海蒂的婚礼，但她只是短暂停留，并没有久待。她现在的身份已经重要到可以有一架自己的滑翔机了，那是一架小"雀鹰"，由汉斯·雅各布斯为她量身定制。整架飞机制造工艺精良，只有她的小巧身材才能坐进驾驶员座位里，而一旦坐进去，她就感觉自己整个人成了滑翔机的一部分，她说道："机翼几乎就是从我肩膀里长出来的。"[3] 正是在这架"雀鹰"滑翔机里，1937年5月，汉娜又一次占据了各家媒体的头版头条。

萨尔茨堡是个气候温和、环境安静的小城，非常适合飞行。汉娜和诸多竞争者一起出现在这里举行的国际滑翔大会上，目标是再创下几个长距离和高海拔飞行的纪录。到这时，滑翔机的一切动作在她看

1　Deutsches Museum archive, 130/111, letter Hanna Reitsch/Herr Stüper (07.02.1974).

2　Eric Brown, speech, Chalke Valley History Festival (29.06.2013).

3　Hanna Reitsch, *The Sky My Kingdom: Memoirs of the Famous German World War II Test Pilot* (Greenhill, 2009), p. 128.

来都变得如此熟悉而亲切：猛拉机身带来的身体后倾，拖绳绷紧时机身的摆动，前面牵引飞机带动下的机身晃动。随着汉娜逐渐加速，轮子和地面巨大的摩擦声在某个瞬间戛然而止——她成功起飞了。很快，她耳旁只剩下了风敲打机身的声音，直到她彻底松开牵引绳。脚下是晨雾迷蒙的山谷，头上是偶尔飘过的片片白云。一个舒缓的起步过后，随着山坡的温度被太阳越晒越高，汉娜感到空气气流在逐渐增强，乘着风，她开始朝着南面积雪覆盖的山峰峰顶进发。

在群山顶上滑翔了几小时后，汉娜离温暖的萨尔茨堡已经非常远了，既没有地图也没有御寒的衣服。她再次有了一种超验的感觉。"突然之间我又成了一个孩子……"她写道，"得以目睹上帝的荣光，我泪流满面。"[1]她在座位上打了个寒战，并强迫自己把精神集中到手头的工作上，把"雀鹰"掉转头来，准备搭上多洛米蒂山来的上升气流。落地后，她距离萨尔茨堡已经超过100英里（约161千米）远——她落在了阿尔卑斯山靠意大利的一侧。碰巧当天还有另外四名德国滑翔机飞行员飞过了阿尔卑斯山，这成了德国历史上的"第一次"，也是全国的一件大事。汉娜作为他们当中唯一的女性再一次受到了大量关注。几周后，她和海尼·迪特马尔在瓦瑟山国际滑翔大赛中取得了滑翔距离220英里（约354千米）的好成绩，一举飞到了汉堡。汉娜因此创下了女性驾驶滑翔机飞行最长距离的新纪录，而海尼则荣获"希特勒奖"。从此，汉娜正式成为第三帝国最重要的名人之一。

梅利塔应该也关注着滑翔的新闻，但她没时间去琢磨汉娜这颗新星。虽然被迫离开了德国航空研究所，但梅利塔在航空工程方面的技术和经验都无人能及，在1936年年底前，她已经确定拿

---

1 Hanna Reitsch, *The Sky My Kingdom: Memoirs of the Famous German World War II Test Pilot* (Greenhill, 2009), p. 132.

第四章　公开会面 1936～1937

到了一份在柏林-弗里德瑙地区一家私人公司的工作。阿斯卡尼亚（Askania）是当时在航空工程领域最有名的公司之一，一直以来为汉莎提供导航设备和陀螺仪。梅利塔受雇于这家公司，负责研究跨大西洋飞行的自动驾驶系统，这项技术在道尼尔Do-18双发动机飞艇上做过试验，后来又在配有四缸发动机的布洛姆-福斯Bv-139浮筒式飞机上完成了试验。[1]

正如阿斯卡尼亚公司内部杂志上写的那样，这家公司的使命是"为团结大洋两岸各国人民，为他们的福祉及和平"而奋斗。[2]然而在航空工程的试验方面，民用和军用的研究界限却并非泾渭分明。1937年年初，英国驻德国大使内维尔·韩德森爵士报告称"德国空军的建设……取得了令人惊讶的成就"。[3]这种成就很快就得到了展现，同年4月，为了支持西班牙弗朗西斯科·佛朗哥的法西斯运动，德国空军的俯冲轰炸机摧毁了格尔尼卡的巴斯克小镇，大量平民在此次轰炸中丧生。不可避免地，梅利塔和汉娜都将很快被纳入德国的空军发展队伍中。

1937年6月，乌德特受命领导德国空军的技术办公室。作为一个俯冲轰炸机的坚定拥护者，他新官上任的前三把火就放在了容克-87"斯图卡"上，新的研发经费马上到位，全部用于"斯图卡"的研发。这种飞机重大约7000磅（约3175千克），高将近13英尺（约3.9米）。控制飞机从高空中俯冲下来，到海拔不到1000英尺（约305米）处再将飞机重新拉起，需要相当大的力量。乌德特早在1933年年

1　这项技术使德国得以实现冬季的跨大西洋飞行，而当时全球都没有其他国家完成这项研究。

2　Gerhard Bracke, *Melitta Gräfin Stauffenberg: Das Leben einer Fliegerin* [The Life of an Aviatrix] (Herbig Verlag, 2013), privately translated, p. 48.

3　Nevile Henderson, *Failure of a Mission: Berlin 1937–1939* (Hodder & Stoughton, 1945), p. 84.

末就完成过四次垂直俯冲，这样的动作每次都消耗掉他极大的体力，导致落地后整个人瘫在驾驶舱里无法自己爬出来。除体力外，这样的俯冲更需要勇气。"斯图卡"的飞行员在重新拉起飞机时身体所要承受的几个重力加速度的过载可能会让他们失去意识。尽管如此，乌德特始终坚信"斯图卡"是未来空军的不二之选，并向纳粹党高级官员展示过携带"水泥炸弹"的"斯图卡"的精准俯冲轰炸技术。虽然纳粹党内一直有反对的声音，但他还是拿到了研发项目的通行证。阿斯卡尼亚的目标是从旁协助，让整个过程尽早实现自动化。毫无疑问，此时的梅利塔又一次涉足军用航空而不是民用航空领域。"你知道，我们只研究武器，战争已经预先写进了历史，"她和另一名试飞员里夏德·佩利亚说道，"我刚开始会开飞机的时候，只开过小飞机和商用飞机，现在则完全相反。这不会有什么好结果。"[1]

尽管梅利塔有很多担忧，她对自己的工作仍旧兢兢业业。她在阿斯卡尼亚的一个同事格奥尔基·青克说，他们一起做陀螺仪应用的实证研究时，梅利塔有着"用不完的耐心和极高的可信度"。[2] 经过了一系列的试飞后，"斯图卡"的方向舵和升降舵角度得到了改进，气动自动航线更换装置也得以重新校准，在没有任何飞行员参与的情况下，飞机仍然可以实现80度的转弯。而随着他们慢慢可以实现续航要求不断增强的长途飞行，乌德特和戈林在帝国航空部的二号大将艾尔哈德·米尔希受邀来参观这一展示。阿斯卡尼亚因此签下了研发自动起降技术的合同，而梅利塔也再次加入了这个研

1　Richard Perlia, *Mal oben – Mal unten* [Sometimes Up – Sometimes Down] (Schiff & Flugzeug-Verlagsbuchhandlung, 2011), p. 194.

2　Gerhard Bracke, *Melitta Gräfin Stauffenberg: Das Leben einer Fliegerin* [The Life of an Aviatrix] (Herbig Verlag, 2013), privately translated, p. 49.

发团队，直接效力于纳粹政权。虽然她身兼试飞员和工程师两个身份，却没人和她提过任何有关授予她荣誉女上尉头衔的事，而梅利塔本人此时更关心的也是她的另一个官方身份。

她为自己和兄弟姐妹提交了雅利安人证明的申请之后，德国驻苏联使馆一直试图从敖德萨找到米夏埃尔·席勒的出生证明，却始终没有任何进展。而这时，又来了一份新的申请。亚历山大就职的维尔茨堡大学为响应国家政策，鼓励单身教职工"和那些对第三帝国有用的人结婚"。[1]虽然亚历山大18岁的时候就在一个骑兵团做过志愿者，从1936年以来也一直是预备役的二等兵，但他却不是一名纳粹党员，他对政权不妥协且经常批判当局的态度也让他的工作岌岌可危。

亚历山大"从一开始就反对纳粹"，他的侄子日后写道，"而且还反复说过很多次，完全不加以思考，就像他一直以来的那样"。[2]可能有些时候他的话是无心之言，但大家还是因为他是大学老师而对他很尊敬。对于官方对古代史的口径要求，他置之不理，甚至公开反抗，坚决反对为纳粹的合法性站台，还对那些追求权力的帝王的理想提出质疑……从他这样有意无意地反抗开始，他的学术论文便受到了监控。1937年7月，亚历山大在一次公开演讲中批评了纳粹政权对古日耳曼人的刻意美化，指出这样的做法无非是为了洗白自己的种族优越论。那个夏天，亚历山大的弟弟克劳斯正在休假，刚好读到了报纸上的这则消息，他对于哥哥在所有公共评论都被审查时敢于发声的勇气深感钦佩——此时连疑似有反纳粹的情绪都是非常危险的信号了。亚历山大的论文引起了一番轰动，克劳斯写道："那

---

1 Thomas Medicus, *Melitta von Stauffenberg: Ein Deutsches Leben* [A German Life] (Rowohlt, 2012), p. 154.
2 Count Berthold von Stauffenberg, letter to Thomas Medicus (21.05.2012).

是这么长时间以来，我读过的他最好的论文。"[1]亚历山大的贵族身份一定程度上保护了他，但他拒绝听从大学的安排结婚，则给学校提供了开除他的最佳理由。最好的结果是他可能只是被看作不爱国，而最糟的结果则可能是他（被陷害）"涉嫌同性恋"而被捕入狱。

梅利塔和亚历山大深爱着彼此，也仰慕彼此。他们并不是趣味相投，但他们彼此能理解也欣赏对方为各自领域的工作所投入的热情。他们之间的差异"刚好那么互补"，保罗·冯·亨德尔写道，"她尊重他的才华，他也十分尊重她的能力"。[2]此外，他们还有同样的道德观和政治观、同样的爱国心，也同样相信他们祖国最有价值的部分正遭受打击。婚姻，在他们看来一方面是对两人感情的甜蜜见证，另一方面也是对个人尊严的无言证明。同时，婚姻也有更为实际的好处：梅利塔就会成为德国最古老尊贵的家族的一员，她的身份和爱国主义立场都能得到确认。亚历山大可以让针对他的批评者从此噤声，也能因此重新获得已婚男性才能申请的学术研究资格。亚历山大也非常清楚，自己要娶的女人有一个信奉犹太教的父亲：这在纳粹德国是一个大胆的举动。"亚历克斯（亚历山大的昵称）能娶利塔当然非常勇敢。"克劳斯的大儿子后来评论道。[3]实际上，亚历山大的举动按《纽伦堡法令》的规定是违法的。[4]

---

1 Peter Hoffmann, *Stauffenberg: A Family History 1904–1944* (McGill-Queen's University Press, 2008), p. 94.

2 Archive Reinhart Rudershausen, Paul von Handel, 'Erinnerungen an Litta' [Memories of Litta] (nd).

3 Count Berthold von Stauffenberg, Mulley interview (05.11.2014).

4 在《纽伦堡法令》实施前，有大约两万名德国籍犹太人嫁给了非犹太人，然而根据法令的规定，他们仍然必须按照祖籍、性别和宗教信仰来分类。只有少数人获得了"特权"身份，大多数人后来都被要求佩戴代表犹太人的黄星或者J字标志。

1937年8月11日，梅利塔和亚历山大低调地在柏林的威摩尔斯多夫-夏洛滕堡登记处注册结婚。他们给登记员的说辞是，梅利塔的家庭资料都流失在了敖德萨。这样的说法在接下来不到一年的时间里将不再适用，这对小夫妻幸运地抓住了最后这个机会举行了婚礼。他们的证婚人是梅利塔的妹妹克拉拉，还有保罗·冯·亨德尔。克拉拉非常惊讶地得知自己和亚历山大有段时间在同一所大学里工作过，更令她震惊的是梅利塔那段时间还总到大学里找亚历山大，却从没和克拉拉提起过。然而被邀请做证婚人还是让她平复了情绪。梅利塔的其他家人都是在婚礼举行几周后才得知这个消息的。"很多人觉得这很奇怪，"克拉拉日后承认道，但她却对姐姐的做法表示理解，"她可能只是想避免无谓的激动。"[1]

后来梅利塔和亚历山大在赖兴瑙岛上的一座小教堂里举行了结婚典礼，这个宁静的小岛位于博登湖[2]中，有一条人工堤道和湖岸相连。虽然这座岛上的古迹已经成为民用建筑，但三座中世纪时期的教堂依然耸立，墙上挂着的精美油画向外界证明：在10世纪~11世纪这里曾是一个重要的艺术中心。亚历山大和兄弟们年轻的时候经常陪著名诗人斯特凡·格奥尔格和他的社交小团体来这里。如今，亚历山大和梅利塔在这座他们眼中的施陶芬贝格圣坛前，在牧师的见证下，重新立下了誓言，晚上又在湖畔小屋[3]里静静地庆祝了这个神圣的日子，并没有留下任何照片。

亚历山大的父亲于1936年离世。而其他的施陶芬贝格族人早

---

1 Archive Reinhart Rudershausen, Klara Schiller, 'Memories of Klara Schiller' (nd).

2 博登湖（Bodensee）是康斯坦茨湖的德语名字。

3 湖畔小屋曾是斯特凡·格奥尔格和自己社交圈子的聚会场所。它后来归诗人鲁道夫·法尔纳所有，他也是格奥尔格社交圈子里的一员，同时也是反抗希特勒的抵抗力量的成员。战争结束后，施陶芬贝格家的几个孩子都在湖附近的一所学校上学。

已认识了梅利塔，也非常喜欢她。和亚历山大一样，他的母亲"并没有把自己坚决反对纳粹政权当作一个秘密"，对于儿子非传统的新娘选择，她自然而然地表示理解，虽然她有时候还是会对梅利塔的"男性思维"感到不可思议。[1] 克劳斯的妻子尼娜则认为梅利塔"至少有点古典背景"，尼娜的这种评论其实有点势利眼，潜意识里也有点反犹，但即便是如此强势的两位女性，后来也变得彼此欣赏。[2]"她有男人的大脑，"尼娜喜欢这样说，"还有女人的魅力。"[3] 但最终正式欢迎梅利塔加入施陶芬贝格家族的是家族首领、亚历山大的舅舅尼古劳斯·于克斯屈尔-格林班德伯爵，他本人也反对纳粹政权。"我为人人，人人为我！"伯爵在亚历山大带新娘回家那天的晚宴上用这样一句祝酒词作结。"这就是说，我们一起被抓，一起被吊死！"有人不敬地说道。这引得梅利塔加了一句："我同意！"[4] 这句话事后被证明是一句深刻而痛苦的认同之语。

亚历山大也向大学方面告知了自己结婚的消息。他上交的签名材料中有一份写着：本人所讲均属实，对于"我妻子的父母或（外）祖父母可能是犹太人"本人毫不知情。[5] 对于梅利塔的爷爷，

1　Konstanze von Schulthess, *Nina Schenk Gräfin non Stauffenberg: Ein Porträt* [A Portrait] (Piper, 2009), p. 72; Gerhard Bracke, *Melitta Gräfin Stauffenberg: Das Leben einer Fliegerin* [The Life of an Aviatrix] (Herbig Verlag, 2013), privately translated, p. 223.

2　Heidimarie Schade, Mulley interview, Berlin (01.10.2014).

3　Konstanze von Schulthess, *Nina Schenk Gräfin non Stauffenberg: Ein Porträt* [A Portrait] (Piper, 2009), p. 87.

4　Nina von Stauffenberg quoted by Gerhard Bracke, *Melitta Gräfin Stauffenberg: Das Leben einer Fliegerin* [The Life of an Aviatrix] (Herbig Verlag, 2013), privately translated, p. 223.

5　Papers in the Bavarian State Archives (Bayerisches Hauptstaatsarchiv), quoted by Thomas Medicus, *Melitta von Stauffenberg, Ein Deutsches Leben* [A German Life] (Rowohlt, 2012), p. 155.

亚历山大含糊其词，改了爷爷的名字、出生日期和地点。作为一名已婚男性，亚历山大重新获得了维尔茨堡大学的教职，学校也很快恢复了他两倍于国家平均工资的薪资水平。

虽然梅利塔此时已经正式成为梅利塔·申克·施陶芬贝格伯爵夫人，但她在工作岗位上还是坚持用自己的娘家姓氏。周末她就住在她和亚历山大位于维尔茨堡的公寓里，一边做公爵夫人一边做一名得力的家庭妇女，穿着围裙做饭，或者给亚历山大的学术论文写笔记，还要处理自己的论文。有一张照片——可能是亚历山大拍的——记录了梅利塔在桌前安静工作的样子，阳光从她旁边的窗子洒进来，她手旁还有一个插着春花的花瓶。"可能是出于自卫吧，"尼娜写道，"亚历山大一直强调智力比技术重要，技术只能服从于智力。"对于这样的一种观点，梅利塔明显"只能笑着接受"。[1]她积极地参与她丈夫的所有讨论，"给他一种印象，仿佛她只是偶尔才处理自己同样高压的职业生活"，尼娜带着一种挖苦又羡慕的语气继续写道。实际上，梅利塔在公开场合乐于听从亚历山大的安排，因为在他们的小家里，他非常支持她的事业，"经常鼓励她并且十分理解她"。[2]不管怎样，保罗认为，"他们的婚后生活中，梅利塔做主。并不是因为她喜欢管着别人……而是因为她希望能帮他从日常生活的琐事中解脱出来，而他对此非常感激"。[3]他们彼此都感觉到，有了彼此的支持，两人都能放松一点，并且能更好地投入自己

---

1 Nina von Stauffenberg quoted by Gerhard Bracke, *Melitta Gräfin Stauffenberg: Das Leben einer Fliegerin* [The Life of an Aviatrix] (Herbig Verlag, 2013),privately translated, p. 223.

2 Ibid.

3 Archive Reinhart Rudershausen, Paul von Handel, 'Erinnerungen an Litta' [Memories of Litta] (nd).

高标准严要求的工作中。

梅利塔在1937年夏天基本上都在处理自己的家庭生活，而汉娜则一直没离开公众视野。7月，彼得·雷德尔在美国埃尔迈拉比赛中拿下一系列滑翔奖项。他告诉汉娜，他在很多方面都很欣赏美国。尽管德国和英国的关系日渐紧张，汉娜还是于8月首次飞抵克罗伊登机场，后来又参加了环英国滑翔比赛。英国飞行员总体上来讲对他们的德国同伴表示欢迎，但部分英国媒体则对机场上的纳粹万字符没那么感兴趣。对于他们的批评，汉娜很惊讶，也很失望。她后来也和乌德特及其他飞行员一起到访过苏黎世参加滑翔展示。在那里，乌德特拿到了一张瑞士批评纳粹的宣传册，他拿给了包括海尼·迪特马尔兄弟在内的几位飞行员看。"这太危险了，"埃德加·迪特马尔后来写道，"如果我们这帮滑翔飞行员中有任何一人回国之后提到这件事，就会要了乌德特的命。"[1] 如果乌德特也给汉娜看过这个宣传册，聪明的她也会知道绝口不提此事。

1937年9月，纽伦堡集会上的人数已经超过几万人。"作为一个集中力量的展示，这是一个凶兆，"内维尔·韩德森爵士在报告中写道，"但作为一场壮丽的大型民间组织的胜利，这是无与伦比的。"[2] 几周后，乌德特命令"女上尉汉娜·莱契"去往梅克伦堡湖附近的雷希林空军测试基地就职，从事军事试飞员的工作。汉娜非常开心。因为那时她的哥哥库尔特已经在德国海军驱逐舰上服役，1937年两次去西班牙支援佛朗哥。如今，她也迫不及待地想要为国效力。

雷希林的首席试飞员卡尔·弗兰克早就认识汉娜，对她的加入

---

1 Judy Lomax, *Hanna Reitsch: Flying for the Fatherland* (John Murray, 1988), p. 46.
2 Nevile Henderson, *Failure of a Mission: Berlin 1937–1939* (Hodder & Stoughton, 1945), p. 71.

第四章　公开会面 1936～1937

表示了欢迎，但汉娜感觉很多同事都觉得"她出现在机场本身就是一件大逆不道的事"。[1]汉娜坚持让所有人以她的荣誉军衔称呼她，也明显没能让她变得更受欢迎，然而她却拒绝妥协，与其接受她分内未得之事，她更倾向于搬出乌德特来做救兵。

这是汉娜第一次进入真正的军事领域，与达姆施塔特机场上那些"如麻雀般小巧而轻盈"的滑翔机相比，雷希林机场上的这些军事轰炸机、战斗机"就像利箭，直对着目标，满弓搭箭准备出击"，这个场景给她留下了深刻的印象。[2]"对我来说，我本来就天生对这些东西更敏感，就像个男人一样，"她叹口气，说道，"雷希林带着一种冷酷而目标明确的威慑力。"[3]汉娜知道德国正在重新武装自己，但仍写道，自己"看问题并不像其他人一样"。她坚称她不想要战争，但在目睹了多年的贫困和不安全的局势后，她接受了纳粹对于重建"公正的和平"重要性的说法，也接受了纳粹对于"自卫权"的辩解。正是出于这种爱国主义情怀，她后来称，自己把要试驾的军机看作"和平守望者"。汉娜希望，"通过我自己的谨慎操作和全面评测，那些在我之后驾驶这些飞机的人可以安全驾驶，而只要他们还在，他们就可以保卫我每次飞行时看到的脚下的祖国大地……因为那是我的家。难道这不就是飞行的意义吗？"[4]如此看来她的表述和其他同胞相差无几，梅利塔也有类似的表达。然而区别在于，梅利塔已经不再知道自己作为一名公民而不是作为一个机器的零

1　Hanna Reitsch, *The Sky My Kingdom: Memoirs of the Famous German World War II Test Pilot* (Greenhill, 2009), p. 137.

2　Ibid., p. 135.

3　Ibid.

4　Ibid., p. 136.

件，对于德国来说还有多大用处，也不知道她对"保卫祖国"的贡献还要多久才能得到认可。

在雷希林，汉娜已经开始试飞各种机型的战斗机和轰炸机，包括梅利塔在研究的容克-87俯冲轰炸机"斯图卡"和装有俯冲减速板的道尼尔Do-17，这也是她口中"最爱的轰炸机"。[1]一天，卡尔·弗兰克要汉娜和他一起飞往不来梅的福克-沃尔夫工厂，去取世界上第一批直升机——看起来并不稳当的福克-沃尔夫Fw-61直升机，并安排试飞。海因里希·福克教授设计的这一创新机型解决了旋翼飞机和直升机设计师面临的两大基础难题：如何处理前进或后退时转子叶片之间动力不平衡引起的不对称升力；如何解决直升机机体与转子叶片往相反方向旋转的趋势。[2]他提出的解决方案是使用两个三叶片转子，固定在舷外支架上，让它们向相反方向转动，形成如小型脚手架塔的装置，用来代替机翼，下方是敞开式驾驶舱。这样的设计并不美观，有媒体称这样看起来"像一个介于风车和自行车之间的十字架"，但它有效地解决了这两个问题。[3]

据汉娜讲，她和卡尔·弗兰克一起落地不来梅的时候，福克误以为她是来给第二意见的专家。弗兰克发现汉娜对于能开直升机感到很开心，"笑开了花"，他很大度地没有纠正设计师对汉娜的判断，好让她也能开一次直升机。[4]弗兰克先试飞，作为防护措施，整架直升机被几码长的绳子固定在了地上。不幸的是，这些绳子却使飞机

---

1 *Aeroplane Monthly*, 'Flugkapitän Hanna Reitsch' (July 1985), p. 348.

2 Hanna Reitsch, *The Sky My Kingdom: Memoirs of the Famous German World War II Test Pilot* (Greenhill, 2009), p. 139.

3 *Angus Evening Telegraph*, 'Plane that Flies Backwards' (04.11.1937).

4 Hanna Reitsch, *The Sky My Kingdom: Memoirs of the Famous German World War II Test Pilot* (Greenhill, 2009), p. 139.

陷入了反射湍流中左冲右撞。汉娜可不喜欢这样的"锚",她试飞前,把绳子从直升机上解开,引导她的只剩下了地上画的一个白圈。

汉娜后来回忆起这段经历的时候,还是一如既往地并没有假装谦虚:"不到三分钟,我就做到了。"[1]自此以后,弗兰克逢人便说,在德国,只有汉娜和乌德特是"如有神助的具有飞行天赋的两人"。[2] Fw-61直升机的垂直高度已经上升到了300英尺(约91米),"就像一部快速电梯",噪声巨大的机械转子直直地把机器拉到了天上,这是一种与需要长长拖绳的滑翔机完全不同的起飞方式,甚至也和发动机驱动的飞机加速冲刺而产生升力起飞不同。[3]对于汉娜来说,这是一种在全新维度飞行的感觉。她缓缓打开风门的时候,整架飞机在强大的气流下震动得非常厉害,尽管如此,这种革新性的飞行控制还是立刻迷住了她,整架飞机的灵敏度和机动性"令人陶醉"!"我想到了云雀,"她写道,"如此轻盈而小巧的翅膀,悬停在夏天的田野上。"[4]汉娜就此成了世界上首位驾驶直升机的女性。

1937年,查尔斯·林德伯格又一次来到德国,拜访不来梅。"所到之处,迷倒众生。"汉娜奉承地写道。[5]对于有机会能在他面前展示直升机,她备感荣幸,直升机垂直上升,在空中悬停,然后后

---

1 Hanna Reitsch in *The Secret War*, BBC (1977).

2 Deutsches Museum archive, 130/109, letter Karl Franke/Hanna Reitsch (1977/8).

3 Hanna Reitsch quoted in Blaine Taylor, 'She Flew for Hitler', *Air Classics* (February 1989), p. 68.

4 Hanna Reitsch, *The Sky My Kingdom: Memoirs of the Famous German World War II Test Pilot* (Greenhill, 2009), p. 140.

5 Hanna Reitsch, *The Sky My Kingdom: Memoirs of the Famous German World War II Test Pilot* (Greenhill, 2009), p. 141.

退，最后慢慢重新停回到地面上，"一切如此自然，就像在看一只小鸟"。[1]甚至几年后，汉娜还是会满脸荣光地回忆起林德伯格和她握手时对她的赞赏，而那时的汉娜正操纵直升机让它悬停在他旁边，那是她职业生涯中"最神奇的时刻之一"。[2]乌德特后来又带林德伯格去参观德国空军的雷希林测试基地，虽然这里对外国随员一般并不开放，但对于这位众所周知支持纳粹政权的美国名人来说，这里的大门永远敞开着。"德国又一次成为空中的世界王者。"林德伯格也适时地如此报道。[3]汉娜的上级领导非常满意。不久后，她又在国防军和德国空军领导面前做了直升机飞行展示，并因此获得了军事飞行奖牌，又一次成为首次获得此枚奖牌的女性。

虽然梅利塔的人种身份问题还没有得到解决，但她加入施陶芬贝格家族本身就为她的名誉提供了有力的证明，她从此又可以为国家做贡献了。而1937年9月汉娜打破先例被派至雷希林空军测试基地的事实也成功帮助到了梅利塔。梅利塔不仅仅是一名试飞员，她更是一名优秀的航空工程师。10月，她被从阿斯卡尼亚临时调派到德国空军位于加图空军基地的航空技术学院工作，这个学院在柏林城边，这里森林茂密，有一条路可以通往万湖。她在这里的主要任务是研发"斯图卡"的投弹瞄准装置和解决俯冲视角问题，乌德特将全部空军的希望都寄托在了这架飞机上。

德国工程师已经意识到了一点，提高投弹精准度最好的办法是由飞行员先驾驶飞机瞄准目标，一路俯冲，一直到最后一刻再投弹。德国空军的未来已经开始慢慢成形，未来这支部队将成为远程火炮的

---

1 *Angus Evening Telegraph*, 'Plane that Flies Backwards' (04.11.1937).

2 *Nottingham Evening Post*, 'Helicopter's Amazing Performance' (05.11.1937).

3 A. Scott Berg, *Lindbergh* (G. P. Putnam's Sons, 1998), p. 368.

第四章　公开会面 1936～1937

核心，可以在先头部队到达前精准打击目标，端掉敌军的桥梁、铁路枢纽和机场上的飞机库。很多前期工作都是理论工作，但梅利塔的目标是通过亲自试飞，来验证她数不清的数学计算结果。对于试飞工作，她并不信任其他人，她认为自己单枪匹马就可以了解每架飞机的历史、维修记录和通常的表现，这样她就可以"发现飞机上哪怕极其微小的改动，而它们则可能正是解决某个机械问题所需要的关键一步"。[1]

虽然梅利塔在德国航空研究所工作期间已经积累了部分针对俯冲减速板的试验经验，但她想要亲自试验垂直俯冲的决心还是遭到了男性同事的嘲笑和讽刺。而当她成功后，他们也只是敷衍地表示了一下肯定。她所在部门的负责人库尔特·维尔德平时机智过人，然而在这个问题上却拿出了纳粹党的思维方式，试图用生理学解释梅利塔的成功，他指出，也许"女人的血液成分——比如红细胞和白细胞的比例……使得她们比男人更适合做类似的试验"。[2]相反地，其他人则认为梅利塔一定是一个非常"男性化"的女人。对此，她的一位同事弗兰克斯博士，甚至不得不站出来证明她的女性特质，称她在工作之余是一个"神经质的艺术家"。[3]他所说的是梅利塔的泥塑，这个爱好她一直保持到了现在，对她来说，给她欣赏的飞行员和工程师做半身像是一种消遣。她的雕塑作品的第一观众是亚历山大，保罗·冯·亨德尔来访的时

1　Archive Reinhart Rudershausen, Jutta Rudershausen, 'Flugkapitän Melitta Schiller-Stauffenberg' (nd), p. 60.

2　Gerhard Bracke, *Melitta Gräfin Stauffenberg: Das Leben einer Fliegerin* [The Life of an Aviatrix] (Herbig Verlag, 2013), privately translated, p. 54.

3　Archive Reinhart Rudershausen, Jutta Rudershausen, 'Flugkapitän Melitta Schiller-Stauffenberg' (nd), p. 64.

风的女儿

候也见过这些作品。"它们做得非常棒，"保罗说，"十分震撼，而且绝对逼真。"[1] 对于弗兰克斯来说，梅利塔在这方面的艺术天赋也许是她作为军机试飞员能大获成功的另一个原因。"可能这让她变得更加敏锐，所以飞得比别人好，"他想，"这不只是专注力的问题，还有一种对于飞机上所有细节的第六感感知。"[2]

1937年10月，梅利塔终于获得了戈林授予的女上尉荣誉称号，作为对她的最新研究成果的表彰。她对此十分骄傲，把官方拍的照片发给了不少朋友，包括彼得·雷德尔。照片上的她看起来心满意足，但仍旧满脸谦虚，她深色裙子的蕾丝边和鞋上的小蝴蝶结仿佛在特意强调她的女性身份。她手里捧着的一束长茎玫瑰花似乎被遗忘了。梅利塔的同事里夏德·佩里亚也在当天被授予上尉军衔，他明白这不只是鲜花和掌声，还有着更多附加条件。"如果有人想要继续在这个了不起的航空领域里工作，他就需要部长先生和空军最高级将领赫尔曼·戈林的帮助，"佩里亚写道，"是他授予了（梅利塔）女上尉的称号。拒绝……将可能直接招致禁飞的惩罚，没人想要冒这个险。通过授予这一称号，他们让我们和他们站在了一条线上。"[3] 然而对于梅利塔来说，这个荣誉称号也证明了她终于被新政权所接纳。

梅利塔发现当下德国媒体对她的描述都是"非运动型女孩，但

---

1 Paul von Handel quoted in Gerhard Bracke, *Melitta Gräfin Stauffenberg: Das Leben einer Fliegerin* [The Life of an Aviatrix] (Herbig Verlag, 2013), privately translated, p. 101.

2 Archive Reinhart Rudershausen, Jutta Rudershausen, 'Flugkapitän Melitta Schiller-Stauffenberg' (nd), p. 64.

3 Richard Perlia, *Mal oben – Mal unten* [Sometimes Up – Sometimes Down] (Schiff & Flugzeug-Verlagsbuchhandlung, 2011), p. 193.

是，是货真价实的科学家，也是一名淑女"。[1]如此招摇的媒体报道并不合她的心意，但据她的妹妹尤塔所说，"她用幽默……接受了这些'苦难'"。[2]最让她耿耿于怀的报道刊登在阿斯卡尼亚自家的内部杂志上。"在德国，这一最高荣誉此前只授予过一位女性，"文章开头写道，所指的自然是此前被拿来和梅利塔比较的汉娜，"我们十分荣幸地宣布如今第二位女性（梅利塔）出现在我们的员工中。"[3]并指出她仍然是公司借调出去的文职人员。虽然如今"被委以重任，负责十分复杂的飞行课题和应用数学的研究"，文章补充道，公司表示希望梅利塔可以"在未来的日子里继续为我们再创佳绩"。[4]

里夏德·佩里亚尽管心不甘情不愿，但他发现如果自己还想继续飞行，此时就必须加入德国空军，"不论结果会怎样"。[5]梅利塔和汉娜则恰恰相反，她们不仅能继续飞行，还能作为热诚的爱国者为国效力——尽管两人对此的定义并不相同。然而作为女性，她们永远不可能成为正式的空军飞行员，即使她们已经被授予上尉的称号，却并不能穿上尉的制服。梅利塔通常在去加图的时候都穿着深色裤装，戴着贝雷帽，骑着自行车在机场上穿梭于研究所办公室和最新的试飞机型中。她的新称号已经成了证明她权威性的重要标志，虽然她更愿意被叫作席勒上尉，而不是冯·施陶芬贝格伯爵夫

1　Archive Reinhart Rudershausen, anonymous press clipping.

2　Archive Reinhart Rudershausen, Jutta Rudershausen, 'Flugkapitän Melitta Schiller-Stauffenberg' (nd), p. 54.

3　Gerhard Bracke, *Melitta Gräfin Stauffenberg: Das Leben einer Fliegerin* [The Life of an Aviatrix] (Herbig Verlag, 2013), privately translated, p. 61.

4　Richard Perlia, *Mal oben – Mal unten* [Sometimes Up, Sometimes Down] (Schiff & Flugzeug-Verlagsbuchhandlung, 2011), p. 236.

5　Ibid., p. 135.

风的女儿

人，她从没在意过别人怎么叫她，两种叫法她都接受。官方对于她的公开认可是令人放心的，但她的自尊心却未依赖过这些外界的标准。同样为德国空军工作的另一位女飞行员汉娜则恰恰相反，她专门设计了一套类似空军制服的深蓝色裙装，还有一套棕色的裙装。尽管两年前她公开表示自己对外在的荣誉并不在乎，却坚持让所有人叫她的时候用对称号：要叫"上尉"。

20世纪30年代的飞行员都英勇过人。"飞机其实并不那么可靠，"埃莉·拜因霍恩的儿子承认，"总有些小东西会坏，然后飞机只能紧急迫降。"[1] 飞行所带来的高风险也意味着飞行员之间有着浓厚的战友情谊。尤塔知道姐姐梅利塔并不认同很多同事的政治观点，但尽管如此，"她还是和自己的战友关系非常密切"。因为女飞行员寥寥无几，这种情谊通常在她们的小群体中表现得更为明显。"她和其他女飞行员的关系总是非常好，从来没把她们当成竞争对手，"尤塔说，"要是她遇到反对的态度，她就一笑置之。她本性如此，只会这样处理。"[2]

虽然为不同的研究所工作，梅利塔和汉娜当时都在为研发"斯图卡"做准备，因此即便是在各自的机场，双方的工作也时有交集。无论是在飞行体育项目方面，还是在空军方面，她们的圈子也有太多交集，有时候两人甚至会收到同样的邀请，出现在同一场公共活动或者私人派对上。但大多数时间，她们都对彼此视而不见；必须交流的时候也就是点头致意，或者简短聊几句工作上的话。实

---

[1] Bernd Rosemeyer, son of Elly Beinhorn and Bernd Rosemeyer, Mulley interview (23.09.2013).

[2] Archive Reinhart Rudershausen, Jutta Rudershausen, 'Flugkapitän Melitta Schiller-Stauffenberg' (nd), p. 44.

际上，她们的交流少到彼此都不知道两人的童年其实就在相邻的城镇度过，而且都在希尔施贝格上过学。

汉娜十分讨厌人们说梅利塔是她们两人中水平更高的飞行员，也讨厌人们说梅利塔是一位适合做领导的备受尊敬的工程师。她对于梅利塔高智商的优越感更是不满，在产生异议时，梅利塔的"一笑置之"也起不到消除矛盾的作用。结果有一次，汉娜据说被人发现"蔑视"梅利塔的研究成果，她后来和朋友们说，梅利塔"研发出的装置之前就是在飞行过程中瞄准和打击目标的，她跟我是这么说的……她通过垂直俯冲测试了这些装置，（但是）她从没有真正试飞过飞机，都是测试仪器罢了"。[1] 汉娜还厌恶梅利塔作为伯爵夫人的社会地位，也瞧不上她一工作就穿裤装，仿佛更愿意被当作一个男人的样子，然后一回家又成了伯爵夫人，而没有试图打造一片职业女性独有的天地。汉娜完全忽略了纳粹政权种族歧视的本质，在她看来，梅利塔代表着过时的价值观、社会阶级，还有社会偏见，而这些在她看来都是早就应该被摒弃的糟粕。唯一让她觉得高兴的是，她们中间有着九岁的年龄差，梅利塔"不管怎样都比我老"。[2]

与此同时，梅利塔则几乎很少在与别人的对话中提到汉娜，仿佛是在拒绝将她拿来和自己同等看待。在她看来，汉娜也许是有着很高的驾驶滑翔机的天分，也有一定程度的个人魅力，但她明显没有任何科学头脑，也没有政治觉悟。对梅利塔而言，汉娜代表的是个人对自我推销不假思索的一味重视，也还是这一点使得纳粹党摒弃德国偏于保守的优良传统。最重要的是，梅利塔

---

1 Judy Lomax, *Hanna Reitsch: Flying for the Fatherland* (John Murray, 1988), p. 47; Deutsches Museum archive, 130/111, letter Hanna Reitsch/Herr Stüper (07.02.1974).
2 Deutsches Museum archive, 130/111, letter Hanna Reitsch/Herr Stüper (07.02.1974).

风的女儿

"并没有掩饰她的反对意见",里夏德·佩里亚回忆道,而汉娜则是一名纳粹政权的积极拥护者,因此两个人谁都不愿意和对方相处,或者哪怕是产生一点关联。[1]

1937年年末,汉娜送给父母一件礼物——一只雕工精美的铜质老鹰,正要展翅高飞的样子。那是她成功加入的此前只招收男性成员的机长俱乐部的标志,对她来说,这为她收获颇丰的一年画上了令人满意的句号。绿色大理石底座饰板上写明了这是一件感谢父母对她追逐梦想给予支持和耐心的礼物:"女儿汉娜上尉敬上。"[2]这件礼物被维利·莱契医生放在自己的柜子里,对于他来说,这件礼物的分量格外重,因为他一直以来坚决反对女儿选择这项事业,而对汉娜而言,这是她事业成功的标志物,让人看过后便心情大好。梅利塔家的壁炉则由一些更为传统也更私人的装饰,包括亚历山大、克劳斯以及一些亲朋好友的半身像。梅利塔给这些泥塑铸了铜,使之看起来更为英俊潇洒。[3]对于汉娜来说,公开的就是私人的,公众给予她认可的多少是她人生成功与否的标准;而对梅利塔来说,私人空间还是不够隐秘。

1937年12月31日,约瑟夫·戈培尔的宣传机器制作了一部新电影,名为《德国空中复仇计划》[4]。拍摄精美的四轴胶片记录了阳光下

---

[1] Richard Perlia, *Mal oben – Mal unten* [Sometimes Up – Sometimes Down] (Schiff & Flugzeug-Verlagsbuchhandlung, 2011), p. 236.

[2] AKG Images, 7-I1-34032602.

[3] 铜像中有一座梅利塔自己的自塑像,头上的飞行帽看起来似乎和她的头发融为一体,仿佛她本身就是半人半机器。小牌子上写着梅利塔于1942年将这座塑像送给了克劳斯,但这座塑像完成的时间不明。

[4] 原名*Deutsche Luftgeltung*,英文译名*German Air Retribution*(但实际上报复retribution的德语为vergeltung)。——译者注

第四章　公开会面 1936～1937

的特技飞行，而地面上是队伍整齐的军乐队。希特勒检阅的部队队列里士兵们踢的正步整齐划一，响亮而带着回声。汉娜出现在了多个场景中，她身穿白色衬衫和浅色风衣，尽管系着发带，但大风还是吹乱了她的卷发。她笑靥如花，拿着飞行图，一个穿着衬衫、戴着太阳镜的年轻人皮肤晒得有点黑，走在她旁边。这个场景看起来像一个渴望成功的年轻人的时装秀。下一个场景是一些滑翔机在乡下起飞，飞机的影子划过湖泊上空，穿过松树林，越过白雪皑皑云雾缭绕的山峰。阵阵古典音乐声中，汉娜又一次出现，欢快地大笑着。第二卷胶片开场就是一组热气球，这部分内容包括了当年的纽伦堡集会。飞行编队在人群中投下了十字形的影子。"同志们，"戈林在电影结束时向全国发表讲话，"1937年是建立空军的一年。我感谢你们为我们实现既定目标而做出的自我牺牲，感谢你们的勤奋工作和对我们的信任。1938年将为我们所有人提出新要求。我们将通过我们对元首、对人民、对祖国的信仰和奉献来实现这些目标。"[1]

1　IWM, film archive, GWY 556, Deutsche Luftgeltung 1937 [German Air Retribution 1937] (1938).

第五章

盘旋 1938

在被贫穷和不安定困扰多年后，1938年年初的德国，用汉娜的话讲，是一个"充满活力、繁荣昌盛的国家"。终于，人们"见到了面包也看到了国家的进步"。[1]纳粹党执政第五年，全国形势一片大好。失业率降低了，出口在增加，民族自尊心又被重新树立起来了，希特勒享受着大多数德国人的崇拜，也享受着部分来自海外的更带惶恐的钦佩。尽管在撰写人物传记《当代伟人》时作者将德国元首描述成一个"严肃的形象"，但连当时作为普通议员的温斯顿·丘吉尔也承认，希特勒已经"成功地将德国恢复到欧洲最强大国家的地位"。[2]与此同时，年轻的约翰·肯尼迪正驾车经过德国，他在日记中提及，那里"新修的高速公路……是世界上最好的道路"，不过在美国以外的地方是被白白浪费了。肯尼迪接着又去慕

---

1 Sophie Jackson, *Hitler's Heroine: Hanna Reitsch* (History Press, 2014), p. 70; Judy Lomax, *Hanna Reitsch: Flying for the Fatherland* (John Murray, 1988), p. 46.
2 Winston Churchill, *Great Contemporaries* (Odhams Press, 1947, first published 1937), pp. 204, 210.

尼黑的德意志博物馆参观了一个"特别有趣"的有关航空发展的展览，之后又去了当地的夜总会，他悄悄地写道："挺不一样。"[1] 德国大城市的夜生活不再像魏玛时期那样，在政治上对歌舞表演不予限制，但仍然令人印象深刻，有现场音乐表演，有舞女团，还有观众中真诚而乐观的气氛，这也反映了当时德国全国民众的情绪。

希特勒称，德国的经济问题已经随着电气化的推进而得到了解决。德国不仅投资建高速公路，也在飞机和通用汽车技术领域达到了世界领先地位。梅利塔和她的同事们在过去的几年中一直在海外做以德国发动机为动力的飞机展示。如今，德国的汽车工程也已经堪称世界一流，1938年，仅全国的汽车出口量就已经超过了1932年全年的汽车制造量。这些年，包括伯恩德·罗森迈尔、鲁道夫·卡拉希奥拉在内的德国超级明星赛车手们占据着欧洲大奖赛上的重要席位。1938年1月底，一条高速公路上发生了一起悲剧，在有些人看来这是一个凶兆，也成了汉娜和梅利塔再度相遇的契机。

三年前，伯恩德·罗森迈尔就已经见过了梅利塔和汉娜的共同好友——著名飞行员埃莉·拜因霍恩。他们是在捷克斯洛伐克大奖赛上遇见的。埃莉向新的世界冠军，头戴橡树叶花环的伯恩德表示祝贺。他们当晚一起跳舞，随后第二年便结了婚。有影像资料显示他们一起欢笑、接吻，他穿着泛白的连身工作服，而她身着一件波尔卡圆点连衣裙，戴着头巾和墨镜。他们绝对是一对明星夫妇，俊男靓女而且才华横溢，虽然他们"并不对外表的魅力感兴趣"。他们是纳粹德国绝对值得举杯庆祝的一对，但罗森迈尔随后便不情愿

---

[1] Oliver Lubrich, ed., *Travels in the Reich,1933–1945 : Foreign Authors Report from Germany*, (University of Chicago Press, 2010), p. 160.

地发现自己也被列入了党卫军的名单。[1]"他必须加入纳粹党才能获得比赛的资格。"他的儿子小伯恩德后来如此说道。[2]小伯恩德出生10周后，罗森迈尔在法兰克福到达姆施塔特的高速路上创下了新的世界陆上极速纪录。然而就在创下纪录的片刻后，那辆汽车联盟为他定制的帅气四环银箭C型赛车失控了，车辆打滑，整辆车飞离了地面，重重地撞在了桥堤上。罗森迈尔被从车里甩了出去，摔在了路旁，当场死亡。汉娜和梅利塔都赶来陪伴和安慰遭遇如此打击的埃莉，而来自纳粹高层的慰问，包括希特勒本人的慰问，也如潮水般涌来。尽管埃莉多次争取，希望能私下以妻子的身份为丈夫哀悼，结果葬礼并没按她的希望进行——罗森迈尔的葬礼不是简单的、非政治化的。相反，党卫军士兵为他抬棺，多位纳粹党员"到场露脸"，甚至在墓地前公开发表讲话。[3]据在场部分哀悼者的描述，埃莉径自离开了葬礼现场以示抗议。

在罗森迈尔的葬礼举行一周后，汉娜又被要求做一场公关秀。1938年2月，德国正在展示一系列型号的梅赛德斯-奔驰跑车，也逐步公开了在柏林车展上展示大众汽车的计划。"自纳粹上台以来，柏林展览上的故事，"德国媒体不屑地写道，"一直是一场不间断的胜利。"[4]希特勒不仅将1938年的车展看作一个交易展，更当成一个向有史以来人数最多的观众展示德国卓越制造业的机会。因此他需要一个明星做噱头。汉娜被钦定带头来做这场国家公关秀：她将要

---

1 Bernd Rosemeyer, son of Elly Beinhorn and Bernd Rosemeyer, Mulley interview (23.09.2013).

2 Ibid.

3 Ibid.

4 www.omnibusarchiv.de: 'A Historical Review: The International Automobile Show (IAA) and Mercedes-Benz' (18.09.2010).

成为世界上首个在室内驾驶直升机的人。

车展的主题是德国失去的殖民地,汉娜指出,"这在当时是人们经常抱怨的"。车展筹备期间,当时世界上最大的体育场——德国馆(Deutschhalle)体育场被重新装饰一新,种上了棕榈树,放上了火烈鸟,植入了一块沙地,还有,用汉娜的话说,放上了"一个黑人村和一些外国的东西"。[1] 她的任务是在这些场景中驾驶福克-沃尔夫Fw-61直升机腾空而起,同时象征着德国国家力量和控制欲的崛起。

最初的计划是由汉娜进行开幕式的表演,而后由福克-沃尔夫机长卡尔·博德接替。而在预先向空军上将展示的过程中,博德得知直升机对细微动作都很敏感,哪怕一个小错都可能导致他冲向人群后,他拒绝飞离地面超过10英尺(约3米)。这样做的好处是更为保险,但对于那些从高高的看台上向下看的观众来说,可能根本看不出直升机动了。博德一场平静而毫无差池的表演过后,一片螺旋桨叶片断了。"那十分吓人,"汉娜对埃莉说,"转子叶片的碎片飞来飞去,火烈鸟吓得到处跑。"[2] 换上新叶片后,汉娜上场了。带着那种典型的漫不经心的态度,她操纵直升机到了博德建议的高度以上,并在空中保持盘旋。戈林当即下令由她完成车展上所有的表演,博德因此再没有原谅她。

汉娜又一次取得公关胜利后的喜悦,却很快在看到媒体对于车展的公关推广后被失望所取代。色彩鲜艳的巨幅海报上画着车展上各种有趣的看点:舞女、托钵僧、小丑、非洲黑人——最后才是汉

---

1 Hanna Reitsch, *The Sky My Kingdom: Memoirs of the Famous German World War II Test Pilot* (Greenhill, 2009), p. 146.

2 Judy Lomax, *Hanna Reitsch: Flying for the Fatherland* (John Murray, 1998), p. 53.

娜·莱契将驾驶直升机。[1]汉娜对文化问题没有异议——即便是在她彩排的时候无比惊讶地发现坐在直升机旁看报纸的"黑鬼"也能讲标准德语之后。"他们大部分都出生在马戏团里,"她明显认为这并不合理,便如此评论道,"结果他们对丛林还不如我知道得多!"[2]尽管汉娜从来都不是在公共场合怯场的人,但她还是看不惯那种所谓的"曲艺场"式的排名。在她看来,这种方式让她看起来只是在为观众进行可有可无的助兴表演,而不是她应有的在这场宣示纳粹胜利的活动中的主角身份。汉娜觉得她和她不可亵渎的飞行事业都贬值了。"这样的节目安排让她震惊。"她愤怒地和朋友们说。但鉴于戈林还在观众席上,而且她背负的是德国科技进步的荣誉,她别无他法,只好继续冒着生命危险表演。[3]

彩排时的其他种种都进行得很顺利。汉娜的直升机可以贴近空荡荡的观众席飞,人们甚至都可以看清她穿的白色泡泡袖上衣和皮制飞行帽下的金色卷发。随着"一种近乎肃穆的紧张气氛"的渐渐加强,开幕式当天,她慢慢走近自己的直升机,银色机身上喷涂的"德国"字样让她为之一振,心中"满是所有人来到我的祖国的兴奋感"。[4]但当发动机开始加速后,汉娜却惊恐地发现飞机并没有上升的意思。这架直升机承载的不只是帝国的名誉、她个人的事业,汉娜此刻也猜到了,它甚至还承载了她的人身自由,而它此刻正在众人的注视下颤抖挣扎着,只飞离了地面几英尺。她的身边有8000名

---

1 Hanna Reitsch, *The Sky My Kingdom: Memoirs of the Famous German World War II Test Pilot* (Greenhill, 2009), p. 144.

2 Ibid., p. 145.

3 Ibid., p. 144.

4 Ibid., p. 146.

观众，其中不少是国际媒体记者，他们的目光都集中在这架直升机和它的飞行员上，所有人都目不转睛地盯着尘土飞扬的场地中心。

汉娜知道问题出在了直升机的发动机上，这个通常需要吸气的装置此时此刻因为场内如此众多观众的呼吸而吸气不足。时间在这种尴尬而痛苦的氛围中一分一秒地过去，技术人员紧张地讨论着，突然体育场的门被打开了。汉娜和"德国"瞬间"腾起20英尺（约6米）高"，并开始在人们的头顶上转圈。[1]起初，"观众们紧张地关注着飞行的进展"，很快，人们对于如此精彩的表演不再吝啬自己的激动情绪，掌声越来越响亮。[2]表演结束时，汉娜一边帅气地慢慢降低她的直升机飞行高度，一边高高举起手，在最完美的时机行了一个标准的，胳膊伸得笔直的纳粹礼，然后安全降落回她的停机坪标志上。她为这个向乌德特的致敬动作练习了无数次，而乌德特本人此时正在扶手椅里舒服地坐着，抽着雪茄。

汉娜被证明是操作无误的，然而这场直升机表演却远非乌德特向元首和政要们承诺的那样完美超群，也不是戈林和希特勒所期待的那样技惊四座。汉娜自己也感觉到观众们其实对她的表演没那么感兴趣。人群中坐着埃里克·布朗，他的父亲是英国"一战"时的飞行员，他和汉娜在1936年的奥运会上见过面。此后他们也保持了一些信件往来。如今，这位年轻的苏格兰男子正在德国学习，受乌德特邀请参观车展。埃里克认为汉娜"做得非常好"，并表示那些说她"表现平平的评价"主要是因为"她把所有淑女的帽子都吹掉

---

1 Eric Brown, James Holland interview, www.griffonmerlin.com/ww2_interviews/captain-eric-winkle-brown.

2 Hanna Reitsch, *The Sky My Kingdom: Memoirs of the Famous German World War II Test Pilot* (Greenhill, 2009), p. 147.

了，而且破坏了大家的发型"。[1]不管原因是什么，汉娜很快自发远离了这场车展，她说乌德特"严重高估了公众对纯技术成就的欣赏能力"。[2]对于像乌德特一样经验丰富的飞行员和演员来说，这绝对是他手下还如此稚嫩的非技术性小明星不该提出的批评。

那天晚上，汉娜和埃里克在乌德特组织的一场奢华的派对上又好好重新认识了彼此，乌德特小小的但装潢讲究的公寓位于柏林最时尚的街区。自奥运会后，这位"一战"空军王牌就把埃里克当成了自己人，他经常邀请埃里克来家里喝酒，或者来认识德国空军里的人，他们经常会一起抽烟，屋里往往烟雾缭绕。乌德特是一个"抽雪茄、喝香槟的家伙"，埃里克说起乌德特的时候难掩自己的羡慕：乌德特总有"很多女性朋友"，实际上，他"把全世界都当朋友"。[3]但当这位德国英雄和自己身材娇小的学徒在一起的时候，埃里克觉得乌德特已经被汉娜"彻底征服"了。[4]对埃里克而言，汉娜"很好看，但并不漂亮"。[5]他觉得乌德特对汉娜并不是男女之情，而是更像一种对和自己相似的精神的赞赏："这人就像他，他们生来就会飞。"[6]而汉娜，埃里克此刻越发觉得，她是一个非常有野心

---

1 Eric Brown, Mulley interview (18.03.2013); Eric Brown in *Hanna Reitsch: Hitlers Fliegerin* [Hitler's Pilot], Interspot Film (dir. Gerhard Jelinek and Fritz Kalteis, 2010).

2 Hanna Reitsch, *The Sky My Kingdom: Memoirs of the Famous German World War II Test Pilot* (Greenhill, 2009), p. 148.

3 *Britain's Greatest Pilot: The Extraordinary Story of Captain 'Winkle' Brown*, BBC2 documentary (01.06.2014).

4 *Mail Online*, Robert Hardman, 'Hero who makes Biggles look like a wimp' (07.05.2013).

5 Eric Brown, Mulley interview (18.03.2013).

6 Eric Brown in *Hanna Reitsch: Hitlers Fliegerin* [Hitler's Pilot], Interspot Film (dir. Gerhard Jelinek and Fritz Kalteis, 2010).

第五章　盘旋 1938

的、会算计的人，甚至有点故意逼迫、操控乌德特的意思，为了她自己的事业，"他已经被她握在小小的手心里了"。[1]

埃里克后来承认他被纳粹党的表面所吸引。他钦佩乌德特，也觉得纳粹党对飞行、对有活力的领袖、对公众集会的热情让人心潮澎湃。[2]汉娜也注意到了他对纳粹显而易见的关注，他们聊天的时候，她也会常常提到她对纳粹的支持。"她坚定地认为《凡尔赛条约》剥夺了德国作为一个国家应有的尊严，"埃里克回忆道，"而恢复这种尊严的唯一办法就是支持希特勒。"[3]埃里克非常尊重和敬佩汉娜的技巧和勇气，但却也慢慢发现，自己"并不真的喜欢她做人的态度，尤其不喜欢她的政治态度"。[4]当他试着将他们的谈话转向更为安全的主题时，他注意到汉娜从不谈论其他女性，并且"只关心男人可以如何帮她实现目标"。[5]他们后来还是保持着联系，但埃里克后来冷静地将他们的关系描述为"半职业友谊"。[6]

然而那天晚上，埃里克和汉娜在车展结束后的派对上眉目传情许久，乌德特提出要玩他最喜欢的派对游戏：邀请客人们手持一支点22口径（5.66毫米）的手枪并将手搭在自己的肩膀上，射击固定在身后墙上的圆形靶，唯一用来判断靶的位置的是面前的一面镜子。据埃里克所说，"汉娜觉得这就是一场充场面的游乐项目"，然

1　Eric Brown, Mulley interview (June 2013).
2　Eric Brown, James Holland interview, www.griffonmerlin.com/ww2_interviews/captain-eric-winkle-brown.
3　Eric Brown, Mulley interview (23.06.2014).
4　Ibid.
5　Eric Brown, Mulley interview (18.03.2013).
6　Ibid.

而她还是跟着一起玩了。[1]他们都参与了，派对上能让人毫无怨言地参与的项目并不多。为了增加挑战难度，不够高的埃里克和汉娜因为都够不着墙上的镜子，不得不轮流使用手持式剃须镜。乌德特自然是"无敌好"的神射手，但汉娜和埃里克也都勉强能打到靶子的边缘。其他的一些客人则没这么好运，他们的子弹直接脱靶，打进了墙里，然后大家都大笑着，仿佛只是在玩给驴贴尾巴的游戏。这是一个"喧闹的夜晚"，但是邻居们对于这样一位非常受欢迎的纳粹将军自然也不会抱怨。[2] "令人兴奋的一晚，"埃里克回忆称，"但那是纳粹柏林典型的情绪。"[3]

这样的情绪是没有国界的。1938年3月12日，希勒特宣布德奥合并，武装占领了奥地利并实行高压政策。奥地利总理库尔特·许士尼格一直策划发起全民公投，希望奥地利人民可以投票支持奥地利独立，但公投开始前，奥地利纳粹党发动了政变。德国国防军进入奥地利，而政府的权力也被转交到了德国人手里。

德国民众对此的反响大多非常积极，新闻报道中"兴高采烈"的奥地利人用鲜花问候德国军队的消息让民众备感鼓舞，人们相信报道中所写的奥地利人民也希望德国元首将他的经济"奇迹"带到奥地利。汉娜的奥地利籍舅舅里夏德·霍伊贝格尔在给妹妹埃米的信中也是这么说的。1934年时里夏德加入纳粹党，他对德奥合并一直持支持态度；他的儿子赫尔穆特也是希特勒青年团的积极分子，欢呼的人群里总有他的影子。4月的公投正式通过了德奥合并，高

---

1 Eric Brown, Mulley interview, West Sussex (18.03.2013).

2 *Mail Online*, Robert Hardman, 'Hero who makes Biggles look like a wimp' (07.05.2013).

3 Eric Brown, *Wings On My Sleeve: The World's Greatest Test Pilot Tells His Story* (Phoenix, 2007), p. 6.

达99.7%的选民投了支持票。"虽然不是通过我预想的方法,但德奥合并至此已经实现了。"第一位奥地利总理卡尔·伦纳宣布。他补充说,这的确是"为1918年和1919年的耻辱做出的真正的补偿",也因此应该"愉快"地接受。[1]《凡尔赛条约》明确禁止德国与奥地利合并,但希特勒建立更大的德意志帝国的第一步却意外地在外国政府不温不火的抗议中被默认接受了。

德奥合并后,德国和奥地利犹太人,还有其他不享受政治优待的人群的日子变得更加难过了。如今人们都清楚地看到,犹太人在自己的祖国不再被接纳,而出国的路也已经被封死。"成千上万的文明世界的公民……对迫害表示强烈愤慨,"一位在英国的犹太居民日后写道,"但除了几个了不起的例外,当真要救这些受害人的时候,大家却都沉默了。"[2]德国境内更是噤若寒蝉。虽然一直有反对希特勒的声音,但当希特勒的主要对手被捕或被杀后,这样的声音便再也听不到了。1938年3月,德国驻罗马大使的贵族女儿法伊·冯·哈塞尔惊讶地发现,来访的德国朋友们总会先四顾左右才敢批评纳粹。这成了一种自然而然的动作,甚至还有了自己的名字:"德国看"。法伊明白了"那段时间只有那些被抓了的人才是正人君子"。[3]然而私下里那些反对纳粹政权的保守派组织成员也正秘密活动着,法伊的父亲乌尔里希·冯·哈塞尔就是其中之一。

汉娜对她身边的犹太人和共产党员或者其他"低级""劣等"人的境遇熟视无睹。她从小被教育反犹和远离政治,在她看来,政

1　Gerhard Bracke, *Melitta Gräfin Stauffenberg: Das Leben einer Fliegerin* [The Life of an Aviatrix] (Herbig Verlag, 2013), privately translated, p. 69.

2　Peter Gay, *My German Question: Growing Up in Nazi Berlin* (Yale, 1998), p. 120.

3　Fey von Hassell, *A Mother's War* (Corgi, 1991), p. 56.

治和她一点关系都没有。她只是全身心投入她的滑翔事业，在1938年5、6月间一再创造飞行高度、速度和飞行时长的新纪录，这让她的国际影响力进一步加强。[1]

而梅利塔则无法活得那么洒脱，她也不想提高自己的公众曝光度。正如成千上万的民众一样，此时的亚历山大已经被迫加入了志愿预备役。虽然梅利塔已经获得女上尉的荣誉称号而且又一次在为祖国工作，她的合法身份却依旧没有批下来。难怪女飞行员同行们现在提到她的时候都说，对于她这样高水平的飞行人才而言，她"过分谦虚了"。"基本上没人知道她，"一个朋友写道，"她就喜欢躲在舞台后面，而且要躲得越远越好。"[2]

但是梅利塔却不可能永远躲开新闻的头条。1938年7月初，在亚历山大预备役训练期间，梅利塔被提名参加德国沿海发动机驱动飞机可靠性飞行比赛，这项比赛设计的初衷是测试飞行员沿海岸飞行的能力，其间要适应大小不同的风力。这是一场颇具挑战性的比赛，也是首次有女性被获准参加——尽管也是单设项目，和男性分开竞赛。梅利塔要驾驶的飞机是克莱姆-25，这是一种被乌德特评价为可以"像海鸟"一样掠过悬崖的轻型休闲和训练飞机。[3]这种飞机的飞行过程很有意思，但它并不是一款结实的飞机。和其他飞行员不同，梅利塔并不迷信，她一看到她飞机机头上的比赛号码13号的时候便"畅快大笑"起来，看到自己的呼号是E-HIN之后更

---

1 *Dundee Courier*, 'Girl Glider Beats Day-Old Record' (16.05.1938).

2 Thea Rasche, quoted in Gerhard Bracke, *Melitta Gräfin Stauffenberg: Das Leben einer Fliegerin* [The Life of an Aviatrix] (Herbig Verlag, 2013), privately translated, p. 63.

3 Ernst Udet, *Ace of the Black Cross* (Newnes, 1935), p. 229.

第五章 盘旋 1938

是大笑不止，在奥地利方言里，这个词的意思是"坏了的"。[1]

由于能见度太低，起飞被迫推迟，梅利塔和其他选手不得不躲在俱乐部里围着一壶喝剩一半的咖啡聊天，用黑色幽默安慰彼此。天阴阴的，又潮又闷，他们后来还抽时间去机场后面的湖里游了个泳。等到终于收到起飞信号的时候，梅利塔和她的领航员是排在最后起飞的，眼见"一大片明黄色的机群拥在我们面前"。[2] 尽管如此，在咖啡、蛋糕和酸雨雨点的刺激下，13号机组在每个阶段都拔得头筹。"胜利属于我们！"梅利塔在阿斯卡尼亚公司的内部刊物上自豪地展示了自己胜利者的风范。[3]

和汉娜一样，梅利塔的心思也更多地扑在飞行而不是政治上，只有在飞行相关的活动中，她才如此光彩照人，无人能及。比赛结束后的晚宴上，纳粹飞行队的领导"高度强调这类国家比赛的更高层次追求"，但梅利塔只承认自己为收到的玫瑰花和胜利者的银质胸章感到"非常骄傲"。[4] 飞行是她自身存在的价值，而她无意为自己寻得不必要的关注。

1938年8月，纳粹宣布取消所有在德国的外国人的居留许可，包括外国籍的在德犹太人。超过2.5万名犹太人已经离开了德国和奥地利，另外有3万人在积极寻求避难，在整个欧洲掀起了移民危机。而纳粹当政的国家则坐收霸占而来的犹太人财产与生意之渔利。一边是希特勒帮助成百万的德国人重返工作岗位，是举国欢

---

1 Gerhard Bracke, *Melitta Gräfin Stauffenberg: Das Leben einer Fliegerin* [The Life of an Aviatrix] (Herbig Verlag, 2013), privately translated, p. 65.

2 Ibid., p. 66.

3 Ibid., p. 68.

4 Thea Rasche, quoted in Gerhard Bracke, *Melitta Gräfin Stauffenberg: Das Leben einer Fliegerin* [The Life of an Aviatrix] (Herbig Verlag, 2013), privately translated, pp. 63, 69.

庆的经济奇迹，一边则是苦苦求生的德国籍犹太人。"所有人在无边的绝望中拼命争取的，"最后几期德国犹太人期刊《破晓》（Der Morgen）中有一封读者来信赤裸裸地写道，"只是'能继续活着'就好。"[1]

时间进入1939年，国际舆论越发反对德国。当彼得·雷德尔在当年7月的纽约埃尔迈拉滑翔锦标赛上代表德国参赛时，发现气氛变得不那么友好了，甚至有些紧张。他从前还是美国比赛上受欢迎的明星，也在美国国际滑翔协会的赞助下获得过世界滑翔冠军。然而到1938年他的赞助商换成了德国航空俱乐部，滑翔机垂直尾翼稳定器的两侧各印上了一个红白黑纳粹万字符的"国家标志"。[2]如今担任华盛顿助理空中专员的他无比震惊地发现，他成了许多人眼中的"狂热的纳粹分子"。[3]

彼得于1933年加入纳粹党，理由是没有别的办法了。"魏玛共和国如此软弱又无助，"他争辩说，"很明显，民主政府倒台了。整个国家都要完蛋了，人们都在挨饿。"[4]尽管他和梅利塔讨论过这个话题，但当他所以为的国家义务已经和个人晋升密切相关时，仅这一点就足以让他重新恢复对纳粹的支持，不管他们的政策有多么不尽如人意。

汉娜也觉得义务和职业是一脉相连的，也乐于看到政策中一

---

1 Sarah Fraiman, 'The transformation of Jewish consciousness in Nazi Germany as reflected in the German Jewish journal *Der Morgen*, 1925–1938', in *Modern Judaism* (OUP, 2000) Vol. 20, p. 52.

2 Martin Simons, *German Air Attaché: The Thrilling Wartime Story of the German Ace Pilot and Wartime Diplomat Peter Riedel* (Airlife, 1997), p. 29.

3 Ibid., p. 30.

4 Ibid., p. 11.

直保留着可以给她奖赏的最好的这部分。"以前从没有过有效的公共福利，工人们也从没像现在这样感到自己是祖国如此重要的一部分。"她写道，明显不清楚或者不关心那些同样在工作的德国犹太人、吉卜赛人或者其他人种被刻意排除在这种福利之外这一事实。[1] 1938年的纽伦堡集会证明了有多少汉娜的同胞和她得出了同样的结论，在这片大地上，激情和恐惧似乎共存。"我看到纳粹德国的灵魂穿过纽伦堡古老的大街，像决堤的河，无可阻挡，"美国记者弗吉尼娅·考尔斯在报道中称，"成百万计的红白黑色纳粹万字符在窗沿上飘扬，这座小镇的人口已经膨胀到了以往的三倍，皮靴踏地的声音在街上回荡，闪耀着制服的光芒，令人迷乱。"在一个坐满了两万人的体育场，考尔斯观察着人群对元首讲话的反应，人们"前后摇摆，近乎癫狂地高唱着'胜利！万岁！'……有人激动得泪流满面"。直到她又听到"银翼战斗机突然发出的沉吟声"，她才"重新被拉回到了1938年的现实"。[2]

和彼得一样，汉娜很快也发现了纳粹海外活动越发异样。1938年9月，她飞抵美国，要在著名的克利夫兰航空大赛上做飞行特技表演，驾驶的飞机是新型的德国"苍鹰"滑翔机，由汉斯·雅各布斯设计。这一代号在人们看来颇有些不祥，她却不这么看，说它"更像是真正的和平鸽，而不是苍鹰这个名字"。[3] 几年前汉娜代表德国参加比赛的时候，人们拍到过乌德特和里肯巴克上校握手，里肯巴克上校是美国最棒的"一战"老飞行员，这

---

1 Judy Lomax, *Hanna Reitsch: Flying for the Fatherland* (John Murray, 1988), p. 59.
2 Virginia Cowles, 'The 1938 Nuremberg Rally' in Jenny Hartley, *Hearts Undefeated: Women's Writing of the Second World War* (Virago, 1999), p. 12.
3 Hanna Reitsch, *The Sky My Kingdom: Memoirs of the Famous German World War II Test Pilot* (Greenhill, 2009), p. 161.

一举动向世界证明了"值得尊敬的对手也能成为值得尊敬的朋友"。[1]如今,汉娜却不安地发现,美国出现了"强烈的反德情绪"。[2]

汉娜乘坐的船一在纽约靠岸,彼得便来接她。"她对我来说像个妹妹。"他写道。同时他也想要和她谈一谈变幻莫测的政治形势,并借此给自己多赢得一些支持。[3]汉娜已经习惯了风光的宴请,并不喜欢如此冷清的接待,但她现在是一位经验丰富的"大使"了,她为人友好热情,"散发着满满的正能量"。[4]她完美的滑翔表演和即兴的暖场演说很快吸引了很多美国观众。"身材娇小、金发碧眼,非常喜欢早餐时喝茶。"《纽约时报》报道中这样写道。汉娜拿起一块吐司面包当作飞机,朝着一栋摩天大楼一边比画一边尽力用她最高的英语水平向大家承诺:"我明年开飞机来,停在楼上。"[5]汉娜对美国人的直爽和幽默印象很深刻,她喜欢他们相比结果更重视努力的过程,还有女人们的典雅和男人们的骑士精神,也更欣赏这里非常普及的男女平等意识。尽管她赞成将美国比作一个"智力上受数百年来的文化遗产束缚"的欧洲,但她还持有一些保留意见。[6]"美国人如此简单地看待生活中的一切,"她说,"这使得他们暴露在了不加批判地接受新闻和广播提供给他们的意见的危险之中。"[7]而她

---

1 Ernst Udet, *Ace of the Black Cross* (Newnes, 1935), p. 217.

2 Hanna Reitsch, *The Sky My Kingdom: Memoirs of the Famous German World War II Test Pilot* (Greenhill, 2009), p. 159.

3 Martin Simons, *German Air Attaché: The Thrilling Wartime Story of the German Ace Pilot and Wartime Diplomat Peter Riedel* (Airlife, 1997), p. 40.

4 Ibid.

5 Judy Lomax, *Hanna Reitsch: Flying for the Fatherland* (John Murray, 1988), p. 57.

6 Hanna Reitsch, *The Sky My Kingdom: Memoirs of the Famous German World War II Test Pilot* (Greenhill, 2009), p. 157.

7 Ibid., p. 158.

第五章　盘旋 1938

自己关注的则是——完全不是出于讽刺的态度——"那风、那云、那星星，那里并没有被政治阴谋侵扰"。[1]汉娜也许真的相信自己超脱于政治之外，但克利夫兰航空大赛却"在捷克斯洛伐克令人揪心的新闻"中结束了，她如此评价道。一则电报发来，命令滑翔队立刻回国，不得延误。[2]

汉娜在美国比赛的时候，内维尔·张伯伦正飞往巴伐利亚的阿尔卑斯山，希特勒将和他分享自己对捷克苏台德地区德国少数族裔的安全问题的担心。虽然张伯伦觉得希特勒的担心"并不合理"，这位英国首相仍努力试图防止欧洲爆发冲突。[3]"也许我们可以……将希特勒描绘成一个和平的使徒，"英国大使内维尔·亨德森几周前在信中警告称，"当我们的媒体坚持批评他时，我们犯了大错。"[4]尽管报道中有不少敌意，也有一些平复公众心理的社评，但是元首并不是没有注意到英国潜在的认可和支持。而即便在那些明确反对法西斯的人当中，很多人也不敢想象，20年前"一战"的骇人冲突今日会重演，在那场战争中，几乎每家每户最后都有死去的丈夫、兄长或弟弟。一周后，张伯伦和他的随从返回德国举行第二次会谈。一到科隆机场，便有乐队唱着"天佑吾王"欢迎他们。他们下榻的酒店在莱茵河畔，风景宜人，从卧室到卫生间都放着科隆的特产："熏香香皂、浴盐、剃须用品。"[5]尽管张伯伦受到了希特勒的亲

1　Hanna Reitsch, *The Sky My Kingdom: Memoirs of the Famous German World War II Test Pilot* (Greenhill, 2009), p. 160.

2　Ibid., p. 161.

3　Neville Chamberlain, BBC radio broadcast (27.09.1938).

4　TNA, FO 371/21737, letter from Nevile Henderson (06.09.1938).

5　Nevile Henderson, *Failure of a Mission: Berlin 1937–1939* (Hodder & Stoughton, 1940), p. 153.

自接见，但他很快就发现希特勒带着一种"不妥协"的态度。[1]等到英国外交官明确了自己想要谈及将苏台德地区和平移交给德国的问题时，希特勒则将其意欲扩张到匈牙利和波兰领土的主张和盘托出，并"直白地拒绝了"考虑其他方案。[2]

当张伯伦泡在"科隆味"的浴缸中时，梅利塔正面临着自己的小型外交危机。几天前，纳粹飞行团紧急任命梅利塔和埃莉作为德国代表参加位于埃塞克斯的奇威尔机场的"盛大开幕式"。当天晚上她们便收拾行李准备出发。梅利塔事后颇具讽刺意味地将自己关于那场活动的报告命名为："飞往英国，有事。"[3]

奇威尔机场由英国女子空军预备役部队管理。1939年7月，英国航空部长金斯利·伍德爵士邀请了全国成千上万的业余飞行俱乐部加入新成立的民用航空警卫队，这在战时形成了英国的第三道空中防线。在短短一个月的时间里，有超过两万名准飞行员报名参加培训，同等条件下，也鼓励女性加入。"问题在于，有些女人以为自己应该驾驶高速轰炸机，但她们却连在医院擦地板的智商都没有。"有批评文章愤慨地在《飞机》杂志上写道。[4]即使当时有积极的宣传，随处可见的性别歧视仍然根深蒂固。"选美皇后加入民用航空警卫队！"在韦罗妮卡·沃科尔茨申请加入飞行部队时，新闻大标题如此写道。韦罗妮卡被公认永远随身带着她的粉盒，但她也

---

1 Nevile Henderson, *Failure of a Mission: Berlin 1937–1939* (Hodder & Stoughton, 1940), p. 154.

2 Ibid., p. 155.

3 Melitta Schiller, 'Flight to England with Incidents', *Askania* magazine, quoted in Gerhard Bracke, *Melitta Gräfin Stauffenberg: Das Leben einer Fliegerin* [The Life of an Aviatrix] (Herbig Verlag, 2013), privately translated, p. 71.

4 Judy Lomax, *Women of the Air* (Ivy, 1987), p. 167.

确实是一名技术娴熟的飞行员，又是英国第一位驾驶喷气式运输机的女性。[1]转年，这些女性将成为英国航空运输辅助公司（Britain's Air Transport Auxiliary，ATA）首批在工厂和机场之间负责交付英国皇家空军和舰队用飞机的女飞行员。

急于炫耀德国飞机和德国女飞行员的戈林之所以选调了梅利塔和埃莉参加奇威尔飞行表演，不仅是因为她们的飞行能力超群，还因为他看中了她们的美貌。梅利塔要驾驶的是一架克莱姆-35开放驾驶舱运动型单翼飞机，在她看来这是一架"好看又轻巧的旅行飞机"；而埃莉·拜因霍恩还是继续驾驶她的梅塞施密特Bf-108"台风"。两架飞机的尾翼上都印着纳粹万字符。她们的任务表面上是向国际飞行员团体伸出友谊的双臂，私下里则是给英国女飞行员们做培训。[2]梅利塔已经厌倦了她的最新研究，自然乐于用自己在航空部考试的机会交换一次出国的飞行项目，但她也十分清楚所谓的"高度紧张的政治局势"，她做好了准备随时应对"不愉快的惊喜"。[3]

刚一出发问题就出现了，梅利塔的飞机出现了延误。她原本是准时从柏林出发的，用她自己的话说"就像射出枪膛的子弹"，后来经停杜塞尔多夫和布鲁塞尔，于第二天中午抵达罗姆福德，但途中她却未能在克罗伊登或赫斯顿完成所需的海关手续。"一个人只能逐渐了解一个陌生的国度，"她后来写道，"特别是如果一开始就出问题的时候。"[4]后来她花了整整五小时的时间来整理必要的材

1　Judy Lomax, *Women of the Air* (Ivy, 1987), p. 168.

2　Gerhard Bracke, *Melitta Gräfin Stauffenberg: Das Leben einer Fliegerin* [The Life of an Aviatrix] (Herbig Verlag, 2013), privately translated, p. 72.

3　Ibid.

4　Ibid., p. 73.

料。与此同时英国媒体已经在场内开始报道，他们讽刺地说，也许梅利塔正从英吉利海峡对岸游过来，而英国已经通知了过往船只准备搜救"一架带着纳粹万字符的小小的德国飞机"，然后把她捞上来。[1] "一定有些人喜欢在报纸上看到自己的消息，也有一部分人在有记者在场的时候尤为放松，"梅利塔干巴巴地写道，也许正想到了汉娜，"这两件美事今天下午一直都有人在紧锣密鼓地为我筹备。尽管发生了一些不愉快的事，我还是应该笑一下的吧。"[2]

事后梅利塔觉得主办方负责人加布丽埃勒·帕特森尽管和自己的丈夫失联，却仍然坚持等了梅利塔一整个下午，其实也挺不容易。这是不是彰显了负责人"了不起的精神"？梅利塔不禁觉得好笑，也许也想到了亚历山大。"是不是英国丈夫比其他地方的丈夫更有耐心？"[3] 梅利塔直到在好不容易看到埃莉后总算松了一口气，也是埃莉才让她看到了这次旅行中积极的一面。埃莉在赫斯顿机场看到了正准备前往德国的张伯伦，也注意到了民众为他鼓掌时是多么压抑而不真诚。两个女飞行员都很清楚维持德国和英国的良好关系在这个阶段的重要性，而此时满脑子都是关于容克飞机理想和传统的梅利塔一心想要为国争光，她此时仍觉得自己心中的德国并不只是纳粹帝国这么一个狭隘的概念。

第二天，民众和媒体都被两位德国女飞行员的表演所震撼。尽管梅利塔的飞机并不是为飞行特技设计的，她还是在飞行路线上完成了多次环绕飞行，而埃莉则"上演了无与伦比的完美表演"，尤其

---

1 *Dundee Courier*, ' "Overdue" Air Girl Lands' (24.09.1938).

2 Gerhard Bracke, *Melitta Gräfin Stauffenberg: Das Leben einer Fliegerin* [The Life of an Aviatrix] (Herbig Verlag, 2013), privately translated, p. 74.

3 Ibid.

第五章　盘旋 1938

令那些"没见过女性驾驶如此巨大飞机"的英国女飞行员惊艳。[1]落地后，梅利塔和埃莉一一解答了关于她们所驾驶的飞机的"全部细节"的问题，并拍照留念，她们并没有选择尾翼上的纳粹万字符，而是小心地靠着"台风"的侧翼拍照，旁边就是代表德国的首字母D。"毫不夸张地说，全世界都焦急地等待着希特勒想要发出的信号。"亨德森大使当月早些时候在信里写道。[2]而此时，并没有任何英、德两国元首最新会面的消息，那么还有什么比英国国家空军女子预备役创始人加布丽埃勒·帕特森太太穿着花裙子，和两位身着浅色羊毛衫、棉短裙的年轻貌美的德国女飞行员边走边谈的场景更好看，更容易出图片新闻呢？况且梅利塔还戴着她标志性的皮飞行帽。

而后发生的事，则是"一个有趣的例子，可以证明谣言是如何传开的"，英国媒体后来这样报道。[3]据说梅利塔和埃莉被要求给德国使馆打电话报到，要是接不通的话，则要求二人立刻前往使馆当面报到。而从那个早上开始，电话便被切断了，两位女飞行员只好马不停蹄地赶往伦敦。媒体纷纷开始猜测，是不是国际局势有变？她们被召回是不是两国关系恶化的信号？而被切断的电话线是不是更大范围通信信号中断的开始？人们又紧张又兴奋，因为谁都有可能成为第一个知道内幕的人，并率先报道这一全国都关注的爆炸性新闻。记者们不断地给他们的办公室打电话，希望可以得到更进一步的消息。

事实上，亚历山大一直渴望在妻子飞回家之前与她安排一次约

1　Nancy Bird, *My God! It's a Woman: The inspiring story of Australia's pioneering aviatrix* (Harper Collins, 2002), p. 124.

2　TNA, FO 371/21737, letter from Nevile Henderson (06.09.1938).

3　*Aeroplane* magazine, 'Women's Day at Chigwell' (28.09.1938).

会，而这却在无意中几乎引起了一场国际事件。由于学术工作的安排，亚历山大被暂时借调到伦敦，一天，他无比惊讶地在英国报纸上读到了梅利塔对奇威尔的突然访问，报道讽刺地总结道："我们相信晚宴的结果总是令人满意的。"[1]梅利塔对此并未做出评论，只是和亚历山大花了一整天的时间在伦敦欣赏城市建筑，参观美术馆。她写道，他"尽了全力"放下舆论关于她来访的所有纷纷扰扰带来的绝望，只尽情享受着所谓"对宁静生活的天然渴望"。[2]第二天离开英国去拥抱"如同无边无际大海一般的蓝天"时，梅利塔终于放松了许多。[3]

梅利塔飞回德国不到一周后，英国、意大利、法国政府首脑正式对纳粹德国占领捷克斯洛伐克苏台德地区达成了一致意见，这就是人们所熟知的《慕尼黑协定》。张伯伦最有名的那句话是，这个协定保证了"我们所处时代的和平"。此后第二天，1938年10月1日，德国军队进驻了他们的新领土。克劳斯·冯·施陶芬贝格正在队伍当中。一场一触即发的大战似乎就此得以避免，但代价是牺牲了捷克斯洛伐克的国家安全利益，并引发了苏联对西方国家的信任危机。由德国高级军官组成的叛军背靠雄厚的欧洲大陆实力，原本计划推翻希特勒统治，而这一计划也被打乱了。五天后，温斯顿·丘吉尔在下议院发表演说，称这一决定是"彻彻底底的失败"。"你们在战争和耻辱中做选择，"他像一个预言家一样说道，"你们选择了耻辱，而你们也逃不开战争。"

---

1 *Aeroplane* magazine, 'Women's Day at Chigwell' (28.09.1938).
2 Gerhard Bracke, *Melitta Gräfin Stauffenberg: Das Leben einer Fliegerin* [The Life of an Aviatrix] (Herbig Verlag, 2013) privately translated, p. 75.
3 Ibid., p. 76.

第六章

下降 1938～1939

《慕尼黑协定》签署不到两周,人们就逐渐认清了希特勒的真实目的,他不只是要通过不断扩张的第三帝国疆域拥抱海外的德国人,还想要排除所有那些不纯的雅利安人。梅利塔此时还在等她和家人的合法身份证明。随着德国宣布取消外国裔犹太人的居住证,法律法规越发收紧了。很多国家开始担心犹太难民的突然涌入。波兰政府宣布到10月底便不会再接受任何波兰裔在德犹太人的公民身份申请。结果,1938年10月26日当天,全德国共有1.2万名这样的波兰裔犹太人被捕,他们的财产被充公,他们被赶上火车拉往德国边境。波兰政府拒绝接纳这些人,虽然波兰红十字会提供了一些人道主义援助,但简易营地的生活条件仍然肮脏不堪。在这些被放逐的人中,有赫舍·格林斯潘的父母,这个年轻的犹太人一直住在法国,而他没有任何身份证明。几天后,当他得知他的父母和犹太人团体遭受如此迫害时,几乎发了疯,他买了一把枪,要求和德国驻巴黎使馆的官员谈话,然后他开枪打死了第三秘书恩斯特·冯·拉特[1]。格林斯潘的行径给希特勒提供了他一直以来等待的借口——他在德国、奥地利境内的大规模反犹大屠杀终于得以推进。

11月9日，身着便衣的纳粹冲锋队的准军事暴徒开始打砸并掠夺犹太人的房子和商店，他们的窗户上都被涂上了白色的名字，以便辨认。警察和消防部门袖手旁观，并没有任何干预的意思，除非非犹太人的财产也受到威胁。1000多座犹太教堂被烧，7000多家商店遭到攻击。碎玻璃铺满了街面，因此这一事件被称为"水晶之夜"。到晚上，犹太人被从家里拖拽出来，有90~150人被杀，更多的人遭到暴打，暴徒们用语言及暴力威胁他们，还朝他们吐痰。

汉娜当天正好参加达姆施塔特研究所一年一度的聚会出游活动，她亲眼看见一对上了年纪的犹太人夫妇"反抗着、挣扎着"被拖出家门，身上还穿着睡衣。她震惊了。"人们在嘲笑他们。"她回忆。片刻后，她又看到商店窗户被砸烂，然后"有些小孩吵吵嚷嚷地跑到街上，身后是一辆犹太灵车"，他们"用斧子把它砍成碎片，然后推进了河里"。[2] 汉娜第一反应是这是"布尔什维克暴动"，便大叫警察。而后她得知了实情，并上前阻止这些孩子，要求他们的父母制止这种破坏行为，她大喊着"要是元首知道你们以他的名义做这样的事一定会伤心落泪"。[3] 汉娜另一个同样有同情心的同事——滑翔机设计师汉斯·雅各布斯，赶忙护着她离开了这片满是大火、

---

[1] 恩斯特·冯·拉特据说是一名同性恋，有说法称格林斯潘是因为恋人之间吵架而开枪射击，由于害怕丑闻被揭穿才导致了纳粹的假审判。而格林斯潘坚持称自己的杀人动机是为了引起世人对德国犹太人遭受迫害的关注。虽然冯·拉特曾经对犹太人的遭遇表示过同情，但他也认可反犹法律是必需的。

[2] Judy Lomax, *Hanna Reitsch: Flying for the Fatherland* (John Murray, 1988), p. 60.

[3] Ibid.

灰烬和断壁残垣的街道，生怕越聚越多的人会转而攻击他们。后来她和朋友们说，她遭到了攻击，"差点就逃不掉了"。[1]那天同样在场的有100多名达姆施塔特的同事，但只有极个别人表现出了痛苦和不适，雅各布斯厌恶地说，有的人"面对暴力甚至非常兴奋，还支持这种行为"。[2]

汉娜被自己亲眼所见的事吓坏了。很快，她和雅各布斯被带到了一个当地纳粹党官员组成的委员会面前，并被要求解释他们对犹太人表现出的公开同情。冒着丢掉工作的风险，两人都拒绝撤回自己对暴力的谴责，不过他们还是被释放了。像他们这样高水平且社会地位较高的飞机设计师和试飞员是可遇不可求的，并不能被轻易换掉。作为空军中将的弗里德里希·冯·科申豪森舅舅一直深受汉娜的喜爱，他向她保证，"水晶之夜"的骇人行径并不是被安排好的，这让汉娜好歹觉得心里舒服了很多。[3]戈培尔下令要拿下一座意图颠覆政权的犹太教堂，这次秘密行动被人误解了，科申豪森对她说，随着德国人自发地向犹太邻居发泄自己的不满，暴力便升级了。作为国家的领导人，希特勒只能默默地接受所有的批评。

汉娜对自己犹太朋友尤阿希姆·屈特纳的支持，表明了她并不是不知道纳粹日益增加的反犹太主义情绪，但她还是很开心地接受了舅舅维护政权的辩解，尽管她已经亲眼看见了德国历史上最丑陋的屠杀。她拒绝撤回自己对"水晶之夜"暴力行为的态度是很勇敢的，同时也再次证明了她能放心地在第三帝国生活。她只是单纯地

---

1 Deutsches Museum Archive, 130/101, Walter Stender, 'Political Statement' (01.07.1947).

2 Judy Lomax, *Hanna Reitsch: Flying for the Fatherland* (John Murray, 1988), p. 61.

3 Deutsches Museum Archive, 130/101, Walter Stender, 'Politische Erklärung' [Political Statement] (01.07.1947).

不相信希特勒或其他纳粹高官知道或者宽恕了暴徒的行为，更不会主动煽动这样的行动，于是她到目前为止选择不再多问。汉娜认为她的荣誉和元首息息相关，她没法接受他其实不配和自己的荣誉相提并论的说法。幸运的是，生活给了汉娜类似巴黎航展这样的转移注意力的好机会，11月底美德滑翔协会还会以她的名义办一场宴会，接着是出访当时受意大利殖民统治的利比亚。相比在国内为政治趋势烦恼，还是去北非研究热气流来得更轻松。[1]对于汉娜来说，生活仍然像以前一样，但从现在开始，她对纳粹政权道德权威的信任越来越多地暴露出这是她主动做出的一个不顾事实证据并与之相悖的选择。

对于其他人来说，"水晶之夜"标志着一个转折点，让人们看清了纳粹的真面目。1938年年初，很多德国犹太人选择希望最糟糕的迫害已经过去。然而社会上的流行文化、新闻、法律和很多商业设施中已经抹去了犹太人的贡献。犹太人知道他们不再是受平等对待的公民了，但除此之外，一位柏林人后来记录道："希特勒的威胁是如此完全不可信，我们只认为它们是对未来的不靠谱的行动指南，因为实在是太令人难以置信了。"[2]然而，在11月9日之后，德国境内犹太人的情况变得更糟。据估计有三万名犹太公民被捕，并被送往萨克森豪森、达豪和布痕瓦尔德的集中营，一名幸存者后来

---

[1] 虽然利比亚的儿童、当地人的热情好客以及女性"梦幻般的温柔"让汉娜感到高兴，但她的种族主义倾向却让她害怕当地男人。她的"想象力充满了鲜血和弯曲的钢铁"，她接受当地的邀请时写道，她发现"阿拉伯人身上有一种动物的气味，特别令人不安"。参见 Hanna Reitsch, *The Sky My Kingdom: Memoirs of the Famous German World War II Test Pilot* (Greenhill, 2009), p. 173。

[2] Peter Gay, *My German Question: Growing Up in Nazi Berlin* (Yale, 1998), p. 111.

第六章 下降 1938~1939

作证表示他们在那里"受冻、挨饿、饱受凌辱"。[1]想要被释放是要以移民身份为条件的。两千多人根本没有撑过拘禁期就死了。与此同时，整个犹太社区被要求支付10亿帝国马克的集体罚款，用来赔偿"水晶之夜"所造成的损害——那其实是对他们自身造成的损害。不久后，犹太人开始被禁止进入剧院、电影院和参加任何文化活动，他们在火车上被隔离，整个群体被孤立和非人化。一些人后来声称"（'水晶之夜'的）暴力使德国人民开始宽恕暴虐"，这便直接导致了大屠杀。[2]

梅利塔从未认为自己是犹太人，但她知道纳粹政权可能会这样认为，而且"水晶之夜"也表明，不仅她的职业生涯有风险，甚至她的公民身份都可能失去。她和她的家人面临被驱逐出境甚至可能被杀的风险。梅利塔从未想过离开她的祖国，这有违她深厚的爱国情怀，而她所爱的、所效忠的祖国却远不是纳粹政权下的第三帝国。然而与汉娜不同，她知道她没资格公开表达她对大屠杀的恐惧。

亚历山大和他的弟弟克劳斯并没有那么紧张。亚历山大只是觉得，他所珍视的爱国主义和个人荣誉感被滥用了，纳粹用它们创造了一种鼓励分裂、仇恨和暴力的气氛，而任何异议的提出都被解释成了对政权的潜在背叛。最重要的是，他对于身边都是宣传纳粹谎言的人感到深恶痛绝，无论是因为他们自己歪曲的信念，还是因为害怕因言获罪以及害怕无限期拘留这样真实存在的风险，大家都在

---

1 Bernt Engelmann, *In Hitler's Germany: Everyday Life in the Third Reich* (Schocken, 1986), p. 145.
2 Simon Reiss, 'Remembering Kristallnacht, 9 November 1938–1998', speech at Westminster Central Hall (09.11.1998).

风的女儿

宣传着纳粹的口径。他决心抵制这种恐吓和胁迫，再次开始表达他的反对意见，特别是在纳粹的历史观和种族主义方面。"他并不在意。"他的女儿后来这样评价道。他只要一有机会便会有意识地去表达他的抵制情绪。[1]

克劳斯则采取了不同的方法。他从未认可过民主的魏玛共和国，原则上不反对独裁统治，他也曾欢迎过希特勒强有力的领导，甚至还支持过许多早期的纳粹政策，例如重新征兵和反对共产主义。他不是一个彻底的反犹太者，只是偶尔也会暴露出反犹情绪，比如他并不反对对犹太人艺术和出版的控制，也不反对驱逐非德国籍犹太人。但他对纳粹政权也表示怀疑。他并不相信所谓的"所有人生而平等"的谎言，也认为应该尊重自然的等级制度。但在他看来，作为崛起的"小资产阶级"代表的希特勒已经"超越了狂热的范围"。[2] 1938年的纽伦堡集会上，希特勒说克劳斯等人所代表的团体有"古老而衰败的血液"，希特勒很清楚，这种"所谓的社会人"的存在便是一种潜在的保守派的抵抗。"这些人有时被那些不理解的人称为'上层阶级'，"希特勒如是说，"事实上，他们只是一种'流产'、一种'不良繁殖'的结果。他们被世界主义思想所侵染，没有脊梁。"[3] 如今，克劳斯蔑视希特勒，谴责"水

---

1 Karl Christ, *Der Andere Stauffenberg: Der Historiker und Dichter Alexander von Stauffenberg* [The Other Stauffenberg: Historian and Poet Alexander von Stauffenberg] (C. H. Beck, 2008), p. 161.

2 Dorothee von Meding, *Courageous Hearts: Women and the Anti-Hitler Plot of 1944* (Berghahn, 1997), p. 200.

3 Fey von Hassell, *A Mother's War* (Corgi, 1991), p. 58.

晶之夜"，称其违背道德和法律的行为让他感到"震惊和厌恶"。[1]此时的克劳斯已经确定了自己对纳粹政权及其领导人的怀疑。

外界对"水晶之夜"的反应各不相同。美国记者路易斯·洛克纳见证了当天夜间大量柏林犹太人遭受"疯狂的纳粹分子"的破坏性攻击，第二天早上，他参加了宣传部的一场新闻发布会。会上，戈培尔宣称"所有关于涉嫌掠夺和破坏犹太人财产的说法都是丑恶的谎言，人们没动犹太人一根汗毛"。[2]然而基本上没人相信这样的说法。英国大使内维尔·亨德森认为，"所有有正义感的德国人对于如此令人作呕的言论都感到震惊，就像外界的看法一样"。[3]在美国，惊恐的彼得·里德尔写道："海因里希·希姆莱和约瑟夫·戈培尔的反应让我第一次因为身为德国人而感到羞耻……我讨厌他们和他们残酷的、有组织的霸凌行为。"[4]德国驻意大利大使乌尔里希·冯·哈塞尔也就"卑鄙的迫害"表达了他的厌恶，他在日记中指出："毫无疑问，我们正在处理一次官方组织的反犹暴乱……真是耻辱！"[5]他的女儿法伊·冯·哈塞尔称这次袭击是"真正的野蛮行为"。[6]在接下来的六个月里，哈塞尔在支持绥靖政策的亨德森与纳粹高层之

---

1 Konstanze von Schulthess, *Nina Schenk Gräfin von Stauffenberg: Ein Porträt* [A Portrait] (Piper, 2009), p. 71.

2 Louis P. Lochner (trans., ed.), *The Goebbels Diaries* (Hamish Hamilton, 1948), pp. xxxvi, xxv.

3 Sir Nevile Henderson, *Failure of a Mission: Berlin 1937–1939* (Hodder & Stoughton, 1940), p. 172.

4 Martin Simons, *German Air Attaché: The Thrilling Wartime Story of the German Ace Pilot and Wartime Diplomat Peter Riedel* (Airlife, 1997), p. 45.

5 Ulrich von Hassell, *The Von Hassell Diaries: The Story of the Forces Against Hitler Inside Germany, 1938–1944* (Westview Press, 1994), p. 14.

6 Fey von Hassell, *A Mother's War* (Corgi, 1991), p. 59.

间来回奔走，试图阻止战争。"水晶之夜"的野蛮行为改变了政治局面，但没人能预知未来的恐怖。"没人能想象"，有一天，德国的犹太人"将靠墙排成一列或被关进巨大的集中营"，意大利驻柏林大使馆报道称，这相当于意大利默许了纳粹德国反犹主义的暴力行为。[1] 然而，没有一个国家与德国断绝外交关系，向难民开放边境，或对德国实施制裁。当和平的可能性一息尚存，没有一个国家想引发政治危机。

那年秋天，温斯顿·丘吉尔发表了著名的演说，指出"当今世界不确定性的主要因素是来自空中的威胁"。[2]德国现在对本国新一代的空中力量充满了信心，正如1938年在柏林音乐厅上演的一部喜剧中所说："英国人有这么多的飞机，压得天都是黑色的；法国的飞机数量之多，你都无法看到太阳；但当赫尔曼·戈林按下按钮时，连鸟儿都必须要走路了。"[3]天空也是重要的情报来源之一。当时的德国国防军总司令维尔纳·冯·弗里奇曾预言："具有最强空中侦察能力的军事组织将赢得下一场战争。"具有讽刺意味的是，后来在这方面取得领先优势的并不是德国，而是英国。

负责从海外收集情报的英国军情六处航空情报负责人是一位名不见经传的"隐姓埋名"的人，其真实姓名为弗雷德里克·温特博特姆，他的同事们称他为著名的"斗篷和匕首弗雷德"。[4]整个20世

---

1 Stiftung Neue Synagogue [New Foundation Synagogue], Berlin, exhibition: 'From the Outside to the Inside: the 1938 November Pogroms in Diplomatic Reports from Germany' (May 2014).

2 Winston Churchill, *Step by Step: 1936–1939* (Odhams, 1949), p. 264.

3 Nevile Henderson, *Failure of a Mission: Berlin 1937–1939* (Hodder & Stoughton, 1940), p. 85.

4 Jeffrey Watson, *Sidney Cotton: The Last Plane Out of Berlin* (Hodder, 2003), pp. 70, 71.

纪30年代，他都是德国的常客。他假扮成一位纳粹的支持者，在暗中监视着德国的军事重启计划。1938年11月，"水晶之夜"发生一周后，他为他的团队聘用了一名"像狼一样"身材高大的中年澳大利亚飞行员悉尼·科顿。第一次世界大战结束后，科顿回复了《飞机》杂志上的一则广告，应聘飞行员去往纽芬兰，从事海豹的选择性屠杀工作，以控制海豹种群的数量。[1]后来他开始给一家地图制作公司航拍照片。工作时，他用腿保持操纵杆稳定，然后从他的开放式驾驶舱侧面伸出一台大型相机。后来的几年，他和他的摄影师女友帕特里夏·马丁一直在努力提高航拍技术，直到他们双双成为航拍专家。

温特博特姆和军情六处将科顿打造成了一名企业家的形象，为他提供了一架最为先进而又漂亮的洛克希德飞机，颜色是"精致的鸭蛋绿"，而当时大多数私人飞机都是银色的，这样的颜色确实不同寻常，可以确保人们从地面向上看时几乎看不见这架飞机。[2]在法国和北非练习过飞行后，科顿开始开着这架飞机定期到访柏林。表面上，他是去开展他的航空技术和彩色电影业务。这架优雅的飞机引起了不小的轰动，此后科顿又被介绍给一些高级纳粹党员，而后又受邀去戈林的乡间别墅为他拍照。科顿写道，戈林穿着一身像罗宾汉一样的服装，"天鹅绒灯笼裤，带金鞋扣的鞋子，以及一件无袖皮革狩猎夹克"。[3]戈林向他展示整栋别墅和屋里的艺术珍品时，科顿始终一言不发。戈林甚至将自己巨大的铁路模型也拿出来给他

---

[1] 这段工作期间，科顿与一个古怪的皮毛商和他的家人成了朋友。在那个偏远的纽芬兰小屋里吃饭时，科顿问他为什么可以吃到新鲜豌豆。他解释说，他在婴儿的洗脸盆里填满了盐水和豌豆，然后让北极风将其冻结。这个人就是克拉伦斯·伯宰，冷冻食品的发明者。

[2] Constance Babington Smith, *Evidence in Camera: The story of photographic intelligence in the Second World War* (Sutton, 2004), p. 7.

[3] Jeffrey Watson, *Sidney Cotton: The Last Plane Out of Berlin* (Hodder, 2003), p. 104.

看，科顿注意到，轨道上方有一些小小的"斯图卡"飞机，只需轻轻一按即可释放木制炸弹。[1]令人失望的是，它们并没有俯冲下来。

1939年1月，纳粹党发布了一份备忘录，指出纳粹对犹太人的政策是移民问题的一部分。几天后，希特勒在国会发表所谓的"预言演说"，直接提出要"歼灭"欧洲犹太人。梅利塔和兄弟姐妹的雅利安人身份申请的事一直都没有消息，她一边努力工作，一边争取让自己与亚历山大一起享受每一个闲暇时刻。"大背景如此惨淡"，她的妹妹尤塔后来写道，于是大家这几个月"生活得更加投入，也因此更加开心"。[2]

梅利塔几乎每周都穿梭于柏林和维尔茨堡之间，她每天在柏林上班，周末坐飞机去维尔茨堡看亚历山大。现在她还买了一辆车，一辆漂亮的双座四缸发动机菲亚特-500"小老鼠"。它并不是完全意义上的敞篷车，但也有一个折叠帆布篷。有时，她和亚历山大会去位于劳特林根的施陶芬贝格家，在美丽的施瓦本阿尔卑斯山脉过周末，进行野外运动，或在树木繁茂的山丘上散步。一有时间，他们就去拜访克劳斯和尼娜、贝特霍尔德和米卡以及他们不断壮大的大家庭。克劳斯和尼娜已经有了三个儿子，其中最年长的以贝特霍尔德伯父的名字命名，已经六岁了。梅利塔很喜欢带着小贝特霍尔德开着"小老鼠"去兜风，速度之快让人刺激又兴奋。据他后来回忆，"屁股仿佛根本没在座位上"，梅利塔"以典型的飞行员速度"

---

1 虽然戈林的房子是盟军的目标，但最终摧毁这里的是戈林本人，他于1945年4月28日将其炸毁。

2 Archive Reinhart Rudershausen, Jutta Rudershausen, 'Flugkapitän Melitta Schiller-Stauffenberg' (nd), p. 58.

第六章 下降 1938 ~ 1939

在乡村公路上开着车飞驰。[1]小贝特霍尔德非常喜欢他的伯父亚历山大，觉得他"非常亲切"，并具有"诗意的本性"，但他更崇拜这位更加狂野的伯母。梅利塔不只有一辆车——虽然这对于当时的女人而言已经非常罕见，她还是一名飞行员和一名艺术家，她会打猎，会玩帆船，还可以打枪。在这个侄子看来，"她是一个什么都会做的女人"，他"对她佩服得五体投地"。[2]

所有的孩子都喜欢梅利塔，不仅因为和她在一起很刺激，还因为"她像对待成人一样对待孩子，而不是像照顾宝宝那样"，她的一个侄女这样说道。[3]但是当尼娜问到梅利塔是否想要和亚历山大生个孩子，拥有一个属于自己的三口之家时，梅利塔脸红了，只是低下头轻轻地说，这件事正在计划中。纳粹德国的雅利安女性此时背负着来自国家的巨大压力：鼓励她们多生孩子。1939年5月，一个养育了四个或者更多孩子的女人被授予了第一枚母亲十字勋章，而希特勒本人后来则成了一个多子家庭中第十个孩子的官方教父。梅利塔和亚历山大当时仍然处于法律的边缘，可能并不希望或者无法壮大他们的小家庭。不管怎样，梅利塔都坚持着她的飞行事业，并且无法接受放弃事业的想法。"我只是不能停止飞行，"她和朋友们说道，"我控制不住我自己。"[4]在这一点上汉娜是能完全理解梅利塔

1　Berthold von Stauffenberg, Mulley interview (05.11.2014); Berthold von Stauffenberg quoted in *Der Spiegel*, Susanne von Beyer, 'Frau im Sturzflug' [Woman in a Nosedive] (05.03.2012).

2　*ZDF-History*, 'Himmelsstürmerinnen, Deutsche Fliegerinnen' [Sky-Strikers, German Aviators] (2011).

3　Konstanze von Schulthess, Mulley interview (25.11.2014).

4　Richard Perlia, *Mal oben – Mal unten* [Sometimes Up – Sometimes Down] (Schiff & Flugzeug-Verlagsbuchhandlung, 2011), p. 194.

风的女儿

的。"汉娜是一个狂热的女飞行员,"一名女飞行员记录道,"哪怕只有一天没飞,她都受不了。"[1]梅利塔和汉娜都是独特又优秀的女性,孩子并不在她们考虑的范围之内。当男性飞行员拿出他们的钱包展示自己的妻子和孩子的照片时,汉娜对他们说:"让自己背离做贤妻良母的命运很难,非常难。"但是她坚持说她"必须这样做,完全致力于飞行"。[2]

亚历山大也绝对致力于他的职业发展,并越来越沉迷于古典时期的诗歌。1939年3月,国防军为了所谓正义而非侵略进一步向捷克斯洛伐克进军,但亚历山大所在的维尔茨堡大学豁免了他服兵役的义务,并将他送到希腊参加学习旅行。亚历山大穿着清爽的白色衬衫和浅色裤子,头发被风吹得有些凌乱,让他那张殷切的面孔,完全是古希腊与古罗马文化研究讲师的最佳典范。他被从军事行动中剥离出来,落在了古代遗址中。虽然正焦急地追踪着德国空军的进展,但当梅利塔获准休假时,她还是和丈夫一起到访了希腊。与德国很多绝望的犹太人不同,她的旅行证件确保她可以安全离开德国。在亚历山大拍的一张照片上,她的笑容如春光般明媚,紧紧地裹着紧身裤和围巾,她现在满头栗色卷发被剪短,整齐而干练——终于不必每天强迫它们压在飞行帽下面了,这感觉一定很奇怪。她坐在山上的石头尖上,似乎正在观测下方的地形,手里拿着一张地图,仿佛一个真正的领航员。

1939年春天,梅利塔一定花了很多时间研究地图。而在德国国内,由国家管控的媒体再次报道了德军开进某邻国的事情,这次是

1　Nancy Bird, *My God! It's a Woman: The inspiring story of Australia's pioneering aviatrix* (Harper Collins, 2002), p. 129.

2　Deutsches Museum archive, 101a, Report on Hanna Reitsch (anon., nd).

第六章　下降 1938～1939

捷克斯洛伐克，而不是奥地利。这是一个大受欢迎的干预措施。很快就有人谈到收复波兰的部分地区，包括梅利塔从小生活的西里西亚地区，这里自1921年起就被割让给波兰。梅利塔的父母米夏埃尔和玛格丽特·席勒现在居住的但泽也在讨论的范围之内。这座城市的大多数人都是像她父母一样的德国人。有史以来第一次，梅利塔完全赞同纳粹政策，她欢迎并希望她童年的故地重归德国治理。而在德国之外，却少有人以如此积极的态度看待这种扩张主义的野心。

1939年6月底，悉尼·科顿和他的英国副驾驶在柏林滕珀尔霍夫机场降落，发现机场已被黑色和深红色的纳粹旗帜以及高射炮所包围。眼见十几名武装士兵穿过停机坪跑向他们，科顿心想，"上帝啊，我们要完了"，但好在迎接他们的只是仪仗队的欢迎仪式而不是冰冷的枪管。[1] 7月，他们飞往法兰克福参加国际空中拉力赛，那里身着灰色军服的德国空军军官随处可见，包括乌德特、德国空军二把手艾尔哈德·米尔希和他的行政主管阿尔贝特·凯塞林。阿尔贝特是汉娜的朋友，大家都叫他"微笑阿尔贝特"。[2] 尽管有这样一个昵称，凯塞林其实为人沉默寡言，甚至有些粗鲁无礼，他直截了当地要求科顿驾驶他那架带有华丽彩绘全金属机身和加热舱的洛克希德飞机进行飞行展示。一贯讨人喜欢的科顿对此欣然接受，甚至直接让凯塞林亲自驾驶飞机。一上飞机，他就悄悄打开了隐藏在座位下面的德国徕卡相机，这是当时市面上最好的相机，镜头聚焦在飞机脚下的土地上。凯塞林问起仪表盘上那个不熟悉的绿灯为什么一直闪时，科顿解释说，那是显示汽油流向发动机的信号灯。

1　Jeffrey Watson, *Sidney Cotton: The Last Plane Out of Berlin* (Hodder, 2003), p. 91.
2　Ibid., p. 99.

很快，科顿便载着不少将军和上校在几千英尺上空愉快地飞行了，"脚下则是机场和弹药库、工厂和防御工事"。随着科顿的相机一次又一次按下快门，大战开始前的第一批侦察影像资料已经被采集起来了。[1]

在科顿驾机在法兰克福上空飞行的那段时间里，无论是他本人，还是梅利塔或者汉娜，谁都不知道自己的祖国在朝什么方向发展。一年前签署《慕尼黑协定》时，张伯伦也同意大幅增加英国军备开支，而德国飞机制造业的生产水平也在一路飙升。英国和法国在1939年3月确保了波兰的独立。8月，纳粹德国和苏联达成了一项互不侵犯的协议，纳粹德国外交部部长约阿希姆·冯·里宾特洛甫与希特勒的私人摄影师一起飞往莫斯科记录下了这一历史性时刻。欧洲正在分裂。

随着战争的可能性逐渐增加，德国再次被新的爱国主义情绪所笼罩。此时，亚历山大和克劳斯都参加了不同程度的军事演习。尽管在政治上仍持异议，亚历山大还是那个从小被教育光荣履行对人民和国家的责任高于一切的人，虽然他一直认为自己"不适合当兵"，但早在1923年他就自愿服役于骑兵团，成了一名热心的骑士。[2] 虽然亚历山大从来没加入纳粹党，但直到1934年3月，他甚至一度是纳粹冲锋队的一员，而纳粹冲锋队正是纳粹党的准军事左膀右臂。1936年，亚历山大成为预备役部队的一名下士，并以此身份参加了1938年夏天的军事演习。和他的哥哥不同，克劳斯一直是

1　Constance Babington Smith, *Evidence in Camera: The story of photographic intelligence in the Second World War* (Sutton, 2004), p. 9.

2　Karl Christ, *Der Andere Stauffenberg: Der Historiker und Dichter Alexander von Stauffenberg* [The Other Stauffenberg: Historian and Poet Alexander von Stauffenberg] (C. H. Beck, 2008), p. 167.

第六章 下降 1938～1939

一个热血战士。他已经在捷克斯洛伐克服役，如今正在等待新的命令。尽管如此，"德国人民……"内维尔·亨德森写道，"还是对战争即将来临的说法感到恐惧而震惊。"[1]

悉尼·科顿终于回到了英国，他也许是1939年8月底飞离柏林的最后一名平民。他在去德国的路上仔细拍下了德国舰队，舰队聚集在威廉港，希特勒的私人游艇"蟋蟀号"是舰队中明显不同于灰色的白色斑点。几天之后，虽然官方记录上仍然显示为平民，但实际上为英国海军服务的科顿再次飞回德国拍摄德军舰队，照片可以显示哪些船只已经离开。不久后，他开始忙着为即将到来的冲突建立一支特种部队，用于开展军事空中侦察，并最终接受了英国皇家空军的委任。[2]

在德国国内，没有预料到冲突即将到来的似乎只有年轻而天真的英国飞行员埃里克·布朗，他在柏林车展后和汉娜一起在乌德特的公寓里参加派对。1939年9月3日星期日的早上，他在居住的慕尼黑小旅馆里被"摇醒"，发现自己被党卫军逮捕了。[3]虽然已经在德国学习了好几个月，但埃里克后来声称他"从来没有感觉到任何战争将至的可能性"。[4,5]经过三天的审讯后，他被推上了一辆汽车。

---

1. Nevile Henderson, *Failure of a Mission: Berlin 1937–1939* (Hodder & Stoughton, 1940), p. 287.
2. 科顿的洛克希德飞机在战后仍服役了很长时间，并在多部电影和电视节目中露面，包括《奇兵勇士》和《天龙特工队》。
3. Eric Brown, *Wings On My Sleeve: The World's Greatest Test Pilot Tells His Story* (Phoenix, 2007), p. 6.
4. 埃里克·布朗一定是知道战争将至的，因为他一定在他的预备役文件上签了字，并且也应该收到过召集令。
5. Eric Brown, *Wings On My Sleeve: The World's Greatest Test Pilot Tells His Story* (Phoenix, 2007), p. 6.

他以为他会被投入盖世太保的监狱或直奔刑场，却惊讶地发现自己漂亮的名爵"马格耐特"跑车就在他坐的车后面跟着，开车的党卫军中士的头高高地伸出在挡风玻璃外。令埃里克惊讶的是，他和他的车都被送到了德国和瑞士边境，他被告知从这儿继续向前开。"军官站在我身后，端着一架手持式机枪指着我的后背，瑞士人站在另一边，端着枪面对着我，"埃里克后来回忆道，"那时我心里完全没底。"[1]但是几小时后，他已经在瑞士境内飞快驶往法国，他对子弹的恐惧已经变成了一种无休止的担忧："我还没穿上军装"就可能先死了。[2]不过，埃里克很幸运地没有被拘禁。因为英国和德国正式开战了。

---

1 James Holland interview with Eric Brown, www.griffonmerlin.com (2012).
2 Eric Brown, *Wings On My Sleeve: The World's Greatest Test Pilot Tells His Story* (Phoenix, 2007), p. 6.

第七章
战时女性 1939～1941

1939年9月入侵波兰的行动在德国被称为"防御运动",当时大多数德国人都接受这种说法。按照戈培尔领导的宣传部的指示,新闻界多年来一直呼吁反对领土损失,而那些早期批评军事干预的人早已被禁言了。梅利塔和汉娜都非常爱国,也对自己的实力充满信心,从宣布战争开始的那一刻起,她们便志愿为自己的国家效力。汉娜的哥哥库尔特已经在海军服役。梅利塔的哥哥奥托是外交部的农业专家。尽管仍在维尔茨堡大学,亚历山大也在安斯巴赫的炮兵预备役作为非委任军官报到任职,但很快又回来了。作为第六装甲师的一名军官,克劳斯在德国入侵波兰期间一直在前线。如果汉娜和梅利塔也是男人,她们毫无疑问都会入伍成为德国空军的一员,但女性在部队中的唯一角色是在办公室里处理行政事务,好让男人从中解脱出来,完成战斗任务。

汉娜没有被空军的要求吓倒,她第一时间向冯·里希特霍芬将军请愿,要求直接服兵役,毕竟冯·里希特霍芬的德国空军指挥部中也包括滑翔机部队。但她的请求遭到了拒绝。相反地,她被安排继续留在达姆施塔特滑翔研究所做试飞员。梅利塔的第一直觉则是

风的女儿

要求从空战部的研发机构调任至德国红十字会的飞行救护部门，在她看来，这是一个"更能帮助救人的角色"。[1]在第一次世界大战期间，梅利塔的母亲和姐姐都从事过志愿护士的工作。而且她又得知亚历山大的姨妈——亚历山德里娜·冯·于克斯屈尔-格林班德女伯爵，是在国际红十字会的旗帜下少数得以探望被俄国关押的德国战俘的女性之一。这些都使她备受鼓舞。因此梅利塔至少从1935年以来一直在练习空中救护飞行。然而在战争爆发时，"唯一算数的东西"，她的侄女后来评论道，"是她的资格"。[2]梅利塔的请求也被拒绝了。作为工程师兼飞行员，她被借调到雷希林的德国空军测试中心进行有针对性的俯冲轰炸技术的研发，这个远离都市的机场位于梅克伦堡湖附近，对德国来说，相当于英国的法恩伯勒机场。虽然没有被分配到前线，但两名女飞行员都在日常工作中冒着生命危险为国家效力，有时甚至在同一个机场工作。

希特勒的建筑师阿尔贝特·施佩尔战时负责建造军事建筑，他后来回忆说，从战争开始，"最紧迫的任务就是德国空军的容克-88计划，即生产新的双发动机中程容克-88俯冲轰炸机"。[3]德国空军的轰炸战略要求精确定位而不是区域轰炸，但是空中精准打击目标很困难。俯冲轰炸机的飞行员只能把自己当成瞄准器，驾驶整架飞机冲向目标，在转弯前只有几秒钟的空当投掷弹药。现有的驾驶指南上只有类似"准确地飞向目标"和"如果有强逆风……俯冲得更低

---

1 Melitta von Stauffenberg quoted in Bracke, *Melitta Gräfin Stauffenberg: Das Leben einer Fliegerin* [The Life of an Aviatrix] (Herbig Verlag, 2013), privately translated, p. 164.
2 Konstanze von Schulthess, *Nina Schenk Gräfin von Stauffenberg: Ein Porträt* [A Portrait] (Piper, 2009), p. 88.
3 Albert Speer, *Inside the Third Reich* (Sphere, 1971), p. 261.

一点"等建议。[1]

梅利塔的新任务是在技术上对飞机进行完善,尽可能消除风险,主要是评估和改进以下三个方面:靶向装置;有独特鸥形翼的双座容克-87"斯图卡"的俯冲视野问题;以及为更大规模空战研发备受欢迎的四座容克-88俯冲轰炸机。她的工作包括记录不断变化的俯冲角度、速度和降低的高度,然而所有这些工作都没有现代仪器的辅助。她还在做俯冲面罩的研究,确保炸弹离开吊舱时,自动驾驶仪可以让飞机保持平稳,避免投弹对机身产生太大的压力,同时要保证在过载达到6个重力加速度时,自动弹出功能可以生效——因为大多数飞行员在过载达到6个重力加速度时就会出现意识丧失的情况。

除了容克之外,梅利塔还驾驶过了一系列梅塞施密特和福克-沃尔夫飞机,以及更轻的菲泽勒"白鹳"。这些飞机在战场上主要是辅助军事攻击,但梅利塔喜欢驾驶它们,"只是单纯因为它们从飞行的角度来看特别有趣"。[2]不论是作为飞行员,还是就她驾驶过的机型而言,她一直在努力达到一种巅峰状态。

俯冲轰炸机的试飞工作不仅需要耐心、精确度和相当充沛的体力,还需要极大的勇气。每天早上,梅利塔都骑着自重很重的自行车从宿舍出发,穿过机场,摘下贝雷帽,换上皮飞行帽,穿上工作服,爬上容克飞机的驾驶舱。她会驾驶飞机升高到4000米的高度,然后以螺旋机动动作转向侧面,再以高达每小时350英里(约563

---

1 TNA, AIR 40/36, A.I.2(g), Report (un-numbered) BZA-1 Dive Bombsight - German (translated).

2 Gerhard Bracke, *Melitta Gräfin Stauffenberg: Das Leben einer Fliegerin* [The Life of an Aviatrix] (Herbig Verlag, 2013), privately translated, p. 163.

千米）的速度向下俯冲，俯冲角度变得越来越陡峭，当角度达到75度甚至80度——近乎垂直时，发动机发出尖厉的呼啸声，机身表面也发出哨子一样的摩擦声。梅利塔冲着地面直插下来，戴着手套的双手紧紧抓住操纵杆，整架飞机都随着压力的增加而猛烈摇晃。这剧烈的摆动使她很难准确地看清仪表，所以她的许多次俯冲都需要相机拍摄记录，为靶向装置的每一次改进提供所需的详细信息。有时她也会投掷4～10个圆柱形水泥弹来测试飞机的投弹。在距离地面150～200米时——这时转向似乎已经不可能，梅利塔会抬起机头，在田野中低低地掠过，然后再盘旋一周，最后停回到地面上。

每个早上，在经过了几次这样的测试后，梅利塔的同事们会把她从驾驶舱中抬出来，松开她的降落伞安全带，帮她脱掉飞行服，让她再回到自己的工程师角色中。在桌面和绘图板上，她可以对俯冲进行精确的评估，通常会工作到深夜。大家对此"不会有任何大惊小怪"，她的同事们说道，所有的工作都是为了在测试重新开始之前，及时算出所需的修改量。[1]前几年，在没有任何工程工作的情况下，做这样的俯冲试飞足以让乌德特筋疲力尽。即使使用自动俯冲减速板，"斯图卡"这名飞行"新兵"还是经常"生病"，有时甚至直接一头扎进大海里。然而梅利塔却可以在一天内完成15次这样的俯冲测试，这是历史上任何其他飞行员都无法比拟的。

梅利塔也承认，这种试错的例行程序"从医学的角度来看完全不可接受"。[2]她不仅因高度紧张而精神疲惫，而且身体上也承受了巨大的压力。到1940年，盟军飞行员已经可以穿"反重力飞行服"，

---

1 Gerhard Bracke, *Melitta Gräfin Stauffenberg: Das Leben einer Fliegerin* [The Life of an Aviatrix] (Herbig Verlag, 2013), privately translated, p. 91.

2 Ibid., p. 167.

这种飞行服通过管子和衬垫泵送液体，用一种类似自动止血带的方式，挤压飞行员的腿部和腹部，防止血液在过载下冲到他们的四肢。[1]可当时的梅利塔并没有这样的飞行服。当她的飞机高速俯冲时，血液被压入她的头部，导致眼前会变成粉红色，这种现象被称为"红视"，这种压力有时足以导致她眼中的血管破裂。随着靠近地面时气压越来越大，飞机在接近地面时会自动减速，再结合使用自动减速板，这可以使梅利塔的血液流量正常化，使她能够及时重新控制飞机，结束俯冲。但是如果上拉得太快，会导致血液从她的头部快速流向她的腿和脚，造成大脑暂时缺氧，此时她经常眼前一黑，实际上是"晕过去"了，有时甚至可能暂时失去意识。

像大多数飞行员一样，梅利塔身体素质非常好，每天锻炼，也不喝酒。作为一名女性，她的性别和身体素质已经遭到一般人的怀疑，她不想让别人对她的能力也产生任何怀疑，她反复否认过载对她的身体影响很大。她声称："在我看来，只有在非常高的加速度下才会出现视力障碍。"她还乐观地说，精神高度集中可能有助于防止血液快速流出她的大脑。[2]还有很多更危险的工作是难以想象的，但梅利塔拒绝让其他飞行员帮她测试，因为她想要亲自感受飞机表现出的每一点细微差别。"最重要的是，"她说，"在我看来，不可以把一个人工作中的危险部分转嫁给其他人。"[3]

事实证明，俯冲轰炸在入侵波兰的军事行动中非常有效，也因此成为闪电战的代名词。一些波兰空军力量在起飞前就在地面上被

---

1 该飞行服是加拿大人威尔伯·弗兰克斯的心血结晶。他原本从事癌症研究，在工作中发现将实验试管放在更坚固且充满液体的容器中，可以防止它们在强离心力的作用下发生破碎。

2 Gerhard Bracke, *Melitta Gräfin Stauffenberg: Das Leben einer Fliegerin* [The Life of an Aviatrix] (Herbig Verlag, 2013), privately translated, p. 165.

3 Ibid., p. 167.

有效摧毁，但是部署在二级机场上的波兰战斗机后来击落了170多架德国飞机。德国空军的成就远不止于此。获得空中优势后，"斯图卡"便成了远程精确炮兵。这种飞机的尖叫声是由安装在轮罩上的警报器产生的，尖厉的声音在步兵和坦克兵中产生的恐怖氛围让他们甚至在"斯图卡"射程之外就开始心惊胆战。也许梅利塔有时会想到地面上的克劳斯和他的装甲部队，他们都得到了她帮助开发的飞机的支持。也许她也想到了小时候的波兰邻居。前线局势稳定后，希特勒在几架战斗机的护送下，也飞往前线。在途中，他们飞过"仍然浓烟滚滚的村庄、断裂的桥梁，还有战争破坏的其他证据"，[1]而希特勒始终"毫无感情地从窗户向外凝视着"，他的飞行员汉斯·鲍尔说。"我们在空中的胜利是元首最大的快乐。"戈培尔在希特勒飞往前线的一个月后如此写道。[2]

克劳斯和梅利塔一样，对能够做好自己的工作感到满意。他认为传统的军事派遣与支持纳粹政权截然不同，但在波兰战斗的六周期间，他也开始尊重希特勒当时高度有效的军事战略。像许多德国民族主义者一样，克劳斯认为，像占领苏台德一样，对波兰的入侵是为了保护德国人民免受歧视，因此是合理的军事行动。他也不是没有种族偏见。他将波兰人描述为"犹太人和杂种人"中"令人难以置信的混蛋"，他们"只有在鞭子面前才觉得舒服"——这实在是一种恶毒的评价。[3]没人知道克劳斯是不是清楚党卫军别动队在

1　C. G. Sweeting, *Hitler's Squadron: The Führer's Personal Aircraft and Transport Unit, 1933–1945* (Brassey's, 2001), p. 45.

2　Fred Taylor (trans., ed.), *The Goebbels Diaries 1939–1941: The historic journal of a Nazi war leader* (Sphere, 1983) (entry from 20.12.1939), p. 70.

3　Roger Moorhouse, 'A Good German? Von Stauffenberg and the July plot' in *History Today*, Vol. 59, issue 1 (2009).

前线和后方制造的谋杀事件,这些别动队专门负责杀害犹太人或其他"不受欢迎的"人,以及"消灭"波兰知识分子,以此作为防止反抗的预防性打击。到1939年年底,大概有6.5万名平民被杀,几乎没有德国军官对这项政策一无所知。到了11月,甚至美国记者威廉·夏勒也报道称"纳粹的政策只是为了消灭波兰犹太人"。[1]克劳斯的信寄回家了,他的妻子尼娜尽职地把信打印出来在家人中传阅,信中却不出意外地没有提及这样的恐怖流血事件。[2]

来年春天,纳粹的暴行在外交圈里已经广泛流传。"党卫军带走了1500名波兰犹太人,其中包括许多妇女和儿童,放在敞篷货车里运来运去,直到他们都死了,"法伊·冯·哈塞尔写道,"大约有200名农民被逼着挖出巨大的坟墓,然后所有参与其中的人都被枪杀并埋在同一个地方。"[3]法伊的父亲,德国驻意大利前大使乌尔里希·冯·哈塞尔,一直在努力保持与英国非正式外交渠道的畅通,并秘密参与推翻希特勒的计划。当克劳斯回到德国时,尼娜问他是否也在"扮演阴谋家"。[4]他告诉她,是的。自1938年年末以来,克劳斯便不再在与尼娜的通信中记录她所谓的"内心冲突"的内容。[5]相反地,他留下了一个笔记本,他们一见面他就会匆忙写下自己的想法与她分享。与此同时,克劳斯和弟弟贝特霍尔德都试图让他们的母亲和亚历山大不要公开他们对政权的反感。克劳斯也继续留在军队里服役。

---

1 William Shirer, *Berlin Diary*, November 1939, quoted in Richard J. Evans, *The Third Reich at War* (Allen Lane, 2008), p. 57.

2 Peter Hoffmann, *German Resistance to Hitler* (Harvard, 1988), p. 131.

3 Fey von Hassell, *A Mother's War* (Corgi, 1991), p. 72.

4 Konstanze von Schulthess, *Nina Schenck Gräfin von Stauffenberg: Ein Porträt* [A Portrait] (Piper, 2009), p. 72.

5 Ibid., p. 73.

风的女儿

汉娜渴望与男人一起行动的愿望和梅利塔最初希望能作为飞行员为德国红十字会效力的愿望完全不同，但她们的动机是相似的。"当战争终于来临……"汉娜的叔叔后来作证称，"她觉得她在道义上不能放弃她的祖国……她不可能明白是德国首先挑起的这场战争。"[1]

战前一段时间，汉娜曾在达姆施塔特的滑翔研究所试飞大型滑翔机的原型机，主要用于收集气象数据和运输邮件，在这一系列飞行中她有条不紊地添加一袋一袋的沙子来测试其可行负荷。不久之后，恩斯特·乌德特认识到，这种滑翔机的潜在军事用途可以将物资带到前线，或者为被包围的部队提供增援。此外，正如汉娜所说，这种滑翔机"在飞行中无噪声而且能够以一个很陡峭的角度俯冲"，因此它们似乎"提供了一种极好的方式，可以在敌人身后突然投放步兵"。[2]研究所很快获得了一份军事合同，设计了一种可载部队的滑翔机——DFS-230，能够运送十名装备齐全的步兵及其指挥官。DFS-230成为"二战"中第一架"突击滑翔机"，翼展为72英尺（约22米），在牵引阶段最高时速为130英里（约209千米）。[3]

1939年秋天，汉娜被选中向高级军官展示满载的滑翔机飞行效果，观看者包括乌德特、罗伯特·里特尔·冯·格莱姆、"微笑"阿尔贝特·凯塞林和艾尔哈德·米尔希。高度一超过1万英尺（3048米），汉娜便切断负责牵引她的容克-52飞机的牵引绳，开始驾驶滑翔机垂直俯冲。当她停在距离地面人员只有几码远的地

---

[1] Deutsches Museum archive, 130/101, statement of Prof. Richard Homberger (07.07.1947).

[2] Hanna Reitsch, *The Sky My Kingdom: Memoirs of the Famous German World War II Test Pilot* (Greenhill, 2009), p. 183.

[3] Cajus Becker, *The Luftwaffe Diaries* (Macdonald, 1966), p. 97.

方，几秒钟之内运载的部队就已经倾巢而出，这一切终于证明了这架飞机的军事潜力。汉娜自豪地记录道："整场演练的速度和精确度激起了将军的热情。"将军要求她再演示一次，这次只搭载将军本人。[1]这对任何飞行员来说都是一个令人生畏的要求，但热情的汉娜表示她听到这个"赋予我的、真正让人心生敬畏的责任"时却高兴得快要晕倒了。[2]

滑翔机设计师汉斯·雅各布斯感到一阵不安。汉娜将她的"宝贝乘客"安全地放回地面，她发现雅各布斯正从滑翔机的尾部中间钻出来。雅各布斯很清楚，如果这次飞行出了问题，"那我也完了"，而他无法拒绝加入这一历史性的飞行。[3]把雅各布斯藏在飞机中算得上是汉娜到战争后期都依然记得的一个策略。她眼下的成功展示进一步确立了她和第三帝国高级军官一样的重要地位。

此后德国立刻成立了德国滑翔机突击队，意图1939年11月剑指法国。然而负责该行动的军官却并没有滑翔经验，而国内领先的滑翔机飞行员被招募后并没有得到军衔，也没有接受部队的训练。在接受简单的训话后，这些飞行员就被严格隔离。汉娜再度要求冯·里希特霍芬将军允许她加入部队，或者至少允许她参与安排训练，但身为女性的她遭到了将军的断然拒绝。入侵法国的计划被推迟到深冬，她和雅各布斯再度联手，担任试飞员和设计师，开发减速板帮助滑翔机在冰面上降落。汉娜后来向滑翔机小队展示了他们的解决方案：杠杆式犁头（lever-operated ploughshares）。汉娜

---

1 Hanna Reitsch, *The Sky My Kingdom: Memoirs of the Famous German World War II Test Pilot* (Greenhill, 2009), p. 184.

2 Ibid.

3 Judy Lomax, *Hanna Reitsch: Flying for the Fatherland* (John Murray, 1988), p. 66.

一直对飞行员奥托·布里加蒂姆印象很好，觉得他"浑身上下散发着自信，有勇气又幽默"，他们两人一并向格莱姆请愿，才得到了上级的同意。[1]

汉娜多年以来一直仰慕屡受表彰的格莱姆，他和乌德特从"一战"以来就是多年的朋友。年近五十的他可能外表没有布里加蒂姆帅气，但举手投足间带着一种庄重的气场，是一位优秀的飞行员和军官，他手下的人都非常敬畏他。格莱姆曾参与了入侵波兰的战斗，如今负责指挥德国空军的研究部门。汉娜借此机会组织了一场私下会面，她对纳粹事业和飞行的热情让她在宣传部和高级将领面前颇受欢迎，但她的一些年轻同事仍然觉得她不该出现在机场上。汉娜希望格莱姆的支持能帮她对抗"某些军官，他们认为维护男性特权"——正如她愤愤不平时所说——"比当下时代的召唤更重要"[2]。格莱姆并不关心性别平等，但他对汉娜很感兴趣，因此对她提出的要求表示支持。然而，她想要立刻地位平等甚至地位特殊的愿望，还有她越来越频繁地找乌德特或格莱姆所谓帮忙"铺平道路"的做法，在那些和她关系并不亲近的同事看来，完全没能让他们对她增加一分好感。[3]

直到1940年5月，滑翔机突击队才被正式部署在战斗中，不是在法国，而是在比利时。当时德军试图攻下荷兰边境附近的埃

---

[1] Hanna Reitsch quoted in Oscar Gonzalez, Thomas Steinke, Ian Tannahill, *The Silent Attack: The Taking of the Bridges at Veldwezelt, Vroenhoven and Kanne in Belgium by German Paratroopers, 10 May 1940* (Pen & Sword, 2015).

[2] *ZDF-History*, 'Himmelsstürmerinnen, Deutsche Fliegerinnen' [Sky-Strikers, German Aviators] (2011); Hanna Reitsch, *The Sky My Kingdom: Memoirs of the Famous German World War II Test Pilot* (Greenhill, 2009), p. 190.

[3] Hanna Reitsch, *The Sky My Kingdom: Memoirs of the Famous German World War II Test Pilot* (Greenhill, 2009), p. 191.

本-艾默尔（Eben-Emael）要塞，这里以其堡垒的坚不可摧而著称。在一个寂静的黎明，德军展开突袭，11架滑翔机俯冲下来，投放了众多伞兵，其中包括布里加蒂姆，他们的任务是在敌军发起反攻之前摧毁堡垒的防御。他们击败了十倍于自己的军事力量。这场决定性胜利为德国地面部队进入比利时铺平了道路。有传言说，汉娜在1935年的一次活动上评论了滑翔机的无声特性，这才在希特勒的脑海中为这次了不起的行动埋下了种子。无论事实如何，汉娜的个人风评从此上升到了前所未有的全新高度，从国家级报纸到彩版少女联盟书[1]，所有人都在讲汉娜的故事，她被塑造成了一个德国女性在育儿和手工制作领域之外的新生活典范。

1940年春天，汉娜被派驻到了梅利塔所在的雷希林机场，但是这两位女士的工作强度之大让她们几乎没有时间忙里偷闲在食堂或走廊里聊聊天，缓和一下两人的关系，更谈不上和解，况且她们也都选择故意不主动找对方。尽管梅利塔的工作同样重要也同样危险，但她并不是官方认定的合适的宣传素材人选。1940年5月23日，梅利塔的父亲米夏埃尔已经被判定为"犹太混血"，而她本人也收到了来自帝国家谱局（Reich Kinship Bureau）的信。他们在5月7日的报告中将她归为"犹太混血"，有"种族为犹太人的祖父母"。[2]梅利塔一直知道这封信迟早会来。一周前，教育和文化部也给亚历山大所在的大学下发了通知，命令推迟他的教授任命，直到当局明确"他

---

1 德国少女联盟（Bund Deutscher Mädel），是纳粹德国希特勒青年团的青年女性分支组织，成员年龄为14~18岁，是纳粹德国唯一的女性青年组织。——译者注
2 Karl Christ, *Der Andere Stauffenberg: Der Historiker und Dichter Alexander von Stauffenberg* [The Other Stauffenberg: Historian and Poet Alexander von Stauffenberg] (C. H. Beck, 2008), p. 52.

是会坚持他的婚姻……还是要放弃"。[1]亚历山大在《纽伦堡法令》生效后和梅利塔结婚，当局认为亚历山大一定不知道梅利塔的犹太血统。他们实际上给了亚历山大一条出路，条件是他和梅利塔离婚并与她断绝关系。可是他无畏地表示，一定是家谱局出了错。

此后的几个月中，梅利塔不断向乌德特求助。乌德特在第一次世界大战期间与她的舅舅结下了深厚的友谊，并从她第一次飞行时便开始为她提供帮助，1929年，当梅利塔短暂地迫降在不该出现的国界另一边时，也是乌德特帮助她摆平了麻烦。如今，她向他介绍自己眼下的工作对战争何其重要，希望能解决自己的身份问题。亚历山大则自己直接向戈林申请。当他的大学逼他离婚时，他陈述道："帝国航空部（上校将军乌德特）已向帝国内政部部长发出申请，由于本人妻子对德国空军的重要武器'斯图卡'的测试工作具有不可或缺性，要求巴伐利亚州教育和文化部在这一点上不要进一步采取任何措施。"[2]三个月后，即1940年12月，亚历山大简短地告知大学校长"此事目前并不宜公开"[3]。因为没有正式的文件，大学方面并不认可亚历山大的说法。

梅利塔能做的就是保持低调，继续为了达到最高标准而努力工作，并暗自希望这能对她情况的改善有所帮助。同事们现在注意到"她安静而谦虚地工作"，她所在的部门负责人甚至评论她自带"不可亲近的光环"。[4]不可避免地，人们开始传言梅利塔背负着汉娜所

---

1 Thomas Medicus, *Melitta von Stauffenberg: Ein Deutsches Leben* [A German Life] (Rowohlt, 2012), p. 176.
2 Ibid., p. 179.
3 Ibid.
4 Gerhard Bracke, *Melitta Gräfin Stauffenberg: Das Leben einer Fliegerin* [The Life of an Aviatrix] (Herbig Verlag, 2013), privately translated, p. 92.

谓的"种族负担"。[1]关于梅利塔,汉娜认为,她"内心的某种绝望……她不想让这影响到工作,也不想让它影响到大家"。[2]汉娜不情愿地承认了梅利塔的成就,盛怒之下她还是将这一切归因于梅利塔出于对祖先的关注而形成的"不健康的野心"。[3]

也正是因此,梅利塔在雷希林毫不意外地始终主动回避汉娜。她们偶然相遇时,梅利塔"不想进行任何对话",汉娜带着明显的不满写道,而且她似乎还故意"严厉地拒绝我提出的每一个善意的帮助"。[4]最重要的是,汉娜认为梅利塔"公开回避某些同事的陪伴",而"另一方面却被多次撞见和这些同事一起,不断地嘲讽和抱怨政府,破坏工作环境",[5]结合来看,这是很可疑的现象。梅利塔似乎在朋友圈中仍对政权持批评态度。汉娜凭借她对国家的愚忠和生动的想象力,不禁开始怀疑自己的圈子里是否"有什么不对"。"她在两个营地都有关系吗?"汉娜沉思道,"或者她是否为敌人工作?"[6]这样的暗示是梅利塔最不想见到的,于是她兀自更加投入到她的试飞和工程工作中去。

1940年6月,法国陷落了。"我们得到了德国空军的极大支持,"国防军军官回忆道,"我们的容克-87'斯图卡'吓坏了法国人,就像吓坏了波兰人一样……许多士兵径直逃走了,仿佛身后有女妖在追他们。"[7]在德国大众的想象中,"斯图卡"现在象征着德国

---

1 Gerhard Bracke archive, letter Hanna Reitsch/Klara Schiller (07.02.1975).

2 Ibid. (18.02.1975).

3 Ibid.

4 Ibid.

5 Ibid.

6 Ibid.

7 Bob Carruthers, *Voices from the Luftwaffe* (Pen & Sword, 2012), p. 33.

空军的技术优势和战术优势，他们的飞行员有一种特殊的魅力，被称为第三帝国的英雄。希特勒从巴黎凯旋时，人们在柏林的街道上排着队欢迎他，部队列队穿过了勃兰登堡门，全国各地都敲响了胜利的教堂钟声。如今梅利塔和汉娜为国家的胜利做出的重大贡献已是显而易见了。

汉娜这一年年初原本过得不错。2月，她仍在研究即将投放部队的滑翔机，她的哥哥库尔特的婚礼为莱契家族提供了一个团聚的机会。然而，到了4月份，库尔特就被派往北挪威纳尔维克港参加战役，以保障此地向德国的铁矿石供应。几周之后，挪威沦陷，而库尔特所在的船却已经沉没，据报他失踪了。

汉娜和梅利塔一样，现在更加热情地投入到了她的工作中。滑翔机部队突袭埃本－艾默尔大获全胜的事实说服了德国空军，他们考虑采用类似的"隐形"方法来入侵英国。然而，想要开展这次行动，不仅需要人员，还需要通过航道运输相当数量的武器、弹药、车辆，包括200辆坦克，它们都必须运过英吉利海峡才能真正形成桥头堡。拟定的方案计划采用由新型木材和钢材建造的梅塞施密特－321高翼单翼滑翔机，这种飞机被人们恰如其分地命名为"巨人"[1]。这个庞然大物的可收放起落架轮子几乎和汉娜一样高，驾驶舱离地面高达60英尺（约18米），钢管框架上摊着涂漆蒙布。与汉娜刚学会飞行时所驾驶的那种几乎只有骨架的小巧的早期滑翔机相比，"巨人"看起来大得吓人，甚至有些畸形。

"巨人"需要三架以发动机为动力的飞机编队才能将其牵引到空中，此外机翼下还挂载着八枚液体燃料火箭。"这是多么壮观的

---

[1] 容克飞机公司提出的解决方案是纯木材制造的"猛犸"滑翔机。由于无法成功离开地面，"猛犸"原型机很快就被淘汰了，最终变成了德国火车锅炉里的燃料。

事情！"梅塞施密特首席试飞员卡尔·鲍尔的妻子伊索德·鲍尔后来写道，"前面有三架牵引飞机，后面有火箭喷出的一团烟雾。"[1]着陆时，"巨人"的壳形门会弹开，200名武装人员以及装备齐全的坦克便可以冲出来，只要一开始战斗，大地都跟着颤抖。

虽然汉娜经常被选中进行飞行演示来展示她的才华，但是她从来没有想到，她有一天可以驾驶如此巨大的滑翔机。初次试飞的几天后，她便开始游说大家让她也试一试，不料遭到了鲍尔的拒绝。他"非常担心"，她"身体太柔弱"，可能不够力气驾驭这架滑翔机。[2]然而最后他还是抵挡不住上级的指令，经过了一系列必要的调整后，汉娜终于有机会飞一把"巨人"了。

汉娜终于坐进了"巨人"狭窄的驾驶舱中，她的脚踩在专门用来调高舵踏板高度的木块上，在原本的飞行员座位中间，还加了一块垫子。作为额外的预防措施，和她一起飞行的工作人员也收到了简要指令，要求他们密切关注整个飞行过程。据略显嫉妒的伊索德·鲍尔所说："她在飞行过程中明显艰难地控制操纵装置，等大家慢慢靠近她准备降落时，她便大声向工程师们求助。"[3]汉娜后来并没有提到过这样的情况，但据报道，其中一名最高的男子出手相救，够着了驾驶舱里的操纵装置，才帮她把这架巨大的滑翔机停稳。

汉娜对此印象并不深刻。她知道"巨人"设计之初的理念就是，这是一架允许耗损和抛弃的机器，但按照她越来越受纳粹影响

---

1 Isolde Baur, *A Pilot's Pilot: Karl Baur, Chief Messerschmitt Pilot* (Schiffer, 1999), p. 125.

2 Ibid., p. 126.

3 Ibid.

的语言使用偏好来说，在她看来，它仍然是"粗制滥造的"。[1]她的许多批评都是正确的。其中最重要的是，手动控制系统非常僵硬，几乎没法操纵。维利·梅塞施密特驳斥了她的反馈，表示之所以有这样的意见，是因为发表评论的人是个"个子太小的小女孩，而不是一个适合战斗的强壮男人"。汉娜后来气愤地转述了这句话。[2]"对于我来说，有五分钟飞行困难，"她反驳道，"对于强壮的男子来说，飞上一个小时就会难如登天。"[3]后来设计师在驾驶舱中安装了双人飞行员座椅，这样就可以两个人一起操纵控制这架飞机了。

汉娜在接下来的试飞中经受了更多的考验。三架牵引飞机中的两架过早切断了它们的牵引绳，而"巨人"的火箭发动机却无法关闭，这使得她"悬挂在一架轰炸机上，而和我的'巨人'相比，它小得就像一只苍蝇"！[4]她把最后一根牵引绳也切断了，试着向下滑，落地的时候不仅掀起了一阵风沙，还摔断了一位乘客的腿，另一位则直接休克。此后便很少有飞行员愿意让她再次尝试。她后来又错过了两次机会。一次是奥托·布里加蒂姆后来也在不带她的情况下驾驶了"巨人"，他一定是故意不愿意让她分享这次机会，她郁闷地想。第二次错过的时候，她恼怒沮丧之余又感觉受到了羞辱，急得哭了出来。结果片刻后，"巨人"坠毁，现场所有三架牵引飞机上的飞行员以及包括布里加蒂姆在内的六名"巨人"机组人员全部死亡。不久之后，另一场试飞也以灾难告终。这一次"巨人"的一侧火箭发动机未能成功点火，导致滑翔机失去平衡，再一

1　Hanna Reitsch in *The Secret War*, Episode 4: 'If...', BBC (1977).

2　Ibid.

3　Ibid.

4　Sophie Jackson, *Hitler's Heroine: Hanna Reitsch* (The History Press, 2014), p. 80.

次造成了全体飞行员死亡的惨剧，此外一同牺牲的还有飞机上搭载的110名士兵。

"巨人"从此永远不会按原先设想的那样部署了，也不会用于投入与英国的战斗中了。[1] 从1940年7月起，德国空军的轰炸机开始攻击英国航运，整个夏天，英国皇家空军的飞机场、飞机制造厂和一般基础设施都成了集中攻击目标，德国的目标是赢得英格兰南部的空中优势。英国轰炸机也开始穿越德国领空，通常都是在夜间，因为白天的突袭遭受了太多打击。空中侦察结果表明，英国空军的轰炸并不精准。希特勒愤怒地命令戈林想出对策。9月7日，伦敦连续57晚遭遇轰炸。尽管造成了大量人员死亡和设施的破坏，闪电战首月中堪称"严峻的一周"快结束时，杜莎夫人蜡像馆的储藏室被击中却引发了人们"麻木的笑声"。据《每日快报》报道："头、手和腿散得到处都是"，"飞溅的玻璃扎进了一些模特的脸……希特勒的鼻子被削去了，戈林华丽的白色制服上盖了一层黑色的尘土"。[2]

随着闪电战的推进，德国空军开始遭受重创。轰炸机没有足够的防御武器，战斗机护卫队没有足够长的续航能力停留在英国上空，而且经常遭到英国皇家空军的雷达拦截。"斯图卡"的强大力量现在被削弱了。一名英国皇家空军军官解释说："一旦（德国）飞行员开始让飞机下降，他就一定是要俯冲了。当你可以看出他要去哪里时，他们就成了待宰的鸭子。"[3]

---

1 最终"巨人"演变成了六引擎运输机，用于运送战备物资到东线和撤离伤员。由于它笨重且行动缓慢，事实证明想要击落它实在是太容易了。

2 Hilde Marchant, 'A Journalist's Impression of the Blitz' in Jenny Hartley, *Hearts Undefeated: Women's Writing of the Second World War* (Virago, 1999), p. 100.

3 John Alan Ottewell, DFM, Mulley interview (09.10.2014).

梅利塔对于德国空军日益增加的损失感到震惊，于是越发投入于她的工作。"她希望通过开发和测试这些武器……"妹妹尤塔解释道，梅利塔认为可能可以"将战争限制在仅限对军事目标的打击上"，从而减少平民伤亡以及德国飞行员重复袭击的必要性。[1]此外，梅利塔对德国的胜利仍坚信不疑，也希望更有效的精确轰炸可以有助于早日结束战争，从而彻底"缩短屠杀流血事件"的进程。[2]

梅利塔现在经常每天进行10次甚至更多的垂直俯冲，然后察看试飞录像，和机械师沟通，思考最糟糕的情况和可能出现的连锁反应，并计算可能的表现，再用下一场测试来证明自己的理论。一天下午，老朋友和同事格奥尔格·沃利在柏林的航空部附近偶然碰到了梅利塔，她曾经在战前骑过他的摩托车。他当时正穿着制服准备赶赴开会地点，所以他们只有一点时间叙旧，但格奥尔格"震惊地发现，飞机试飞的极端身体折磨和精神折磨在她那曾经漂亮、平滑和匀称的身体上留下了深深的沟壑"。[3]尽管梅利塔几乎永远都疲惫不堪，但这个评论却更像是在描述格奥尔格本人而不是梅利塔。

梅利塔在航空界的声誉与日俱增。尽管她希望保持低调，但人们越来越多地拍到她在机场的照片，或者在草地上骑自行车，或者在和观测员一起讨论，一手拿着手套，另一只手比画着预期飞行的弧线。她在一张照片的背面简洁地写了个注释："我的容克-88。"更多照片记录着她在绘图板上伏案工作的样子，察看最近的试飞录像或计算需要调整的设计方案，身后还徘徊着一名女

1　Archive Reinhart Rudershausen, Jutta Rudershausen, 'Peerless Pilot' (nd).

2　Ibid.

3　Archive Reinhart Rudershausen, Georg Wollé, 'Memories of a Colleague of Melitta Schiller in the Versuchsanstalt für Luftfahrt [Institute of Aviation] (DVL)' (11.02.1974).

助手。随着关于她工作的消息慢慢传开，甚至连戈林本人也开始钦佩在"施陶芬贝格伯爵夫人本人指导下，垂直俯冲数据的精准度是如此之高"。[1]

"巨人"试飞过后，汉娜又被委任测试一系列不同的原型机。德国已经开发出了一种作为加油机的无人驾驶滑翔机，以便在空中加油。在自动控制器锁定的情况下，她的任务是观察滑翔机在其受油机受到牵引时的稳定性，实际上这个稳定性极低。滑翔机剧烈地摇摆而汉娜却没有办法加以控制，汉娜发现自己被"最原始和最吓人的恐惧感"攫住了。[2]加油机计划被放弃了。后来她又进行了军舰甲板着陆试验，这需要在驾机下降的过程中穿过一片危险的锚索网。德国空军最终也会放弃这个想法，但是是在汉娜差点被斩首后才做了这样的决定。[3]

汉娜的下一项任务同样危险。她被要求驾驶她"最心爱的轰炸机"道尼尔Do-17轰炸机，后来又加上了亨克尔He-111，直接飞进可致命的防空气球钢缆网中[4]。充满氢气的气球现在已在空中形成了防空屏障，到处都是"灰色轮廓或银色斑点，这取决于太阳的位置"，在南安普敦、伦敦和其他城市的部分地区，以及英国乡村的部分空域都设有类似的空防设施。[5]防空气球被这些致命的钢缆拖

---

1 Thomas Medicus, *Melitta von Stauffenberg: Ein Deutsches Leben* [A German Life] (Rowohlt, 2012), p. 170.
2 Hanna Reitsch, *The Sky My Kingdom: Memoirs of the Famous German World War II Test Pilot* (Greenhill, 2009), p. 192.
3 1938年和汉娜一起参加派对的埃里克·布朗也进行过甲板着陆试验。布朗是英国获得奖章数量最多的海军航空兵飞行员，并保持着航母登陆的世界纪录。他总共驾驶过487种不同类型的飞机，比历史上任何其他飞行员都多。
4 Hanna Reitsch in *The Secret War*, BBC (1977).
5 Gill Mulley, Harpenden, Mulley interview (20.05.2013).

着，就像葡萄牙战舰水母一样，要想成功穿越这些飘浮的障碍物，只能由往返的英国皇家空军飞机和英国航空运输辅助公司的飞行员引航——飞行过程中，所有无线电设备都是关闭的——或者也可以通过敌军的其他飞机引航。如果被迫在气球上方飞行，德国轰炸机没有准确投弹的可能，而撞到气球则可能会导致飞机倾斜，甚至把炸弹撞回吊舱里。[1] 而气球下方将它们系在地上的重钢缆也很难被发现，在夜间则干脆彻底看不见。它们可以轻而易举地切断螺旋桨叶片，甚至可以切断高速飞行中的飞机机翼，导致飞机螺旋式冲向地面坠毁。

针对此种威胁，汉斯·雅各布斯设计了重型挡泥板，它们被铆接在轰炸机的机头上，并用带子固定在机翼翼梁上。他的计划是当钢缆处在机翼尖端时，锋利的钢刀片可以切断它们。[2] 汉娜的工作是用不同粗细的钢缆测试原型机的切割装置，有时干脆就使用英国产的钢缆。"风力很大时，无人控制的拦截气球可以飘到2000米高空，偶尔有几个干脆会飘到敌军领空，也会被'捕获'。"戈培尔在自己的日记里曾这样沾沾自喜地写道，"这样的气球便会被重新部署用于测试。"[3] 汉娜飞机上的仪表会记录下各种数据，用于后期改进。人们担心如果挡泥板不起作用，螺旋桨的碎片可能会被吹进机舱，因此又设计了第二组控制装置，就安装在后炮塔中，靠近逃生舱。虽然汉娜既不能使用这些辅助控制装置起飞也不能依靠其降

---

1 Hajo Herrmann, James Holland interview, www.griffonmerlin.com (04.06.2008).

2 由于德国也使用了拦截气球，某些英国轰炸机也装有类似装置。英国皇家空军中校伦纳德·拉特克利夫指出，飞越钢电缆"需要很高超的技能和极其稳定的神经"。参见 Sean Rayment, *Tales from the Special Forces Club* (2003), p. 173。

3 Fred Taylor (trans., ed.), *The Goebbels Diaries, 1939–1941: The historic journal of a Nazi war leader* (Sphere, 1983) (entry from 11.10.1939), p. 17.

落，但一旦在空中，她就能通过这些装置保持飞行航向，并在必要时与她的副驾驶员一起跳伞逃生。

故意飞入防空气球钢缆网需要相当大的勇气，但当汉娜第一次试飞过后，便像以往那样，注意力被那些美丽却致命的线条所吸引，这些线条"在蓝色天空背景下，在阳光照耀下，闪烁着银色的光芒"。[1]她驾驶飞机掉头，剧烈的动作使她差点跌入驾驶舱后座，感觉到一阵压倒式的全神贯注，瞄准并直接飞向她的目标。当钢缆撞上"道尼尔"的挡泥板时，飞机猛地抖了一下，然后便继续向前飞去。虽然设计需要改进，但这些初步试验成果令人鼓舞。格莱姆当即要求所有装有挡泥板的飞机按照他的命令开始转移，因为这一设计而可能得救的飞行员开始向他们表示谢意。汉娜后来将她的工作目标定为"救人性命"。[2]每次测试"都让我们更接近我们的目标，那就是降低飞行员和机组人员每天在对抗敌人的行动中面临的那些危险"，她无比自豪地写道。[3]

汉娜工作十分卖力，1940年年底，她在高烧的情况下还坚持继续飞行。后来她被诊断为猩红热，这在当时是一种可能致命的疾病，她被迫在医院一间昏暗的隔离病房里待了三个月。对于这个强制休息的决定她感到万分沮丧。到了圣诞节时，德国空军的损失大幅增加，生产水平也几乎不足以维持机队战斗。希特勒的重点如今放在了国防军上，而他也轻率地接受了戈林没有任何现实依据的承诺：空军的困难很快就能克服。

---

1 Hanna Reitsch, *The Sky My Kingdom: Memoirs of the Famous German World War II Test Pilot* (Greenhill, 2009), p. 195.

2 Ibid., p. 190.

3 Ibid., p. 196.

风的女儿

　　1941年春天，汉娜出院后立即重返工作岗位。雅各布斯的挡泥板设计现在被一条更轻的锋利钢带所取代，它被固定在试验飞机机翼的前缘。前去与希特勒会面的乌德特路过这里，特意停留观看了这次测试。那一天，汉娜要驾机从一截短钢缆近旁飞过，钢缆上头连接着从英国飘来的气球。为了能准确割断钢缆，她必须保持低位飞行——如果出现任何问题，会因为飞行高度太低而来不及得到救援——所以这次她要独自飞行了。这是一个狂风大作的日子，气球在钢缆顶端不断扭动着，拖着拉紧的钢缆处于一个难以把控的角度上。如果乌德特没有在现场观看，那么测试可能已经中止。但事实上，没有人想让一位将军失望。

　　当汉娜的飞机击中钢缆时，它被扯开了，在空中断裂，划过两个螺旋桨叶片的边缘。金属碎片射进了驾驶舱，右舷发动机开始加速，随时有从机翼上脱落的风险。"听到钢缆被切断时爆裂的声音，看到空气中充满了金属碎片"，乌德特注意到那架残破的飞机消失在了树梢后面，他等待着那一声不可避免的、太熟悉也太可怕的燃油箱爆炸声。[1]然而什么也没发生。令人难以置信的是，没有受伤的汉娜设法关掉了受损的发动机并紧急着陆。乌德特到达现场，看到她从受损的飞机中爬出来时，他站在那里，甚至勉强挤出了一个微笑。在飞抵会面地点后，乌德特向希特勒详细描述了这一事件。

　　几个星期后，1941年3月27日，汉娜受邀前往戈林柏林豪华的家中拜访。戈林穿着那件著名的白色制服，上面满是金色绶带、纽扣和奖章，这位德国空军的总司令全身戎装，并准备为汉娜颁发一枚特殊的女性版本的军用飞行徽章，这枚金徽章上还镶有钻石，用

---

[1] Hanna Reitsch, *The Sky My Kingdom: Memoirs of the Famous German World War II Test Pilot* (Greenhill, 2009), p. 199.

于表彰她的勇气和为国家所做的贡献。这是戈林第一次真正打量汉娜这个人。汉娜走进房间时，他越过她的头继续盯着门口看。过了一会儿，乌德特提醒他客人已经到了。"戈林的惊讶程度很有趣，"汉娜在她的回忆录中笑谈道，"他这个大块头就那么杵在我面前，双手叉腰，然后说：'什么！这就是我们大名鼎鼎的女上尉吗？她的其余部分在哪里？这个小人儿怎么能好好飞行呢？'"汉娜感觉受到了侮辱，但身处纳粹高级领导层之中依旧让她感到自在。她用手比画出相当于戈林的腰围那么粗的样子，并向这位"一战"王牌飞行员和帝国元帅问道："是不是得长成这样才能飞？"[1] 幸运的是，戈林和他的随行人员大笑了起来。汉娜骄傲地在外衣上戴上了她的徽章，徽章上一只钻石镶嵌的鹰带着一个纳粹万字符，底下是一个金色花环，从此这枚徽章便陪她度过了余生。

第二天，即3月28日，希特勒本人在帝国总理府接见汉娜，向她颁发铁十字勋章，以表彰她超越正常履职的英勇行为。她是首个在第二次世界大战期间获此殊荣的女性。[2] 一位副官领她走过长长的大理石大厅——整个大厅"像镜子一样抛了光"，——朝着元首的书房走去。[3] 希特勒的行走方式是"精心设计好的，几乎成了一种典礼式的表演"，他的秘书克里斯塔·施罗德表示，希特勒喜欢用这种略带克制的方式走路，这就像大厅的长度一样，可以对他人

---

1 Hanna Reitsch, *The Sky My Kingdom: Memoirs of the Famous German World War II Test Pilot* (Greenhill, 2009), p. 201.

2 在此之前已有两名女性被授予铁十字勋章。弗雷德里克·克吕格尔曾伪装成男人，在德国解放战争中以奥古斯特·吕贝克的名义服役。她于1813年被授予二级铁十字勋章。第一次世界大战期间，护士隆妮·赫塔·冯·费尔森于1915年被授以二级铁十字勋章。此后共有27名女性获得过二级铁十字勋章，大多是表彰其在护理时表现的极大勇气。

3 Christa Schroeder, *He Was My Chief* (Frontline, 2009), p. 48.

造成威慑之感。[1]但汉娜写道："希特勒以朋友般的温暖迎接了我"，戈林站在他旁边，"喜气洋洋"，在她看来，"就像一个父亲被允许介绍一个有礼貌的孩子"。[2]然后她被邀请在一个大圆桌旁就座，坐在两个纳粹领导人之间，面前的桌上摆着一个画着甜豌豆花花纹的花瓶，更加深了这一刻的超现实感。

希特勒出名地迷恋技术类话题，简单几句铺垫后，他开始直接向汉娜询问她的工作情况。[3]那天，元首似乎心情不错。这种时候他的眼神总是意味深长，仿佛在探寻什么，他的言谈也很生动。施罗德写道："毫无疑问，他知道如何在谈话中抓住对方的注意力……他能够用清楚简单的语言阐述最复杂的话题……他让他的听众着迷。"[4]汉娜本人也非常有魅力，谈到飞机时她的眼睛会发光，那时她会变得更加热情洋溢，挥动着双臂讲她的故事。后来她小心翼翼地写道："一个人不可能对希特勒的个性和性格有更深入的了解。"因为他们只讨论了关于飞机的话题，但希特勒的专业知识储备和"他提问的深度与尖锐程度"使她感到，他"作为一个外行人来说，非常了不起"。[5]

此后的几个星期里，汉娜欣喜地发现自己又一次成了德国和国际媒体上众多文章的主角。[6]她收到了许多贺信，还专门被分配了一

---

1 Christa Schroeder, *He Was My Chief* (Frontline, 2009), p. 48.

2 Hanna Reitsch, *The Sky My Kingdom: Memoirs of the Famous German World War II Test Pilot* (Greenhill, 2009), p. 202.

3 Heinrich Hoffmann, *Hitler Was My Friend: The Memoirs of Hitler's Photographer* (Frontline, 2011), p. 188.

4 Christa Schroeder, *He Was My Chief* (Frontline, 2009), p. 51.

5 Hanna Reitsch, *The Sky My Kingdom: Memoirs of the Famous German World War II Test Pilot* (Greenhill, 2009), p. 202.

6 *Aberdeen Journal*, 'A German airwoman receives the Iron Cross' (24.04.1941).

第七章　战时女性 1939～1941

名兼职秘书帮她管理信件。后来她相当骄傲地抱怨说她收到了"一堆一堆又一堆"的信件。[1] 4月初，她回到了家乡希尔施贝格，受到了女主角般的欢迎，她也成了一个纳粹政权下不太可能重现的女性榜样。"我们到达西里西亚边境时，村里挂满了旗帜，路边的人们向我们丢花或挥手……"她得意扬扬地写道，"我们不得不停下几次，小学生们唱着歌，和我们握手……还送我礼物。"[2] 在市政厅，她被授予荣誉公民卷轴，这一奖项此前只授予过诗人和剧作家戈哈特·豪普特曼，豪普特曼是1905年成立的德国种族卫生学会的创始成员之一。那个下午，在汉娜的母校，她兴奋地看到学校毕业纪念册中不少内容都是关于自己的，记录着"丰富的黑历史"——她大笔一挥，一举将这些内容整整齐齐地从学校记录中抹去了。[3] 而最重要的，汉娜写道，是她感动于"女孩们的眼中闪耀的光芒，带着热切的愿望"，她似乎"能从这里看到自己的青春"。[4] 那天晚上，她收到了另一份礼物——一架格鲁瑙宝贝滑翔机，她以"令人难忘的奥托·布里加蒂姆"命名了这架滑翔机，并将其捐赠给当地的滑翔学校。[5]

虽然不能经常回来拜访，但汉娜感觉自己始终和希尔施贝格保持着深刻的联系。她的母亲埃米几乎每天都给她写信，鼓励汉娜继续为祖国尽职尽责，同时乐观地劝诫她保持谦虚，最后还会亲切地将她委托给上帝。埃米不断为德国祈祷，并为那些推进她眼中德国事业的人祈祷，祝福他们都能得到庇护。像她母亲一样，汉娜对上

1　Gerhard Bracke archive, Hanna Reitsch letter to Klara Schiller (09.07.1975).
2　Hanna Reitsch, *The Sky My Kingdom: Memoirs of the Famous German World War II Test Pilot* (Greenhill, 2009), p. 203.
3　Ibid., p. 204.
4　Ibid.
5　Ibid.

帝和祖国的信仰是坚定不移的。"她认为自己是纳粹分子",她的叔叔后来作证,但她从未加入过纳粹党,也许是因为她的父亲是共济会会员,是不会允许她这样做的。[1]

汉娜看到父母正在老去,他们两个都因担心家人而显得疲惫不堪。埃米的头发都变白了,并在脖子后面扭成一个发髻,汉娜的兄弟库尔特在沉船事故中幸存了下来,却没有退下阵来,此时已经回到现役部队。埃米和维利一定知道,在未来的战争中,库尔特和汉娜两人幸存的可能性都很小。夫妇二人发现,他们正在从自己对国家荣誉的信仰中寻找力量,也从他们的孩子们为祖国奋斗的过程中寻找力量。然而,他们的小女儿海蒂才是他们最大的安慰来源。在夏天来临之前,海蒂生下了一对龙凤胎,上面还有一个已经三岁的男孩。而现在她又怀孕了。汉娜喜欢和孩子们一起玩,经常给孩子们唱她母亲教过她和海蒂的奥地利歌曲。

埃米和维利·莱契在家中享受着这个难得的两个女儿都在家的温馨时刻。而此时,梅利塔家中也同样为家人骄傲并十分爱国的父母,却正像成千上万的德国犹太人一样,面临着一个真实到可怕的未来:他们都会被送到一块不知名的土地上或一所集中营中。第一次对犹太人的驱逐开始于1941年1月。起初,米夏埃尔和玛格丽特因为玛格丽特不是犹太人而得以幸免,他们还有一个在犹太人圈子内有关系的好朋友,但他们知道他们不能始终依赖这样的支持。3月,戈培尔指出,"维也纳很快将完全不再有犹太人……现在它将成为柏林的转折点"。[2]他们家的情况越来越不稳定,具有讽刺意味

---

1 Deutsches Museum archive 130/101, statement of Richard Homberger (07.07.1947).
2 Fred Taylor (trans., ed.), *The Goebbels Diaries 1939–1941: The historic journal of a Nazi war leader* (Sphere, 1983) (entry from 8.3.1941), p. 272.

第七章 战时女性 1939~1941

的是，从雷希林解雇梅利塔的建议却成了她全家生之希望的来源。

梅利塔对俯冲轰炸机的了不起的研究工作不仅证明了她的价值，也越来越被认为是不可取代的。"这个女人的成就……"来自航空部的格奥尔格·帕瑟瓦特博士后来作证说，可能"几乎没有其他任何人可以做到"。[1]虽然关于她的种族问题从未在雷希林进行过官方讨论，但不仅是该部，连戈林本人现在也亲自介入了这个问题，以确保梅利塔的工作是"对战争必不可少的"，她的个人身份是安全的。结果，在1941年6月25日，在汉娜收到她的二级铁十字勋章后不久，梅利塔收到了一样更有价值的东西——来自"帝国家谱局"的她的家谱证明，它证实了她的"德国人血统"和她"等同于雅利安人"的官方地位。

"这个特殊的地位救了她的命。"梅利塔的侄女康斯坦策后来断言，但梅利塔对此并不满意。[2]梅利塔继续辩称如果她的工作被认为是对战争必不可少的，那她的要求也应该是同等重要的——她立刻赌上了一切，为她的父亲和兄弟姐妹申请"等同于雅利安人"的地位：莉莉在这时仍然相当安全，因为她与一位高级纳粹官员结了婚；而作为农业问题专家的奥托在一周前德国开始入侵苏联后也获得了对于纳粹政权而言几乎独一无二的价值，尽管现在关于屠杀苏联犹太人的传言开始传回德国；米夏埃尔·席勒和梅利塔的妹妹尤塔和克拉拉则变得非常危险。

1935年至1941年，大约有一万名德国籍犹太人申请"等同于雅

---

1 Gerhard Bracke, *Melitta Gräfin Stauffenberg: Das Leben einer Fliegerin* [The Life of an Aviatrix] (Herbig Verlag, 2013), privately translated, p. 90.

2 Konstanze von Schulthess, *Nina Schenk Gräfin von Stauffenberg: Ein Porträt* [A Portrait] (Piper, 2009), p. 88.

利安人"的官方地位，但只有不到300人成功拿到了这个身份，所有人也都知道，他们得到的身份证明可以随时被撤销。[1] 1942年，希特勒具有狂热种族主义倾向的私人秘书兼纳粹党总理府负责人马丁·博尔曼决定只考虑特殊的新申请，而一般的申请则根本不会被考虑。克拉拉写道："在做出决定之前"，没有一个家庭会感到"完全安全"。[2] 梅利塔及时提出的申请不仅可以使她的家人免于被驱逐出境——虽然她当时还不知道——而且最终避免了他们惨遭屠戮。从这一刻开始，梅利塔清楚地认识到她在雷希林的工作不仅对她的飞行和她的国家来说至关重要，而且直接关系着她自己家庭的安全。她承担不起任何不必要的风险，但她也不能承担任何不一般的责任。

在东线上服役的飞行员中有一个人叫狄特里希·皮特，是来自驻扎在乌克兰北部历史名城别尔季切夫的长途侦察部队的一名中尉。皮特驾驶的正是容克-88，正如他自己描述的那样，那是"飞行员的飞机"，是"当时世界上最好的飞机"，可以高高地飞在高加索山脉以上，航拍山脉中的道路，为德国进攻做准备。[3] 一天早上，作为基地最高级别军官的皮特发现了元首那架漂亮的四引擎康多尔飞机即将降落。希特勒已经安排在别尔季切夫和墨索里尼会面，他坐在皮特的办公桌前等待他的客人，一边晃着他的腿，而年轻的中尉在他一旁回答他关于喷射泵的问题，以及通过山脉的最佳路

---

1 Thomas Medicus, *Melitta von Stauffenberg: Ein Deutsches Leben* [A German Life] (Rowohlt, 2012), p. 180.
2 Ibid., p. 342.
3 Dietrich Pütter, Margaret Nelson/Mulley conversations (19.04.2014, 24.06.2014).

线。[1]"希特勒令人印象深刻……他很平常……在他的士兵面前也很放松,"皮特后来回忆道,"他的政治观点也没错得那么夸张。"[2]别尔季切夫自7月7日以来一直被德军占领。其间,大约三分之一的犹太人,包括许多波兰犹太难民已经设法逃脱。几个月之内,剩下的犹太人被驱逐至新建成的贫民窟里,其中400名男性"专家"被豁免,用于提供劳动力。而在1941年夏天到1942年6月之间,剩下的犹太人全部被屠杀。

1941年8月,皮特回到柏林,给戈林送来一盒黑海鱼子酱,他和戈林的侄子一起训练,所以和戈林也很熟。皮特住在可以俯瞰柏林菩提树大街的五层豪华酒店——阿德隆酒店,这在当时是德国最好的酒店,就位于航空部的拐角处。[3]吃早餐时,他非常高兴地发现自己和大名鼎鼎的汉娜·莱契共用一张桌子。汉娜穿着她为自己设计的衣服,恰当地反映了她的地位:正如皮特所看到的那样,"就像一种制服,但不是制服"。[4]他们两人都戴着他们的铁十字勋章。差不多六英尺(约1.83米)高的皮特高出小小的汉娜不少,他们两个很快就谈到她有时不得不夹着坐垫进入驾驶舱的事,并一起大笑起来。[5]"她非常迷人……带着胜利者的笑容。"他后来回忆道。但当他提到他接下来要去见谁时,汉娜突然感到震惊。"给我你的夹克,"她急切地说,"你不能那样去见帝国元首!"他

---

1 最终墨索里尼的容克-52抵达,这位意大利领袖下了飞机就急着要上厕所。皮特为他指路,而一个侦察兵悄悄地拍下了上厕所的墨索里尼。几个星期后,党卫军来没收了这些照片。
2 Dietrich Pütter, Margaret Nelson/Mulley private interview (29.07.2014).
3 葛丽泰·嘉宝1932年的电影《大饭店》的灵感就来自于阿德隆酒店。在整个战争期间,它仍然是柏林的社交中心。而对于高级纳粹官员而言,凯撒霍夫酒店离帝国总理府更近。
4 Dietrich Pütter, Margaret Nelson/Mulley conversation (19.04.2014).
5 英国的埃里克·布朗也带着一个(绿色)坐垫,这样才能提高他在驾驶舱内的高度。

的夹克上有一个纽扣松了。汉娜从她的手提包里翻出针线，坐在早餐桌旁，用一双巧手将纽扣钉紧。这是一个"非常老母亲式"的瞬间，皮特笑了。[1]

几天后皮特带着他的中队回来了，他承认道："我们都谈到了汉娜……她是英雄，毫无疑问。她非常非常有名，我们都十分敬佩她。"[2] 几周后，皮特在苏联上空被击落并被俘。[3] 当他的战友继续在东线推进时，纳粹对苏联犹太人的杀戮也加大了规模，并在前线部队后面派遣了越来越多的谋杀小队，专门用于消灭新占领区的犹太人。成千上万的人被杀。"他们陶醉于自己在欧洲取得的胜利……"英国首相的妻子克莱门汀·丘吉尔写道，"纳粹精心策划的残忍和野蛮行为在入侵苏联的过程中达到了新高度。"[4] 与此同时，在柏林万湖湖畔的别墅里，一个为所有欧洲犹太人制定的"最终解决方案"正在悄然完成。

到1941年秋天，乌德特看到，这场战争中德国逐渐失去了优势。他所支持的"斯图卡"俯冲轰炸机在闪电战中非常有效，但从未成为战略武器，最终事实证明它们也实在容易遭到敌人的攻击。9月，在英国之战暴露了德国空军的弱点后，乌德特曾多次举着左轮手枪朝自己公寓的墙面一通乱射，那是他在战争前举行的派对比赛的悲哀回声。一年之后，德国空军在东线上遭受重创，仍然没有令人满意的四引擎轰炸机能够打击到乌拉尔的苏联生产中心。资源贫乏且

---

1 Dietrich Pütter, Margaret Nelson/Mulley conversation (19.04.2014).

2 Ibid.

3 狄特里希·皮特于1948年回到德国。他再也没有见过汉娜，但始终非常钦佩她。

4 Clementine Churchill, 'My Visit To Russia' in Jenny Hartley, *Hearts Undefeated: Women's Writing of the Second World War* (Virago, 1999), pp.164–165.

指导不力的纳粹德国大规模飞机生产现在远远落后于同盟国。乌德特生了重病，也筋疲力尽。他和戈林及其副手艾尔哈德·米尔希的关系陷入了危机，尽管他还亲自教过米尔希飞行。同时他也听说了东部地区大规模杀害犹太人的事件。最重要的是，乌德特很清楚德国空军将在几个月内面临压倒性的局面，而他看不到前进的方向。

11月14日早晨，乌德特醒来后穿上了他的红色睡袍，从第一次世界大战以来他一直穿这样的睡袍。他把自己的左轮手枪上了膛，给自己倒了一杯白兰地，然后又回到了床上。他一动不动地躺着，没有像以往那样把枪对准墙壁，而是瞄准了自己的头，然后他扣动了扳机。

希特勒听闻乌德特死亡的消息，受到了很大震动，他的男仆记录道。"可惜，"元首在一阵思索后说道，"这不是正确的事情。乌德特不应该放弃，而该为他的想法而奋斗。"[1] 三天后，乌德特上校"在测试一种新武器时"不幸逝世的消息被公之于众。[2] 戈林在国葬现场发表了声泪俱下的悼词，但私下里说他很高兴"乌德特亲自处理了他自己的烂摊子"。[3] 戈培尔也有同感，他在日记中指出："（德国空军失败的）最大责任在于乌德特……他试图通过自杀来弥补他的过错，但当然这并不能改变事实。"[4] 汉娜对她的旧友和导师的死看法更为中立。在他这样的位子上，"不可避免的失败"，"希特勒对这种失败的明显厌恶，以及戈林对他个人的谴责"都是导致乌德

---

1 Heinz Linge, *With Hitler to the End: The Memoirs of Adolf Hitler's Valet* (Frontline, 2009), p. 77.

2 Cajus Becker, *The Luftwaffe Diaries* (Macdonald, 1966), p. 232.

3 Ibid.

4 Fred Taylor (trans., ed.), *The Goebbels Diaries 1939–1941: The historic journal of a Nazi war leader* (Sphere, 1983) (entry from 22.5.1943), p. 309.

特自杀的原因，她日后这样写道。[1]不久后，关于乌德特死亡事件的真相遭到泄露，德国空军内部士气因此受到了轻微的打击，毕竟乌德特这位"一战"英雄曾经是非常受欢迎的。

汉娜和梅利塔都钦佩乌德特，她们也都在需要盟友帮助时，信任过他并寻求过他的帮助。而乌德特也愿意支持这两位女性，这也许反映了他对政权及其政策的矛盾心理。彼得·里德尔写道，无论是汉娜还是梅利塔都不愿谈及他的死亡，"这很令人奇怪"，因为"一般的规律是，任何一件严重的事故都会被反复讨论，细节会被一次又一次地重复……特别是当一个亲密的朋友被杀害时。而在这里却完全是空白。恩斯特·乌德特，我想，一定是驾驶过一些高度机密的飞机"。而且，彼得注意到"汉娜的态度有些古怪"。[2]

12月，国防军抵达莫斯科郊区，但此时他们已经筋疲力尽，而且装备不足，无法完成冬季作战。急行军让他们已经超过了他们的补给线太远，现在他们预计整个冬天都将在这片土地上度过，而当地人也在挨饿。12月中旬，日本偷袭珍珠港后，希特勒又向美国宣战，一周之后，他将自己任命为国防军总司令。

德国几乎没有第三名女性像梅利塔·冯·施陶芬贝格和汉娜·莱契一样为第三帝国冲锋陷阵，命悬一线。也几乎没人能更好地反映支持战争背后的动机能有多矛盾。梅利塔并不是反动派，战争时期，她也想支持她的国家，就像她父亲20年前所做的一样。毫无疑问，她的贡献是异常重要的。截至1941年年底，她完成了900

---

[1] US National Archives and Records Administration, Hanna Reitsch Personal File, RG319, 270, 84, 13, 7, box 633 (7362164, XE053525), US Forces report, Hanna Reitsch interrogation, 'Condemnation of Göring by Hanna Reitsch' (16.11.1945), p. 5.

[2] Martin Simons, *German Air Attaché: The Thrilling Wartime Story of the German Ace Pilot and Wartime Diplomat Peter Riedel* (Airlife, 1997), p. 128.

多次近乎垂直的精确俯冲，测试了各种新的瞄准装置和其他设备。然而，梅利塔对于她所服务的政权的道德权威却从没抱过任何幻想，也不曾幻想她的家人在这个他们称之为祖国的地方能有多稳定的地位。努力工作让自己对政权不可或缺，对她来说，是一种保护家庭的方法。也许确实过于天真，但她也希望她的工作可以帮助减少年轻的德国空军飞行员和海外平民的伤亡。汉娜可能没有完全理解纳粹政策的黑暗面，但她目睹了"水晶之夜"以及当局对乌德特之死的掩饰，她一定理解这个"超级种族"的一般价值观。然而汉娜的世界纪录、钻石徽章和铁十字勋章让她认为，这便是自己真正所属的"种族"。她为祖国在战争初期的军事成功而激动，并很高兴成为精英的一分子。1941年年底，汉娜自豪地在自己戴着铁十字勋章的照片上签名，并将其当作圣诞礼物给大家寄了出去。

第八章
挑战重力 1942～1943

"从事飞行的女士们……"德国航空部格奥尔格·帕瑟瓦特上校轻蔑地写道,"一般或多或少都会利用这个职业来宣传她们自己。"[1]通常情况下,他"不会特别留意"她们。[2]然而,1941年年底,正在雷希林检阅部队的帕瑟瓦特发现一架容克-88双引擎轰炸机从天而降,直扎向地面。上校立刻询问驾驶舱中飞行员的名字,以及进行如此高风险机动动作的目的,"在我看来,即使是在测试中心,这也远远超过了允许的范围"。[3]地勤人员告诉他,那不过是"正在进行俯冲试验的梅利塔",仿佛看到他如此惊讶于他们熟悉的事情而感到有趣。[4]帕瑟瓦特难以置信地盯着那架轰炸机完全垂直的姿态,然后开车到机库等梅利塔。

1　Georg Pasewaldt, 'Erfahrungen und Erkenntnisse einer Fliegerlaufbahn' [Experience and Insights from a Flying Career], private papers of Barbara Pasewaldt.
2　Ibid.
3　Ibid.
4　Ibid.

第八章 挑战重力 1942～1943

帕瑟瓦特是"一战"老兵,也是"二战"时两个轰炸机中队的指挥官,他知道飞行中哪怕是小幅度的俯冲都是"许多男飞行员眼中的英雄主义行为"。而梅利塔的工作——为了设备研发,重复"在最极端的俯冲姿态下"飞行,绝对令人震惊。[1]帕瑟瓦特看着她"爬出她的飞机,宛如新生般,表情轻松",那一刻,他被梅利塔"独特的……完全没有任何自大情绪的人生观"迷住了。[2]那天,他"毅然决定要确保这位杰出的女性得到优待"。[3]帕瑟瓦特当时对汉娜的飞行经验还一无所知。然而到1942年年末,他自己也开始提到梅利塔为国效力的付出可以获得"那些特别的、杰出的荣誉"。[4]

1942年年初,梅利塔和汉娜都从雷希林离开了。汉娜于1月返回达姆施塔特的滑翔研究所。在那里,她的新年开始得很糟糕。乌德特去世不到一个月,她姐姐海蒂的丈夫在一次行动中丧生,留下了三个孩子,而海蒂正怀着第四个孩子。两周后,库尔特第二次失踪。海蒂的第四个孩子在出生后几个月内就夭折了。而汉娜的父亲维利·莱契在这一连串的打击下陷入深深的沮丧之中。汉娜的工作也不顺利。她在达姆施塔特负责测试汉斯·雅各布斯的新设计,但这些滑翔机已不再让她感到激动。随着乌德特的去世,她需要一位新的导师了。作为一个天生的英雄崇拜者,汉娜把沃尔夫·希尔特当作她的"飞行之父",直到瓦尔特·格奥尔基和乌德特取代了这一角色,也拓宽了她的职业道路,一步步把她带到了纳粹领导层。

---

[1] Georg Pasewaldt, 'Erfahrungen und Erkenntnisse einer Fliegerlaufbahn' [Experience and Insights from a Flying Career], private papers of Barbara Pasewaldt.

[2] Ibid.

[3] Ibid.

[4] Ibid.

如今，她把目光投向了"一战"战斗机王牌飞行员、乌德特的朋友罗伯特·里特尔·冯·格莱姆。

格莱姆是一位积极的纳粹分子，他很早就加入了纳粹党，也是他在希特勒的首次飞行中驾驶开放驾驶舱的双翼飞机，助其前往柏林参加1920年的卡普政变。政变失败后，格莱姆起初以做飞行特技表演为生，而后他接受了蒋介石政府的邀请，帮助建设中国空军。他是一个彻底的种族主义者，因此对中国学生的期望并不高，他也很高兴能够回到德国，并在1923年为希特勒的慕尼黑啤酒馆暴动提供支持。10年后，他成了与戈林一起秘密重建德国空军的关键人物。1942年，他参与支持了入侵波兰的行动、挪威之战、英国之战和德国突袭苏联的"巴巴罗萨计划"。他唯一的儿子胡贝特和汉娜年纪相仿，也是一名德国空军飞行员。对于汉娜来说，格莱姆身上有着她所崇拜的所有优秀品质：对于飞行、爱国主义、荣誉、权威的热爱和对第三帝国的绝对忠诚。如今她开始游说格莱姆，希望他同意让自己进行更刺激的测试工作。格莱姆尽可能地为她提供了帮助。而当格莱姆力所不能及的时候，汉娜便开始自己宣称，元首已经授权她驾驶第三帝国最好的、最具挑战性的飞机。其实并不是每个人都相信她，但很少有人想要站到汉娜·莱契的对立面。

2月，轮到梅利塔离开雷希林了。帕瑟瓦特的支持和帮助确保她成功调任至位于加图的德国空军技术学院，德国最先进的研究一直在这里进行。加图有着德国空军最负盛名的培训基地，由于地处柏林郊区，加图机场也是希特勒最常用的私人机场。这里有着风景迷人的落叶林地，一直延伸到万湖，人们很难想象在纳粹空战行动的中心还有这样宁静的环境。梅利塔分到了校园宾馆一楼的一个房间。透过窗，她可以欣赏到湖泊和远处树木繁茂的河岸。每天早上她都会听到鸟鸣，甚至还和一只松鼠交了朋友——她可以通过窗户给它喂食。晚上，这里会有野猪出没，并在泥地里留下一串足迹，天冷的时候，野猪有时还会躲到机场机库里。

随着时间的推移，尤塔意识到梅利塔"朋友圈的人数越来越少了"，她也注意到"越来越多的人因为坠机死亡或失踪，他们的照片都挂在墙上"。[1]梅利塔并没有对纳粹效忠，这些年轻的飞行员一直是她的朋友和同事，和她一起出生入死，按照她的理解，大家都在为了国家的荣誉和安全而战斗和牺牲。而梅利塔知道她的工作可以降低他们出事故的风险。于是梅利塔一直努力让自己充分把握所有好天气，早上步行或骑自行车到机场，经常每天驾驶容克-88和容克-87进行多达12次或更多次的试飞。

作为一名工程师兼飞行员，梅利塔已经具备了技术总参谋长所需的所有资格，她现在开始攻读博士学位。她的新工作重点是开发一种用于单引擎夜间战斗机的特殊夜间着陆装置。尤塔解释说，梅利塔进行的是"战斗机在没有照明装置的、临时的紧急机场的着陆试验"，还有不带任何电子着陆辅助系统的"盲飞"，[2]同时，她还必须响应学院提出的各种要求。有一次，他们在一次长途飞行中测试强大的容克-52，她的副驾驶"惊讶于她是多么精确地"控制着"强大的中央引擎"，即使在狂风暴雨中也能平稳驾驶。[3]"飞行过程中，施陶芬贝格伯爵夫人穿着灰色或蓝灰色的西服套装，戴着一顶

---

[1] Archive Reinhart Rudershausen, Jutta Rudershausen, 'Flugkapitän Melitta Schiller-Stauffenberg' (nd).

[2] Gerhard Bracke archive, Jutta Rudershausen in *Die Zeit*, 'Fifteen nosedives a day: forty years ago Flugkapitän Melitta Schiller-Stauffenberg was a pioneer of flight' (05.01.1973).

[3] Gerhard Bracke, *Melitta Gräfin Stauffenberg: Das Leben einer Fliegerin* [The Life of an Aviatrix] (Herbig Verlag, 2013), privately translated, p. 94.

风的女儿

宽边帽，在整个飞行过程中都没摘，"他回忆道，但后来他的注意力转移到了别处，"由于天气糟糕，频繁和高强度的机身颠簸让她不得不和自己的西装裙做斗争，因为裙子会向上跑。"[1]飞机降落回机场后，副驾驶对这位最具女性魅力的飞行员的能力表示了高度赞赏，却发现"伯爵夫人的精准飞行和精确控制"显然已经众所周知并赢得了所有人的尊重。[2]

英国皇家空军和德国空军目前正在进行持续的空战，双方定期对对方发动轰炸。虽然英国尚未进行最初用于支持地面作战的密集轰炸，但德国的许多住宅区早已受到严重破坏，平民伤亡人数很高。英国的情况也好不到哪里去。1942年5月，英国议会大厦威斯敏斯特宫遭受到了直接打击，这被纳粹媒体报道称为"报复行动"。"下议院的议事厅遭到破坏……"《泰晤士报》报道称，"大本钟不再鸣响，表面变得黝黑，伤痕累累。"[3]"尽管我们遭到空袭，却仍具有生产越来越多（轰炸机）的能力，这一定是因为希特勒没有真正认真对待德国境内的空战。"阿尔贝特·施佩尔后来写道。[4]但是在1941年，希特勒开始对苏联发起攻击，过度拉长了战线。结果，他拒绝了施佩尔和米尔希的提议，拒绝从根本上减少轰炸机的制造，而转为增加战斗机的生产，等到想反悔时却为时已晚。[5]

---

1 Gerhard Bracke, *Melitta Gräfin Stauffenberg: Das Leben einer Fliegerin* [The Life of an Aviatrix] (Herbig Verlag, 2013), privately translated, p. 94.

2 Ibid.

3 Carole Seymour-Jones, *She Landed by Moonlight, The Story of Secret Agent Pearl Witherington: the real 'Charlotte Gray'* (Transworld, 2013), p. 74.

4 Albert Speer, *Inside the Third Reich* (Sphere, 1971), p. 409.

5 Ibid.

第八章　挑战重力 1942～1943

当同盟国侵入加图上空时，梅利塔不仅要处理本身就很危险的工作，还要面对敌人的进攻。尽管同盟国发动了多次袭击，也几次扫射机场，但梅利塔的测试速度从未放缓。她在加图期间完成了超过2000次的垂直俯冲测试，并获得了145项创新设备专利。[1]"我相信我可以满意地说出这一点，"后来被要求谈谈她的工作时，她对大家说道，"我的努力没有白费。"[2]

由于加图就在柏林边上，梅利塔经常去柏林买红茶和饼干，或在航空俱乐部与朋友见面吃晚饭。有时还去万湖玩帆船放松自己，为亚历山大制作精美的半身像，或者做她的几位同事和亚历山大那位持不同政见的舅舅尼古劳斯·冯·于克斯屈尔-格林班德的半身像——她现在更愿意叫他为克斯舅舅。[3]保罗·冯·亨德尔佩服她做得逼真，抓住了每个人物的神态，也评价说雕像"让人印象深刻，充满力量"，但是他总好奇她怎么有时间做这些。[4]

梅利塔也试图更频繁地和家人团聚。有一次，她甚至设法回到了但泽参加派对。照片上的她站在父母家的台阶上，穿着时髦的缎面夏装，旁边是莉莉、尤塔、奥托和他们的孩子们。然而大多数聚会都在柏林。奥托的妻子伊尔莎现在住在曼弗雷德·冯·里希特霍芬大街的坦佩尔霍夫机场附近，这条街以"一战"战斗机王牌飞

---

[1] 据尤塔回忆，截至1943年，梅利塔已经为她的75项发明申请了专利，但没有找到任何记录。

[2] Gerhard Bracke, *Melitta Gräfin Stauffenberg: Das Leben einer Fliegerin* [The Life of an Aviatrix] (Herbig Verlag, 2013),privately translated, p. 164.

[3] 梅利塔几次给亚历山大做过半身像，随着时间的推移，雕像的样子看起来越来越专横。其中一个和她做的尼古劳斯的半身像放在一起，陈列在位于劳特林根的施陶芬贝格城堡里，城堡现在已经成了一个博物馆。弗兰克·梅纳特做的克劳斯和贝特霍尔德的半身像也在这里。

[4] Archive Reinhart Rudershausen, Paul von Handel, 'Erinnerungen an Litta' [Memories of Litta] (nd).

行员的名字命名，她家的房子已经成了家人聚会的据点。奥托有时会穿上他的长皮衣，他家里总是有各种礼物：来自苏联和罗马尼亚的衣服和帽子，或从荷兰带来的代夫特陶器。没有人问过他是从哪儿获得这些礼物的。梅利塔也会带礼物。她穿着优雅的裤装套装来参加茶会时，总是带着一个不协调的大手提包。伊尔莎和奥托的两个年幼的女儿英格丽德和汉娜罗尔以及她们的表姐海蒂马利都知道他们的"利塔姑姑/姨妈"会给她们带比纺织品或陶瓷更珍贵的东西：梅利塔总是省下自己的口粮，换成思嘉乐巧克力（Scho ka kola）给孩子们带去。这个品牌在1936年奥运会上推出，蓝白的圆形罐子外加带有纳粹万字符的鹰与星星图案，立刻成了它最有名的标志。这款巧克力的活性成分中含有脱氧麻黄碱，这是一种药效强劲的神经系统兴奋剂，有助于飞行员和其他军种的士兵保持清醒。难怪孩子们喜欢它，而且吃完之后会到处蹦跳，特别是海蒂马利，她的年纪最大，分巧克力的时候她总能占到"最大的那块"。[1]

1942年2月，亚历山大入选第389步兵师，这个师被称为"莱茵黄金师"，并被派往米洛维兹（Milowice）的捷克斯洛伐克驻训地。[2]梅利塔很想他也非常担心他。托了几层关系，她设法到布拉格附近出差，亚历山大向部队告假，与好朋友马克斯·埃舍尔一起和梅利塔见面。梅利塔住在著名的大使酒店（Hotel Ambassador），男人们非常开心地利用这个机会，在晚上离开之前好好洗了个澡，并难得地大快朵颐了一次。埃舍尔第一次见梅利塔，他意外地发现这是一个"四肢修长、长相精致的女人"，

1　Interview with Heidimarie Schade, Berlin (01.10.2014).
2　被德国占领的领土，现在位于波兰下西里西亚省。

"完全没有给人一种勇敢大胆的飞行员的印象"。[1]此外,埃舍尔写道:"这个客观的女人有着深邃的思想,和富有想象力的沉默寡言的诗人和学者(指亚历山大)形成了鲜明的对比,但也是最好的互补。"[2]他们在一起,他觉得,是"非常有趣的一对"。[3]

梅利塔知道亚历山大喜欢喝上等葡萄酒,在得知他的营地"一滴酒都没有"之后,她却沮丧地发现在布拉格甚至买不到一瓶不错的葡萄酒。无奈之下,在她入住之前,她只好犹如对待公事一般,开始参观"一系列酒吧"。[4]在每个酒吧,她只啜饮几口,之后便悄悄地将剩下的杯中酒倒入藏在她宽大手提包里的瓶子中。埃舍尔对她的"两面派"假装生气,她笑了起来,告诉他:"起初我想让他(亚历山大)戒酒,结果为了帮他戒酒我自己倒学会喝酒了!"[5]

接下来的几天里,这三个朋友在古老的布拉格漫步,像战前普通的游客一样参观大教堂、城堡和宫殿。他们还参观了这座城市里的犹太教堂和犹太人的墓地。梅利塔可能不认为自己是犹太人,但她对文化的欣赏并不狭隘,所以她并不觉得参观这样的地方索然无味。在16世纪拉比勒夫的墓前,埃舍尔讲述了布拉格傀儡的故事,他认为这个故事"适合我们晚上漫步在弯曲狭窄的小巷时讲,而这里从前是贫民区"。传说中,勒夫是一位像梅利塔这样的雕塑家,他用黏土创造了布拉格傀儡,以保护贫民区不受神圣罗马皇帝主持

---

1 Max Escher, *Kulturwarte* magazine (1970s), quoted in Gerhard Bracke, *Melitta Gräfin Stauffenberg: Das Leben einer Fliegerin* [The Life of an Aviatrix] (Herbig Verlag, 2013), p. 96.
2 Ibid., p. 95.
3 Ibid., p. 96.
4 Ibid.
5 Ibid.

的反犹太大屠杀伤害。他的工作完成后，傀儡被存放在旧犹太教堂的阁楼里，等待着下一次被召唤。

不难想象梅利塔和亚历山大在1942年的布拉格听到这个故事时的感受。1939年11月，第一批犹太人从布拉格出发，被驱逐到罗兹（Łódz´）。1941年，莱因哈德·海德里希被任命为被德国占领的捷克斯洛伐克的"保护者"，10月，他参加了在布拉格举行的一次会议，讨论将另外5万名犹太人驱逐出境。海德里希是"水晶之夜"的幕后策划之一，并直接负责组织别动队，这是一支在不断向前推进的纳粹德国前线后面的特遣部队，主要负责杀害犹太人和其他被认为不受欢迎的人。他对捷克斯洛伐克犹太人的集结以及针对国内所有抵抗的骇人听闻的报复行为使他被称为"布拉格的屠夫"。1942年1月，海德里希主持了秘密的万湖会议，讨论通过系统的种族灭绝来实施纳粹彻底消灭犹太人的计划。梅利塔、亚历山大和埃舍尔一定不知道这些事情，但他们都注意到了在布拉格散步时，很少遇到犹太人，仅见的几个犹太人都戴着黄星，等待着被驱逐到特雷津集中营，最终将有3.3万人死在那里。[1] "我们在一条阴暗的车道旁彼此取暖，" 埃舍尔继续说道，"一个盲人竖琴手唱着捷克民谣，这一刻证明了这里意第绪语的浪漫。"[2] 他还补充道，亚历山大和梅利塔"坐在一起，经常搂着彼此"，但他并没有说他们是因为对周围犹太社区的袭击不知情，所以无忧无虑地为爱紧紧相拥，还是通过拥抱安慰彼此。[3]

亚历山大是贵族保守精英中的一员，有反犹主义的精神传统，

---

1 两个月后，莱因哈德·海德里希遭到受英国特工支持的捷克斯洛伐克抵抗运动成员伏击，死于布拉格。

2 Max Escher, *Kulturwarte* magazine (1970s), quoted in Gerhard Bracke, *Melitta Gräfin Stauffenberg: Das Leben einer Fliegerin* [The Life of an Aviatrix] (Herbig Verlag, 2013), p. 97.

3 Ibid.

他的弟弟克劳斯还接受了大量的种族主义传统,这些都是显而易见的。但亚历山大却强烈反对纳粹的歧视。梅利塔发现自己与以前从未想到过的人站到了一起,并且她现在害怕自己和他们共享同样的身份。亚历山大曾对埃舍尔表示,"穿着飞行服、戴着防撞头盔"的梅利塔"看起来就像是大天使米迦勒。"[1]他选择了一个有趣的比喻。米迦勒不仅是基督教神学中的大天使,也是伊斯兰教和犹太教中的大天使,他被广泛认为是犹太人的保护者、治疗者和倡导者,也是空降者的守护神。

后来他们找到了一家酒吧,好好坐下来讨论他们自己未来的可能性。埃舍尔想知道他和亚历山大是不是会去支援挪威海岸炮兵,但亚历山大认为他们会被派往东线。虽然意识到那里会有多艰苦,但亚历山大还是强打精神,笑着说:"我们将不得不去看古代哥特人徘徊的地方!"[2]梅利塔没有劝说她的丈夫不要去参加埃舍尔所谓的"俄罗斯冒险",但是埃舍尔还是注意到,"当我们分开时,她开始变得焦虑"。"请多留意亚历山大,"她叮嘱道,"他完全没有作战经验!"[3]

1942年3月初,就在男人们拔营离开前,梅利塔再次成功地与他们见了面,这次是在米洛维兹的营地。亚历山大安排她住在当地的宾馆;他太不谙世事了,压根儿没有意识到这个宾馆也是军队的妓院。很快,部队里便传开了他对自己妻子如此失礼的事,于是他又在一个农舍找到了新的房间,屋里很干净但很冷,所以埃舍尔安

---

1 Max Escher, *Kulturwarte* magazine (1970s), quoted in Gerhard Bracke, *Melitta Gräfin Stauffenberg: Das Leben einer Fliegerin* [The Life of an Aviatrix] (Herbig Verlag, 2013), p. 96.
2 Ibid., p. 97.
3 Ibid.

排从他们自己的库存中取出了两袋煤。他和亚历山大还带了一大箱法国起泡酒，在雪地里一路拖到了农舍。

亚历山大、埃舍尔和梅利塔在男人们上前线前的最后一晚终于见面时，月亮已经升起来了。为了纪念这个特殊的夜晚，梅利塔穿了一件晚礼服，还戴了家里的旧首饰。农舍里的炉子发着光，涂漆的家具、编织的椅子套和红色的床上用品让小屋看起来温暖、安全而舒适，但这样的场景仍然无法驱散三人心头萦绕的关于死亡的忧虑。亚历山大读了他最近写的一些诗，这些诗都是他有感而发的，充满了热情。"无论谁想到最坏的，死亡，都会吸引他。"他这样写道。[1]到了最后，尽管喝了酒让人身体变得暖暖的还有几分小疲惫，他们还是发现自己都被一种"持久的农民式的愉悦"所攫住。[2]埃舍尔欣赏梅利塔"强大的内心"，他认为"真正的平静是对灵魂和精神最好的保护"。[3]然而对于她所具有的"强硬态度"，埃舍尔也很清楚，那是梅利塔正在努力"克服并忘记她在暴君之下为国效劳的艰苦……和她越发深入地了解政权的犯罪行为之间的矛盾"。[4]尽管她"羞涩地笑着"，他写道，但是"她无法隐藏那一股淡淡的、幽幽的忧郁"。[5]

1942年春天，梅利塔过得很辛苦。亚历山大和第389步兵师在她返回柏林后立即开始了军事行动。伤亡人数很多。然而梅利塔的工作和生活却必须照旧。有时，克劳斯美丽的妻子尼娜会带着孩子

---

1 Max Escher, *Kulturwarte* magazine (1970s), quoted in Gerhard Bracke, *Melitta Gräfin Stauffenberg: Das Leben einer Fliegerin* [The Life of an Aviatrix] (Herbig Verlag, 2013), p. 98.
2 Ibid.
3 Ibid., p. 99.
4 Ibid.
5 Ibid.

一起去看梅利塔，这两个女人会分享她们丈夫服役的现状、他们寄回的信件以及战争的走势。作为一种转移注意力的好方法，梅利塔会带着尼娜去万湖玩帆船，这是她与以前的老朋友一起玩的时候养成的习惯。有一次，码头上的一位女士将手提包掉进了湖里。梅利塔二话没说就脱下外套，跳入湖水中。片刻后，她将包捞了起来物归原主，这给尼娜六岁的儿子海梅兰·冯·施陶芬贝格留下了极其深刻的印象。这样典型的随意又略微大胆的性格让梅利塔尤其受孩子们的欢迎。

亚历山大服役期间，梅利塔开始更多地回施陶芬贝格家在劳特林根的乡下大宅住，尼娜也喜欢在那里躲避柏林的空袭。梅利塔喜欢宏伟的老房子和周围的山丘，这里森林茂密，她可以和亚历山大的于克斯舅舅一起打猎。她不仅带思嘉乐巧克力给尼娜的孩子们，还会带去金属的容克飞机模型，在巧克力和新玩具都很罕见的战争年代，这都是十分珍贵的礼物。亚历山大的侄子和侄女都非常崇拜她，坐在她身边听她讲飞行故事的时候会很入神，就像她在上一次世界大战期间坐在恩斯特舅舅身边一样。他们都觉得她比他们的学术派伯父亚历山大要亲近得多。"和亚历山大在一起的时候，他总是在写诗，我们这帮孩子才不会读的那种诗，"克劳斯的长子贝特霍尔德回忆道，"我们也非常喜欢他，但他有点不接地气。"[1]虽然当时还不到八岁，但贝特霍尔德已经有了超出年龄的聪明和成熟，他一直很喜欢观察大人们，在他看来，虽然他们显然彼此相爱，但梅利塔有点"像母亲一样"爱亚历山大。[2]然而他对这位伯母仍然无比钦佩。

1　Berthold von Stauffenberg, Mulley interview (05.11.2014).

2　Ibid.

偶尔，克劳斯在休假回家的时候，也会和梅利塔在劳特林根促膝长谈。克劳斯在乌克兰的文尼察服役，1941年战争爆发前，这里有被苏联人杀害的万人乱葬岗，后来纳粹又在这里犯下了暴行，造成约2.8万人被杀，几乎相当于整个镇上的全部犹太人。"这些罪行不可以再继续下去了。"据报道，克劳斯曾向总参谋部的官员如此表态。[1]然而这些话毫无价值。虽然七岁的贝特霍尔德不知道他的父亲和梅利塔在讨论什么，但他能看出"他们是好朋友"，他也明白现在一切都乱了。[2]

此时的梅利塔正在加图研究飞机技术，亚历山大和克劳斯正在部队服役，而汉娜则从滑翔研究所被借调出来，负责研发最先进的火箭动力战斗机梅塞施密特Me-163。汉娜已经试飞过了维利·梅塞施密特设计的好几款原型滑翔机，包括Me-321"巨人"。如今，梅塞施密特和他的设计团队专注于研发喷气式和火箭动力飞机。他们的设计是革命性的。Me-262"暴风鸟"后来成了人类航空史上第一种投入实战的喷气式战斗机。[3]短粗的Me-163b"彗星"由亚历山大·利皮施设计，后来成了世界上唯一一种可实际运用的火箭动力飞机。[4]利皮施也是滑翔研究所的老兵，1939年加入梅塞施密特奥格斯堡基地。他的设计自然反映了他的经历。Me-163由织物覆盖的木材制成，虽然它在火箭推进下以接近音速的速度飞行，但一旦燃

---

1 Peter Hoffmann, *German Resistance to Hitler* (Harvard, 1988).
2 Berthold von Stauffenberg, Mulley interview (05.11.2014).
3 喷气式飞机的设想是由英国皇家空军的弗兰克·惠特尔首先提出的。虽然他为这个想法申请了专利，并在1937年建造了原型机，但他未能获得资金支持。德国人汉斯·帕布斯特·冯·奥海恩在1936年也提出了类似的想法，几周之内就展开了一项宏大的发展计划。惠特尔后来也在第二次世界大战期间为英国研发出了喷气式战斗机。
4 Me-163其实本身也很优雅。试飞员马诺·齐格勒描述道，它"蹲坐在机库的暮色中，像一只小蝙蝠一样高贵"。参见 *Rocket Fighter*（1976），p.2.

料用尽，它还可以像滑翔机一样以滑翔姿态回到地面。

从1941年夏天开始，这些令人难以置信的原型机的测试都在奥格斯堡或者在波罗的海沿岸佩内明德的绝密试验场内进行。梅塞施密特的首席试飞员是海尼·迪特马尔，这位滑翔冠军曾在战前与汉娜一起前往南美洲研究热气流。不幸的是，他和汉娜却从此闹掰了。汉娜因她想开什么飞机就肆意要求的作风而臭名昭著，有时她的过分要求甚至会导致关键试验被迫推迟。此外，她进行试飞后的报告并不总是准确务实的。一位飞行员抱怨说："她飞的时候用的是心，却没用脑子"，或者"至少没有对她的工作有过批判性的理解"。[1]不止一次，汉娜签署通过的飞机后来被发现有缺陷。这"对她来说多少有点丢人"，适用性试验部门负责人沃尔夫冈·史派特指出。[2]虽然海尼"不是一个非常健谈的人"，但他还是很愉快地分享了他对汉娜的直截了当的看法。[3]"有些女人就是没法接受镇上来了新小伙儿而自己还没和他上过床，"他说，"汉娜也是一样的，只不过是把新小伙儿换成新飞机。每出来一个新的原型机，她都会对它痴迷，直到她飞过之后才能善罢甘休。"[4]海尼甚至威胁称如果汉娜被邀请加入他所在的团队，他就退出。而其他的试飞员，包括参加过埃本-艾默尔要塞战役的退伍老兵鲁迪·奥皮茨，也都对他的决定表示支持。

史派特是一位"忠心的纳粹党员"，而且出了名地自负。[5]他和汉娜一起参加过滑翔比赛，汉娜经常赢过他，但两人从此成了熟

1　Wolfgang Späte, *Top Secret Bird: The Luftwaffe's Me-163 Comet* (Independent Books, 1989), p. 79.

2　Ibid., p. 82.

3　Ibid., p. 86.

4　Ibid., pp. 62–63.

5　Eric Brown, Mulley interview (18.03.2013).

人。现在他也觉得汉娜很难搞。"她太骄傲了,既不能接受我们是和她平等的同事,也不会问我们的专业建议,"他写道,"她是第一,她很清楚这一点!"[1]但史派特和利皮施也意识到汉娜有格莱姆和其他纳粹高级党员的支持,他们还指望她的这些人脉也许可以为这个项目筹集额外的资金。乌德特去世以来,Me-163不得不与竞争对手的超级武器项目展开竞争,比如V-1和V-2火箭。"一次又一次,人性和个人感受被证明越来越重要,"史派特认为,"汉娜擅长影响决策层的情绪,这是她的强项之一。"[2]史派特妥协了。海尼和团队将继续在奥格斯堡工作,研发作为拦截器的飞机,这种飞机可以分散打击敌方轰炸机编队,然后将其逐个击破。汉娜则被派往雷根斯堡的梅塞施密特飞机厂,她在这里成为第一位驾驶火箭飞机的女性,进行了至少四次试飞,测试可选的登陆设备。然而,令她非常沮丧的是,她的工作根本用不到火箭动力。她只是被拖到空中,然后松开牵引用滑翔动力降落。

汉娜在雷根斯堡的同事从没怀疑过她作为飞行员的勇气或技巧,但女性飞行员仍然是新奇的。汉娜虽然不是基地最年轻的试飞员,但也不得不拼命努力才能让其他男性飞行员对她表示尊重并且大体上听她的话。"她不是一个没有吸引力的女人。"飞行员海因·格林评价道,但他明白她是党卫军奥托·斯库尔齐尼的"女朋友"。[3]但汉娜那时其实还不认识斯库尔齐尼,后来才和他一起工作,

---

1 Wolfgang Späte, *Top Secret Bird: The Luftwaffe's Me-163 Comet* (Independent Books, 1989), p. 82.

2 Ibid., p. 81.

3 John Martin Bradley, 'Combat Pilots of WWII' collection, interview with Hein K. Gering (27.06.2009).

第八章 挑战重力 1942～1943

而且这可能只是她采取的几个牵制男性的伎俩之一。[1]还有一个伎俩是她有穿白色安哥拉山羊毛毛衣的习惯，"所以你永远不能用胳膊搂着她，因为你的制服上会粘满白色山羊毛，然后所有人就都知道了"，格林承认道。[2]但汉娜从不在必要的时候向男人求助。格林发现"她很害怕一件事"，不是"彗星"飞机，不是党卫军，甚至也不是敌人。[3]

一天晚上，飞行员们正坐在军官食堂里聊天。汉娜说她饿了，便起身去厨房"找吃的"。"突然，我们听到了一声尖叫，声音之大简直震耳欲聋。"格林回忆道。男人们马上起身，暗暗希望可以看到有人试图谋杀汉娜。"然而我们只是看到她站在桌子上，情绪激动，大叫着让我们赶紧采取行动。我们所有人面面相觑，并不太清楚该做什么……"他们后来终于找到了这场骚动的根源，"有一只吓坏了的小老鼠颤抖着躲在桌子底下"。虽然老鼠很快就被清走了，"但大家想尽了办法安慰汉娜，都没法让她平复下来，我们只能用椅子搭了一座桥，让小可怜踩着一把椅子走到另一把上，最后冲出门跑进黑暗中"。[4]

美国1941年12月宣布对德国开战的时候，梅利塔和汉娜共同的朋友——前滑翔冠军、现空军武官彼得·里德尔被扣押了，后来经过里斯本被遣返回了德国。1942年5月，彼得和他的美国妻子一起回到了柏林，他担心他可能会被调到德国空军现役部队。[5]彼得

---

1 格林也可能是把日期弄错了，汉娜和斯库尔齐尼1944年才变得亲密起来。
2 John Martin Bradley, 'Combat Pilots of WWII' collection, interview with Hein K. Gering (27.06.2009).
3 Ibid.
4 Ibid.
5 海伦·里德尔在德国对她的祖国美国宣战不久后抵达柏林。她一句德语都不会说。

希望梅利塔可以帮他找一份航空工程师的工作,这样他就不必去部队了。于是他找到了"年轻的施陶芬贝格伯爵夫人",他恭敬地这样称呼她。他们相约在加图见面。[1]

对于彼得来说,梅利塔从1932年之后就没再变过,那还是他第一次教她驾驶滑翔机的时候。"女上尉的称谓或类似的荣誉她似乎根本没在意过。"他钦佩地说。[2]但梅利塔其实已经变了。她已经学会怀疑她的同事,也学会了完全不信任她从小被教育要效忠的祖国。彼得滔滔不绝地讲他的事,在华盛顿工作了几年后,他高度赞赏美国空军的武器装备,"比任何一个德国人都看好美军的装备"。他毫不怀疑即将发生的"战争的灾难性后果"。[3]他刚要继续说,梅利塔建议他们到万湖去。从机场边缘的树林走到湖区路程很短,天气如此之好,非常适合散步。而等他们来到湖面上并且"远离不受欢迎的偷窥者"时,梅利塔才开始提问。[4]彼得很快意识到这"似乎是习惯","这样我们就可以放心讲话而不用担心有窃听器了"。[5]

梅利塔和彼得聊了几个小时。"因为我认识她、信任她,我可以放心地告诉她我对战争的结果非常悲观。"他后来回忆道。[6]梅利塔给了彼得一些工作上的联系方式,但他在加图显然没有合适的工作岗位,那天下午,他和妻子便去拜访了另一位"在航空领域做得很好"的老朋友。汉娜"过去就像我的妹妹一样",彼得一直这样认为,他们不仅在1934年有过一次"美妙的翱翔南美之旅",

---

1　Gerhard Bracke archive, Peter Riedel, Gerhard Bracke interview (late 1980s).

2　Ibid.

3　Ibid.

4　Gerhard Bracke archive, letter Peter Riedel/Mrs Hacker (25.08.1980).

5　Gerhard Bracke archive, Peter Riedel, Gerhard Bracke interview (late 1980s).

6　Ibid.

战前她还对美国进行过访问。[1]1941年她甚至还为彼得和海伦的婚姻铺平了道路，帮他找了乌德特和其他人说情。[2]汉娜现在在航空俱乐部大楼里有一间不起眼的公寓，旁边是柏林阿尔布雷希特王子大街上气派的航空部，这里曾是德国参议院的所在地。汉娜并没有选择航空俱乐部两个休息室之中的任意一个和他们会面，那里有漂亮的毛皮饰品，还有希特勒和戈林的真人比例油画，她将会面安排在她自己的小公寓里。就像梅利塔一样，彼得指出，"她比我见过的其他人更注重安全"。[3]

"汉娜一如既往地精力充沛"，彼得后来写道，她也很高兴能见到海伦。热情的寒暄过后，彼得提到他刚刚见过梅利塔。令他震惊的是，汉娜的"评论非常粗鲁"。[4]他试图插话时，她却没有停下来的意思，"语言粗鄙"，甚至"声称伯爵夫人对她有过挑逗的行为[5]"。[6]彼得没有再追问，他几乎不敢相信他所听到的。在纳粹德国，同性恋被认定为"堕落的行为"，女同性恋者被视为"反社会"，也是"非雅利安人"。任何被认定犯有"非自然性行为"罪行的人都可能被送到集中营，许多扰乱纳粹政权的人都被捏造的同性恋指控干掉了。但汉娜继续发疯了似的对彼得说，她已经两次"拒绝"了梅利塔，并且"不想再和她有任何联系了"。[7]

---

1 Gerhard Bracke archive, letter Peter Riedel/Mrs Hacker (25.08.1980).
2 Martin Simons, *German Air Attaché: The Thrilling Wartime Story of the German Ace Pilot and Wartime Diplomat Peter Riedel* (Airlife, 1997), p. 128.
3 Ibid.
4 Gerhard Bracke archive, Peter Riedel, Gerhard Bracke interview (late 1980s).
5 汉娜在诬陷梅利塔是同性恋。——译者注
6 Gerhard Bracke archive, Peter Riedel, Gerhard Bracke interview (late 1980s).
7 Ibid.

然而梅利塔实际上不太可能被汉娜吸引。假使梅利塔真的对汉娜动过心思,那不仅相当屈尊,而且带着一种缺乏教育和政治敏感度的天真——这和邀请他泛舟万湖的梅利塔完全不同,彼得想,要是那样,她就不会如此小心谨慎地避免任何风险了。汉娜可能觉得梅利塔对自己带着一种高人一等的态度,也一直很瞧不上梅利塔的老派保守主义,还对她不够尊重自己而感到气愤。彼得意识到,她确实嫉妒人们对梅利塔工作的尊重态度,也"显然发怒了",因为梅利塔成了第三帝国首屈一指的女飞行员,这在汉娜看来是对她的空间的入侵。[1]也许她甚至觉得自己被拒绝了。无论出于什么原因,汉娜都采取了攻击的态度,而她从小就有的这股对于不公正的敏感和道德愤怒的怒火,现在统统指向了梅利塔。

汉娜并没有就此止步。据彼得讲,她现在把梅利塔的犹太血统当成了"一个以最恶劣的方式羞辱她的机会"。[2]"汉娜·莱契第一次让我失望了,"他后来回忆说,"她以如此尖锐和丑陋的方式评论梅利塔。"[3]虽然汉娜的家人已经接受并沿用了战前就开始在德国流行,但并未成为所有人共识的反犹主义,她自己还是被"水晶之夜"的暴力吓坏了。但汉娜没有让这种经历有效地转换成挑战她从小受的种族主义教育的力量。汉娜完全依附于为她提供发展机会和荣誉的纳粹政权,心甘情愿地接受了这个政权的宣传和政策,并允许这样的政权为她判断和交友时戴上有色眼镜。

汉娜和梅利塔都不知道纳粹灭绝营,也不知道在附属的波兰领

---

[1] Gerhard Bracke archive, letter Peter Riedel/Mrs Hacker (25.08.1980).

[2] Gerhard Bracke archive, letter Hanna Reitsch/Klara Schiller (07.02.1975); Gerhard Bracke archive, Peter Riedel, Gerhard Bracke interview (late 1980s).

[3] Gerhard Bracke archive, Peter Riedel, Gerhard Bracke interview (late 1980s).

土上,奥斯维辛集中营内悄悄建造的毒气室会在1942年5月投入使用。第三帝国现在开始以工业生产的模式大批杀害犹太人、共产主义者、吉卜赛人、同性恋者和其他"国家的敌人"。党卫队队长海因里希·希姆莱1942年夏天的很多时间都在奥斯维辛集中营,以确保该系统有效运行,但汉娜和梅利塔与大多数德国老百姓一样,仍然觉得他们的战争本质上是一场正义之战。柏林和科隆等城市遭遇的日益激烈的轰炸更是加剧了公众的抵抗情绪和战斗的决心。

1942年夏天,亚历山大所在的第389师加入了德国东线的进攻。"蓝色行动"旨在占领伏尔加河补给线上的斯大林格勒,然后向高加索油田逼近。但是苏联的反攻打破了第六军指挥官中将保卢斯的计划,他原计划包围苏军,从而取得全面胜利。亚历山大所在的部队参与了这场战争中最血腥且最具战略性的决定性战役。几个月后,他受了重伤,被送回柏林。亚历山大需要调养、疗伤,他的伤势并没有生命危险,但治愈需要时间。梅利塔一有时间就回维尔茨堡,用她的食品券能搞到的一切食材给亚历山大做最好的饭菜,他们彼此都很清楚在家休养的这几周只是短期的缓解,因此非常珍惜在一起的每一刻。亚历山大康复后,他甚至被允许回到他的学术工作岗位上,并被任命为斯特拉斯堡大学古代史的教授,尽管他还没有能力担任这个职位。[1]

军事领导层的无能,以及那年秋天明显无望的局势发展,最终让克劳斯相信希特勒必须下台了。从那一刻起,他开始积极努力地推翻他现在所认为的罪恶滔天的政权。克劳斯在乌克兰的军事高级指挥部驻扎期间,冒着极大的个人风险联系上了他的哥哥贝特霍尔德,然后向海军司令部提供了有关战争和国际法惯例的建议,同

---

1 亚历山大还没开始斯特拉斯堡大学的教学就被送回到了前线。

样收到他建议的还有其他值得信赖的朋友，比如赫尔穆特·詹姆斯·冯·莫尔特克、彼得·约克·冯·瓦滕堡，甚至东线的保卢斯。"（克劳斯）总是强烈反对（纳粹党）事业。"里特·冯·托马将军后来评论道。[1]如今，克劳斯开着车到处找人，敦促军官们考虑其他前进方向。"他直接开诚布公地和我们谈他的想法。"一位军官后来坦白，对克劳斯的勇气表示震惊且佩服，另一位军官对此也表示赞同，"他轻率得让人难以相信"。[2]

10月下旬，梅利塔时年81岁的父亲米夏埃尔·席勒也开始了反抗，只是规模小得多。在没有和女儿商量的情况下，他向戈林发出了一封手写的请求信，指出虽然梅利塔的数学建模和工程工作"必须继续为祖国的利益服务"，但她应该放弃俯冲的试飞工作。"根据医学意见"，他认为这样的工作可能"降低有子嗣的可能性"。[3][4] 出奇大胆的他随后还指出，"为她的服务而应得的进一步荣誉鼓励"可能会压制梅利塔对这个建议提出的任何抗议。

要是米夏埃尔哪怕对梅利塔是如何利用自己的工作价值来保护自己和家人的计划有一点概念，他就不会如此明目张胆地指出自己觉得女儿不值得每天冒着生命危险来试飞了。而梅利塔的母亲玛格丽特发现丈夫不仅干涉女儿的私事，还给空军总司令写信谈自己女儿的生育问题之后吓坏了。"帝国元帅，"玛格丽特在自己给戈林的信的抬头写道，"由于他（我的丈夫）的高龄，他忽视了父母不

---

[1] Sönke Neitzel, *Tapping Hitler's Generals: Transcripts of Secret Conversations, 1942–1945* (Frontline, 2007), p. 237.

[2] Ibid., pp. 262–263.

[3] 米夏埃尔·席勒不知道当年早些时候柏林讨论过"犹太混血"的强制绝育，因此他所选择的论点不太可能带来太大的影响。

[4] Archive Reinhart Rudershausen, letter Michael Schiller/Hermann Göring (26.10.1942)。

应该参与成年子女私事的事实……"此外,她补充说,他对于梅利塔的工作可能会"对孩子产生相反的影响甚至问题,我根本无法理解"。[1] "在我丈夫的同意"下,她在信的最后请求戈林销毁并无视上一封信,她在最后签字并写道:"希特勒万岁!"[2]

但是1943年,米夏埃尔再次请求戈林安排停止梅利塔的试飞工作。"我提交……最卑微的请求",他写道,出于他对"她的生命的关心"。[3]信里可悲的最后一句请求戈林不要告知梅利塔这第二封信的消息。可能她对于第一封信的事并不领情。毫无疑问,米夏埃尔希望玛格丽特也能继续无视自己的做法。没有任何戈林回复的记录,但如果梅利塔的性别和她的"犹太血统"都不足以阻碍她为德国空军服务,那么她父亲的信就更没机会了。米夏埃尔很幸运,他的信并没有造成更大的影响。

米夏埃尔试图阻止梅利塔试飞的这段时间,汉娜继续着她的工作而不受干扰。整个夏天,德国已经建造了军用版的Me-163。它比它的前身更大,据一名试飞员讲,带着一种"肌肉发达的摔跤运动员的美"。[4]这架大名鼎鼎的Me-163b"彗星"飞机由后置油箱里极易燃的双燃料驱动,分别在飞行员座位的两侧。采用的燃料是甲醇(C-Stoff)和过氧化氢混合物(T-Stoff)的混合物。只需几滴就可以产生剧烈的化学反应,燃料会通过喷嘴自动注入飞机的燃烧室,自发点燃并产生1800℃的高温。有不少试飞飞机都因为燃料未耗尽而

---

1 Archive Reinhart Rudershausen, Margarete Schiller/Hermann Göring (11.12.1942).

2 Ibid.

3 Archive Reinhart Rudershausen, letter Michael Schiller/Hermann Göring (04.09.1943).

4 Mano Ziegler, *Rocket Fighter: The Story of the Messerschmitt Me-163* (Arms & Armour Press , 1976), p. 22.

在着陆时发生了爆炸。一名飞行员报告称:"如果飞机油箱中剩下半杯燃料,它就会连同里面的飞行员一起自爆成五彩纸屑。"[1]有几架干脆直接在空中就发生了爆炸,因为仅过氧化氢自身在接触到任何有机材料如普通衣物或飞行员时就可以自燃。为了保护自己,试飞员穿着特别开发的防水材料制成的白色套装,以及毛皮衬里的靴子、手套和头盔。尽管如此,惨剧还是会发生。有一次过氧化氢混合物进料管线脱落,致使有毒的燃料泄漏到驾驶舱,据记载至少有一名飞行员被活活溶解了,因为燃料可以透过防护服的缝隙渗透进去。"他的整个右臂都被溶解了。就彻底没了。袖子里没有任何东西了,"首席飞行工程师在报告里写道,"另一只胳膊,还有头部,都成了一团柔软的果冻状的物体。"[2,3]

1942年10月2日,海尼·迪特马尔成为第一个以超过每小时625英里(约1006千米)的速度驾驶"彗星"的人,这一时速几乎达到"声障"的边缘。虽然因军事意义重大,他不能公开接受表彰,该记录也未能公开,汉娜对此还是印象十分深刻。她知道"彗星"是一个声望很高的项目,虽然据她自己所说,亲眼看见了两名飞行员"在飞机爆炸时被炸成碎片"的可怕场景,她还是急于想要亲自上手参与。[4]事实上,"至少有一半的测试命令是逼着大家赶紧起飞",海尼对沃尔

---

1 Eric Brown, Chalke Valley History Festival talk (02.06.2013).

2 后来"彗星"战斗机的飞行员面临了更多危险。由于在飞机的生产过程中使用的多为强制劳工,出现了一系列刻意破坏的事件,包括使用被污染的胶水,以及在燃料箱和支撑架之间揳入石头作为刺激物。一位勇敢的法国破坏者在一架飞机的铁皮里侧写下了"关闭工厂"(Manufacture Fermée)。

3 Wolfgang Späte, *Top Secret Bird: The Luftwaffe's Me-163 Comet* (Independent Books, 1989), p. 194.

4 *The Secret War*, Episode 4: 'If...', BBC (1977).

夫冈·史派特干笑着说道,"结果还可能最后在过氧化氢混合物的爆炸中被彻底炸飞!"[1]那个月晚些时候,在另一次"彗星"试飞后,地勤人员发现海尼坐在他的驾驶舱里,疼得起不来。飞机的起落架没能打开,巨大的冲击波通过座椅传递给了他的身体。由于脊柱严重受伤,海尼有18个月丧失行动能力。汉娜的机会来了。

"能有朝一日驾驶一次这架火箭飞机Me-163就是美梦成真的过程。"汉娜后来写道,"人们在一声咆哮和一片火焰中起飞,然后陡然向上冲去……"[2]离开地面后不久,"彗星"的速度达到每小时220～250英里(约354~402千米),身后喷出另一名飞行员口中所谓的"紫黑色的云"。[3]轮式起落架必须被抛弃,因为它收不回来,如果不抛弃的话会产生阻力。然后飞机可以在几秒钟的时间内加速到每小时500英里(约805千米),不到两分钟就可以攀上3万英尺(9144米)的高空,消失在人们的视线中。"就像在天上坐在一个炮弹上,炸出一条道来,"汉娜赞叹道,想到试飞队徽章上那个闵希豪生男爵骑着炮弹的卡通形象,"仿佛陶醉于这样的速度……和难以描述的被情绪裹挟的感觉中。"[4]五六分钟后,燃料耗尽,周遭的环境安静下来,飞行员那一刻能感觉自己在摆动,几乎悬停在半空中,然后被自己的安全带勒紧。飞机的动力可以让它再向前推进几百米,然后速度开始下降。"彗星"滑翔降落回地面,以每小时100～150

---

1 Wolfgang Späte, *Top Secret Bird: The Luftwaffe's Me-163 Comet* (Independent Books, 1989), p. 86.

2 Hanna Reitsch, *The Sky My Kingdom: Memoirs of the Famous German World War II Test Pilot* (Greenhill, 2009), p. 205.

3 Mano Ziegler, *Rocket Fighter: The Story of the Messerschmitt Me-163* (Arms & Armour, 1976), p. 1.

4 *The Secret War*, Episode 4: 'If...', BBC (1977).

英里（约160～241千米）的惊人速度通过可伸缩起落架降落。

甚至多年后汉娜仍然会在回顾这一刻时"激动得冒泡"，当她描述"彗星"近乎垂直的爬升时，会把她的头向后仰，并用手臂比画着，有一次因为实在是太激动了，"她从沙发滑到了地板上"。[1][2]

史派特仍然觉得汉娜是一个累赘。"在我每晚的祷告中，"他坦白道，"我总是提出一个小小的要求，希望她能尽快消失。"[3]然而汉娜是一个意志非常坚定的人。1942年10月30日，她的第五次飞行再一次完成了无动力飞行。她的Me-163b V5用水压载物代替了过氧化氢混合燃料，被一架双引擎Me-110重型战斗机拖到空中。但当汉娜抛弃起落架时，整架飞机开始猛烈地颤抖。更糟糕的是，她的无线电设备也"坏了"。[4]红色的维里信号弹从地面上朝着她弯弯曲曲地发射过来，警告她问题很严重。由于无法联系她的牵引飞机，她看到观测员紧急挥舞着白布发出信号，牵引飞机的飞行员一会儿放下自己飞机上的起落架，一会儿又抬起来，反复了好几次。显然是她的起落架没抛弃成功。

汉娜可以看到地面上救护车和消防车纷纷冲进机场。在这种情况下，飞行员是可以跳伞自救的，但如果仍有机会安全降落回地面，汉娜并不准备放弃这样一架有重要价值的飞机。况且，"彗星"的粗

---

1 虽然汉娜生动地描述了自己在动力驱动下驾驶Me-163的情况，但她是否真的这样做过，却从未得到过证实。埃里克·布朗后来问到她启动火箭发动机的问题时，她"结结巴巴地回答"，于是埃里克确信她只是在Me-163有牵引或作为滑翔机时驾驶过这种飞机。参见 Eric Brown, Mulley interview（18.03.2013）

2 John Groom, producer, *The Secret War*, BBC, Mulley interview (24.06.2015).

3 Wolfgang Späte, *Top Secret Bird: The Luftwaffe's Me-163 Comet* (Independent Books, 1989), p. 62–63.

4 *The Secret War*, Episode 4: 'If...', BBC (1977).

短机身设计意味着机翼非常接近驾驶舱,所以即便她跳伞也很有可能撞上机翼。她没有选择跳伞,牵引飞机带着她盘旋到了1.05万英尺(约3200米),然后她脱离了牵引飞机。汉娜快速地把飞机拉起,先是试着通过摇摆机身甩掉起落架,但它纹丝不动。由于飞机颤抖得太过剧烈,而且时间也过于紧张,她选择了从一个比正常更高的高度曲线向着机场降落,想要在最后几百码侧滑到机场的边缘。可是正当她这样做时,飞机掉了下来。"我眼看着地面直冲着我过来,便拼命努力控制好飞机,"她后来的报告称,她紧紧地把自己蜷成一个球,"我们摔下来了,重重地撞在地面上,然后飞机断裂了,整架飞机翻了个180度的跟斗。"[1] "彗星"砸在了距离跑道不远的一片耕地上。翻了180度后,飞机猛烈地反弹起来,掉了一个轮子,最终慢慢滑行着停了下来。如果带着火箭燃料,汉娜就会当场毙命。

令汉娜惊讶的是,"彗星"停下来后,她注意到的第一件事是她其实并没有被安全带固定在座椅上,所以她很可能头顶着座椅,脚踩着飞机顶。当她打开圆形有机玻璃遮篷时,并没有感到疼痛,她轻轻地用手拂过自己的手臂、胸部和腿,并没发现自己受伤。这似乎很神奇。接着她注意到一股血流从她的头上流了下来,她用手去摸自己的脸。"我鼻子的位置现在是空的,只有一个裂缝,"她后来回忆道,"随着我的每次呼吸,气泡和血就沿着这个缝的边缘冒出。"[2] 她伸手去够笔和纸,想要设法描绘导致坠机事件的全过程,然后把一块手绢绑在摔破的脸上,不想让后面的救援人员看到她骇人的创面。之后她失去了意识。看到她的笔记后,甚至连史派特也

---

[1] Hanna Reitsch, *The Sky My Kingdom: Memoirs of the Famous German World War II Test Pilot* (Greenhill, 2009), p. 209.

[2] Ibid.

服气了。"真是个了不起的女人！"他说道。[1]

汉娜头骨四处骨折，两侧颧骨骨折，上颚断裂，大脑严重损伤，如一名飞行员所说，"鼻子被彻底剐掉了"，[2]还有几处椎骨骨折。她很快接受了手术。由于知道她的到来会引起轰动，她坚持要求用汽车而不是救护车送她去医院，还要求不要惊动任何人，走更安静的后门进入医院，还走了不少台阶上楼。

手术结束后，汉娜醒来，发现她的头上绑着厚厚的绷带，只露着肿胀的嘴唇还有"又青又紫，周围带着瘀伤"的眼睛。[3]她能活下来的可能性似乎微乎其微。第二天，汉娜的母亲来看她，但她的好朋友埃德尔加特·冯·贝格在赶来看望她的途中遇到车祸，不幸身亡。这是另一个毁灭性的打击，但汉娜自己的情况仍然很严重，她无能为力，只能努力让自己不去想这些事，怕自己会彻底崩溃。"我躺在枕头上一动不动"，她记录道，努力面对一个"没有激情的新世界"。[4]

"我们的Me-163再次发动了攻击，像一只正在跟踪猎物的猛兽。"史派特写道。[5]他进行了一次彻底的调查，但不愿承担个人责任。史派特在报告中强调，事故发生时自己距离佩内明德还有800千米，并强调尽管着陆机制出现了问题，但汉娜本应该可以安全着陆。她受伤很大程度上是她自己的错，他暗示道，因为她没有取下瞄准器，所以才撞掉了鼻子，而且"由于她身材矮小，她在背后垫

---

1 Judy Lomax, *Hanna Reitsch: Flying for the Fatherland* (John Murray, 1988), p. 84.
2 Eric Brown, Chalke Valley History Festival talk (02.06.2013).
3 Hanna Reitsch, *The Sky My Kingdom: Memoirs of the Famous German World War II Test Pilot* (Greenhill, 2009), p. 210.
4 Ibid.
5 Wolfgang Späte, *Top Secret Bird: The Luftwaffe's Me-163 Comet* (Independent Books, 1989), p. 103.

了厚厚的垫子，导致她肩膀处的安全带系得不够紧"。[1]

汉娜确实需要垫子和松一些的安全带，这样她才能在这个为人高马大的男人们设计的驾驶舱内够到操纵杆。史派特曾以为找个木块垫高她的脚，让她能踩到方向舵踏板就足够了。"她哪怕在睡觉的时候都肯定能做到这一点！"他对自己说道，"给她提建议可能简直就像是在羞辱她。"[2]但是木块还没准备好，汉娜也不肯再做任何拖延。"你不能违背她的意愿，"一位地勤人员报告说，"她决定不用木块垫脚直接飞，就这样定了，没有商量的余地。"[3]

信件、贺卡和礼物现在从帝国四面八方涌到这个家喻户晓的女主角这里。史派特和很多人一样，带着鲜花来看她，但是埃米·莱契不让他见她的女儿。甚至连希姆莱都送来了一块巧克力和一些果汁，祝她早日康复，这些在战时的德国都是非常珍贵的物品。而当戈林听说汉娜在工作期间受了重伤时，他觉得应该公开表个态。

来自航空部的格奥尔格·帕瑟瓦特在艾尔哈德·米尔希决定授予汉娜一级铁十字勋章的时候正和后者在一起。帕瑟瓦特"立刻表达了（他）最大的保留意见"，辩称这是一项军事荣誉，应该通过英勇的战斗获得，而不是通过鲁莽的冒险。[4]他当时正想为梅利塔申请战争服务十字勋章（War Service Cross），便提出这个勋章更适合汉娜。然而这个提议很快被否决了。米尔希想要为汉娜·莱契颁发一个"特殊的、非凡的荣誉"，他直接致电希特勒，描述了汉娜的事故并

1　Wolfgang Späte, *Top Secret Bird: The Luftwaffe's Me-163 Comet* (Independent Books, 1989).

2　Ibid.

3　Ibid., p. 104.

4　Georg Pasewaldt, 'Erfahrungen und Erkenntnisse einer Fliegerlaufbahn' [Experience and Insights from a Flying Career], private papers of Barbara Pasewaldt.

提出了他的提议，希望元首能早点颁奖，"因为她可能不久于人世"。[1]据称，希特勒当时"深受打击和震惊"，当即同意了这件事。[2]

几天后，即1942年11月初，汉娜被正式授予了她的第二枚铁十字勋章，并成为第一位获得一级铁十字勋章的女性。那时，人们还不知道她是否可以亲自参与颁奖，还是只能在死后追授，但她作为纳粹德国最伟大的飞行女主角的地位现在已经是无懈可击的了。

在与米尔希的会面中，帕瑟瓦特借此机会为梅利塔争取了她的荣誉，他一直在为这件事寻找一年中最好的时机，从而保证一次通过。汉娜的意外获奖提供了完美的先例。帕瑟瓦特告诉米尔希："施陶芬贝格伯爵夫人进行过数百次甚至上千次试飞，超出了迄今为止在航空专业领域取得的所有成就，是最值得奖励的人。"他说，她应该"同时被授予二级铁十字勋章"。[3]米尔希从未听说过梅利塔·冯·施陶芬贝格，但他知道一位名叫梅利塔·席勒的为人谦逊的航空工程师。他对这件事产生了浓浓的好奇心，开始向帕瑟瓦特询问更多细节。帕瑟瓦特强调说，这位女士为德国空军研发进行的长时间的实践试验做出了难以估量的牺牲。"她为每一次试飞都做了技术性和科学性的评估，也准备了完整的报告，其中包括无数次俯冲和夜间飞行。这些数据是通过其他方式永远无法获得的，有着独一无二的价值。"[4]米尔希确实被打动了。

1943年1月22日早上，梅利塔收到了戈林的电报。"元首今日

---

1 Georg Pasewaldt, 'Erfahrungen und Erkenntnisse einer Fliegerlaufbahn' [Experience and Insights from a Flying Career], private papers of Barbara Pasewaldt.

2 Ibid.

3 Ibid.

4 Georg Pasewaldt, 'Erfahrungen und Erkenntnisse einer Fliegerlaufbahn' [Experience and Insights from a Flying Career], private papers of Barbara Pasewaldt.

决定向你颁发二级铁十字勋章。"信中写道。[1]六天后,她收到了另一封电报。"我将在1月29日亲自向你颁发由元首亲自授予你的铁十字勋章。"[2]

戈林在他位于柏林莱比锡大街的别墅里向梅利塔授予了铁十字勋章,别墅就在航空部的旁边。梅利塔一到别墅就被带到一个巨大的客厅里,里面挂着挂毯和帝国元首收集的从前的名人画作。可能是为了尊重她的性别,戈林美丽的第二任妻子埃米,还有她的妹妹、侄女以及一所戏剧学校的女校长首先和梅利塔见面。希特勒显然缺席了。最后,戈林来了。梅利塔被带到他的私人办公室,在那里他们谈论了她的工作。他"绝对无法相信我可以驾驶像容克-88那样的重型轰炸机,甚至可以和男人们一起进行垂直俯冲",梅利塔后来对她的家人说,"他对我的俯冲次数也感到惊讶",但他在文件资料上确认了这一切。[3]戈林对梅利塔表示满意,他带着梅利塔走到他的办公桌前,把勋章佩戴在她身上。按原计划,她应该同时被授予带钻石和红宝石的黄金军用飞行徽章(Military Flight Badge),但珠宝商说还需要八个星期才能完成。戈林接着对梅利塔和她的工作表达了"深刻而真诚的钦佩",并且和她开玩笑说,列出她没法驾驶的飞机比列出她能驾驶的飞机容易多了。[4]"显然他觉得这个事很有趣。"梅利塔写道。[5]

戈林一度问梅利塔为什么不直接为帝国工作,而是通过公司借

---

1 Archive Reinhart Rudershausen, Melitta von Stauffenberg, 'Abschrift' [Report].

2 Ibid.

3 Ibid.

4 Ibid.

5 Georg Pasewaldt, 'Erfahrungen und Erkenntnisse einer Fliegerlaufbahn' [Experience and Insights from a Flying Career], private papers of Barbara Pasewaldt.

调。"经过一番思考后,我回答说在某种程度上这样会更方便,因为其他公司不会像往常那样把我视为竞争对手了,尽管我从战争一开始就从阿斯卡尼亚被借调出去了。"[1] 戈林对战争期间居然还有人考虑商业利益感到愤慨,他对梅利塔说,将亲自安排她与阿斯卡尼亚解约以及之后的工作调动。

之后他们重新加入其他客人一起共进午餐,享用鱼饼和葡萄酒。谈话氛围一直很轻松,尽管也涉及了预期可能出现的英国空袭,最后戈林问到梅利塔的"奇怪的丈夫,居然让你这样飞来飞去,实际上他是在提议如果亚历山大还没有担任教授的话,可以提拔他"。[2] 直到人们喝过了"咖啡加奶油,或者烈酒、白兰地"之后,终于有人提出要送梅利塔回家。即便如此,埃米·戈林还是又留了她一会儿,又让她喝了一杯咖啡和一杯茶,并邀请她和亚历山大去剧院看表演的时候坐他们的包厢,还说只要他们两人想,随时可以来戈林家的客房。总体而言,"会面真的很舒适",梅利塔对她的家人表示,自己也觉得有些惊讶。"语调愉快而且幽默,总体给人的印象是诚实和感人的真诚。"[3] 戈林甚至在当晚的日记中提到了这件事:"申克(冯·施陶芬贝格)女伯爵被授予二级铁十字勋章。"[4] 对于一年前还被视为"犹太混血"而被调查的女人而言,这是一个非同寻常的时刻。

在接下来的几天里,媒体连续报道了这件事。典型的头条标题都写着"勇敢的女人接受铁十字勋章",文章后面总结了梅利塔为德国空

---

1 Georg Pasewaldt, 'Erfahrungen und Erkenntnisse einer Fliegerlaufbahn' [Experience and Insights from a Flying Career], private papers of Barbara Pasewaldt.

2 Ibid.

3 Ibid.

4 Hermann Göring's appointment diary (1943), catalogued by Herrmann Historica International Auctions, 70th auction online catalogue, lot 6140 (03.05.2015).

军效力的经过，指出这个勋章的颁发"对于一个女人来说是罕见的"，有的报道里还会提到她"优雅的女性魅力"。[1]甚至有一篇报道写道，作为一名业余雕塑家，她的"艺术敏感性"如何助力她成为一名飞行员，因为这样她可以"对飞机有无误的敏感度"。[2]"几乎人人都在谈论她。"尤塔后来自豪地回忆道。[3]然而电台采访"令她的上级很失望"，"因为她实在是太谦虚了，一直强调自己只是在履行自己的职责"。[4]当斯大林格勒的消息持续让人不安，关于她的报道原本是要用来鼓舞人心的，但是梅利塔"不想参与这样的宣传"，尤塔写道。[5]

汉娜·莱契和梅利塔·冯·施陶芬贝格如今都已经是纳粹德国最受尊敬的女性。但正如彼得·里德尔所说，虽然她们都是第三帝国的女主角，她们的名字也都在媒体上铺天盖地，但梅利塔被授予铁十字勋章的事还是"让汉娜感到非常失望"。[6,7]

汉娜此时还在医院住院，需要接受一系列的手术，因此梅利塔接受勋章的时候，汉娜已经不在关键工作人员名单上了。汉娜本就已经对梅利塔对自己地位的进一步挑战感到愤怒，她认为梅利塔的

---

1 *Der Adler* [The Luftwaffe magazine], 'The Iron Cross for a Gallant Woman Pilot' (06.04.1943).

2 Quoted in Gerhard Bracke, *Melitta Gräfin Stauffenberg: Das Leben einer Fliegerin* [The Life of an Aviatrix] (Herbig Verlag, 2013), privately translated, p. 117.

3 Gerhard Bracke archive, Jutta Rudershausen in *Die Zeit*, 'Fifteen nosedives a day: forty years ago Flugkapitän Melitta Schiller- Stauffenberg was a pioneer of flight' (05.01.1973).

4 Archive Reinhart Rudershausen, Jutta Rudershausen, 'Flugkapitän Melitta Schiller-Stauffenberg' (nd), p. 66.

5 Ibid.

6 《德国空军护卫队》(*Deutsche Luftwacht*) 是1943年早期同时刊登汉娜和梅利塔的出版物之一。

7 Gerhard Bracke archive, letter Peter Riedel/Mrs Hacker (25.08.1980).

部分犹太血统让自己更添耻辱。即使多年后，她也会争辩说梅利塔的铁十字勋章"无效"，只不过是梅利塔通过打压她的上司才让他们同意颁发给她的，况且她接受勋章的过程也没有遵照正统的方式。[1] 汉娜声称，梅利塔可能是担心她的"种族负担"会限制她的职业发展，所以才在汉娜被提拔为女上尉之后，给在达姆施塔特的格奥尔基教授打电话，"不是要向我表示祝贺，她一点这个意思都没有，只不过是为了问格奥尔基怎样才能得到这个级别，格奥尔基对此也是很尴尬的"。[2] "更令人尴尬的是"，汉娜继续说道，在自己被授予一级铁十字勋章后，梅利塔曾到访达姆施塔特，再次为自己的荣誉游说。汉娜写道，乌德特曾"非常兴奋地"向格奥尔基和她自己说起过这件事，他说"他做了些蠢事。因为梅利塔不断唠叨二级铁十字勋章的事，他就被说服了……只是为了打发她走"。[3] 帝国女性事务负责人朔尔茨-克林克女士曾打电话给乌德特，"(她)非常震惊"，汉娜继续说道，"因为她在希特勒指挥部获悉这枚铁十字勋章的授予从未获得元首授权。从此以后，每个人都尴尬地保持沉默"。[4]

  这些说法确实令人尴尬。乌德特在有关部门考虑授予梅利塔铁十字勋章之前就已经去世一年多了。汉娜可能是想说米尔希或者其他将军，只是无意中提到了乌德特，即便如此，还有其他证人能够证明梅利塔勋章的有效性，并且戈林在自己日记里写到的内容也以书面形式证实了这一点。此外，如果梅利塔没有被授予勋章，那么当时的报纸也不可能发布这样的报道，如果这枚勋章来得不合法，

---

1 114 Gerhard Bracke archive, letter Hanna Reitsch/Klara Schiller (07.02.1975).

2 Gerhard Bracke archive, letter Hanna Reitsch/Klara Schiller (18.02.1975).

3 Ibid.

4 Ibid.

梅利塔也不可能那样公开佩戴她的铁十字勋章。具有讽刺意味的是，虽然汉娜非常嫉妒梅利塔的荣誉，梅利塔本人却很矛盾。"梅利塔喜欢戴着这个奖章。"加图德国空军技术学院院长赫尔曼教授写道。梅利塔对于自己其实很受重视感到欣慰，她为自己的工作而自豪，她也应该被认可。赫尔曼说："尽管梅利塔的反对意见在那些启发了她个人想法的人面前表现得越来越明显，她还是坚持戴着这枚勋章。"[1]

---

1 Gerhard Bracke, *Melitta Gräfin Stauffenberg: Das Leben einer Fliegerin* [The Life of an Aviatrix] (Herbig Verlag, 2013), privately translated, p. 129.

第九章
众矢之的 1943

苏联红军于1942年11月在东线发起反攻。由于德国空军仍然没有远程轰炸机编队可以攻击苏联工厂和补给线，苏联的进攻似乎势不可当。那年冬天，斯大林格勒的德国第六军的官兵们坐在他们的战壕里，焦虑地听着飞机发动机的轰鸣声，猜想飞机会给他们投放哪些有限的物资。他们迫切地需要食物、衣服、靴子、火炮和燃料——实际上，所有必需品都紧缺。随着12月的到来，天空开始飘下大雪，情况变得更加无法忍受。温度降到零下20℃～零下30℃，任何飞机机型都越来越难以飞行。由于军队无法撤离伤员还有那些被冻伤的将士，死亡率直线上升。眼下，男人们靠着吃不饱的口粮苦苦地挣扎着，他们开始将"从马尸体上剔下的骨头"放入清汤寡水的汤中，一名将军记录道。[1]"不幸的是，大家的情况糟透了。"另一人报告称，马上就到了那种"有人说'我是死是活没区别了'的地步，然后大家直接让自己活活冻死或者接受苏联人会碾轧我们的

---

1 Friedrich W. von Mellenthin, *Panzer Battles* (Tempus, 1956), p. 173.

事实"。[1]当希特勒的德国空军副官尼古劳斯·冯·贝洛将报告和信件中这些"相关摘录"读出来时,他注意到元首只谈到了"为争取人民自由而斗争的深刻义务"。[2]如此看来,希特勒是宁愿让整个军队在战斗中阵亡,也不想让他们战败而归。

1943年2月2日,在斯大林格勒指挥第六军的陆军元帅保卢斯直接违抗了希特勒的命令,向苏军投降。双方共有数十万士兵阵亡,9万德军如今成了苏军的战俘。[3]这是德国国防军历史上最大规模的惨败,也是整场战争的转折点。德国现在转攻为守,不再为推进自己的政治目的而战,而是急于保存仅有的一些胜利果实。两周后,戈培尔宣布"全面战争"的到来。但正如一名飞行员所说:"斯大林格勒之后,德国空军便不再疯狂了。而批评——尤其是对戈林的批评——却甚嚣尘上。"[4]

梅利塔在加图远远地关注着前方的战势,她十分乐见亚历山大因伤被遣返回家,而没有在斯大林格勒被杀或被俘。随着同盟军空袭的增加,她经常整夜整夜地失眠,有时候她在柏林上空测试夜飞装备的时候甚至会和英军的轰炸机相遇。虽然"又累又紧张",但"这种破坏力伤不到我",她写道。[5]梅利塔仍旧对自己的工作充满热情,认为她的工作"和前方部队不可估量的伤亡相比不值一提";这也是为什么她实在不愿意再接受采访,并对自己的二级铁十字勋

1　Nicolaus von Below, *At Hitler's Side: The Memoirs of Hitler's Luftwaffe Adjutant 1937–1945* (Frontline, 2010), p. 161.

2　Ibid.

3　其中大约只有5000人在战俘营中幸存并在多年后重获自由。

4　Walter Rehling, letter to Mulley (20.06.2013).

5　Gerhard Bracke archive, Melitta's diary (04.03.1943, 02.03.1943).

章"自吹自擂"。[1]汉娜在医院的病床上也能听到空袭的警报声,但她除了听收音机外什么都做不了。她注意到收音机里关于德国捷报连连的消息越来越少,取而代之的是号角齐鸣的短曲和军乐。"当斯大林格勒的惨剧传来……"她写道,"人们可以看到阴影慢慢笼罩了整个德国,尽管官方宣传仍然坚称德军节节胜利,但越来越多的人感觉到战争的结局已定,并且正残酷地一步一步变为现实。"[2]

戈林给梅利塔颁发铁十字勋章两周后,他下令让弹道学研究所和她签署"政府合同"。[3]身为女性,梅利塔永远不能被正式列入军队,但在航空俱乐部一顿顿午饭的饭桌上,她和航空部协商下来一个不同寻常的安排。她将被任命为一名教授,薪水颇丰,在空气动力学研究所就职。通过这个研究所,她可以被借调到加图的德国空军技术学院工作,一直到战争结束。维尔茨堡的纳粹党为梅利塔的"政治可靠度"做了担保,她也拍了正式的工作照。等她完成博士学位就可以上岗工作了。[4]她立即建议,根据她已经完成的两个航空项目以及她目前正在进行的博士论文来直接授予她这个职位。

梅利塔如今为了管理好自己繁忙的日程安排,一直坚持记录一份工作会面日记。通过她那些用铅笔速记下的许多简短而又令人回

---

1 Archive Reinhart Rudershausen, Jutta Rudershausen, 'Flugkapitän Melitta Schiller-Stauffenberg' (nd), p. 66.

2 Hanna Reitsch, *The Sky My Kingdom: Memoirs of the Famous German World War II Test Pilot* (Greenhill, 2009), p. 220.

3 Gerhard Bracke, *Melitta Gräfin Stauffenberg: Das Leben einer Fliegerin* [The Life of an Aviatrix] (Herbig Verlag, 2013), privately translated, p. 136.

4 Thomas Medicus, *Melitta von Stauffenberg: Ein Deutsches Leben* [A German Life] (Rowohlt, 2012), p. 211.

味的笔记，人们可以一窥她现在的工作职责以及她的私人生活。除了她的论文资料和在红十字会的演讲外，日记里还记录着容克飞机的测试仍在继续等内容。她的主要工作重点仍然是"斯图卡"的垂直俯冲，但她也在尝试将容克-88改造成夜间轰炸机，她现在经常在柏林和其他城市之间做长途飞行，包括柯尼斯堡、德累斯顿和巴黎。她的试飞并非完全零事故。起落架门卡住过，俯冲时座舱罩被吹走过，仪器和摄像机也都出现过问题，甚至起飞过程中还出现过一次坠机。在一次测试中，她的飞机起了火，她不得不跳伞自救，还有一次，她轻描淡写地写道："挡风玻璃炸了。"[1]这些事故都可能造成重大伤亡，但现在，它们在梅利塔更为戏剧化的生活中却显得那么不起眼。

梅利塔除了有自己的工作需要操心，随着亚历山大身体的渐渐恢复，她也开始越来越担心他会回到前线。她开始偷听英国和美国电台，跟踪战争的进展——这在当时是可以判处死刑的罪行，担心被抓也加重了她的焦虑。1942年12月，英国公众首次从英国广播公司得知了纳粹灭绝营的存在，德国国内关于纳粹暴行的说法也越传越广。梅利塔很快由于劳累过度，患上了皮疹和抑郁症。她一有机会就带亚历山大去绿树成荫的劳特林根放松，偶尔也会带着他的母亲去剧院。如果她被困在加图没法脱身，克拉拉、奥托和其他家人就会去他们家里看望他们并在一起喝茶——德国空军不仅拥有属于自己品牌的茶杯和勺子，还有着比平民更好的口粮。大多数时候，梅利塔都去万湖玩帆船散心——这是在战争期间极少数人可以享受的飞行员特权。

帆船还让梅利塔有机会与亚历山大，还有他弟弟贝特霍尔德、

1　Gerhard Bracke archive, Melitta's diary (13.05.1943).

保罗·冯·亨德尔和其他值得信赖的朋友放心地聊天,不用担心隔墙有耳。他们所有人都学会了保持谨慎。梅利塔在日记里都很少用全名,也没有关于战争目标或方向的评论。她甚至没有提到那段时间被大肆宣扬的社会事件,包括慕尼黑的"白玫瑰"学生汉斯和苏菲·绍尔——他们散播反战传单,声称在附属地波兰有30万犹太人被杀,因此在遭缉捕后被处决。而关于集合和驱逐柏林犹太人的行动,甚至包括2月和3月时非同寻常的罗森斯查斯街抗议活动——确保了从集中营释放雅利安人的犹太伴侣(主要是丈夫)——那是和梅利塔自己父亲一样的身份处境,所有这些事件她都没有在日记中发表评论,尽管梅利塔几乎不可能没听到也没想过这些。[1]

1943年3月中旬,梅利塔得知亚历山大正在德国东北部历史悠久的于特博格参加培训。她抓住这个机会,成功避开了在瑞典举办的宣传部讲座,去探望她的丈夫。她到于特博格的时候已经很晚了,在黑暗中,梅利塔摔在了脏兮兮的楼梯上,严重挫伤了她的胫骨。她在日记中写道:"晕过去了,可怕,病了,大哭。""小鹬(Schn)非常着急。"[2] Schn是她给亚历山大起的昵称"小鹬鸟"的缩写。虽然有时候,她苦笑着指出,他穿着深色的陆军斗篷看起来更像一只黑啄木鸟。梅利塔和亚历山大设法见了几次面,并一起去了酒吧和赌场。有一次,他们甚至真的在剧院坐进了戈林的包厢。他们在一起的时候,亚历山大经常"喜怒无常",但一起度过的夜晚

---

[1] 虽然只维护了与雅利安配偶结婚的所谓"特权犹太人",但罗森斯查斯街抗议活动仍被认为是一起罕见的历史事件,见证了勇敢的公民不服从的时刻,从而导致了纳粹种族政策和实践的失败。然而这些"特权犹太人"可能在此阶段并不会被驱逐出境,而且释放他们可能也与抗议无关。

[2] Gerhard Bracke archive, Melitta's diary (13.05.1943).

又让他们"充满幸福",梅利塔在她的日记中潦草地写道。后来又补充说:"小鹞没那么幸福了,因为喝太多了。"[1]大约在同一时间,不是每个在军营里的人都要上前线的消息让许多人兴奋。"也许有些人能幸免!"梅利塔写道。[2]然而亚历山大却在月底前收到了新的命令。

汉娜在医院里休养了五个月。病情稳定后,一系列开创性手术给她创造了一个新鼻子。虽然手术留下了一个小小的疤痕——见到她的人表示"很明显那个位置出过什么事故"——但汉娜鼻子的重建工作还是非常完美。[3]汉娜在每次提到她的面部重建时只描述事实,有时候语言表达不清了,她就只朝她的鼻子挥挥手。能直面这一切需要勇气,但让她没有勇气接受的是,医生和前同事们都认为,她的飞行生涯已经结束了。

在经过了很长一段康复期后,汉娜终于在3月出院了。虽然她可以去疗养院继续修养,她却选择住在一个朋友家与世隔绝的避暑别墅里。别墅深处于巨人山脉的高山上,她小时候经常在这里徒步,长大一些后又经常在这片天空中滑翔。"她躲进了坚果壳里,"她的同事沃尔夫冈·史派特写道,"并将自己与外界彻底隔离开来。"[4]汉娜在这里享受了几天"永恒的平静",其间只有她母亲给她送饭能打破她的平静,她开始着手计划她的回归。[5]

---

1 Gerhard Bracke archive, Melitta's diary (20.03.1943, 25.03.43, 26.03.43).

2 Gerhard Bracke archive, Melitta's diary (15.03.43).

3 John Groom, producer, *The Secret War*, BBC, Mulley interview (24.06.2015).

4 Wolfgang Späte, *Top Secret Bird: The Luftwaffe's Me163 Comet* (Independent Books, 1989), p. 105.

5 Hanna Reitsch, *The Sky My Kingdom: Memoirs of the Famous German World War II Test Pilot* (Greenhill, 2009), p. 212.

此时的汉娜依然头痛并有严重的眩晕症，她的首要任务是恢复平衡感。她知道，没有平衡感自己将永远无法飞行。别墅有一段狭窄的台阶，从地面一直延伸到陡峭的三角屋顶。汉娜小心翼翼地向上爬，一直爬到她可以坐在屋脊上，她双臂紧紧地抱住烟囱，环顾四周，并没有失去平衡。几周后，她的眩晕开始消退，她开始冒着摔下去的风险放开抱着烟囱的手。在一个月之内，通过不断的努力锻炼和坚定的决心，她可以如履平地般走完整条屋脊之路，而不会感到头晕目眩。她先是通过走路，然后通过徒步穿越森林，慢慢锻炼自己的力量。尽管遭遇过挫折，也曾几度心情低落，但她还是在一段时间之后开始爬树，踩过一个枝丫又一个枝丫，她苦笑着回忆起她的童年，"那时候的树根本没这么高"。[1]

汉娜惊人的毅力得到了回报。几个月后，当地军事飞行学校的校长私下同意让她重上飞机。在掌握了依靠牵引机起飞的滑翔机后，她又进一步驾驶起了动力飞机。她把飞行高度一再拔高，让飞机一次次从更高的高度俯冲下来，测试自己的头部是否可以承受这种飞行强度。随着时间的推移，她开始慢慢练习急转弯、旋转，并最终进行了特技飞行。在她又一次接受全面体检时，医生们对她的康复程度感到震惊。"但对我来说，"她写道，"重要的是——我又可以飞行了。"[2]

1943年春天，汉娜再次回到工作地报到上岗。起初她只负责公关工作。在一部1943年的宣传片《希尔施贝格飞行的年轻人》中，她驾驶着滑翔机抵达她的家乡。在那里，她遇到了一群漂亮女孩，

---

[1] Hanna Reitsch, *The Sky My Kingdom: Memoirs of the Famous German World War II Test Pilot* (Greenhill, 2009), p. 213.

[2] Ibid., p. 214.

所有人都梳着金发长辫，穿着齐脚踝的袜子，还有很多高大魁梧的年轻小伙子帮她从驾驶舱里跳下来。不久后她便回到了Me-163的驾驶舱，负责测试滑翔下降。汉娜身边的试飞员都因为她的"敏锐和勇气"受到鼓舞，但他们也很清楚，她的人身安全问题现在已经是全国关注的焦点。[1]飞行员们集体非法储存了80升白兰地，存在一个巨大的玻璃容器里，用柳条编织的篮子保护着，藏在汉娜宿舍的酒窖里。每当他们当中有人殉职或受伤时，他们就会取出几瓶酒，好在一边告知当事人家人这个不幸的消息时，一边向幸存的自己敬酒。汉娜有时候能帮助活跃气氛，她会跟男人们一起大笑玩闹，白兰地的味道慢慢充满了她小小的房间。但是每个人都知道，如果汉娜以后出事了，大家消化起这个消息来可不是一两杯白兰地可以解决的。正如她的同事马诺·齐格勒所说的那样："她是绝无仅有的汉娜·莱契……象征着德国女性，也是德国航空的偶像。"[2]

一天晚上，齐格勒拿到了两张剧院门票，他决定给汉娜一张，却发现她在房间里，"哭得眼睛都要瞎了"。[3]沃尔夫冈·史派特取消了她第一次火箭动力飞机的试飞。"这太卑鄙了！"据齐格勒描述，汉娜当时口无遮拦地对他说道，"史派特很清楚，自从我出事以来，我一直渴望这次起飞。现在他却当着我的面拒绝我。这太不公平了！"[4]汉娜认为史派特搞性别歧视。这差不多说得也没错，但事实没有改变，她现在仍然在帝国中占有独特的地位。史派特只不过是

---

1 Mano Ziegler, *Rocket Fighter: The Story of the Messerschmitt Me-163* (Arms & Amour Press , 1976), p. 27.
2 Ibid.
3 Ibid., p. 39.
4 Ibid.

没准备好对她的安全事故负责。据齐格勒的说法，汉娜对此的反应是止住了眼泪然后开始打包收拾行李。她宣称："我现在就去找戈林——今天，现在！"齐格勒相信她真的会这样做。[1] "她有着钢铁般的意志，并不会轻易被打倒，"他评论说，"即使她不得不将一切诉诸这片土地上最高的领导人，她也会义无反顾。"[2]

无论是机缘巧合还是出于精心策划，汉娜很快被邀请加入戈林和他的妻子埃米的宴会，去他们位于巴伐利亚阿尔卑斯山里上萨尔茨堡的家中拜访，那里距离希特勒的房子不远。有一天吃午餐时，他们谈到了她的坠机事故。令汉娜害怕的是，她突然意识到戈林认为Me-163已经在大规模生产。"我很震惊，"她后来说道，"我知道在那个时刻，我们没有一架163可以准备战斗，就算在最好的情况下，年底前都很难出厂一架飞机。"[3]汉娜不确定戈林是在开玩笑还是只是为了让自己的妻子放心，她也只好配合着笑了，然后插话说："如果这是真的那就太好了。"[4]戈林立刻要求她解释此话的用意。

"惊慌失措"的汉娜开始向德国空军总司令解释真实的生产数据。但是"戈林大发雷霆，愤恨地用拳头砸着桌子，怒吼着：'我竟然一丁点都不知道！……'然后气急败坏地大步走出了房间"。[5]虽然埃米最后终于让他消了气，但很明显"戈林不想让自己被安慰的幻想所干

---

1 Mano Ziegler, *Rocket Fighter: The Story of the Messerschmitt Me-163* (Arms & Amour Press, 1976), p. 40.
2 Ibid.
3 US National Archives and Records Administration, Hanna Reitsch Personal File, RG319, 270, 84, 13, 7, box 633 (7362164, XE053525), US Forces report, Hanna Reitsch interrogation, 'Condemnation of Göring by Hanna Reitsch' (16.11.1945), p. 4.
4 Ibid.
5 Ibid.

扰"。[1]此时的汉娜才知道为什么没有人敢告诉他真相,她的这次尝试只能证明,她确实从此失去"天恩"了。她后来愤愤不平地说,她从此"再也没有被他召见,也没有再解答过他关于航空问题的咨询"。[2]

汉娜对戈林的行为感到震惊,也感觉自己受到了羞辱。她知道戈林对吗啡成瘾,如今,出于典型的纳粹对社会违规行为的厌恶,她认为正是这种所谓的"异常的身体状况"引发了戈林的所有问题。[3]在汉娜看来,"他这种女性化的态度"和他"明显的铁拳政策"形成了鲜明的对比,"他的穿衣打扮、对化妆品的使用、个人的虚荣心、被香水浸透的整个人和服装,都在实际上组成了一组堕落的形象"。[4] 1942年的时候,戈培尔对戈林的看法还比一年后更宽容些。他曾经写道,戈林的礼服"有些巴洛克风",在别人看来可谓"可笑",但是"人们必须忍受他的风格,有时候这些风格甚至还有些迷人"。[5]然而到了1943年,随着东线的节节败退,以及德国城市在空中打击下不断遭到破坏,戈林的明星效应正在衰减。米尔希认为,他已经"戴着1939年和1940年德国空军赢得的桂冠睡着了"。[6]甚至希特勒也对德国空军的状态"非常生气",戈培尔指

---

1 Hanna Reitsch, *The Sky My Kingdom: Memoirs of the Famous German World War II Test Pilot* (Greenhill, 2009) p. 220.

2 US National Archives and Records Administration, Hanna Reitsch Personal File, RG319, 270, 84, 13, 7, box 633 (7362164, XE053525), US Forces report, Hanna Reitsch interrogation, 'Condemnation of Göring by Hanna Reitsch' (16.11.1945), p. 4.

3 Ibid., p. 3.

4 Ibid.

5 Fred Taylor (trans., ed.), *The Goebbels Diaries, 1939–1941: The historic journal of a Nazi war leader* (Sphere, 1983), p. 197.

6 Louis P. Lochner (trans., ed.), *The Goebbels Diaries* (Hamish Hamilton, 1948), p. 246 (entry for 09.04.1943).

风的女儿

出，希特勒"在将军们面前用最激烈和最放肆的语言"表达自己的不满，"甚至没有绕过帝国元帅"。[1] "德国空军似乎损失了大部分兵力"，戈培尔带着一种津津乐道的感觉补充道。[2] 然而在面对这些令人不安的真相时，戈林"又会咆哮，气得火冒三丈"，汉娜写道，同时他还会继续用"完全失真的空军力量"来欺骗希特勒。[3]

对于汉娜来说，戈林现在成了纳粹政权所有问题的替罪羊。她无法控制自己的情绪，急不可耐地告诉了她的家人德国空军出现了怎样的危险情况。她的奥地利表兄赫尔穆特·霍伊贝格尔在斯大林格勒战役中受了重伤，而后被迫退役。他曾经是希特勒青年团的积极分子，现在还骄傲地获得了二级铁十字勋章。[4] 汉娜透露的信息迫使他用更为长远的眼光看待纳粹党的领导力。慢慢地，霍伊贝格尔得出了一个令他自己难以接受的结论：他的忠诚誓言应该是对德国帝国，而不是元首和他的副手。不久之后，霍伊贝格尔通过一位远房亲戚支援了奥地利抵抗力量。但霍伊贝格尔比汉娜更为谨慎，他从未与汉娜讨论过他正在变化的思想，因为汉娜一直忠于希特勒。[5]

戈林的"严重无能"，正如汉娜直白的表达一样，肯定是德

---

1 Louis P. Lochner (trans., ed.), *The Goebbels Diaries* (Hamish Hamilton, 1948), p. 246 (entry for 09.04.1943).

2 Ibid., p. 204 (entry for 03.03.1943).

3 US National Archives and Records Administration, Hanna Reitsch Personal File, RG319, 270, 84, 13, 7, box 633 (7362164, XE053525), US Forces report, Hanna Reitsch interrogation, 'Condemnation of Göring by Hanna Reitsch' (16.11.1945), p. 3.

4 赫尔穆特·霍伊贝格尔是汉娜舅舅的儿子。两个家庭在整个战争期间始终保持着信件往来，还会在条件允许的情况下安排会面。

5 战争结束后，赫尔穆特·霍伊贝格尔加入了日益暴力的南蒂罗尔解放委员会，并成为其中的积极分子。虽然曾因参与爆炸案在缺席审判中被判处30年有期徒刑，但他还是成为一名受人尊敬的地理学家和阿尔卑斯山研究员，担任过多个学术职位。他于2006年去世。

国空军遭遇危机的重要原因——但希特勒的干预并没能解决问题[1]——其他的原因还包括英国的空战战略和战术。战争开始时，悉尼·科顿便被招募进入英国皇家空军，领导一支经过特别改装的喷火式战斗机队，用于空中侦察。两年后，这项开创性工作得到了显著发展。英国皇家空军莫德梅翰（Medmenham）基地于1941年4月1日正式成立，这里同时驻扎着英国空中情报中央破译小组，该组织的成员之一、后来的电影明星德克·博加德描述道，基地就设在"臭名昭著"的"腌菜百万富翁"从前的乡下豪宅里。[2]幽默家们笑称，这个重要的军事情报基地竟然是在愚人节开始工作的，该部队最终证明了其对英国战争的重要性与布莱切利公园一样重要。[3]大约80%的英国情报都来自摄影侦察和破译。一名飞行员回忆说："在3万英尺（9144米）的高度，你可以拍到一名男子骑自行车的照片。"[4]战争期间，英军共拍摄了3600万张照片。如此庞大的资源需要大量的破译人员，其中大多数来自英国空军妇女辅助队。"通过放大镜看照片中的微小物体，"科顿在解释招募女性的必要性时说，"需要耐心，更需要缝袜子的好手艺。"[5]

摄影师们都接受了训练，可以通过观察大小、形状和阴影等特征，从空中识别飞机、道路或建筑物等物体。当时的立体镜由一个

1　US National Archives and Records Administration, Hanna Reitsch Personal File, RG319, 270, 84, 13, 7, box 633 (7362164, XE053525), US Forces report, Hanna Reitsch interrogation, 'Condemnation of Göring by Hanna Reitsch' (16.11.1945), p. 1.

2　Dirk Bogarde, *Cleared for Take-Off* (Chivers, 1996), p. 30.

3　第二次世界大战期间，布莱切利公园曾经是英国政府进行密码解读的重要场所之一，负责参与破译轴心国的密码文件等工作。——译者注

4　Jimmy Taylor, *The Secret War*, Episode 4: 'If...', BBC (1977).

5　Constance Babington Smith, *Evidence in Camera: the story of photographic intelligence in the Second World War* (Sutton, 2004), p. 51.

小黄铜支架和支架上的一对镜头组成，情报分析人员可以同时观看从稍微不同的角度拍摄的两张照片来获取3D图像。"这经常令人费解又很乏味，"当时也参与了照片破译的英国首相温斯顿·丘吉尔的女儿萨拉·奥利弗写道，"但也会有新发现让人极度兴奋。"[1][2]

照片情报分析官康斯坦丝·巴宾顿·史密斯此前是《时尚》和《飞机》杂志的记者，尤其喜欢观察雷希林。"你永远不知道在那里会发现什么。"她说。她本人在敌方机场发现过一架美国B-17"空中堡垒"轰炸机，显然德军正在研究那架飞机，仅这一点就证实了她的说法。[3]巴宾顿·史密斯负责组织小组的飞机专项工作，这在当时对一名女性来说是很特殊的工作，而她通过草地机场上的焦痕识别出了有关德国喷气式飞机的第一张图像。[4]她的团队在弯腰看立体镜时，所观察的3D照片中的一些点很可能正是汉娜和梅利塔在前往她们各自不同机场工作的样子。

克劳斯·冯·施陶芬贝格对希特勒在斯大林格勒采取的鲁莽军事战略感到非常震惊，战役明显失败时，他提出了调职申请。他被任命为突尼斯第十装甲师的高级参谋。然而在这里，德国的战况再次惨淡收场。隆美尔将军于1942年11月要求允许部队撤退，但收到的命令却是，坚持战斗到最后一人。克劳斯抵达后加入了阿特拉斯山脉的凯塞林山口战役，此时已是这场激烈战斗的最后

---

1 奥利弗不仅因为她的辛勤工作，也因为她能搞到真正的咖啡而受到欢迎。"她会在半夜和我们一起分享，好让我们继续工作。"一位同事多琳·高尔文透露道。参见Mulley interview, Tempsford（17.05.2015）。

2 Sarah Churchill, *Keep on Dancing: an Autobiography* (George Weidenfeld & Nicolson, 1981), p. 61.

3 *The Secret War*, Episode 4: 'If...', BBC (1977).

4 在一次访问中，温斯顿·丘吉尔热情地称她为"佩内明德的巴宾顿·史密斯小姐"。参见 Churchill Archives Centre, Churchill College, Cambridge, CHUR 4/460A.

几天。他开着车在各小组之间监督战术撤退时，遭到敌机扫射。他低下身子掩护，但头部、背部和手臂多处被弹片击中。左眼被打瞎，后来在斯法克斯的野战医院被摘除。右手到手腕处全部截肢，左手丢了两根手指。他被撤到慕尼黑，接受了进一步的手术，从膝盖里取出弹片。然而克劳斯坚定地认为他个人并没有被击败，他通过和外科医生讨论可能的巴伐利亚-奥地利战后解决方案来保持自己的精神状态。

尼娜立刻赶来看克劳斯。尽管受了伤，她发现自己的丈夫仍然充满活力。36岁的克劳斯是一个典型的士兵，他再也不能用枪了，但朋友们注意到他远没有被打败，"依旧英气逼人……（并且）浑身上下散发出一股强大的内在力量和勇气"。[1]克劳斯有一位挚爱的妻子、四个孩子和一种强烈的荣誉感。"在非洲，他们扔掉了我的手，连带着我手上的戒指一起扔了！"他苦笑着对访客说道。[2]然而扔不掉的是他对家人和国家的忠诚。于克斯舅舅来看他时，他们还谈到了德国国内有限的反抗力量。"如果将军们什么都不做，"克劳斯对于克斯说，"那就由我们这些上校来采取行动吧。"[3]然后克劳斯对他的妻子耳语道："是时候让我来拯救德意志帝国了。""你现在条件正合适。"尼娜笑了，认为丈夫在和自己开玩笑。[4]后来她慢

---

1 Elisabeth zu Guttenberg, Sheridan Spearman, *Holding the Stirrup* (Duell, Sloan and Pearce/Little, Brown, 1953), p. 185.

2 Ibid.

3 Nigel Jones, *Countdown to Valkyrie: The July Plot to Assassinate Hitler* (Frontline, 2008), p. 154.

4 Konstanze von Schulthess, *Nina Schenk Gräfin von Stauffenberg: Ein Porträt* [A Portrait] (Piper, 2009), p. 78.

慢相信，在那一刻"他下决心让自己深度参与了"。[1]

直到1943年7月初克劳斯才出院。在他回到劳特林根时的照片上，他穿着清爽的白衬衫，戴着黑色眼罩，依旧是一副勇敢的模样，和他的孩子一起在树下玩耍。"他本质上是一个勇敢的人，"尼娜说道，"身边有黄蜂的时候除外。"每当有黄蜂飞到他附近，"他就会立即消失在桌子底下"！[2]孩子们对父亲的印象是"超级好"和"非常帅"，同时立场十分坚定。克劳斯坚决拒绝人们为他缠着绷带的手提供任何帮助，开玩笑说他自己的手本来就非常灵巧，只是不知道自己十指健全的时候都用十指做了什么。

梅利塔非常钦佩克劳斯，但她知道她心爱的亚历山大和克劳斯不是同一种人。1943年春天，亚历山大从于特博格转移到法国北部接受进一步培训。尽管梅利塔每天的日程都很紧张，她还是每隔几天就给他写一封信，每周都会飞去看他。没有合适飞机的时候，她就会穿上厚厚的外套，并戴上她的铁十字勋章，脸上挂着她标准的坚毅表情去坐隔夜火车。这时盟军已经证明了他们有能力把轰炸机派到柏林，空袭的次数也在显著增加。"眼下，英国人已经把能尽量多地将我国居民通过空袭警报赶下床当成了一种乐趣……"戈培尔无不恼火地在他的日记中写道。[3]梅利塔的旅程经常因空袭而被推迟，她不止一次地不得不下火车去沟里躲避炮弹。返程的时候，如果她赶不及回到加图，她就会在贝特霍尔德位于柏林特里斯坦大街的公

---

1 Konstanze von Schulthess, *Nina Schenk Gräfin von Stauffenberg: Ein Porträt* [A Portrait] (Piper, 2009), p. 79.

2 Dorothee von Meding, *Courageous Hearts: Women and the anti-Hitler Plot of 1944* (Berghahn, 1997), p. 202.

3 Louis P. Lochner (trans., ed.), *The Goebbels Diaries* (Hamish Hamilton, 1948), p. 305 (entry for 21.05.1943).

寓里过夜。她还在发动朋友们，希望大家可以劝阻亚历山大返回前线。克劳斯听闻她的努力后，"用左手仅有的三根手指摇晃"着写信给她，说她和他们的朋友都不应该支持这种"保护性的操纵欲"。[1]

7月，梅利塔被指派去监督一名24岁的上校，弗里德里希·弗伦茨·阿姆辛克，他曾获得一级铁十字勋章，并因在战斗中负伤获得过金质战伤勋章。弗伦茨像克劳斯一样失去了右手，并且在东线上服役时左臂受到了重创。他很幸运，没有失去生命，也没有回到前线，但他仍然决心为他的国家服务。弗伦茨从小就会滑翔，因此被分配去学习机械工程和飞机制造，慢慢去学习考取飞行员执照。如今40岁的梅利塔被委任负责训练他，于是她把自己所有受挫的保护欲投向了这个受过重伤但依然坚定的年轻人。那个夏天他们每天都在一起工作。梅利塔教弗伦茨开一架经过特殊改装的飞机，最终得以观察他的垂直俯冲并和他在技术上开始合作。

梅利塔还和弗伦茨一起玩帆船，也经常去柏林的航空俱乐部吃饭。在那里，梅利塔把弗伦茨介绍给自己的朋友，包括保罗·冯·亨德尔，后来她还与他的家人见了面。这些暗示出他们不仅仅是同事关系。7月份，弗伦茨送给了梅利塔一本安东尼·德·圣埃克苏佩里的《风沙星辰》，这位著名法国飞行员在书中对自己战前在非洲和南美洲飞行时关于英雄主义、友情和生活意义的思考进行了抒情的描述。这是一份深刻的礼物，也是一个相当大胆的礼物：当时圣埃克苏佩里的书已经被维希政府列为禁书了。[2]不久

---

1 Peter Hoffmann, *Stauffenberg: A Family History 1904–1944* (McGill-Queen's University Press, 2008), p. 183.
2 圣埃克苏佩里以作品《小王子》广为人知，他在1940年法国停战前属法国空军，后来加入了北非的自由法国空军。1944年7月，在一次侦察任务中，他在地中海上空消失。

后，弗伦茨"在我的窗前"做了飞行特技表演，梅利塔在日记中记录道，后来他又总是给她打电话。"他说他要做点什么，"梅利塔偷偷地写道，"他觉得他可以试着让别人相信这件事。"[1]第二天，好像突然有了自我意识一般，梅利塔第一次在日记中提到了她的衣着："心情非常糟糕，穿着老太太式的套装在办公室里，突然弗伦茨……换了衣服，一起吃了饭。"[2]她显然喜欢有这位年轻飞行员的陪伴，也在意他和他的看法。

几天后，梅利塔在希特勒私人摄影师海因里希·霍夫曼的工作室拍摄了一组迟到的铁十字勋章官方纪念照片。汉娜在1941年拍摄同样的人像照时，正脸对着镜头，笑得熠熠生辉，笑脸下就是她的勋章，她对整个拍摄过程感到满意。而梅利塔的照片几乎都是侧面照，而且背景很暗。她戴着一条珍珠项链，凸显出她高贵的气质，唯一能看出她戴着勋章的是她翻领上露出的官方绶带，按亚历山大的要求，绶带还被系成了一个装饰性的小蝴蝶结。她的照片上没有任何纳粹标志。这是一张非常谨慎的肖像，梅利塔为她的荣誉感到骄傲的同时却保持着极大的克制，并不显得自傲。

那天晚上，梅利塔和同事一起参加了一个小型聚会，弗伦茨也参加了。他们喝着起泡酒，晚饭后点燃蜡烛继续聊天。"非常开心，"她睡前写道，"一直在跳舞。"[3]第二天晚上，弗伦茨又来了，他们一起吃了简餐。"暴力，几乎无耻。"梅利塔写道。他们谈到了凌晨，之后她想把门锁上。[4]没人知道当时弗伦茨站在门的哪一侧。

1　Gerhard Bracke archive, Melitta's diary (09.07.1943).
2　Ibid. (10.07.1943).
3　Ibid. (12.07.1943).
4　Ibid. (13.07.1943).

第九章 众矢之的 1943

1943年的7月下旬和整个8月，梅利塔几乎每天和他见面，但现在她更经常自己去玩帆船，或邀请保罗和其他朋友加入。她还继续去法国看亚历山大，亚历山大回劳特林根休假的时候，他们一起捕猎小鹿，但是在和他见面之前，她的日记里表现出了一些焦虑。[1] 也许是弗伦茨将梅利塔对他的保护欲会错了意，以为她有着更多其他的情感，也可能是梅利塔感觉自己真的被他吸引了。不管原因是什么，他们都努力维持了他们的友谊，但梅利塔很快就有了更重要的事来转移自己的注意力。

1943年夏天，英国轰炸机司令部将空袭的重点从德国鲁尔工业区转移到城市。7月底，汉堡遭到地毯式轰炸，造成4万多名平民丧生，整座城市几乎被摧毁，包括城市雷达防御系统。弗伦茨亲眼见到了这次袭击事件，深感震惊的他下决心要重回战斗岗位来保卫自己的国家。与此同时，梅利塔正在研发的"盲飞"技术突然成了优先发展的事项之一，该技术旨在使飞行员能够在没有雷达或地面控制指挥方向的情况下进行飞行拦截。功勋彪炳的德国空军飞行员汉斯-尤阿希姆（汉尤）·赫尔曼从春季开始与梅利塔合作，为他的单座Me-109战斗机"野猪"联队开发拦截系统，这个联队的任务是负责拦截英国皇家空军的轰炸机。汉尤和梅利塔无论是在机场工作中讨论技术问题时还是在玩帆船的时候都能很好地协同工作，而且汉尤对梅利塔的知识储备和独到想法印象深刻，保留了许多她的报告副本作为纪念品。他们的创新成果首先在英国皇家空军攻击科隆时进行了测试，没过多久，"野猪"联队在8月份取得了更大的成功，当时他们在战争开始以来柏林遭受到的最大规模的突袭中击落了57架敌军轰炸机。

1　Gerhard Bracke archive, Melitta's diary (06.08.1943).

汉娜也在建立一些重要的新的联系。她在住院休养期间收到的鲜花和礼物中，总有一些巧克力，还有海因里希·希姆莱的私人卡片，叮嘱她不要拒绝任何可能有助于她迅速康复的东西。[1] 希姆莱，这个大屠杀的首席设计师，这个德国最令人恐惧的人之一，似乎是汉娜的一个仰慕者。在接下来的几个月里，更多礼物总会定期出现，也总带着类似的手写信件。汉娜发现这有点让人不安了。希姆莱的无神论态度、他对神秘学的兴趣以及他对传统教会的迫害都让汉娜的母亲埃米认为他是基督教的敌人。然而，在埃米看来，他给汉娜的信"如此简单，措辞自然"，因此她又开始怀疑自己的判断。[2] 如今汉娜与戈林的关系破裂，埃米便敦促女儿当面向希姆莱的善意表示感谢。7月的一个晚上，希姆莱邀请汉娜以及他的官员们在他东普鲁士的总部用餐。机会来了。

除了黑色党卫军制服，希姆莱的外表并不起眼。他的圆形眼镜架在他苍白的大额头和圆圆的双下巴之间，总算是给他的脸带来了一些特点。汉娜学滑翔时的老朋友韦纳·冯·布劳恩现在是受人尊敬的航空航天工程师，他认为希姆莱看起来更像是一个国立语法学校的老师，而不是那个传说中膝盖深处都沾满鲜血的可怕男人。[3] 汉娜因为希姆莱温和的外表和彬彬有礼的态度而放松了警惕，享受着餐桌上的友好气氛，她愉快地和希姆莱一起去他的私人书房里聊天。

---

1 Hanna Reitsch, *The Sky My Kingdom: Memoirs of the Famous German World War II Test Pilot* (Greenhill, 2009), p. 215.

2 Ibid.

3 Michael J. Neufeld, *Von Braun: Dreamer of Space, Engineer of War* (Alfred A. Knopf, 2008), p. 168.

在书房里，汉娜承认希姆莱的大名"总是在她的家庭中引起骚动"。[1]希姆莱平静地听着，然后问她是否总是如此急于下结论。他从自己的对面为汉娜拉过一把扶手椅让她坐下，然后"对基督教教义的合理性进行了尖刻的批评，显示出他对《圣经》的深入理解"。[2]这时，汉娜才意识到"我无法做到说服希姆莱改变他的态度"，但她仍敦促他尊重别人的意见。[3]

汉娜接着转向另一个激起她强烈情感波澜的问题：不是纳粹的种族主义，而是希姆莱对女性明显歧视的态度和对婚姻神圣性的强调。希姆莱支持纳粹的"新娘学校"，这些学校旨在将年轻女性打造为合格的妻子，并鼓励通过"生命之泉"计划[4]培养合法或非法的雅利安儿童。汉娜对希姆莱认为"女性只是生育工具的纯粹种族生物学观点"感到不安，她用一种从未有人斗胆采取的方式批评了这位党卫军头目。[5]汉娜显然没有受到希姆莱或者他所代表的政权的威胁。汉娜后来声称，希姆莱向她保证"他完全赞同我的观点"。[6]希姆莱告诉她，他的政策"无论是出于无意还是故意的恶意揣测……被误传或曲解了"。[7]而希姆莱那时正希望为党卫军引入一股由女性组成的补充力量，他相信汉娜未来会反击类似的误解。

---

1 Hanna Reitsch, *The Sky My Kingdom: Memoirs of the Famous German World War II Test Pilot* (Greenhill, 2009), p. 216.

2 Ibid.

3 Ibid., p. 217.

4 "生命之泉"为纳粹党卫军和政府背景的官方机构，成立于1935年，其目标是按照纳粹种族优生理论进行实验，以提高雅利安新生儿出生率。——译者注

5 Hanna Reitsch, *The Sky My Kingdom: Memoirs of the Famous German World War II Test Pilot* (Greenhill, 2009), p. 217.

6 Ibid.

7 Ibid.

尽管汉娜"没有指出这一点——不管希姆莱说了什么，总体上反对他的声音还是很多"，然而她似乎对此很满意，并将其余的注意力转向了希姆莱的家具，在她看来，他"品位水准极高"。[1]她满意的是，希姆莱至少在这里屈服于她的观点，而在她批评过希姆莱的圣诞拼盘的设计后，他"噘起嘴唇"并表示他将取消这个生产厂商的订单，这更是让汉娜心满意足。[2]不经意间，她已经从女性权利运动的倡导者转变成了可信赖的餐具顾问。她可能不知道阿拉赫瓷器厂正在剥削着达豪集中营里的劳动力。希姆莱巧妙地感谢了汉娜的直言不讳，汉娜称，"他向我保证，这对他来说是新鲜事"，并邀请她未来有任何批评可直接向他提出。[3]第二天，汉娜回到工作岗位上，相当放松地认为希姆莱实际上是个理性的人。而希姆莱则前往佩内明德的纳粹秘密武器开发和测试中心，此时的汉娜已经从Me-163项目中知道了这个中心的存在。

佩内明德的研发中心由韦纳·冯·布劳恩于20世纪30年代建立。布劳恩是一个政治顽固派，从小在右翼民粹主义价值观的培养下长大，于1937年加入纳粹党，三年后加入党卫军。在获得机械工程和应用物理学学位后，他说服军方在佩内明德建立一个研发中心并提供资金：实际上这是他母亲推荐的地点，而她本人则是从她丈夫打鸭子的假期中得知这个地方的。[4]

与布劳恩合作的是比他年长且有点家长式做派的少将瓦尔

---

1 Hanna Reitsch, *The Sky My Kingdom: Memoirs of the Famous German World War II Test Pilot* (Greenhill, 2009), p. 217.

2 Ibid., p. 218.

3 Ibid.

4 沃尔夫冈·史派特1943年试飞期间，偶尔也会在佩内明德射杀野鸭。

特·多恩贝格尔，他是纳粹V武器计划的主要支持者。"V"代表的德语Vergeltung，意为"复仇"。这个"称谓"，布劳恩写道，"已经暴露了大家并未明说的假设，即他们的道德目的远大于军事效力"。[1] 这个计划包括了希特勒热盼的用于报复盟军轰炸德国的武器：火箭动力飞机，包括Me-163；V-1飞行炸弹，这在英国被称为"嗡嗡炸弹"或"蚁蛉虫"；还有V-2火箭，这是世界上第一个远程制导弹道导弹。这些早期的"大规模杀伤性武器"比盟军技术领先多年，德国迫切地需要这些武器，因为德国空军没有类似于英国皇家空军轰炸机司令部和美国第八空军的射程、载荷和数量的轰炸机能力。[2]

佩内明德位于波罗的海沿岸乌瑟多姆岛最北端，这个曾经的小渔村被证明是武器研发的理想地点。这个地区不仅相对独立——东边250英里（约402千米）的公海保障了导弹射程，密布的森林隐藏了发电厂、生产车间、试验台、住房和其他设施，一些技术人员觉得能被安排到这样一个桃花源般的地方工作实在是件幸事——而且这里还有长长的沙滩海岸线。但也有人为此担忧，正如一位在佩内明德工作的数学家所说的那样，认为他们实际上身处"科学家的贫民窟"中。[3]

1942年年底，英国驳斥了挪威关于敌方导弹的报道。后来这些报道内容却被一些秘密对话记录和波兰抵抗运动的情报所证实，

---

[1] Richard J. Evans, *The Third Reich at War* (Allen Lane, 2008), p. 660.

[2] 虽然梅利塔从未专门研究V-1或V-2这些使用复杂导航系统的武器，但她的工作为这些新武器的发展做出了贡献。

[3] Ruth Kraft, Peenemünde mathematician, Flashback Television (2001), quoted in Taylor Downing, *Spies in the Sky: The Secret Battle for Aerial Intelligence during WWII* (Little, Brown, 2011), p. 278.

对话记录的主角是几位在英国一处豪宅中驻扎时被捕的德国将军。佩内明德于同年早些时候遭到过情报人员拍照，虽然第一枚弹道导弹已在10月份在佩内明德进行过测试，但这里的重要性最初并没有得到重视。[1]到了1943年4月，V型武器再次被列为重点工作，与此同时，盟军也组织召开会议制定"快速投球"（Bodyline）行动计划。[2]佩内明德现已被确定为主要研究基地。康斯坦丝·巴宾顿·史密斯的团队全天候轮班，靠斯帕姆三明治和咖啡坚持工作，警惕地注意着任何"可疑"的情况，包括远程枪、遥控火箭动力飞机，或者"一个火箭可以喷射出来的……某种管子"。[3]一次巴宾顿·史密斯分析6月拍的照片时，发现了"四架无尾翼飞机……起飞"，"看起来很诡异，可能没人会满意"。[4]它们是Me-163s原型机，这种"小白蝴蝶"在空中拍照效果很好看，直到德国空军把它们涂改成了灰色。[5]而其他设备也慢慢浮出水面，比如在椭圆形发射场附近的运输车辆上也发现了两枚V-2火箭。佩内明德的重要性已经暴露了。

1943年8月17日那个星期二过得很慢，天气也很热。瓦尔特·多恩贝格尔和韦纳·冯·布劳恩那个下午的大部分时间都在开会，讨论生产V-2的最新截止日期。他们筛选出了测试成功的彩色

---

1 目睹早期导弹试验的阿尔贝特·施佩尔说："火箭从垫子上缓缓升起，像是站在一团火焰上……然后随着一声爆裂声进入低云消失了。"那次，导航系统失灵了，火箭落在了半英里外。参见Albert Speer, *Inside the Third Reich*（1971），p.495。

2 行动代号"Bodyline"取自于板球术语，指的是"不仅违反规则，而且肯定是违反体育道德的"事情。参见Ursula Powys-Lybbe, *The Eye of Intelligence*（1983），p.192。

3 Constance Babington Smith, *Evidence in Camera: the story of photographic intelligence in the Second World War* (Sutton, 2004), p. 180.

4 Ibid., p. 182.

5 Ibid., p. 215.

胶片给希特勒展示，赢得了希特勒对他们工作的肯定和关注，现在这种关注下的压力被传递下来了。希特勒此时确信V-2是"战争的决定性武器"，并希望每月生产900架。[1]汉娜抵达佩内明德时，两位男士正讨论得热火朝天，而第二天正要组织Me-163试飞。汉娜很满意自己并不需要马上开始工作，便花了一些时间在中心附近转了转，享受从海岸吹来的微风。

当天吃完晚饭后，汉娜和男人们一起喝酒放松，他们坐在墙板里装了火炉的房间的玻璃桌旁，房间被枝形吊灯照得异常明亮。两个月前，布劳恩和多恩贝格尔也是在这个房间招待到访的希姆莱，彻夜长谈纳粹对被占领地区的斯拉夫人的种族政策。然而，这个8月的晚上，他们和汉娜的饭局上还有佩内明德的主要科学家之一恩斯特·施泰因霍夫博士，以及布劳恩的弟弟马格努斯。马格努斯是一名优秀的滑翔机飞行员，原本已被选入德国空军，但此时设法转移到了佩内明德。汉娜故意打扮得非常惹眼，她穿着她常穿的深蓝色非官方制服，还戴着她的一级铁十字勋章，还有她那个带有闪闪发光的钻石的军用飞行徽章。然而过了一会儿，她便蜷在了舒适的扶手椅里，和大家愉快地讨论滑翔旧事，谈最近的试飞工作还有自己新的抱负。"不管她因为什么事来佩内明德，我们都很高兴见到她。"多恩贝格尔写道。[2]对他来说，"听着这些年轻人的笑声，看到他们兴高采烈地努力着，给所有的技术都带来惊喜，他们眼中都是对未来的憧憬，我下午出现的严重担忧感都没那么严重了"。[3]

当天晚上，汉娜先走了，在布劳恩的护送下，她上了车回宿舍

1　Albert Speer, *Inside the Third Reich* (Sphere, 1971), p. 297.

2　Walter Dornberger, *V-2* (Hurst & Blackett, 1954), p. 151.

3　Ibid.

休息。然后布劳恩再慢慢溜达回自己的房间。多恩贝格尔最后一个离开，大概是在11点半。所有灯光都已经熄灭。经过一天激烈的讨论，多恩贝格尔已经很疲惫了，他慢慢地走着，走到了一户住宅门口，像往常一样，空袭警报响起了。那天是满月，他知道英国皇家空军经常飞越波罗的海去往其他地方投弹，他继续前行回到房间，躺在床上很快睡着了。

不久之后，多恩贝格尔被窗户的嘎嘎声和窗外的枪声吵醒了。他一边咒骂着那些扰他清梦的防空炮台测试，一边逐渐注意到发出咆哮和嘶嘶声的两种炮声，那是重型炮台沿着机场边缘和朝着水边射击的声音，不时还夹杂着对岸更为低沉的爆炸声。更高的建筑物屋顶上更多的高射炮开始厉声作响。布劳恩也被吵醒了，但他迅速朝外面看了一下，认定轰炸机是直奔柏林的。布劳恩坚信这不是"我们的夜晚"，便继续往自己的住处溜达，但当他看到一架英国探路者飞机的瞄准光时，他停了下来。[1]

佩内明德很快遭到了一波又一波的轰炸机空袭，但没有发起任何空中反击。多恩贝格尔从他的床上跳起来，"用创纪录的速度穿上了马裤和袜子"，抓起他的上衣、风衣、帽子和手套，还有他的雪茄盒，但他的靴子被拿去清洗了，所以他只好凑合穿着"软拖鞋"冲到屋外。[2] 就在那一刻，他的住所被一阵巨大的爆炸冲击波摧毁了。门被撕开，碎玻璃到处飞，划开黑夜的寂静。多恩贝格尔呆呆地站着。他后来回忆说："这个场景让我目瞪口呆，邪恶之外竟也带着惊人的美丽。"透过一层层"玫瑰色的纱帘般""薄薄的棉花

---

1 Michael J. Neufeld, *Von Braun: Dreamer of Space, Engineer of War* (Alfred A. Knopf, 2008), p. 153.

2 Walter Dornberger, *V-2* (Hurst & Blackett, 1954), p. 152.

云",他看着月亮照亮了松树园、园区里的道路和灌木丛、办公室、工作区和餐厅。白色的细沙覆盖着眼前的一切,很多设施都已身陷火海。[1]头顶上空,探照灯光束交错,一批批轰炸机淹没在空中的阵阵黑云中。多恩贝格尔继续说道,四面八方都是"高射炮连续不断的炮声和炸裂声、爆炸弹片的呼啸声、雷鸣般的炸弹冲击声,还有敌军四引擎轰炸机持续的轰鸣声"。[2]有人听到他呻吟了一声:"我那美丽的佩内明德啊!"[3]

英国轰炸机司令部派了一支597架飞机组成的大型突击队,在"九头蛇行动"中,向佩内明德投掷了1500~2000吨的高爆炸物。这支突击队几乎相当于英国的全部轰炸机战队——对于英国来说,这是一次风险巨大的任务。但在行动所能带来的重大惊喜面前,这些风险都变得没那么重要了。英国皇家空军飞行员们在酒足饭饱后,听取了关于这次行动情况的简报,并宣誓对此行动保密,然后被关进吊舱中。他们在几周前对柏林进行过定期的轰炸,大家都希望德国人能够认为这次的目标仍然是柏林。行动同时策划了英国蚊式轰炸机对德国首都的"恶搞攻击",为了对德军雷达造成干扰,英国空军投掷了很多用于干扰雷达的金属干扰丝。[4]由于是在满月下飞行,许多飞行员在接近德国海岸时仍感到"被敌人一览无余",但他们的准备工作得到了回报。[5]"他们当然没有想到我们会来,"

---

1 Walter Dornberger, *V-2* (Hurst & Blackett, 1954), p. 153.

2 Ibid.

3 Michael J. Neufeld, *Von Braun: Dreamer of Space, Engineer of War* (Alfred A. Knopf, 2008), p. 155.

4 RAF Museum sound archive, 330161 'The Great Raids: Peenemünde', John Searby, side A.

5 Ibid., side B.

风的女儿

第一波惠灵顿轰炸机观察员杰克·普拉格内尔回忆道，"他们的枪炮只在我们开始发动攻击后才开始反击，接着我们便可以看到一大批探照灯出现。"[1]保罗·布兰德当时在一架阴冷的兰开斯特轰炸机上做导航员，他也表示"他们（德军）以为我们要去柏林"。[2]然而让德国人没想到的是，英国皇家空军的重型炸弹落在了佩内明德土地上，小型的炸弹则被成组投放，有的在刚投掷时还会有些摇晃。普拉格内尔"看到炸弹击中目标"，稍稍松了口气。[3]从高空砸到沙地上的炸弹像煮熟的糖果掉进了一碗面粉里，但是飞行员们都知道他们任务的重要性，也被告知如果目标没有被摧毁，他们必须飞回来继续投弹，直到任务完成。

巧合的是，这是汉尤·赫尔曼的"野猪"联队在柏林上空执行任务的第一个夜晚，他们使用了他和梅利塔共同开发的盲飞技术。148架双引擎飞机和55架单引擎飞机的德国空军战士将自己暴露在自己部队的高射炮下，在夜空中搜寻着可能出现的盟军轰炸机，却无功而返。直到第一波炸弹在佩内明德引爆，德军才恍然大悟，明白自己上当了。梅塞施密特部队不得不迅速赶往北部。凌晨1点半，他们总算赶上了最后一波英国皇家空军的轰炸机，在地面上建筑物燃烧产生的浓烟和火焰掩护下，击落了不少英军的飞机。英国人在此次行动中共损失了40架飞机，造成243名机组人员死亡，另有45名跳伞的飞行员被俘。那些成功回到祖国的英军飞行员仍记得"大

1　Jack Pragnell, 102 Squadron veteran, Mulley interview (29 June 2015).
2　*The Lancaster: Britain's Flying Past*, BBC2 (20 July 2014).
3　Jack Pragnell, 102 Squadron veteran, Mulley interview (29 June 2015).

第九章 众矢之的 1943

火中的佩内明德那一片令人印象深刻的景象"。[1]

"说来非常惭愧，我睡了整整一夜。"汉娜对于此次空袭如此说道。[2]她在佩内明德西边的军官区有一个房间，离科学家和技术人员的宿舍有一段距离，这些宿舍和测试设施是此次空袭的主要攻击目标。即便如此，她几乎不太可能"睡得非常深"，以至于没听见警报声，以及600多架飞机发动机的声音和它们带来的震动，还有像多恩贝格尔描述的"雷鸣般的冲击波"——那是轰炸下大地的颤抖。[3]"除非她喝了一杯上好的威士忌还戴着耳罩，否则她一定听到了炸弹的爆炸声。"英国皇家空军飞行员普拉格内尔后来争辩道。他认为汉娜的说法"有点太'浪漫'了"。[4]尽管如此，根据汉娜自己的说法，第二天早上醒来时，她惊讶地发现了浓浓的大雾，后来才意识到这是烟雾。

当德国空军参谋长汉斯·耶顺内克听到这个毁灭性打击的消息后，他用自己的军用手枪饮弹自尽。"我不能再和帝国元帅一起工作了，"他的最后一句话写道，"元首万岁。"[5]"悲痛欲绝的戈林参加了葬礼……他的眼中充满了泪水。"汉娜后来这样写道，文字中满满都是鄙视。[6]对于许多人来说，耶顺内克的自杀代表他承认了德国空军的失败。艾尔哈德·米尔希接替了他的工作，并采取了更严

---

1 RAF Museum sound archive, 330161 'The Great Raids: Peenemünde', John Searby, side B.
2 *The Secret War*, Episode 4: 'If...', BBC (1977).
3 Ibid.; Walter Dornberger, *V-2* (Hurst & Blackett, 1954), p. 153.
4 Jack Pragnell, 102 Squadron veteran, Mulley interview (29 June 2015).
5 Cajus Becker, *The Luftwaffe War Diaries* (Macdonald, 1966), p. 315.
6 US National Archives and Records Administration, Hanna Reitsch Personal File, RG319, 270, 84, 13, 7, box 633 (7362164, XE053525), US Forces report, Hanna Reitsch interrogation, 'Condemnation of Göring by Hanna Reitsch' (16.11.1945), p. 5.

风的女儿

厉的措施来增加飞机产量,包括进一步增加奴隶劳动力的数量。

事实上,尽管波兰特工已将"试验营地的详细计划"发到了伦敦,但空袭造成的破坏却不像最初计划的那样有针对性。[1]探路者飞机到达时,有些建筑物已经开始冒烟,造成了飞行员瞄准困难,一些飞行员一度错误地把标记向南偏了2英里(约3.2千米)。而到了后面,"目标成了名副其实的炼狱",正如一位英国官员所说,"识别各种特征变得越来越困难"。[2]结果,许多试飞场、实验室以及导航控制楼,还有先进的风洞几乎毫发无损,而悲惨的是,许多炸弹击中了特拉森海德强迫劳改营。大约五六百名囚犯和被迫在此工作的外国劳工被困在铁丝网后,由于没有任何掩体的保护,在空袭中被炸死。这些人中还包括几名盟军特工,他们是和一些卢森堡工人一起潜入这个营地的。[3]

然而,第二天早上的空中侦察飞行表明,主要目标的大部分已被损坏,其中也包括实验区、总部办公室和设计区。德国伤亡人员名单中包括目标建筑群总工程师瓦尔特·蒂尔博士,他与家人在一处掩体中死亡,而他们的房子却毫发无损。英军的炸弹使用了延迟保险丝,这意味着炸弹可以连续爆炸几天,这便阻碍了德国的救援行动。一名英军飞行员总结称,这是纳粹党的一次"灭顶之

---

1 Tadeusz Bór-Komorowski, *The Secret Army: The Memoirs of General Bor-Komorowski* (Frontline, 2011), pp. 151–152.

2 RAF Museum sound archive, 330161 'The Great Raids: Peenemünde', John Searby, side B.

3 虽然对强制劳工的剥削不负责任,汉娜也一定知道佩内明德的做法。韦纳·冯·布劳恩后来声称,他"从来不知道集中营里发生了什么",但承认他本可以知道这里的情况。他也没有对"火箭计划"中的强迫劳改营发表评论。参见Arthur C. Clarke, *Astounding Days: A Science Fiction Autobiography* (1990), p.148。

灾"。[1] "什么都没剩下,"V-1发射团的一名德国上校报告称,"就剩下一片废墟了。"[2]在第二天早上检查了灰尘覆盖下的设施受损情况后,多恩贝格尔不得不承认"造成的损失无法弥补"。[3]

"九头蛇行动"对纳粹来说,带来的不仅是一场震惊,也是一场尴尬。最终导致的结果是德军被迫重新安置火箭发展设施,导致武器交付出现严重延误。火箭生产转移到地下,部分武器测试的地点向西转移,远离盟军轰炸机的可及范围。"如果德国人能早六个月成功完善并使用他们的新武器……"艾森豪威尔后来写道,"我们进入欧洲的计划将变得非常困难,也许就不可能实现了。"[4]如果不是有对佩内明德的轰炸,盟军在1944年6月初就不可能通过诺曼底进军,而"二战"则可能拖得更长,让纳粹有时间进一步发展喷气式飞机和火箭技术。

佩内明德被轰炸的那个晚上,梅利塔一直在加图机场自己的房间里研究博士论文,工作到深夜。她熄灯前,还在日记里提到了柏林空袭,或许在想汉尤或弗伦茨是否正在拦截英国的轰炸机。梅利塔随后补充说,她第二天上班迟到,是因为警报睡过头了。汉娜则全程经历了整个佩内明德空袭,但在她的回忆录中,却直接将其视为无足轻重的事件。事后没有证据表明她们两人中有谁再次提到这一事件,但随着对德国空袭的加剧,民众士气急剧下降,纳粹政权不得不施加更多极权的压迫来维持秩序。1943年全年,每周都有

---

1 RAF Museum sound archive, 330161 'The Great Raids: Peenemünde', John Searby, side B.
2 Colonel, Max Wachtel, V-1 Launching Regiment, *Secret War*, Episode 3: 'Terror Weapons', BBC (1977).
3 Walter Dornberger, *V-2* (Hurst & Blackett, 1954), p. 161.
4 *The Lancaster: Britain's Flying Past*, BBC2 (20 July 2014).

因散布失败主义言论或犯有破坏罪的公民被判处死刑,数量多达百余起。梅利塔和汉娜都能深切地感受到,不仅仅是纳粹政权,还有她们的祖国,她们的同事、亲人,甚至她们自己都在遭受致命的打击。如今,这两位女性都开始考虑采取更激进的新方法来捍卫她们已经各自承诺效忠的两个不同的德国。但当汉娜努力寻找新方法来帮助德国赢得战争时,梅利塔的重点则越来越多地转向如何帮助德国结束战争。

第十章
献身行动 1943～1944

"时间，"汉娜在佩内明德轰炸几天后总结道，"不在德国这头。"[1] 波罗的海试验场眼下大部分都是瓦砾、灰烬和沙子。汉娜尽快返回了柏林，尽管她可能在梦中错过了"九头蛇行动"，但这场突袭在很大程度上影响了她的想法。关于这次"德国北部海岸"爆炸事件，国内报纸的报道关注的是飞机被击落的数量，但外国媒体则报道称，希姆莱正在亲自调查这次行动，想要发现"谁暴露了佩内明德工厂的位置"。[2] 英国报纸甚至声称戈培尔一边"正在向德国听众宣传德军击败盟军的最疯狂的谎言"，另一边还"试图用轴心国可怕的新式武器正在大批量生产的故事激励他手下的人，也来吓唬我们"。[3] "毫无疑问，希特勒一直积极呼吁他的科学家们带来一

---

1 Hanna Reitsch, *The Sky My Kingdom: Memoirs of the Famous German World War II Test Pilot* (Greenhill, 2009), p. 224.
2 *Gloucestershire Echo*, 'RAF Bombers Blast New Baltic Target' (18.08.1943); *Nottingham Evening Post*, 'Echoes From Town' (21.08.1943). These articles paraphrase the Swiss and Moroccan press.
3 *Nottingham Evening Post*, 'Echoes From Town' (21.08.1943).

些救赎的奇迹，"英国媒体略带沾沾自喜地写道，"但英国皇家空军对佩内明德的袭击没法对这样的呼吁出手相助。"[1]

与梅利塔不同，汉娜从未怀疑过纳粹政权的目标。然而到现在，就连她也已经失去了信心，怀疑纳粹党可能无法实现承诺中所说的胜利。"一个接一个，小镇和城市在盟军的空袭中岌岌可危，"她写道，"运输系统和生产中心正在被系统化销毁……死亡人数也在不断增加。"[2] 8月下旬的一天，在柏林航空俱乐部吃午餐时，汉娜和两位信得过的朋友私下讨论了德国急转直下的战况，他们一位是德国空军中队KG200特别行动队长海因里希·朗格，一位是雷希林航空医学研究所负责人特奥·本辛格博士。他们一致认为，此时需要一些激进的新行动。汉娜认为自己可能就是领导这些新行动的人。

汉娜解释称，冲突只有在经过协商谈判之后才能迅速结束，从而重建和平，她的祖国才能"免于灾难"。[3]但除非盟军的军事实力被大大削弱，否则纳粹德国无法获得有利的谈判条件。"这只能通过空军完成。"汉娜、朗格和本辛格达成了一致。[4]他们一起勾勒出了针对工厂、发电厂、供水设施和其他基础设施"快速连续毁灭性打击"的秘密计划。[5]如果盟军进攻欧洲大陆，那么把他们的海军和商船列为目标也变得至关重要。

汉娜知道空袭的精确度对她计划的成功至关重要。梅利塔在俯冲视野和俯冲轰炸技术方面的工作极大地提高了投弹的准确性，但

---

1 *Nottingham Evening Post*, 'Echoes From Town' (21.08.1943).

2 Hanna Reitsch, *The Sky My Kingdom: Memoirs of the Famous German World War II Test Pilot* (Greenhill, 2009), p. 224.

3 Ibid., p. 225.

4 Ibid.

5 Ibid.

汉娜心里却有着更激进的想法。她希望飞行员——可能也包括她自己——将导弹引至撞击点，但不拉起飞机。对于航运目标，一篇论文概述道："飞机在与水撞击时会被击碎，飞行员会当场死亡并同时导致炸弹从飞机上松开，进而在船的龙骨下方引发爆炸。"[1]虽然飞行员"会志愿为某些任务牺牲"，汉娜补充说，但"这不是给冒失鬼的任务……也不能给盲目的狂热分子，也不能成了那些失去生的希望的人寻求戏剧性离世的机会……"真正需要的，她觉得，是那些有分寸、有荣誉感的人，"他们愿意牺牲自己，他们相信只有通过这种方式才能使他们的国家得到拯救"。[2]她将这个尚处于发展初期的计划命名为"自杀行动"。[3]佩内明德袭击发生几天后，梅利塔也在柏林航空俱乐部与朋友共进午餐，而且也对战争"非常悲观"，她轻率地在她的日记里倾诉道。[4]尽管她和汉尤·赫尔曼以及他的"野猪"拦截战士一起不懈地工作，盟军轰炸机却越来越多地出现在柏林上空。9月，梅利塔为弗伦茨·阿姆辛克交出了一份优秀的推荐信，他开始参加夜间战斗机飞行训练。眼下她已经有众多密友都在部队服役，她也开始记录那些在行动中丧生的朋友的名单。9月初，梅利塔注意到"炸弹离得很近"，而且在加图的"跑道上也有炸弹"。[5]这些空袭剥夺了她的睡眠，但却远不足以让她停止工作。而这样的结果就是她永远都非常疲惫。她每天都要靠着飞行

---

1 US National Archives and Records Administration, Hanna Reitsch personal file, 'The Wind of Heaven Goes West' (October 1946), p. 2.

2 Hanna Reitsch, *The Sky My Kingdom: Memoirs of the Famous German World War II Test Pilot* (Greenhill, 2009), p. 225.

3 这时的汉娜可能还不知道日本的自杀式袭击计划。

4 Gerhard Bracke archive, Melitta's 1943 diary (18.08.1943).

5 Ibid. (03.09.1943).

员定量供给的巧克力，还有在世界各地发现的"飞行后喝起来很舒服的"咖啡才能工作。梅利塔坚持不懈地工作，一直到她近乎要垮掉。[1] "像死人一样睡去。"她用钝铅笔潦草地写道。[2]

像战争中的许多妻子一样，梅利塔也对丈夫的命运感到不安。亚历山大仍然在法国北部的炮兵训练场，但随时都可能被派遣到新的前线去。梅利塔的压力很快就表现在胃部不适上，她又再次出现了皮疹和持续性头痛。她也很"孤独"，她自己简捷地写道。[3]航空俱乐部是一个好地方，可以见到弗伦茨，还有像保罗这样的老朋友，此外还有亚历山大的兄弟克劳斯和贝特霍尔德，只要他们在柏林。"我经常和利塔谈起这场战争……"保罗后来写道，"个人应该继续……为了拯救国家免于战败吗？"他问她："相比之下，希特勒要是取得了对欧洲的胜利并不是可能发生的最糟糕的事——在那种情况下，是不是帝国的垮台才是两害相权取其轻了？换一种说法……难道不该考虑推翻德国的统治者，也为那些有类似思路的人继续探索吗？"[4]这样的谈话是"叛国"的，可以被判死刑。

当汉娜和梅利塔在柏林航空俱乐部悄悄地考虑这些问题时，希特勒复仇武器的研制工作仍在继续进行。在佩内明德遭遇袭击后，世界上第一个弹道导弹V-2火箭的开发和生产被转移到隐藏在哈尔茨山脉里的米特尔堡工厂。奴隶劳动者们在附近的米特尔堡-朵拉集中营里工作。米特尔堡-朵拉集中营作为布痕瓦尔德集中营的分营由

1　Gerhard Bracke archive, Melitta's 1943 diary (23.09.1943).

2　Ibid. (02.10.1943).

3　Ibid. (01.09.1943).

4　Archive Reinhart Rudershausen, Paul von Handel, 'Erinnerungen an Litta' [Memories of Litta] (nd).

第十章 献身行动 1943～1944

党卫军建设管理，这样不仅降低了生产成本，还有助于保持厂址的保密性。10月的时候，共有4000名犯人在米特尔堡工作，主要是俄罗斯人、波兰人和法国人。到11月底，这个数字翻了一番。没有卫生设施，饮用水也少得可怜。过度拥挤的睡眠区被粪便、虱子和跳蚤所污染。光线昏暗的隧道又冷又潮，工人薄薄的制服很快就磨破了。几个月的时间里，肺炎、痢疾和斑疹伤寒暴发，疲惫的犯人又累又饿，情况变得越发糟糕。"这里就像地狱"，韦纳·冯·布劳恩后来承认道，但他否认自己见过任何残暴行径，并辩称"战争就是战争，而且……我没有权利进一步提出道德上的异议"。[1]总共有多达6万人在被迫从事V-2生产的过程中死于疾病、饥饿和虐待，使得这种武器因为在生产过程中杀的人比应用过程中更多而饱受争议。[2]

汉娜本可以见到佩内明德的强迫劳改营，但哪怕她真的在意过这种事，或者从布劳恩、多恩贝格尔或者其他人那里听到过有关米特尔堡的惊人情况，她也没有记录下来。有一段时间，她一直忙着在各个机场间飞来飞去，向实习飞行员展示Me-109。"这架新飞机给大家留下了深刻的印象。"一位实习飞行员回忆道，但是汉娜的心不在工作上。[3]梅塞施密特Me-163火箭飞机的测试向西转移到了离北海不远的巴德茨维什安，汉娜希望她在那里可以使用火箭动力试飞一次原型机。她威胁说："元首和武装部队的总司令都已经

1　Michael J. Neufeld, *Von Braun: Dreamer of Space, Engineer of War* (Alfred A. Knopf, 2008), pp. 161-162.

2　希特勒的德国空军副官尼古劳斯·冯·贝洛写道："犯人们似乎待遇不错，身体状况良好……但是，观看强迫劳动仍然令人沮丧，他们希望通过他们的辛勤劳动来换一条命。"他肯定也知道几乎没人能活下来。参见Nicolaus von Below, *At Hitler's Side* (2010), p.227。

3　Walter Rehling, letter to Mulley (20.06.2013).

授权，如果需要的话，她可以受命在德国驾驶任何她想飞的飞机。"沃尔夫冈·史派特在她到达时便得到了这样的通知。[1]史派特没相信其中的任何一句话，但汉娜却已经开始了工作。"在机场跑道上，她实际上非常友好也很谦虚。"一名地勤人员报告说。他摇着头，明显对此有些惊讶。[2]史派特看着自己的手下"为能与著名女飞行员有同等资格而骄傲"，感觉到一阵挫败。[3]在确认汉娜确实获得了柏林的授权后，史派特终于准许汉娜自选她想飞的机型，但是她是否在火箭动力下驾驶了Me-163，却并没有资料能够证实。她将精力越来越多地投入到了"自杀行动"上。

起初，汉娜对她的想法完全保密。尽管如她所说，她本人非常看重荣誉，但整个"自杀行动"的想法都违背了所有的欧洲军事传统，充满了绝望，甚至失败主义情绪。到了1943年秋天，散播任何可能被解释为破坏人民士气的言论都成了重罪。不久，散播失败主义言论将会面临死刑。尽管如此，汉娜提出的"自杀行动"的概念越传越广，她也开始收到一些热情的飞行员小心谨慎的询问，大家都因能为希特勒德国牺牲生命的想法而感到激动。汉娜备受鼓舞，找到了更多的志愿者。"他们到处都是。"她满意地写道。大多数人都"已婚已育，而且各个身体健壮，为人率真。在他们看来，他们的牺牲与数百万士兵和平民的生命相比不算什么，如果战争继续下去，更多的人将会死亡"。[4]

---

1 Wolfgang Späte, *Top Secret Bird: The Luftwaffe's Me-163 Comet* (Independent Books, 1989), p. 105.

2 Ibid., p. 183.

3 Ibid.

4 Hanna Reitsch, *The Sky My Kingdom: Memoirs of the Famous German World War II Test Pilot* (Greenhill, 2009), p. 226.

第十章 献身行动 1943～1944

然而，随着愿意参与汉娜计划的人数不断增加，她也开始面对反对意见。"我们经常被误解，这只是预料之中的事情，"她说，并大方地表示，"这里要求的无外乎是彻底地战胜自我。"[1]但是在批评变得越发直白之前，让这个计划中的行动获得官方裁决却似乎是最明智的。由于汉娜仍然是戈林面前不受欢迎的人，而且已经无论如何都不再对帝国元帅表示哪怕一丁点尊重，她找到了戈林的副手艾尔哈德·米尔希元帅。米尔希很清楚德国空军已经因为组织"太多试验"却没有集中资源筹备急需的飞机和飞行员而饱受争议。[2]毫无疑问，米尔希很在意他的个人地位，也不想浪费优秀的飞行员，于是便"单刀直入地拒绝了"她。[3]万分失望下的汉娜对米尔希出于道德的反对意见轻蔑地表示不屑一顾，还对他说，他的这些顾虑和意见可以留给"每个志愿者自己的良心，毕竟，他们才是需要重点关注的人"。[4]米尔希并不为所动，只是简短地表示禁止任何德国空军飞机或人员参与该项目。

当汉娜与官方的拒绝不断纠缠的时候，梅利塔正面临着自己更私密的纠结：亚历山大于9月中旬被送回了苏联前线。这是一个"悲痛的打击"，她在日记里倾诉道。[5]梅利塔拜托克劳斯了解一下她丈夫向东行进的路线，以便飞去和他在途中相见，但这次，她的努力是

---

1 Hanna Reitsch, *The Sky My Kingdom: Memoirs of the Famous German World War II Test Pilot* (Greenhill, 2009), p. 226.

2 Fred Taylor (trans., ed.), *The Goebbels Diaries, 1939–1941: The historic journal of a Nazi war leader* (Sphere, 1983), p. 214.

3 Hanna Reitsch, *The Sky My Kingdom: Memoirs of the Famous German World War II Test Pilot* (Greenhill, 2009), p. 227.

4 Ibid.

5 Gerhard Bracke archive, Melitta's diary (25.09.1943).

徒劳的。"心理非常脆弱，"第二天她潦草地写着，"心疼……所有的希望都破灭了。"[1] 她很清楚在东线服役相当于被判了死刑，几周过去了，亚历山大很少给她写信，她再次因为过度担心而生病。为了分散注意力，她开始画草图、游泳，克劳斯和贝特霍尔德来看她的时候，她就拉着他们去万湖上划小艇，她喝的咖啡更多了，也会在月光下漫步，并通过采蘑菇和打兔子来补充她的战时口粮。然而，在大多数情况下，梅利塔只是全身心投入自己的工作中。尽管她偶尔也会在沙发上睡个午觉，但到了10月中旬，她已经"非常累又沮丧"，"疲惫不堪"。[2] 10月底时，扁桃体发炎令她发烧，皮疹也卷土重来，于是她开始服用吗啡治病。不久以后，梅利塔的工作也受到了影响。她开始和包括米尔希在内的同事吵架，甚至觉得弗伦茨很烦人。他"管得太多了"，她紧张地写道。[3] 某个"倒霉的一天"，她找不到太阳镜，只好带着哭肿了的眼睛勇敢地出门。[4] 梅利塔和当时世界上诸多女性相比，远远算不上典型的家庭妇女，但是一边是丈夫在前线，一边是不断遭受攻击的家乡，她的日常生活开始变得同样难以忍受。

11月，汉娜被派往东线，负责给前线的战士们提升士气。罗伯特·里特·冯·格莱姆当时在指挥中央部队的空中机群，但因为没有足够多的飞机，他知道国防军已经束手无策，守住自己的阵地都已经没希望了，更不用说向前推进了。汉娜不仅是一位民族女英雄，也是超越职责的勇气和誓言的象征。她相貌迷人，荣誉等身，看起来势不可当，时至今日仍然天性乐观，格莱姆自然认为除了她

1　Gerhard Bracke archive, Melitta's diary (26.09.1943).
2　Ibid. (14.10.1943, 15.10.1943, 18.10.1943).
3　Ibid. (20.09.1943).
4　Ibid. (25.10.1943).

第十章 献身行动 1943～1944

没有谁能更好地团结军队。汉娜对于格莱姆的评价感到荣幸，得知他"深陷几乎是人类无法解决的麻烦"后又感到更加振奋，尽管前方风险重重，汉娜还是立刻同意前往东线。[1]

当汉娜到达位于现在白俄罗斯古城奥尔沙附近被森林环绕的格莱姆总部时，天气已经寒冷刺骨了。[2]尽管自1941年7月以来就被纳粹德国占领，但该地区的抵抗活动仍然颇为频繁，作为回应，纳粹也在此建立了几个集中营（在这些集中营内，约有1.9万人丧生）。希特勒给了东线士兵最大的权限，他们可以不受任何约束地自由行动，这导致大批犹太人、共产党员和平民被杀。格莱姆应该已经意识到这些为所欲为的犯罪行为的发生，但他不太可能和汉娜讨论这些事。而如果汉娜在该地区看到了任何暴行的证据，或者成千上万的平民被迫被火车运走的事实，她也选择不记录这些情况。六个月前，格莱姆因为在苏联的工作获得了特殊的橡树叶骑士十字勋章。现在士气如此低落，但汉娜只注意到了格莱姆依然受到他手下人的极大尊重，他们确实几乎把他当作父亲来对待。他那斑白的短发、紧皱的眉头和略带伤感但洞察一切的双眼，都像一个父亲。"我没法向你们描述当将军出现时士兵们的喜悦，"汉娜充满激情地在给父母和妹妹的信中写道，"他们非常爱他，尊敬他——这也难怪！"[3]作为她个人表达敬意的标志，她在每次提到格莱姆的时候都会连带上他的军衔，而格莱姆也同样明智地总称她为女上尉。

即便是柏林的空袭也未能让汉娜为她现在所经历的日夜不息

---

1 Hanna Reitsch, *The Sky My Kingdom: Memoirs of the Famous German World War II Test Pilot* (Greenhill, 2009), p. 221.

2 奥尔沙于1944年6月被苏联军队解放。

3 Judy Lomax, *Hanna Reitsch: Flying for the Fatherland* (John Murray, 1988), p. 91.

的威胁做好准备。"整个晚上，连我睡觉的时候都是，"她后来写道，"都能听到附近前线不停地传来如雷鸣般阵阵的枪声。"[1] 黎明时分，她和格莱姆驾驶一架小小的菲泽勒"白鹳"Fi-156联络侦察机朝着部署先进的防空炮炮兵阵地飞去，飞机飞得很低，避免暴露目标。虽然驾驶舱是封闭式的，但风还是不断地往这架小型"长腿"（leggy）飞机里灌，而且飞机也没有保温层。汉娜很快就开始冷得发抖，尽管她穿着外套，戴着厚厚的手套和毛皮衬里的飞行帽。一到前线，他们就将飞机换成了一辆装甲车，最后一段路则必须徒步行走，"总之就是一直向前，蹲伏在地面上往前跑"，汉娜紧紧地抓着她从柏林带来的手提包，她用安全链和手镯把包小心地系在了胳膊上。[2]

很快，汉娜到达了德国第一个防空炮的位置，她刚一到，苏联军队就开始了猛烈的轰炸。"每个人都自动倒在地上，像消失了一样，而我们周围的空气尖声嘶吼着，颤抖着，随后便是一声炸裂的巨响。"她写道。接下来，德军的枪声打响，反击开始了，一组敌机便开始轰炸国防军的阵地。"我觉得，在那种恐惧之下，我好像想要躲进自己的身体里，"汉娜继续写道，"最终这个人间炼狱里增加了最可怕的声音，那些伤者的哭号。当时我确信我们中的任何一个人都不会活下来。我蜷缩在地上的一个洞里，拼命控制自己的膝盖不要抖，可是它停不下来。"[3]

轰炸结束后，汉娜从她的散兵坑中站起来帮助伤员。她认为

---

[1] Hanna Reitsch, *The Sky My Kingdom: Memoirs of the Famous German World War II Test Pilot* (Greenhill, 2009), p. 221.

[2] Ibid., p. 222.

[3] Ibid.

第十章 献身行动 1943～1944

"他们看到我的时候眼睛都发亮了",于是坚持要去前线慰问。[1] "他们的惊讶和喜悦……"她后来带着她典型的活力和家人讲述道,"是无与伦比的。"[2] 在接下来的三个星期里,汉娜驾驶"白鹳"飞遍了这个区域里大多数孤立无援的德国空军部队。在坦克和战壕的掩护下,她看到爆炸的炮弹把"土扬到空中",也学会了怎样区分德国和苏联的火力的声音。她和大家见面时,有时还会和他们分享一罐沙丁鱼罐头,也会尽可能地回答他们的所有提问。"我努力不给他们不切实际的希望。"她强调道。[3] 但是她也会压低了声音告诉大家关于秘密的"奇迹武器"V-1、V-2和Me-16,避开更高级的官员,不让他们听到。一名年轻士兵后来说:"她实际上因为乐观和给大家鼓劲儿而神采奕奕。"[4]

汉娜对前线的慰问自然大受欢迎,但仍无法替代那些急需的物资和增援。对于汉娜本人来说,这种经历更加坚定了她要为国家奉献的决心。"我想留在这里,并希望被允许参加战斗。"她在给家人的信中写道。[5] 但这只是在做浪漫主义的表态罢了,她知道她能为祖国做出的最大贡献不是在东线战场上,不过她的豪情壮志背后的情感也确是真实的。"在灰暗的天空下,飞过那些大片大片被游击队占领的开阔地,和地上的小屋里以及洞里那些疲惫又焦虑的人交谈,那些来自我家乡的人们的掌声,那些痛苦,那些忍耐和寒冷,"

1　Hanna Reitsch, *The Sky My Kingdom: Memoirs of the Famous German World War II Test Pilot* (Greenhill, 2009), p. 222.

2　Judy Lomax, *Hanna Reitsch: Flying for the Fatherland* (John Murray, 1988), p. 91.

3　Hanna Reitsch, *The Sky My Kingdom: Memoirs of the Famous German World War II Test Pilot* (Greenhill, 2009), p. 223.

4　Judy Lomax, *Hanna Reitsch: Flying for the Fatherland* (John Murray, 1988), p. 92.

5　Ibid., p. 91.

她写道，"这一切都不会从我的脑海里消失。"[1]几周后，汉娜拜访了她的奥地利表兄霍伊贝格尔，她告诉赫尔穆特"斯大林格勒是一场灾难"，而且因为德国空军不能再保护德国了，"后面还会发生更多的灾难"。[2]接着她让家人通过优先电话线路唱民歌给仍在前线的格莱姆。当操作员打断他们，询问电话的重要性时，格莱姆将军坚持认为这对鼓舞士气至关重要。

虽然也在东线，亚历山大此时距离奥尔沙有数百英里远，他当时是前线炮兵观察员，在今天乌克兰的诺沃利波沃（Novo Lipovo）附近的第聂伯河上。"或者更确切地说是在河里。"梅利塔讽刺地写道。[3]10月下旬，梅利塔得知亚历山大参加了一系列打击步步逼近德军的苏联军队的战斗。她当天晚上动情地读起了亚历山大关于"维吉尔和奥古斯丁国家"的文章，仿佛他的文字拉近了他们俩之间的距离。"伤亡人数很多。"她后来谨慎地给妹妹写信道。[4]事实上，据估计，德国人在这一系列长达四个月的行动中至少损失了50万人和重要的领土。一周后，一封电报从卢布林传来。亚历山大受了重伤，他的后背被手榴弹弹片炸开了花。

尽管身负重伤，亚历山大却不愿离队，战友只能强行从伤员运输站把他抬出来转移。最终，在梅利塔一路托关系帮助下，他被送

---

1 Hanna Reitsch, *The Sky My Kingdom: Memoirs of the Famous German World War II Test Pilot* (Greenhill, 2009), p. 223.

2 *Hanna Reitsch: Hitlers Fliegerin* [Hitler's Pilot], Interspot Film (dir. Gerhard Jelinek and Fritz Kalteis, 2010).

3 Gerhard Bracke, *Melitta Gräfin Stauffenberg: Das Leben einer Fliegerin* [The Life of an Aviatrix] (Herbig Verlag, 2013), privately translated, p. 132; Gerhard Bracke archive, Melitta's diary (14.10.1943).

4 Gerhard Bracke, *Melitta Gräfin Stauffenberg: Das Leben einer Fliegerin* [The Life of an Aviatrix] (Herbig Verlag, 2013), privately translated, p. 132.

往维尔茨堡的"一个非常好的军队医院"。[1]梅利塔一有假期就早早地骑车去火车站,赶去看他。等梅利塔回来的时候天已经黑了,由于军事行动有灯火管制,一路上都没有路灯。她的自行车轧到车辙上,人从车座上摔下来,重重地摔在了地上。她躺在原地,一边喘气一边诅咒这个世界。"稍微有点过火。"她后来评论道。[2]造成亚历山大重伤的罪魁祸首是"一个手榴弹碎片,已经深深嵌入他的后背,而且现在仍在里面",她几天后痛苦地给姐姐莉莉写信道。[3]但亚历山大又一次幸运地与死神擦肩而过。弹片避开了他的肋骨和肺部。医生们认为可以让弹片安全地留在他体内,而且现在伤口愈合良好。由于医院离他们的住处不远,很快,他甚至可以下午回家休息了。梅利塔尽可能一有时间就回家陪他,那个曾经因为亚历山大不在家而令人"昏昏欲睡"、"令人沮丧"的房间再一次成了她温暖的港湾。[4]家里取暖全靠一个火炉,而且他们也没有了女仆,但是"尽管我们已经脸面尽失",她写道,"在有限的空间里不再总有个陌生人却成了一件令人欣慰的好事"。[5]

亚历山大在家休养期间,弗伦茨偶尔会到他们家里拜访梅利塔,大家一起喝茶或吃晚餐,有时弗伦茨会一直待到凌晨。梅利塔现在给这个年轻的崇拜者起了个昵称叫"小麻雀",而她私下里会

---

1 Gerhard Bracke, *Melitta Gräfin Stauffenberg: Das Leben einer Fliegerin* [The Life of an Aviatrix] (Herbig Verlag, 2013), privately translated, p. 132.

2 Gerhard Bracke archive, Melitta's diary (14.11.1943).

3 Gerhard Bracke, *Melitta Gräfin Stauffenberg: Das Leben einer Fliegerin* [The Life of an Aviatrix] (Herbig Verlag, 2013), privately translated, p. 131.

4 Gerhard Bracke archive, Melitta's diary (05.10.1943).

5 Gerhard Bracke, *Melitta Gräfin Stauffenberg: Das Leben einer Fliegerin* [The Life of an Aviatrix] (Herbig Verlag, 2013), privately translated, p. 133.

叫亚历山大为她的"小鹩鸟"。尽管他们在她心中占据了不同的位置，但她显然爱着他们两个人。弗伦茨当然是梅利塔的朋友，而不是亚历山大的朋友，但是亚历山大对此"不介意"，梅利塔简短地写道，然后抱怨亚历山大偶尔会"自怨自艾"。[1]无论他们三人做什么，亚历山大都知道他的妻子深深地爱着他，而只要她的丈夫远离了危险，梅利塔就觉得其他一切都是好处理的。

梅利塔从心底希望和亚历山大在一起的时间能长久一些，但此时的柏林更需要她。除了她在加图的工作之外，她还要被授予军事飞行徽章——戈林本应该在十个月之前把这个徽章连同她的铁十字勋章一起颁给她，但直到这时珠宝商才将徽章送来。授奖礼定在11月19日。就在那天早晨，当第一缕阳光刚刚要照亮大地，梅利塔就被从西方飞来的440架四引擎兰开斯特轰炸机震耳欲聋的隆隆声吵醒。英国皇家空军已经攻进德国家门，展开了对德国首都的第一次大规模轰炸。由于城市上空云层很厚，遮挡了部分视野，轰炸造成的破坏有限，但英军进一步行动的威胁已经显而易见。尽管如此，"就在第一次大规模袭击的下午"，梅利塔在给莉莉的信中写道，一团糟的加图机场上被清理出了一个私人的房间，在这里，指挥官向她授予了她的荣誉徽章。[2]大家互相传递着酒瓶，喝了一瓶起泡酒，还有人带来了一盒烟。当梅利塔问是否可以为受伤的丈夫留一根时，大家立刻把一整盒烟都给了她。"香烟比钻石更让我高兴。"她对带烟来的副官悄悄说道。[3]片刻之后，警笛声再次响起，"小小的

1　Gerhard Bracke archive, Melitta's 1943 diary (16.11.1943, 27.11.43).

2　Gerhard Bracke, *Melitta Gräfin Stauffenberg: Das Leben einer Fliegerin* [The Life of an Aviatrix] (Herbig Verlag, 2013), privately translated, p. 132.

3　Ibid., p. 131.

第十章　献身行动 1943～1944

庆祝活动"结束了，大家都匆匆赶往地窖。[1]

几天后，英国皇家空军对柏林实施了最有效的突袭，内城遭到了巨大的破坏，有不少住宅区严重受损。也有许多炸弹落在了城市动物园里。那个下午，动物园里有六头雌性大象，还有一头小牛在和饲养员一起玩耍，而几个小时后，七头动物全都被活活烧死了。北极熊、骆驼和鸵鸟都被炸死了，而据报道，由于蛇窝被炸坏了，动物园里的蛇"在11月袭人的寒风中都被冻死了"。[2]对于遭袭的动物园员工来说，唯一的安慰是至少这些炸弹没有落在住人的房子上。1943年1月至1945年5月，盟军的轰炸造成了35万德国人死亡，另有成千上万的外国劳工和战俘被杀。[3]"战争持续的时间越长，祖国遭受的空袭越恐怖，"希特勒的摄影师海因里希·霍夫曼记录道，"笼罩在悲观情绪之下的元首总部气氛也越来越压抑"。[4]对于梅利塔来说，轰炸的恐怖和破坏的程度之巨让她更为自己开发拦截轰炸机设备和技术的工作感到自豪。她经常向包括克劳斯的妻子尼娜在内的朋友展示她的新奖章，而尼娜则会帮她把奖章举起来，给那些"佩服得五体投地"的孩子看。[5]

1　Gerhard Bracke, *Melitta Gräfin Stauffenberg: Das Leben einer Fliegerin* [The Life of an Aviatrix] (Herbig Verlag, 2013), privately translated, p. 132.

2　Max Hastings, *All Hell Let Loose: The World At War 1939-1945* (Harper Press, 2011), p. 489.

3　1940~1942年，超过1.1万名德国人在盟军空袭中死亡。1939~1945年，不同形式的德国空袭所造成的英国伤亡人数未超过6.1万人。参见Max Hastings, *All Hell Let Loose: The World at War* 1939～1945（2011），p.480。

4　Heinrich Hoffmann, *Hitler Was My Friend: The Memoirs of Hitler's Photographer* (Frontline, 2011), p. 215.

5　Gerhard Bracke, *Melitta Gräfin Stauffenberg: Das Leben einer Fliegerin* [The Life of an Aviatrix] (Herbig Verlag, 2013), privately translated, p. 133.

梅利塔在接下来的几个月里一直穿梭于加图的工作和在维尔茨堡养伤的亚历山大中间。她与帝国的新雇佣合同终于到了，但她对里面的条款并不满意。她的薪水与汉娜的工资保持一致了，但她觉得任何对于她们工作职责或表现的评价都是有误导性的。"汉娜·莱契没有研究过……她只能提供飞行知识。"她直白地在给航空部的报告中写道。[1]而她本人，作为一名航空工程师和一名试飞员，为飞行提供了重要的技术指导，因此应该与"做同样或类似工作的帝国官员或男性雇员"拿一样多的薪水。[2]她显然自我感觉很安全，但她仍然添加了一个警告："要做的工作内容是……如此多而泛，想要完成要花几年。"[3]梅利塔的薪水最终停留在了最初的1400德国马克上，几乎比汉娜的薪水多出三分之一，她还有危险津贴，总体已经是亚历山大大学教职薪水的三倍。另外她还得到承诺：下一次加薪薪酬审查会将会迅速通过，第二年她还会有一个自己的研究所和10万德国马克的启动预算，再加上另外10万马克用于日常运营，包括8名员工的工资。

克劳斯和尼娜的长子贝特霍尔德记得在这个时候偷听到了梅利塔和他的伯祖母亚历山德里娜之间的谈话。尽管仅仅9岁，贝特霍尔德已经会每天读书看报，他也经常看到汉娜在媒体上作为帝国的女主角被大肆表扬宣传，所以一听到她的名字，他便竖起了耳朵。[4]后来他意识到"很明显（梅利塔）不喜欢汉娜"，对此还有点惊

1　Gerhard Bracke, *Melitta Gräfin Stauffenberg: Das Leben einer Fliegerin* [The Life of an Aviatrix] (Herbig Verlag, 2013), privately translated, p. 144, 145.

2　Ibid., p. 145.

3　Ibid., p. 144.

4　Berthold von Stauffenberg, Oppenweiler, Mulley interview (05.11.2014).

第十章 献身行动 1943～1944

讶。[1]于是梅利塔和他的伯祖母便开始故意用代号"圣女贞德"来指代汉娜。这并不是说汉娜是德国自我牺牲的救世主，据贝特霍尔德看，是因为汉娜"认为自己如此完美"。[2]谈话还表明，梅利塔现在对汉娜的"自杀行动"计划已经有所耳闻。

尽管米尔希坚持要求汉娜放弃"自杀行动"的想法，但在亲眼看见了前线的情况后，汉娜比以往任何时候都更加确信自己的想法是前进的唯一办法。她回到柏林后便和航空研究所的同事们分享了自己的这个想法，她的坚持得到了一些同事私下的支持。1943年冬天，一批海军和航空设计师、工程师及其他技术专家一起私下和来自德国空军战斗机、轰炸机中队以及医学方面的专家代表共同展开了对于汉娜想法可行性的讨论。

米尔希已经明确表示禁止对现有的德国空军战斗机进行实验性调整，因为所有的战机都要用于拦截越来越多的盟军轰炸机。因此，私下成立的项目小组提议改装一款V-1导弹，使其可以用于载人飞行，这种V-1导弹后来很快被英国人称为"嗡嗡炸弹"或"蚊蛉虫"。其实原本设计作为远程战斗机或轻型轰炸机的单座飞机梅塞施密特Me-328更为诱人。因为尽管它仍然需要做较大的调整修改才能避免如汉娜所说的"对生命造成草率和无意义的破坏"，但它比V-1更合适，而且至关重要的是，这款飞机已经量产。[3]接下来的挑战是确保正式批准生产一些测试用的Me-328并启动飞行员培训计划。由于戈林已经被排除在外，而且米尔希也毫不含糊地反对

1　Berthold von Stauffenberg, Oppenweiler, Mulley interview (05.11.2014).

2　Ibid.

3　Hanna Reitsch, *The Sky My Kingdom: Memoirs of the Famous German World War II Test Pilot* (Greenhill, 2009), p. 226.

风的女儿

这个想法，汉娜认为目前可以求助的权威便只有希特勒。然而此时她的元首却忙得不可开交。

据他的秘书描述，希特勒"对V-1和V-2充满了热情"。"英格兰将爆发恐慌……"他对汉娜说，"我会野蛮地报复那些枪杀妇女、儿童和摧毁德国文化的行动。"[1] 同盟国对佩内明德的轰炸使希特勒的复仇计划落后了几个月，由于生产已经转移到包括米特尔堡在内的地下工厂，生产进度不会再受空袭的影响。不能再在生产源头上摧毁V-2火箭，英国航空情报局便转向专心寻找发射场。他们很快取得了第一次成功。1943年8月27日，美国空军的重型轰炸机袭击了法国北部瓦滕的德军远程武器发射基地，这里一个巨大地堡上方的加固圆顶刚刚完成混凝土浇筑。十天后，混凝土已经凝固成一片废墟。[2] 然而，德军还在继续坚持不懈地开发更多的发射场。

10月，在距离伦敦130英里（约209千米）范围内，所有受纳粹控制的土地都被拍照做了研究。接下来的一个月，英国空军情报分析员巴宾顿·史密斯在一张照片上发现了一个小小的模糊的十字。这个不到一毫米大小的十字用肉眼几乎看不到，但巴宾顿·史密斯拥有战前德国珠宝商的放大镜。她写道，V-1是一个"荒谬的小物件"，"就在小围墙的一个角落里"，但是"全体分析员都在悄悄讨论它。我们都非常清楚这是非常重要的事情"。[3] 英国研究人员现在终于

---

1 Traudl Junge, *Until the Final Hour: Hitler's Last Secretary* (Phoenix, 2002), p. 121.

2 当被要求提供破坏评估时，著名的英国工程师马尔科姆·迈克阿尔潘爵士评论道，对于德国人来说，"全部推倒重建比评估破坏程度并实施补救要容易得多"。参见 Constance Babington Smith, *Evidence in Camera: The story of photographic intelligence in the Second World War* (2004), p. 185。

3 Constance Babington Smith, *Evidence in Camera: The story of photographic intelligence in the Second World War* (Sutton, 2004), p. 194; Elizabeth Hick, photographic interpreter, *Operation Crossbow*, BBC2 (2013).

第十章 献身行动 1943～1944

知道他们在寻找什么了，最终，他们在法国发现了96个V-1发射场，其中很多都指向伦敦。据估计，德国很快就会具备每天发射大约2000枚飞弹的能力。"看来V-1的袭击一旦启动，就是惊人的震级。"巴宾顿·史密斯继续说道。这些发射场"显然必须赶紧炸掉"。[1]

盟军拍摄被占领的法国北部的这段时间，戈培尔掌管下的宣传部给了梅利塔一个公关任务，派她前往中立国瑞典。这时的梅利塔除了参加几场电台采访外，基本上避免了自己被纳粹公关所利用。她试图用丈夫需要她的借口来暂缓斯德哥尔摩之行，并且辩称不希望让自己看起来好像在空袭期间因为胆小怕事而离开柏林。然而，当时瑞典学生正在示威声援被征兵的挪威学生，纳粹帝国需要有人照会瑞典当局，便向梅利塔施压。梅利塔只能不情愿地接受，这些公关工作已经"变得不可避免"。[2]

梅利塔前往斯德哥尔摩的旅程本身就是一次冒险。由于发动机故障，她没办法从维尔茨堡起飞，而去柏林的火车在历时三小时的防空警报下也被推迟了。在柏林，德国外交部遭到炸弹袭击受损，而瑞典大使馆则完全被摧毁，她连签证都拿不到。不管出于什么原因，作为一名女性，她甚至被告知，她都没有资格得到唯一一架航班上的政府预留座位。坚持不给她座位的负责人"当然在被高层批评了之后，一分钟之内便松口了"，梅利塔略带一丝得意地事后报告称。但又一次空袭还是让她错过了这次航班。[3]她打电话到外交

---

1 Constance Babington Smith, *Evidence in Camera: The story of photographic intelligence in the Second World War* (Sutton, 2004), pp. 199–200.

2 Gerhard Bracke, *Melitta Gräfin Stauffenberg: Das Leben einer Fliegerin* [The Life of an Aviatrix] (Herbig Verlag, 2013), privately translated, p. 162.

3 Archive Reinhart Rudershausen, Melitta von Stauffenberg, 'Typed up Stockholm trip' (19.12.43).

部，没人接。"接线员只是让我等一等，"她写道，"而且，如果我抱怨的话，（他们）就朝我发脾气，因为他们以为我只是一个秘书。"[1]最终她坐上了去往被纳粹占领的丹麦首都哥本哈根的飞机，下飞机后却没有钱也没有能保证她继续前进的签证。"正当我以为终于有一个晚上可以安稳睡觉而不被空袭警报打扰时，"她冷冷地写道，"距离我只有几步之遥的地方响起了枪声。"[2]一名德国中士被丹麦抵抗组织杀害，是"被一名刺客击毙"的，梅利塔报告说。[3]片刻后，她听到附近工厂内的破坏组织搞出了"两次大爆炸"。尽管梅利塔已经习惯了四面楚歌的感觉，但她还是震惊于自己亲眼所见的对纳粹占领的抵抗力量。

之后第二天，梅利塔终于乘火车抵达了斯德哥尔摩。接见她的使馆代表"明显长出了一口气，放松了下来"，同时欢迎她的还有她一直想要避开的一大群记者。[4]找她的电话一直响个不停，一直到夜里。梅利塔身着一件简单修补熨烫过但依旧优雅的礼服，在近700名外交官、德国空军和国防军将军、科学家、学者及其他贵宾面前发表讲话。贵宾中包括她和汉娜的飞行员朋友彼得·里德尔——他一直混迹于外交圈，并在一个月前被任命为德国驻瑞典大使馆的空军武官，另外还有帝国元帅第一任妻子卡琳·戈林的两姐妹。

梅利塔的演讲题目为"试飞的女人"，她向听众描绘了她生活和工作中令人神往的画面，却没有详细介绍她目前的战时工作，她

1　Archive Reinhart Rudershausen, Melitta von Stauffenberg, 'Typed up Stockholm trip' (19.12.43).

2　Ibid.

3　Ibid.

4　Ibid.

只是说，这"自然是一个天大的秘密"。[1]虽然她应该借此机会为纳粹政权站台，但在她的情绪开始变得澎湃之时，她精心挑选的语句却变得谦虚起来。"我试图无论在战争中还是和平年代都对我的祖国效忠"，她一开始便把自己定位为爱国者而不是纳粹分子。在整个演讲过程中，她都避免提及希特勒和纳粹党，当谈到她的工作是"对帝国的承诺"时，她补充说，这是所有战士和工人、男人和女人都已许下的承诺，"因此，我不是以我个人的名义对你们讲这些……"[2]相反，她说，她觉得自己是"成千上万德国女性的代表——她们如今也都参与了战斗，也都身处险境，而且……是德国'武装群众'的大使"。虽然梅利塔没有公开批评纳粹领导人或其政策，但这并不是为纳粹政权自豪的发言人的惯用语言。

然而，也许梅利塔演讲中言辞最激烈的部分是她对于性别的看法。女飞行员长期以来一直是媒体和公众关注的话题。天生保守派的梅利塔知道，她可以在这个问题上说心里话而不会在国内引起争议。"我相信我能够以所有德国女飞行员的名义说出这一点，"她相当决绝地宣布道，"所有关于妇女的价值观都没有改变。对我们来说，飞行从来就不是为了引起轰动，甚至是解放的问题。我们女飞行员不是女权主义者。"[3]虽然梅利塔不得不争取自己在工作上的好机会和同工同酬的待遇，在亲身遭遇性别歧视时也从不掩饰她的烦恼，但她认为自己并不是变革的推动者，而是性别规则的个例。她辩称："女人对即便是最男性化的活动也并不陌生，也在一边为更高的价值

1　Gerhard Bracke, *Melitta Gräfin Stauffenberg: Das Leben einer Fliegerin* [The Life of an Aviatrix] (Herbig Verlag, 2013), privately translated, p. 158.

2　Ibid., p. 157.

3　Ibid., p. 159.

服务一边保持女性的价值和魅力时经历过自我否定。"这是一个非常真诚的论点,也是她自己的经验之谈。[1]她曾经试图在德国红十字会中扮演一个更具女性气质的"帮助者和治愈者"的角色,但却被拒绝了。如今,她谈到了她在飞机开发方面的"士兵式的努力",即使"牺牲自己的生命",她也会坚持试飞工作。[2]

梅利塔关于战争最尖刻的评论出现在她演讲的结束语部分:"我们这个时代的战争长期以来已经超越了其历史性的起源,最初难以理解,看似无用,并且也已经超越了愧疚或动机的问题——以至于它的发展好像独立于每个个体的影响……""不知不觉中它已经获得了它可怕的客观意义,这不是我们赋予它的,但是它却颇具威胁性地矗立在我们面前。"[3]对于梅利塔来说,战争的恐怖——无论是前线或空中战斗人员的伤亡,还是轰炸造成的平民的家破人亡——都给冲突带来了可怕的意义和动力。无论动机是什么,她并不是没有受到波及,也不能被动地旁观。"让我结束吧,"她深吸一口气说道,"但并不是带着这么可悲的画面结束,而是坚信这一点……我们都可以活下去。"[4]但她相信的究竟是第三帝国,还是她所说的"人民内心深处的精神",她并未对此做出解释。[5]

"我的演讲非常受欢迎。"梅利塔几天后大胆地写道。[6]但是,

---

1 Gerhard Bracke, *Melitta Gräfin Stauffenberg: Das Leben einer Fliegerin* [The Life of an Aviatrix] (Herbig Verlag, 2013), privately translated, p. 158.

2 Ibid., p. 157.

3 Ibid., p. 168.

4 Ibid., p. 169.

5 Ibid.

6 Archive Reinhart Rudershausen, Melitta von Stauffenberg, 'Typed up Stockholm trip' (19.12.43).

尽管房间里掌声热烈，瑞典媒体却几乎没有对此进行报道。接下来的几天是由瑞典航空俱乐部和妇女协会等团体主办的正式午餐、晚餐和娱乐活动。"瑞典人民都非常善良"，梅利塔补充说，虽然"那些对德国友好的人容易遭到攻击"。[1] 在梅利塔离开之前，戈林的前小姨子给她写了一封"非常动人的信"，还给她的返程准备了一件羊毛披肩和两块巧克力。[2] 几天后，疲惫的梅利塔回到了德国，直接回到了自己的工作岗位上。

12月中旬，亚历山大在重新归队前两周出院休养。梅利塔在乡下的姐妹们给他们送去了一个包裹，里面装的都是现在柏林买不到的食物：蛋糕、蔬菜和鸡蛋——尽管有些纸板托盘里的鸡蛋没能熬过从乡下到维尔茨堡的长途跋涉而破损了。然而并不是所有的消息都是令人振奋的。

一天早上，另一个令人震惊的消息传来，弗伦茨的飞机在起落架未能收回后起火。好在他并没有受重伤，活了下来，梅利塔长舒了一口气。圣诞节即将到来，他们忙着计划派对和礼物。晚上，亚历山大会在厨房里唱歌，或者为妻子朗诵诗歌。在工作中，梅利塔被工程师和飞行员包围，在他们面前，她必须证明自己的价值。亚历山大则不同。和他在一起给了她所需的安全空间，得以放松和表达自己艺术的一面，为此，她深深地爱着他。

圣诞节前五天，美国第八空军开始轰炸法国北部的V-1发射场，以防止冬季袭击，这场战斗最终以发射场的全军覆没结束。"有针对性地打击飞弹的第一轮战斗，同盟国取得了全面胜利。"巴

---

1 Archive Reinhart Rudershausen, Melitta von Stauffenberg, 'Typed up Stockholm trip' (19.12.43).

2 Ibid.

宾顿·史密斯兴致勃勃地写道。[1] 对德国首都的轰炸也在继续。汉娜感到自己腹背受敌，但梅利塔回到了维尔茨堡度假。平安夜当天，梅利塔穿上了漂亮的锦缎连衣裙，和亚历山大一起装饰了一棵圣诞树，然后去给他烤土豆。那天晚上，弗伦茨敲门来访。他最后在这里住了一晚，第二天还和他们一起吃了早餐。他离开后，梅利塔和亚历山大煮了一只鹅，享受了一个"舒适的平安夜"。[2] 接下来的几天则不那么舒服。"屋里都结冰了。"梅利塔写道。但他们仍然有唱有笑，还点燃了树上的蜡烛。[3] 他们最好的礼物在第二天送达，亚历山大被告知他的调令暂时还没有来。"（我们又）赢得了一段在一起的时间。"梅利塔愉快地写道。[4]

尽管亚历山大暂时不用上前线战斗，但他和梅利塔却似乎并没有一起跨年。那天晚上，梅利塔独自在她的圣诞树旁喝着甜味起泡酒，第二天则因为感冒大部分时间都在床上休息。后来她便回到各个机场工作。"她总是非常忙。"她的妹妹克拉拉回忆道。[5] 克拉拉有时会在周末来看她，她们能一起简单散个步或在湖上玩帆船，克拉拉补充道："一旦我们离开，她回到岗位上，就必须重新开始抓紧时间工作。"[6] 那时克拉拉便会帮梅利塔料理家务，梅利塔"讨厌浪费宝贵时间"在这上面。[7] 其中包括收拾梅利塔在机场附近打到

---

1 Constance Babington Smith, *Evidence in Camera: The story of photographic intelligence in the Second World War* (Sutton, 2004), p. 200.
2 Gerhard Bracke archive, Melitta's diary (25.12.1943).
3 Ibid. (26.12.1943).
4 Ibid. (28.12.1943).
5 Archive Reinhart Rudershausen, Klara Schiller, 'Memories of Klara Schiller' (nd).
6 Ibid.
7 Ibid.

的兔子。克拉拉发现她姐姐对狩猎具有一种古怪的热情。"她不会伤害一只苍蝇——但在加图,她会打兔子吃,"她说,"当然她总是为兔子感到难过,但她想要击中一个移动物体的爱玩之心总比她的多愁善感更占上风。"[1]克拉拉认为,或许这种超脱的状态是梅利塔能够继续对轰炸机视野进行开发的原因,而"任何关于目标和投弹后果的想法"则都被"置于一旁不予理睬"。[2]

事实上,梅利塔现在更多地致力于夜间拦截技术的开发——考虑到盟军的轰炸,这是最重要的工作。"在一个漆黑的夜晚,施陶芬贝格伯爵夫人驾驶的容克-88……在德贝里茨的小型机场降落,她来向我解释她的新夜降技术。"汉尤·赫尔曼后来回忆道。[3]在没有地面引导的夜间着陆仍然是危险的。汉尤的"野猪"拦截机组被证明行动越来越有效,但汉尤沮丧地说,希特勒并不喜欢这个名字,而是更喜欢日本人为他们的战斗机飞行员选择的优美词汇——"神风"。[4]然而,戈林迅速给汉尤升了职。1944年年初,他只是一名上尉,但到年末的时候,他就已经是上校了。戈林还"让我获得了更高的荣誉,由希特勒亲自授予",汉尤后来自豪地讲述道。[5]他的大部分成功和晋升都要归功于梅利塔,而他本人也深知这一点。

1944年新年,亚历山大拜访了他的朋友鲁道夫·法尔纳,他是雅典德国研究所的研究员兼所长。法尔纳在博登湖上有一座与世隔

---

1 Archive Reinhart Rudershausen, Klara Schiller, 'Memories of Klara Schiller' (nd).
2 Ibid.
3 Hajo Herrmann, *Eagle's Wings:The Autobiography of a Luftwaffe Pilot*(Airlife,1991), p. 223.
4 Ibid., p. 230.
5 Bob Carruthers, *Voices from the Luftwaffe* (Pen & Sword, 2012), p. 51.

绝的房子，亚历山大和梅利塔的婚礼结束后就是在那里度的蜜月。这里曾经是斯特凡·格奥尔格朋友们经常来访的地方，现在成了亚历山大完成他为这位伟大诗人创作的诗歌《大师之死》的完美场所。[1] 格奥尔格的开创性作品《新帝国》于1928年出版，亚历山大的孪生兄弟贝特霍尔德参与了部分的撰写。在书中，格奥尔格提出了应由德国贵族统治未来的德国。这不是一个民主的愿景，而更像是一个善意的贵族义务体系，它吸引了施陶芬贝格家相当优秀的三兄弟。[2] 结果，尽管许多纳粹党员声称受到了诗人的启发，但到了1943年，推动德国抵抗纳粹运动中的不少人都来自格奥尔格的朋友圈，包括法尔纳、克劳斯和贝特霍尔德。一周后，亚历山大再次回到家中研究生存策略和抵抗的可能性。

新的一年开始不到两周，加图学院的指挥官罗伯特·克瑙斯博士正式提议为梅利塔授予一级铁十字勋章。他的申请文件中提到她的"崇高成就"和对本职工作的贡献，指出她做了2200次垂直俯冲和其他试飞工作，用以评估包括风对飞行的影响在内的不同速度、高度、角度和距离对俯冲以及其他新的战斗技术的影响。[3] 罗伯特已把这一提议与米尔希讨论过了，也得到了他的全力支持。

获得提名的当天，梅利塔正在慕尼黑附近的施莱斯海姆机场测试容克-87，这里是夜间拦截机中队的所在地。由于无法解决机身

---

1 法尔纳将《大师之死》的副本送给克劳斯，这部作品给克劳斯留下了深刻的印象，当天就彻夜与他的客人讨论这部作品。
2 在纳粹夺取政权后不久，斯特凡·格奥尔格移居瑞士，这一举动更多是由于疾病而不是政治。他在1933年去世。这位诗人对纳粹崛起的态度一直模棱两可。在当局清除了反纳粹作家之后，他拒绝加入普鲁士艺术学院，但也亲自否认了和一些反对新政权及批评反犹主义的犹太追随者的关系。
3 *Schlesische Flieger Nachrichten* [Silesian Pilot News magazine] (5.1988), p. 5.

受到的压力，驾驶舱的装甲玻璃在飞行过程中不断震动并最终破裂。"容克-87窗户破了，"她激动地写下了一串关键词，"有组织的修复、茶、吐司、偏头痛。"[1]接下来的六天梅利塔都留在施莱斯海姆，主要工作是和容克飞机打交道。晚上，她在当地最漂亮的酒店吃饭，几乎都是和弗伦茨在一起，他的中队就在这个机场。然后梅利塔飞往劳特林根，在那里的施陶芬贝格家城堡里和亚历山大见面。这里还有些奢侈的享受得以保留：晨曦下的散步，下午茶，起泡酒，与丈夫一起度过的温馨夜晚，但她在家却并非一直平静无事。"关于斯德哥尔摩演讲有很多大惊小怪的事。"她不满地写道。后来某天晚上又和贝特霍尔德的妻子米卡"吵了架"。[2]家里许多人似乎对她最终妥协、允许纳粹利用她进行宣传这件事感到不满。

与亚历山大一起回到维尔茨堡后，梅利塔打电话到施莱斯海姆机场想和弗伦茨聊天，却被告知他的飞机在几天前的某个晚上失事了，他也已经当场死亡。"'小麻雀'死了"，"麻木"，"没哭"，她只写下了这几个字，然后乘坐最近一班火车前往慕尼黑，希望从中队指挥官那里了解更多情况。[3]梅利塔崩溃了。两天后，她开始服用处方安眠药。后来她的姐妹克拉拉和莉莉赶来陪她，料理她的家务，而梅利塔依旧工作，哀悼，躲避空袭，从窗台上扫掉碎玻璃，看着燃烧的轰炸机坠毁，仍然睡不着觉。

弗伦茨的葬礼安排在1944年2月3日。在这之前几天，弗伦茨的家人邀请梅利塔来家里拜访，而弗伦茨的妹妹安妮在车站接她。那天晚上他们一宿没睡，整夜谈弗伦茨的事。弗伦茨的母亲很平

1　Gerhard Bracke archive, Melitta's diary (11.01.1944).

2　Ibid. (17.01.1944).

3　Ibid. (23.01.1944).

静，但是他的继父每说一句话都会抽噎一阵，并开始收集与儿子有关的信件和文件，梅利塔誊录了一部分留存。除了带有缎带的花圈外，她还为葬礼写了一首诗。第二节是这样写的：

> 打动我的东西有几样，你内在的完整，
> 你内心的勇气，你对个人命运的热爱，
> 还有一种非典型德国人的传统，
> 竟无比荣耀地在你身上重生。[1]

然而，梅利塔没有参加弗伦茨的葬礼。也许她认为在那种场合出现自己这样一位知名女性不太合适，尤其此时——她本人的丈夫还在疗养中。葬礼前一天，梅利塔和弗伦茨的家人共进了早餐，然后静静地乘火车返回了维尔茨堡。第二天早上，她穿上一身黑色西装，在日记中记下了葬礼，并试着让自己专心完成一次飞行日志。但是工作以及后来在电影院看的一部电影都未能分散她的注意力。"没用。"她直白地写道。[2] 亚历山大两天后给她读了弗伦茨的讣告。那天下午她开始创作一件新的雕塑作品，是一个弗伦茨的半身像。她现在很少在她的日记中评论自己的试飞，而是更多地描述个人情感的细节。梅利塔写到有一位朋友的儿子在行动中失踪，这位朋友梦见收到了一件邮寄来的晚礼服，醒来发现枕头都哭湿了，才意识到自己在睡梦中一直在哭。一周后，亚历山大被重新调到前线。梅利塔的世界彻底分崩离析了。

---

1 Thomas Medicus, *Melitta von Stauffenberg: Ein Deutsches Leben* [A German Life] (Rowohlt, 2012), p. 259.

2 Gerhard Bracke archive, Melitta's diary (03.02.1944).

第十章 献身行动 1943～1944

1944年2月28日，汉娜应召来到贝格霍夫，这是希特勒深藏于巴伐利亚阿尔卑斯山里的密室。她将获得元首颁发的证书，以纪念一年前获得的一级铁十字勋章。希特勒很疲惫。已有报道说他再也不能像以往那样举起手臂向人们致意。[1]他的脾气很坏，他的个人魅力也在逐渐减弱。手续走完后，希特勒邀请汉娜在大休息室喝茶，欣赏朝向奥地利萨尔茨堡的壮丽风光。在场的另一个人是德国空军副官尼古劳斯·冯·贝洛上校。[2]汉娜无视了朋友的警告，他们曾警告她任何直言不讳都可能要人性命。"我毫不犹豫地抓住这个机会提出我们的计划。"汉娜后来回忆道。然而，他们的对话"却走向了一些意想不到的方向"。[3]

希特勒告诉汉娜，最近战争的发展并没有那么糟糕，不至于采取像"自杀行动"这样极端的措施来予以挽救。德国历史上没有这样的先例，德国公众也不会支持这一计划。面对汉娜越来越少的耐心，希特勒随后"用一系列冗长的独白，阐述了他对这个问题的看法，并用历史上的众多事例来支持他的论点"。[4]这是希特勒的标准策略之一。"受害者发现自己被套进去了，"他的一位副官回忆说，"希特勒就是要保证对方无法开口，便可以发表长篇大论，充分发表自己的意见。"[5]他"用一种令人信服且难忘的措辞"，汉娜礼

---

1 早在1943年11月，汉娜的朋友和前同事卡尔·鲍尔便觉得元首"看起来很累，疲惫不堪。他的手没有力气，他无法举起手臂致意"。参见 Isolde Baur, *A Pilot's Pilot: Karl Baur, Chief Messerschmitt Pilot* (1999), p. 151。

2 尼古劳斯·冯·贝洛是由格莱姆和戈林提拔到这个位置的。

3 Hanna Reitsch, *The Sky My Kingdom: Memoirs of the Famous German World War II Test Pilot* (Greenhill, 2009), p. 228.

4 Ibid.

5 Bernd Freytag von Loringhoven, *In the Bunker with Hitler: The last witness speaks* (Weidenfeld & Nicolson, 2005), p. 82.

貌地指出，"但是现在回想起来，我可以看出，虽然表面上恰如其分，但它们实际上都是一些无关紧要的话"。[1] 汉娜从不喜欢被说教，她也不擅长控制自己的脾气。然而，她知道自己没有更高的权力代表可以上诉了，而且她只有这一次机会来说明情况。她尽可能礼貌地插话，表示自己认为德国面临着"没有历史先例"的情况，"只能通过新的和不同寻常的方法来补救"。[2] 希特勒感受到了这位勇敢的女性的反抗，她现在抬起头以破相的面孔对着他，但他接着就转移到了喷气式飞机的话题，这是他"最喜欢的岔开话题"的方式之一。[3] 汉娜曾经和戈林一起经历过类似的情况，当时的谈话并不顺利。她比任何人都更了解希特勒如何将希望寄托在喷气式飞机上，而研发至少还需要几个月的时间。[4] 她已经是强弩之末。"希特勒，"她看得出来，"生活在他自己的一个偏僻而模糊的世界里。"一时间，汉娜忘记了自己正在谈话的对象是谁，也忘了对这个对话者应有的尊重，她在希特勒还在说话时打断了他，大声地喊道："我的元首！你是在说一个还是胚胎的孙子啊！"[5]

随后在"折磨人的沉默"中，汉娜看到了贝洛的脸，对于这场意想不到的交流，贝洛"惊恐地瞪着眼睛"。[6] 虽然私下里贝洛满意

---

[1] Hanna Reitsch, *The Sky My Kingdom: Memoirs of the Famous German World War II Test Pilot* (Greenhill, 2009), pp. 228–229.

[2] Ibid., p. 229.

[3] Bernd Freytag von Loringhoven, *In the Bunker with Hitler: The last witness speaks* (Weidenfeld & Nicolson, 2005), p. 83.

[4] 事实上，由于希特勒要求将Me-262喷气式战斗机改造成轰炸机，性能优秀的Me-262的生产遭到了推迟。

[5] Hanna Reitsch, *The Sky My Kingdom: Memoirs of the Famous German World War II Test Pilot* (Greenhill, 2009), p. 229.

[6] Ibid.

地得知，元首已从其他人那里知道了自己已经提到过的飞机生产延误的事，但这位副官也知道，希特勒"深信不疑"自己在军事方面"是绝对正确的"。[1]此外，即使是希特勒最资深的顾问也没有像汉娜刚刚那样和他说过话，更何况女人们从来没有"得到允许发表长篇大论，也不能与希特勒的观点不和"。[2]

几乎乱了阵脚的汉娜片刻后又大笑起来。她花了相当一段时间才意识到虽然元首保持了一贯的礼貌，但她在"相当程度上破坏了希特勒的好心情"。[3]元首对于事实的兴趣并不比之前的戈林多。"他的脸上带着一种不满的表情，"汉娜现在看到了，"他的声音听起来很凶。"希特勒告诉汉娜，她不了解情况。[4]汉娜和希特勒的面谈显然是最后一次了，她对此"非常沮丧"，最后请求允许她至少开始试验工作，以便当希特勒认为时机恰当之际，便可以毫不拖延地发动自杀式袭击。[5]不耐烦的希特勒如贝洛描述的那样，给出了一个"满是怨恨的同意"。[6]希特勒唯一的附带条件是要求自己不被汉娜研发过程中可能出现的任何问题所打扰。

10分钟后，汉娜回到了航空研究所。"她留下了一个长长的影

---

1 Bernd Freytag von Loringhoven, *In the Bunker with Hitler: The last witness speaks* (Weidenfeld & Nicolson, 2005), p. 88.

2 Heinrich Hoffmann, *Hitler Was My Friend: The Memoirs of Hitler's Photographer* (Frontline, 2011), p. 148.

3 Hanna Reitsch, *The Sky My Kingdom: Memoirs of the Famous German World War II Test Pilot* (Greenhill, 2009), p. 229.

4 Ibid.

5 US National Archives and Records Administration, Hanna Reitsch personal file, 'The Wind of Heaven Goes West' (October 1946), p. 3.

6 Nicolaus von Below, *At Hitler's Side: The Memoirs of Hitler's Luftwaffe Adjutant 1937–1945* (Frontline, 2010), p. 194.

子。"贝洛评论道。[1]虽然希特勒拒绝接受汉娜关于德国空军生产延迟的说法,但他"非常珍视她忠实履行职责的做法"。[2]这对汉娜来说是幸运的。如果"柏林电车上的平民"表达了同样的这些想法,他们则很容易招致谴责、调查和东部的"重新安置"。[3]照现状看,汉娜回到了工作中。希特勒原则上批准了她的计划,在一个更容易接受的代号"自我牺牲行动"下,筹备工作可以正式开始了。

汉娜的热情部分来自于爱国主义,尽管她对某些纳粹领导人充满恐惧,她还是对国家社会主义有着不可动摇的信念。但从提出她的计划让其他人牺牲自己的生命来捍卫第三帝国的那一刻起,她便成了纳粹政权的积极帮凶。然而,米尔希、戈林、戈培尔、希姆莱和希特勒本人都不认可她对"自我牺牲行动"的巨大热情。根据贝洛的描述,尽管明显默许了这个行动,私里"希特勒完全反对自我牺牲的想法"。[4]在得知汉娜的计划后,戈培尔也觉得她"失去了理智"。[5]汉娜是"一个精力非常充沛的女人",戈培尔写道,但是一般来说,"你不应该让女人成为处理这些重要问题的主要倡导者。即使付出全力,她们的智力也会败下阵来,而男人们,特别是高素

---

1 Nicolaus von Below, *At Hitler's Side: The Memoirs of Hitler's Luftwaffe Adjutant 1937–1945* (Frontline, 2010), p. 194.

2 Ibid.

3 *Aeroplane Monthly*, 'Flugkapitän Hanna Reitsch', part 4 (September 1985), p. 496.

4 Nicolaus von Below, *At Hitler's Side: The Memoirs of Hitler's Luftwaffe Adjutant 1937–1945* (Frontline, 2010), p. 194.

5 *German History: The Journal of the German History Society*, Bernhard Riegen, 'Hanna Reitsch: The Global Career of a Nazi Celebrity', Vol. 26, No. 3, p. 389.

质的男人，则很难让自己跟随一位女人的领导"。[1]对于希姆莱来说，他反对的原因则是不想让好的飞行员被这样浪费掉，尤其是德国当时的飞行员人数已经很少了。令汉娜感到恐惧的是，希姆莱有一次建议她从"无法治愈的病人、精神病患者和罪犯"中招募她的飞行员。[2]然而戈林后来倒是尝试重新部署她所招募的志愿者参加福克-沃尔夫的"自杀行动"，但他们并没有针对此项任务进行过训练。[3]对于汉娜而言，如果没有完美的飞行员、装备或训练，牺牲的想法就是"令人反感的"。[4]然而，如果这种行为是为了"高尚"而不是务实的话，她确信这是正当的。"我们不是疯子，不是为了好玩而放弃我们的生命，"汉娜和一位朋友说，用她所谓的"富于情感的方式"，"我们是德国人，我们热爱我们的国家，当它的繁荣和幸福受到威胁时，我们自身的安全对我们来说毫无意义。"[5]具有讽刺意味的是，这最后一种情绪可能也会得到梅利塔的认可。

1　Jana and Hermann Graml (eds.), *Die Tagebücher von Joseph Goebbels: Oktober bis Dezember 1944* [The Diaries of Joseph Goebbels: October to December 1944] (K. G. Saur, 1996), pp. 262–263 (23.11.1944).

2　Hanna Reitsch, *The Sky My Kingdom: Memoirs of the Famous German World War II Test Pilot* (Greenhill, 2009), p. 237.

3　Judy Lomax, *Hanna Reitsch: Flying for the Fatherland* (John Murray, 1988) p. 98.

4　Hanna Reitsch, *The Sky My Kingdom: Memoirs of the Famous German World War II Test Pilot* (Greenhill, 2009), p. 226.

5　Otto Skorzeny, *Skorzeny's Special Missions: The Memoirs of 'The Most Dangerous Man in Europe'* (Greenhill, 2006), p. 100.

第十一章
瓦尔基里行动 1944

"在早上的电话里,克劳斯、贝特霍尔德、海夫腾终于达成了协议。"1944年5月21日星期日晚上,梅利塔在她的日记中潦草地写道。[1]她的头发湿湿的,时间也很晚了,她累了。她知道她下周还会很忙,应该睡个好觉,但她想记录下这一刻。梅利塔和亚历山大的两个兄弟以及他们的好朋友沃尔纳·冯·海夫腾一起度过了漫长的一天,中午划着小艇在万湖上玩,下午大家一起喝了一瓶葡萄酒,然后带着更多的葡萄酒回来,大吃了一顿兔子肉野餐。那天晚上,他们在黑暗的湖水中一起游泳,而后分道扬镳,梅利塔穿过树林走到加图,克劳斯和其他人回到万湖另一边的柏林。梅利塔在她的日记中详细记录了他们的谈话,并在后来向保罗透露了一些情况。"克劳斯曾向她说起过他的想法,然后问她是否准备好把他送到希特勒的总部。"保罗后来说道。[2]在那里,她要"假装紧急

---

[1] Gerhard Bracke archive, Melitta's diary (21.05.1944).
[2] 30年后的采访中,保罗·冯·亨德尔称希特勒的总部在东普鲁士。事实上,希特勒当时是在贝格霍夫。

着陆",也许由于燃料不足,"然后等他要做的事完成后带他回柏林"。[1]"要做的事"就是克劳斯所提议的暗杀阿道夫·希特勒,能快速撤回柏林对于谋反者们来说是成功之希望的关键。尽管该计划存在许多潜在的问题,但失败肯定意味着共谋者的死刑,梅利塔对此没有丝毫犹豫。"她当然已经同意了。"保罗证实道,深深地叹了口气,然后补充说他已经尽力尝试过劝她放弃。[2]

到1944年春天,克劳斯、贝特霍尔德和沃尔纳·冯·海夫腾都成了德国秘密反纳粹抵抗运动的主要成员。克劳斯于1939年年底首次被他的于克斯舅舅拉进一个松散的反叛组织。他当时拒绝了,但没有声张这件事。六年前,克劳斯也曾乐见希特勒的总理任命。他钦佩元首的强大领导力和他的中产阶级背景,并支持他的许多政策,包括发展军队和吞并有争议的领土,以及他所谓的恢复德国民族自豪感。作为"社会达尔文主义"的坚定信徒,克劳斯接受一定程度上的种族偏见和反犹主义,但他的底线是国家认可的暴力。1934年,希特勒通过组织法外处决几名冲锋队领导人,引发了残暴的"罗姆政变",又在四年后组织"水晶之夜",而这一切只是为了巩固其权力,对此,克劳斯震惊了,便从此开始质疑该政权的合法性。在接下来的一年里,通过和亚历山大及他们的母亲卡罗琳的家庭内部讨论,克劳斯发现自己经常认可哥哥的观点。然而,随着战争的推进,纳粹德国在波兰、法国和低地国家[3]的节节胜利,加上克劳斯的军事责任感和对希特勒效忠的宣誓,他再度坚定了对政权的忠心。

---

1 Archive Reinhart Rudershausen, Paul von Handel, 'Erinnerungen an Litta' [Memories of Litta] (nd).
2 Ibid.
3 低地国家一般指荷兰、比利时、卢森堡。——译者注

1942年，克劳斯开始认真考虑希特勒的军事领导能力及其对国家的领导力。东线的战事已经让德军的战线拉得过长，补给不足使部队在敌军和恶劣的天气面前都不堪一击。到1943年，人人都能看出发动进攻是一场灾难，德国的局面是不可持续的。克劳斯慢慢意识到军事战略已经变得从属于意识形态。他现在认为只有一场军事政变才能带来领导变革，才能让德国免受无条件投降时的奇耻大辱。克劳斯还目睹了大规模处决的场景，被处决的包括被俘的战斗人员，还有俄罗斯、乌克兰树木繁茂的山坡上与村庄里的犹太人和其他平民。同事们后来作证说他曾反对这些命令，但都无济于事。[1]克劳斯震惊于希特勒对于战争永不满足的胃口，在军事上的无能，他所犯下的暴行，以及这些暴行给自己、国防军和帝国带来的耻辱。最终，克劳斯对希特勒失去了信心，他对纳粹政权的忠心被他对国家的责任感所取代。他在突尼斯受伤后的强制休息期也让他有更多的时间反思。在医院的病床上，克劳斯一脸真诚地抬头看着他的妻子尼娜——尽管此时他的头和手仍被绷带包裹着——挤出一个苦笑对她说："现在是我拯救德意志帝国的时候了。"[2]

能力出众、精力充沛、充满魅力的克劳斯从下定决心的一刻起就成了保守派军事抵抗运动的领军人物。在这个关乎国家生死存亡的最后阶段犯下"叛国罪"需要巨大的勇气和坚忍不拔的精神。起初，克劳斯希望新的德国领导层能和同盟国达成和平条款，同时保

1　Peter Hoffmann, *German Resistance to Hitler* (Harvard, 1988), p. 131.
2　Konstanze von Schulthess, *Nina Schenk Gräfin von Stauffenberg: Ein Porträt* [A Portrait] (Piper, 2009), p. 78.

持其在东部的领土利益。[1]这样的话就需要干掉希特勒,但作为天主教徒,克劳斯一再与那些主张暗杀的人发生矛盾。"难道这个想法不会折磨你吗?因为谋杀不是我们应该做的。"亚历山大后来想象着自己为人正直的兄弟们会这样彼此争论。[2]但随着时间的推移,克劳斯的立场变得越发坚定起来。初步讨论表明,只有在希特勒死后,许多士兵才会从效忠的誓言中解脱出来。他们不能只是简单逮捕希特勒,而是必须彻底铲除纳粹政权的头目。

克劳斯从未主张彻底恢复议会民主制。"(他认为)领导力应该按照自然等级(因为天然就存在不平等)来实现。"亚历山大后来对于弟弟的立场如此总结道。[3]但除非进行军事独裁,否则抵抗运动必须提供合适的人选在过渡政府中担任领袖。贝特霍尔德当时在解决法律问题以确保政府的合法性,其他人则在努力创造共识和推动力。1943年9月,克劳斯被任命为弗里德里希·奥尔布里希特将军领导的预备役部队的参谋长。当时奥尔布里希特与路德维希·贝克、卡尔·格德勒和海宁·冯·特莱斯科夫一直在制订计划(代号为"瓦尔基里"),试图钻现有政策的空子,让预备役在发生民事紧急事件(比如希特勒之死)时夺取对国家的控制权。[4]在他们的计划中,这些预备役部队不仅会在全帝国范围内以及被占领的领土上对纳粹精英中的党卫军军官和其他有罪的人进行逮捕,还可以保障

---

1 德国外交官乌尔里希·冯·哈塞尔曾于1939年试图通过与英国大使讨论来避免战争。后来他成为德国抵抗运动的关键人物,希望与西方同盟国进行调解。如果政变成功,他可能会成为过渡政府的外交部长。

2 Alexander von Stauffenberg, *Denkmal* [Monument] (Stefan George Foundation, 1964), p. 23.

3 Ibid., p. 25.

4 瓦尔基里行动以北欧女武神的名字命名,她们在奥丁不在的时候引导最勇敢的战士到瓦尔哈拉神殿。

推动彻底革命所需的稳定环境。

10月,尼娜到柏林参加一场婚礼。她回到风景如画的巴伐利亚小镇班贝格的时候,背了满满一帆布口袋的抵抗运动往来信件——需要将它们焚毁处理。为了和克劳斯的母亲住得更近一些,她带着自己的家人搬到了这里。[1] 尼娜很清楚自己知道的事情越少越好,所以只瞟了一眼这些文件就烧掉了,但她记得自己看到过一个"自由德国全国委员会"的传单。[2] 尼娜现在知道克劳斯参与了反政权的阴谋行动。后来他们也谈到了"必要的暗杀",但克劳斯从来没有提到过多细节。[3] 尼娜明白梅利塔也"知道这个计划"。[4] "抵抗成员需要强大女性的支持",克劳斯的女儿后来写道,需要"无论发生什么都站在他们身后支持他们的女人"。[5]

1943年12月23日,克劳斯第一次前往狼穴,这个没有窗户的混凝土建筑物位于东普鲁士拉斯滕堡森林深处,是希特勒的军事总部。[6] 这次到访让他掌握了这个总部的面积、布局、会议室位置和现有的安全措施的情况。然后克劳斯回到班贝格,与家人一起过圣诞节。自此之后,尼娜觉得计划中的政变"总是压在我身上,就像达

---

1 克劳斯曾设法在柏林烧掉这些资料,但因为他的房子没有烟囱,他也不想让看护人员起疑心,于是让尼娜将信件带回班贝格处理。
2 Konstanze von Schulthess, *Nina Schenk Gräfin von Stauffenberg: Ein Porträt* [A Portrait] (Piper, 2009), p. 82.
3 Nina von Stauffenberg to Peter Hoffmann in Konstanze von Schulthess, *Nina Schenk Gräfin von Stauffenberg: Ein Porträt* [A Portrait] (Piper, 2009), p. 88.
4 Konstanze von Schulthess Rechberg (Nina's daughter), Mulley interview (25.11.2014).
5 Konstanze von Schulthess, *Nina Schenk Gräfin von Stauffenberg: Ein Porträt* [A Portrait] (Piper, 2009), p. 24.
6 如今属于克特钦,位于波兰。

第十一章 瓦尔基里行动 1944

摩克利斯之剑"。[1]尼娜的父亲在1944年1月初去世后,她几乎是松了一口气,因为她觉得如果父亲"发现他的女婿是一场政变阴谋的中心人物,一定无法接受"。[2]几周后,尼娜决定处理掉克劳斯1938年为她写的笔记本,这里面充满了他早期对政权的疑虑。"这个笔记本在我看来简直就是一个定时炸弹。"她后来说。尼娜让一个朋友把笔记本藏了起来,"连同已经准备好的革命后的计划"。[3][4]除了梅利塔、贝特霍尔德和他的妻子米卡,尼娜不敢和其他人敞开心扉谈话,她感到越来越不安全,越来越孤立无援。

没人知道亚历山大有多了解兄弟们参与抵抗运动的情况。没什么人怀疑他的政治观点。"他一直公开反对政权,每次都得让他的兄弟们帮他冷静下来。"尼娜后来回忆说。[5]亚历山大甚至鼓励克劳斯和贝特霍尔德起来反抗,但尼娜觉得他们认为亚历山大如果加入他们的计划"风险太大"。[6]况且亚历山大总共也没有多少帮得上忙的关系,所以没理由因为他的参与危及他自己或他人。"当人们在策划谋反时……"保罗后来解释说,"一个基本的规则是不要对任何人说,甚至弟弟不能和哥哥说,儿子不能和父亲说,丈

1　Dorothee von Meding, *Courageous Hearts: Women and the anti-Hitler Plot of 1944* (Berghahn, 2008), p. 188.

2　Ibid.

3　尼娜的朋友被捕后,其家人迅速烧毁了这些文件。

4　Konstanze von Schulthess, *Nina Schenk Gräfin von Stauffenberg: Ein Porträt* [A Portrait] (Piper, 2009), p. 73.

5　Dorothee von Meding, *Courageous Hearts: Women and the anti-Hitler Plot of 1944* (Berghahn, 2008), p. 189.

6　Gerhard Bracke, *Melitta Gräfin Stauffenberg: Das Leben einer Fliegerin* [The Life of an Aviatrix] (Herbig Verlag, 2013), privately translated, p. 224.

夫不能对妻子说，如果这些人不是积极的参与者的话。"[1]尼娜似乎是个例外，因为她负责烧掉关键的文件。而亚历山大最好安全地远离这一切。

自1943年年末以来，梅利塔一直在与雅典德国研究所所长鲁道夫·法尔纳保持联系，希望通过他了解亚历山大在前线的位置。现在她还带上了施陶芬贝格家的其他人。"关于小鹀鸟的对话，"1944年3月初，她在和克劳斯、于克斯和其他密友在万湖上会面后写道，"决定了接下来的工作。"[2]万湖现在是他们进行秘密讨论的碰头据点。第二天，梅利塔在航空俱乐部遇到了贝特霍尔德。现在亚历山大调回到雅典已是板上钉钉的事，但引起了"不少麻烦"。[3]克劳斯对梅利塔代表丈夫采取的所谓"保护性阴谋"完全不满。[4]这也许是一个涉及家庭荣誉的问题，但克劳斯也可能一直担心给家里引来不必要的过度关注——毕竟，在一周内，他这个小圈子中的一员会试图结束希特勒的生命。[5]

最终，1944年4月中旬，法尔纳设法给亚历山大拿到了一个临时职位，在雅典做讲师，调令当即生效。这座被占领的城市与亚历山大和梅利塔在1939年春天曾见到过的那个骄傲的首都已经截然

1　Archive Reinhart Rudershausen, Paul von Handel, 'Erinnerungen an Litta' [Memories of Litta] (nd).

2　Gerhard Bracke archive, Melitta's diary (03.03.1944).

3　Ibid. (07.03.1944).

4　Thomas Medicus, *Melitta von Stauffenberg: Ein Deutsches Leben* [A German Life] (Rowohlt, 2012), p. 262.

5　军事助理埃伯哈特·冯·布莱滕布赫同意用他的7.65毫米布朗宁手枪杀死希特勒，他计划在1944年3月11日的贝格霍夫会议上发动暗杀。但因为党卫军警卫根据禁止助手入场的新规拦下了他，计划被迫中止。梅利塔的日记透露，她在3月11日没能找到贝特霍尔德，第二天，在"极度疲惫和紧张"中，她收到了"来自法尔纳的一封令人伤心的信"。

不同。希腊因为被纳粹强制征收粮食和其他资源而民不聊生。共有4万平民活活饿死,还有数万人死于针对抵抗行为的残酷的报复行动。讲到"雅典发展中的悲剧和国家"时,亚历山大忍不住开始反思冲突的循环和希腊人民强烈的爱国主义情怀,还有那些把远在东线的他调到这里来的朋友所做出的努力。[1]

梅利塔此时还在柏林,处境完全没有她的丈夫安全,但她现在已经不会空袭警报一响就往地窖里跑了。有时在空袭期间,她甚至干脆到朋友位于郊外的花园里坐着,等着空袭结束。有一次,她的妹妹们说,她们待在阳台上,数出了首都上空的28架飞机,然后看着它们"被击落"。[2]亚历山大现在不再有生命危险了,梅利塔终于可以顺畅呼吸了。她与汉尤·赫尔曼一起继续坚持着无比重要的夜间战斗机开发工作,还会在悲痛中和朋友们谈论弗伦茨,会去看电影,缝袜子,抽烟,并等着亚历山大回到她身边。

1944年4月20日,希特勒生日,那天德国全国的电影院纷纷播放令人振奋的镜头,开场是一名希特勒青年团团员在勃兰登堡门举起纳粹旗帜。军乐队列队走过去,笑靥如花的女人们欢呼着,巨大的横幅和彩旗挂在破损的建筑物上。希特勒显然心情愉快,在车上向人群挥手致意。接着他和戈林一起检阅了部队,与受伤者握手。希特勒穿着厚大衣,戴着手套,自己行纳粹礼时手抬得很低,又很快放下。然后画面中的地图显示了德军在苏联的战况。部队官兵都笑着,装备精良,有卡车,有牛有马还有小马驹。蒸汽火车不断前

---

1 Karl Christ, *Der Andere Stauffenberg: Der Historiker und Dichter Alexander von Stauffenberg* [The Other Stauffenberg: Historian and Poet Alexander von Stauffenberg] (C. H. Beck, 2008), p. 45.

2 Thomas Medicus, *Melitta von Stauffenberg: Ein Deutsches Leben* [A German Life] (Rowohlt, 2012), p. 273.

风的女儿

进，满载武器和装备；伞兵空降；男人们拿着双筒望远镜像洞察一切的智者一样点着头。一个场景中，一名受伤的德国空军飞行员不顾伤势，勇敢地爬上他的飞机，螺旋桨发出呼噜声，他驾驶飞机起飞加入空中编队。飞行员们都戴着精美的缝制手套，他们的驾驶舱内有着漂亮的黑色仪表盘。盟军飞机被击中后，胜利的音乐开始逐渐加强，最后那只代表德国的鹰占满了整个屏幕。

饱受战争摧残的柏林公民都明白，这至少是国家对于他们仍然深陷战争中的乐观印象。也许是为了鼓舞市民们的士气，或分散他们的注意力，随后播出了关于纪念元首生日的音乐会的报道。一排外表光鲜亮丽的纳粹高官坐在一个剧院的包厢里，他们的纳粹万字符臂章像缝在他们身上的一条红丝带。然后，摄像机向下扫过下面的观众，有年轻英俊的战斗英雄也有社会名流。没有看到梅利塔，但汉娜在那里，她的自制制服上戴着一级铁十字勋章，她的钻石军事飞行徽章十分夺目。汉娜的头发卷成了小卷，每一个卷都妥帖极了。她的脸柔软圆润，现在几乎已经可以说是胖了，眼睛看起来很疲惫。戈培尔发表演讲时，她坐得笔直，一动不动，据说戈培尔的演讲"收到了热烈的掌声"，掌声的来源中包括"明显受到感动的汉娜·莱契"。[1]

希特勒原则上批准了"自我牺牲行动"后，推进发展这个行动的责任就交给了德国空军特种作战中队的指挥官。70名飞行员都被要求签署声明："我特此志愿申请加入自杀行动小组，作为人肉滑翔机炸弹的飞行员，我完全明白这份工作的内容将造成我

---

[1] IWM, film archive, GWY 213, *Die Deutsche Wochenschau* [The German Newsreel] No. 712 (April 1944).

本人的死亡。"[1] "我们当时都疯了,"一位飞行员后来承认道,"我们真的可以做任何事情来为德国的胜利尽一份力,避免战败。这包括牺牲我们自己。"[2]汉娜是最先签署的人之一,但是被朋友"说服"推迟了实际加入的时间。[3]汉娜不仅缺乏战斗经验,而且身处德国空军指挥机构之外也保全了她最有用的能力——可以诉诸权威寻求援助。

行动的技术准备工作交给了帝国航空部,汉娜被任命为原型机试飞员。她先是在奥地利林茨附近的赫尔兴机场驾驶小型的单座飞机Me-328。最初飞机动力使用的是喷气式发动机,但这个方法很快被放弃,转而采用无引擎版本,由道尼尔Do-217轰炸机搭载,送抵目标区域。然后,Me-328飞行员将在半空中与道尼尔飞机分离,并向下滑翔袭击目标。测试于1944年4月完成,图林根州的一家飞机制造厂获得了生产合同,但并未交付一架飞机。尽管工作时间越来越长,而且许多工厂都使用了强制劳工,但以现有的生产设施还是需要拼命生产才能应付空军订单。"在这里,国际法并不适用。"米尔希严厉地宣布道,批准处决搞破坏的外国劳工还有拒绝在飞机制造厂工作的人。[4]汉娜的项目并不是优先的生产订单,她也慢慢觉得某种"官方破坏"也在同步进行,目的就是延迟或阻止

1　Hanna Reitsch, *The Sky My Kingdom: Memoirs of the Famous German World War II Test Pilot* (Greenhill, 2009), p. 230.

2　*Hanna Reitsch: Hitlers Fliegerin* [Hitler's Pilot], Interspot Film (dir. Gerhard Jelinek and Fritz Kalteis, 2010). Comment made by Fred Weinholtz.

3　Hanna Reitsch, *The Sky My Kingdom: Memoirs of the Famous German World War II Test Pilot* (Greenhill, 2009), p. 230.

4　Max Hastings, *All Hell Let Loose: The World at War, 1939-1945* (Harper Press, 2011), p. 486.

Me-328的交付。[1]后来，图林根州工厂遭受了直接打击，这个项目被无限期拖延。然而汉娜并没有放弃。

亚历山大的希腊巡回讲学于4月就结束了，梅利塔飞到了维也纳陪他一起回家。整整两天，他们都在旧城区四处游走，参观城堡，去咖啡馆和剧院，在著名的施塔特克鲁格餐厅酒窖的拱门下用餐。亚历山大给她带来了礼物，有丝绸和其他"好玩的东西"，她匆匆在日记里写道。她现在日记里的字非常小，这样便可以写下更多内容。[2]他们单独在一起的时候，亚历山大给梅利塔读荷马的作品，但更重要的是，梅利塔记录道，亚历山大"谈到了很多雅典的事"。[3]他们一起从维也纳飞回了柏林。亚历山大的征兵令先一步到了柏林，于是亚历山大又被送回了东部。他一离开，梅利塔就崩溃了。她的哥哥奥托和妹妹克拉拉急忙赶来陪她。利塔"完全被击垮了……"克拉拉给他们的大姐莉莉的信中写道，"她在工作中找不到逃避的出路，再也不能从春天的小小乐趣中找到快乐……她的全部精力都被担心占满了，（而且）她总是有那种最黑暗的想法。"[4]

梅利塔非常沮丧，而汉娜则非常生气。几个星期以来，她一直"非常后悔"没有为"自我牺牲行动"试飞过载人的V-1嗡嗡炸弹的原型机。[5] V-1项目有自己的预算和生产设施，而且如今它的无限潜

---

1 US National Archives and Records Administration, Hanna Reitsch personal file, 'The Wind of Heaven Goes West' (October 1946), p. 4.
2 Gerhard Bracke archive, Melitta's diary (04.05.1944).
3 Ibid. (02.05.1944).
4 Thomas Medicus, *Melitta von Stauffenberg: Ein Deutsches Leben* [A German Life] (Rowohlt, 2012), pp. 266, 265.
5 Hanna Reitsch, *The Sky My Kingdom: Memoirs of the Famous German World War II Test Pilot* (Greenhill, 2009), p. 232.

力已经吸引了不少其他纳粹积极分子的注意。4月底，汉娜接到了臭名昭著的党卫军一级突击大队大队长奥托·斯科尔兹内的电话。

作为奥地利纳粹党的早期党员，斯科尔兹内在德奥合并后很快就自愿加入了德国空军，但是他那时已经31岁了，他觉得自己太老了。于是他在1943年4月加入武装党卫队，也组建了自己的特种作战部队党卫军502猎人营。意大利投降后，希特勒亲自命令他从盟军在亚平宁山里一家被隔离的酒店救出被拘禁的墨索里尼。在这次精彩的行动中，滑翔机上的伞兵们在一枪未开的情况下出奇制胜，成功控制了守卫。斯科尔兹内急于亲自将这位意大利独裁者交给希特勒，于是把墨索里尼带到了一架小型菲泽勒"白鹳"侦察机上——这与梅利塔和汉娜经常飞的是同一型号。迎接他们抵达柏林的宣传活动让斯科尔兹内一举成名，荣誉加身，加官晋爵。甚至连温斯顿·丘吉尔也赞称这次任务"非常大胆"。

六个月后，斯科尔兹内被派去开发特种武器。他在佩内明德观看V-1测试时，听到了汉娜关于载人导弹的提议。这个想法有创意但极其危险，立刻吸引了他。斯科尔兹内笑称，汉娜"像男人一样勇敢"，他没浪费一分钟就立刻给她打电话要求安排会面。[1] 汉娜虽然颇为惊讶，但也邀请了这位突击队的英雄来她的柏林公寓见面。

与汉娜之前见过的大多数纳粹高级将领不同，斯科尔兹内的身体非常结实，他的深色头发梳向那张英俊的脸后，他的脸不仅饱经风霜，还带着一个决斗留下的疤痕，从耳朵到下巴，把脸一分为二。身高六英尺（约1.83米）多，穿着黑色的党卫军制服，并把骑

---

[1] Otto Skorzeny, *Skorzeny's Special Missions: The Memoirs of 'The Most Dangerous Man in Europe'* (Greenhill, 2006), p. 100.

士十字勋章高高挂在脖子上，魁梧的身材让人印象深刻。汉娜并没有被吓倒。她讨厌虚张声势，所以以为这个著名的男人——用她的话说——是一个"盲目、雄心勃勃的政治斗士"。[1]当他抵达汉娜的公寓后，"她用闪闪发光的蓝色大眼睛带着批判的眼光打量我"，斯科尔兹内写道，"也直白地给了我她的意见"，[2]斯科尔兹内尽力保持随和，汉娜很快倒戈了，对这个纳粹英雄形成了一种近乎独特的看法。她说，他是"这样一个人，内心深处是一个热情的灵魂，他的利他主义、善良和喜欢帮助别人的性格与他的个人形象形成鲜明的对比"。[3]斯科尔兹内凶悍的外表和粗糙的皮肤为汉娜白皙的皮肤和美貌做了很好的陪衬，但是他们脸上的疤痕都证明了他们在外表之下有很多共同之处——两人都非常勇敢，缺乏耐心，有坚强的毅力，他们也以一种充满激情和非传统的方法来做工作。"奥托是男版的汉娜·莱契……"苏格兰飞行员埃里克·布朗日后表示，布朗曾在战前与汉娜一起参加过乌德特的狂欢派对。"莽撞而勇敢"，而且两者都是"彻底的纳粹分子"。[4]

斯科尔兹内和汉娜很快建立了深厚而持久的友谊，而斯科尔兹内也将他相当多的精力和影响力用于对"自我牺牲行动"的支持。像汉娜一样，他很少把权力系统内的规矩放在眼里。斯科尔兹内毫不犹豫地把所有反对载人V-1测试计划的声音置于脑后，就像汉娜

---

1 Deutsches Museum Archive, 130/101, Hanna Reitsch, 'Solemn declaration' (12.04.1948).

2 Otto Skorzeny, *Skorzeny's Special Missions: The Memoirs of 'The Most Dangerous Man in Europe'* (Greenhill, 2006), p. 100.

3 Deutsches Museum Archive, 130/101, Hanna Reitsch, 'Solemn declaration' (12.04.1948).

4 Eric Brown, Mulley interview (23.06.2014).

所说的那样,"希特勒给了他(斯科尔兹内)全权,并明确要求每日有进度报告"。[1]汉娜没有提到希特勒也明确告诉过她,不要为行动的推进来打扰他。斯科尔兹内的话语权、性别和地位很快就产生了预期的效果。一周之内,一队工程师已经秘密地将一架V-1改装成一架载人原型机,配备单座驾驶舱,没有发动机,但有操纵杆和脚踏板控制的副翼,还有带有缓冲的金属滑橇着陆装置。它被命名为菲泽勒Fi-103-R,"R"代表其代号赖兴贝格(Reichenbery)。斯科尔兹内自豪地记录道,汉娜"对于我战胜了官僚主义感到非常高兴"。[2]

汉娜的行动很快重回正轨,然而最终赢得了戈林和帝国航空部支持的项目却是梅利塔开发拦截盟军轰炸机的技术和装备的工作。梅利塔已在年初拿到了她的博士学位,此后一直与汉尤·赫尔曼、赫尔穆特·伦特和几位年轻的飞行员进行合作开发。[3]在梅利塔引入了新的夜间登陆步骤后,德国空军便得以使用单引擎夜间战斗机拦截轰炸机。虽然德国空军从来没有足够的飞机可用,但结果却说明了一切。这可能是女性对德国战争做出过的最大的实际贡献。

1944年5月,梅利塔被任命为柏林新的特殊飞行设备试验中心的技术总监,中心拥有10名员工,坐拥大量预算以及数量可观的技术装备和车辆。她的任务是进一步开发夜间战斗机,解决包括目视夜间登陆步骤、俯冲瞄准器、炸弹盲投和攻击大型敌方轰炸机编队

---

1 Hanna Reitsch, *The Sky My Kingdom: Memoirs of the Famous German World War II Test Pilot* (Greenhill, 2009), p. 232.

2 Otto Skorzeny, *Skorzeny's Special Missions: The Memoirs of 'The Most Dangerous Man in Europe'* (Greenhill, 2006), p. 103.

3 梅利塔在日记中透露,虽然她非常喜欢几个年轻的飞行员,但没有一个能与弗伦茨相比。参见Gerhard Bracke archive,Melitta's 1944 diary(09.05.1944)。

的瞄准装置在内的其他"紧迫问题"。[1]虽然新中心董事会中有六个人,其中包括汉娜滑翔时期的老朋友瓦尔特·格奥尔基教授,但梅利塔的合同中写着,她"在履行职责和规划工作时保留完全自由的权利",[2]她可以直接向戈林报告。这是纳粹德国最杰出的女性职业生涯的巅峰之作。[3]"他们为她建了一个试飞站。"克拉拉多年后写道,对此仍然几乎不敢相信。[4]

新中心于5月23日正式开放,两天后梅利塔和克劳斯、沃尔纳·冯·海夫腾达成了最高机密的协议。"我现在有了自己的小小的试验中心。"她骄傲地和姐姐莉莉说道,对于自己终于可以公开讨论一些事而备感喜悦。[5]来参加中心雕塑揭幕仪式的贵宾中有瓦尔特·格奥尔基、汉尤·赫尔曼和保罗·冯·亨德尔。保罗还和梅利塔一起喝了咖啡。克劳斯也很信任保罗,所以两个好朋友有更多的话可以谈。保罗离开的时候,梅利塔一路送他到了车站,只想尽量延长他们的私人对话的时间。

"空袭……不断的电话……太多了。"当天晚上梅利塔在日记里写道。[6]试验中心"有一堆工作",但主要工作都集中在如何提高拦

---

1 *Schlesische Flieger Nachrichten* [Silesian Pilot News magazine] (5/1988).

2 Gerhard Bracke, *Melitta Gräfin Stauffenberg: Das Leben einer Fliegerin* [The Life of an Aviatrix] (Herbig Verlag, 2013), privately translated, p. 180.

3 虽然自1940年以来,女飞行员已经能够加入英国航空运输辅助公司(ATA),以便向需要的地方送皇家空军飞机,但直到1944年春季和夏季,她们的德国同行,如贝亚特·乌泽和莉泽尔·巴赫,才被招募作为德国空军飞机运输小队的成员。梅利塔和汉娜作为德国女性试飞员已经独一无二,而梅利塔更是唯一的女性航空工程师。

4 Archive Reinhart Rudershausen, Klara Schiller, 'Memories of Klara Schiller' (nd).

5 Gerhard Bracke, *Melitta Gräfin Stauffenberg: Das Leben einer Fliegerin* [The Life of an Aviatrix] (Herbig Verlag, 2013), privately translated, p. 181.

6 Gerhard Bracke archive, Melitta's diary (23.05.1944).

截盟军轰炸机的德国空军飞行员生还率上,还有如何阻止德国城市被一个个摧毁。[1]梅利塔对于自己在这个过程中所做出的贡献备感自豪,她也不觉得加入秘密反抗希特勒的组织和自己的工作有任何相悖之处。"她所信任的人并没有因为她对希特勒的不满表示异议,她也就不再保留自己的意见,坚持认为他必须尽快被除掉,"试飞员里夏德·佩里亚日后写道,[2]"她并没有试图隐藏自己的反对意见。她有强大的'上峰'人脉能直达那些'必须被消灭'的纳粹头目。"[3][4]

一个天气晴朗阳光和煦的日子,汉娜载着斯科尔兹内飞往莱尔茨去参观首次载人V-1试飞。他们的飞机飞得特别低,"掠地飞行"过田野以避免被头上徘徊的敌军侦察到,但汉娜心情很好。"我简直不敢相信我的耳朵,她居然开始放声歌唱,唱的是他们西里西亚当地的民歌。"斯科尔兹内后来饶有兴趣地回忆道。[5]

一直以来,不同版本的载人V-1的试飞和训练工作一刻不停地被推进着。有些V-1被改造成了双座,还装配了两套控制系统给教练员和学员;有些V-1还是保持了单座的设计。它们大多数都有动力引擎,且全部都配有滑橇式起落架,但即便如此,操纵一架没有武器载荷的V-1降落也极其危险。"一般的飞行员都无法确定自己

---

1 Gerhard Bracke, *Melitta Gräfin Stauffenberg: Das Leben einer Fliegerin* [The Life of an Aviatrix] (Herbig Verlag, 2013), privately translated, p. 181.

2 Richard Perlia, *Mal oben – Mal unten* [Sometimes Up – Sometimes Down] (Schiff & Flugzeug-Verlagsbuchhandlung, 2011), p. 194.

3 佩里亚忍不住对比梅利塔和汉娜,"后者深受希特勒的喜爱,即便她没有被召唤也能见到他"。

4 Richard Perlia, *Mal oben – Mal unten* [Sometimes Up – Sometimes Down] (Schiff & Flugzeug-Verlagsbuchhandlung, 2011).

5 Otto Skorzeny, *Skorzeny's Special Missions: The Memoirs of 'The Most Dangerous Man in Europe'* (Greenhill, 2006), p. 104.

能不能活下来。"汉娜直白地写道。[1]最终的可操作版V-1由位于飞行员头部后方的标准脉冲喷气式发动机提供动力,并且在机头装有近2000磅(约907千克)的烈性炸药。这个最终版V-1没有襟翼或滑橇式起落架,因为飞机设计时不需要考虑降落功能。"它的第一次飞行,"正如汉娜所说,"也将不可避免地成为它的最后一次飞行。"[2]最好的情况下,飞行员可能有希望在最后一刻跳伞,但本质上说,它是一种自杀性武器,是早期巡航导弹的载人版本。

汉娜和斯科尔兹内到达雷希林时,一架V-1原型机已经被"安装完毕",按照斯科尔兹内的描述,它被装在一架亨克尔He-111轰炸机的机翼下准备起飞。[3]亨克尔在起飞时很顺利,并逐渐缓缓上升。当V-1飞行员操作自己的飞机与轰炸机脱离开来时,汉娜看着它"掉了下来……像一只小小的轻盈的鸟儿"。[4] V-1的飞行速度是亨克尔母机的两倍,速度之快如利刃划破天空。飞行了几圈后,它开始柔和地下降。突然,飞机失去了控制。片刻间,V-1栽到了地面上,只留下"一股黑烟在夏天的空气中升腾起来"。[5]

大多数目睹了这一切的观众都惊魂未定,但斯科尔兹内已经迫不及待地要求另一名试飞员上前,然后大步离开了。[6] "他一直是个

---

1 Hanna Reitsch, *The Sky My Kingdom: Memoirs of the Famous German World War II Test Pilot* (Greenhill, 2009), p. 233.

2 Ibid.

3 Otto Skorzeny, *Skorzeny's Special Missions: The Memoirs of 'The Most Dangerous Man in Europe'* (Greenhill, 2006), p. 104.

4 Hanna Reitsch, *The Sky My Kingdom: Memoirs of the Famous German World War II Test Pilot* (Greenhill, 2009), p. 234.

5 Ibid.

6 Dennis Piszkiewicz, *From Nazi Test Pilot to Hitler's Bunker: The Fantastic Flights of Hanna Reitsch* (Praeger, 1997), p. 78.

绅士……"汉娜后来为他辩护道，斯科尔兹内对自己的要求更为严格，（并且）赢得了效忠于他的士兵们的心。[1] 令人难以置信的是，第二位V-1飞行员虽然受了重伤，却没在坠机中死亡，这次坠机则被归咎于操纵失误。第二天的试飞结果类似。据斯科尔兹内讲，当航空部下令终止该计划时，汉娜"再也控制不住她的眼泪"。[2]

汉娜后来声称，她当初提出亲自试飞V-1的提议被驳回了，理由是"这是男人的工作"。[3] 现在男人们失败了，她再次自告奋勇。她对斯科尔兹内说，很少有飞行员有过她这样操纵像Me-163一样危险的高速滑翔机降落的经验，而且项目工程师也准备好了让她在没有官方许可的情况下飞行。"什么都别做，汉娜，"斯科尔兹内对汉娜说，"要是你出了什么事，元首会亲手把我撕成碎片！"[4] 但汉娜已经暗暗下定了决心，在这样的勇气面前，党卫军特种作战部队的英雄斯科尔兹内也只能相形见绌。第二天，汉娜坐进了V-1驾驶舱内，将安全带绑了个结实，准备在空中滑翔。[5] 当"螺旋桨开始转动"，"我从未如此慌乱过……"斯科尔兹内写道。[6]

---

1 Deutsches Museum archive, 130/101, Hanna Reitsch, 'Solemn Declaration' (12.04.1948).

2 Dennis Piszkiewicz, *From Nazi Test Pilot to Hitler's Bunker: The Fantastic Flights of Hanna Reitsch* (Praeger, 1997), p. 78.

3 *Aeroplane Monthly*, 'Flugkapitän Hanna Reitsch', part 4 (September 1985), p. 497.

4 Otto Skorzeny, *Skorzeny's Special Missions: The Memoirs of 'The Most Dangerous Man in Europe'* (Greenhill, 2006), p. 105.

5 尽管汉娜在1965年的电影《弩之行动》中驾驶V-1从弹射器中起飞，但载人的V-1是从轰炸机的机翼下方起飞的。汉娜后来解释说，弹射器发射时的重力加速度会"使人体器官破裂，我们从试验和死去的飞行员那里观察到了这一点"。参见Ron Laytner, *Edit International: A portfolio of some of Ron Laytner's greatest stories*（2010）。

6 Otto Skorzeny, *Skorzeny's Special Missions: The Memoirs of 'The Most Dangerous Man in Europe'* (Greenhill, 2006), p. 105.

尽管汉娜戴着橡胶衬里的皮头盔,但她在被拖到空中的过程中,还是被亨克尔发动机的噪声和打在V-1机身上的螺旋桨引起的滑流声搞得几乎要耳聋。尽管如此,她的起飞还是完美的。V-1发动机开始断断续续地抖动起来,汉娜脱离了母机,将这颗小型导弹推到了每小时375英里(约604千米)的巡航速度。"对于机器的熟练操作和她所完成的漂亮的环形飞行很快就证明了这个女人是一个多么了不起的飞行员。"斯科尔兹内钦佩地说道。[1]然而,当汉娜驾驶着V-1螺旋式下降时,斯科尔兹内仍然吓出了一身冷汗。由于导弹没有设计降落功能,一旦切断发动机,汉娜就发现整架机身变得笨拙,几乎笔直地向下滑行,"就像钢琴上渐次弹奏的音符"。[2]片刻之后,她完成了一次快速而平稳的滑橇着陆,停机坪上一阵尘土飞扬。"根本一点问题都没有。"汉娜骄傲地对那些冲过去看她情况的工程师说道。[3]据说,米尔希得知这次未经授权的测试时"脸色变得惨白",但正如斯科尔兹内强调的那样,"这个想法和飞机都得到了证实"。[4]"没有发生任何事故地通过了。"汉娜在她的飞行报告中简单地写道。[5]她和斯科尔兹内非常兴奋,这个项目也获得了批准得以继续进行。

接下来的几个星期里,汉娜又完成了8~10次试飞,虽然她也

---

1 Otto Skorzeny, *Skorzeny's Special Missions: The Memoirs of 'The Most Dangerous Man in Europe'* (Greenhill, 2006), p. 105.

2 Ron Laytner, *Edit International Articles: A portfolio of some of Ron Layther's greatest stories* (2010).

3 Otto Skorzeny, *Skorzeny's Special Missions: The Memoirs of 'The Most Dangerous Man in Europe'* (Greenhill, 2006), p. 105.

4 Ibid.

5 Hanna Reitsch, *The Sky My Kingdom: Memoirs of the Famous German World War II Test Pilot* (Greenhill, 2009), p. 235.

第十一章　瓦尔基里行动 1944

承认"并非没有出现尴尬的时刻"。[1]有一次，她驾驶V-1突然陷入了颠簸气流中，结果她的V-1后部在脱离母机时擦伤了亨克尔，不仅造成了巨大的噪声，还扭折了自己的尾翼。幸运的是，主机身完好无损，她得以安全降落。在另一次对双座训练版的测试中，空座位上作为压载物的沙袋在俯冲时发生了偏移，挡住了控制器使其无法拉起。汉娜选择在切断发动机后，以一个更陡峭的角度进行俯冲，直到沙包滑到一侧，让她在最后一刻得以抓到控制器，恢复平稳。硬着陆使得滑橇和机身分离，但汉娜毫发无伤地从飞机里爬了出来。在之后的测试中，测试人员在机舱中放置了一个水箱来模拟弹头的重量。理论上，拉动操纵杆可以让水在着陆前通过排水管流出，这样水的重量就不会在着陆时压碎滑橇。然而，在1.8万英尺（约5486米）的高空，汉娜发现排水系统已然冻得结结实实。她被困在了超载的V-1中，以超过每小时500英里（约805千米）的速度冲向地面。[2]"几乎是绝望到要发疯，"汉娜写道，"我死死抓住了操纵杆，紧抠到手指都流血了。"[3]一直到滑橇都快挨着着陆带了，操纵杆才终于连通，水从排水管涌出，喷了一地。又过了一会儿，她终于安全降落了。汉娜承认她"非常幸运"，[4]但她也确实非常勇敢、技术高超，因为项目开发过程中至少有两名飞行员死于这样的训练和测试。

1944年春天的大部分时间里，汉娜都在做V-1测试。5月底，她

1　Hanna Reitsch, *The Sky My Kingdom: Memoirs of the Famous German World War II Test Pilot* (Greenhill, 2009), p. 235.

2　如此高速的下降在实际战场上是非常重要的，因为它可以让任何敌军的防空火力失效。

3　Hanna Reitsch, *The Sky My Kingdom: Memoirs of the Famous German World War II Test Pilot* (Greenhill, 2009), p. 236.

4　Deutsches Museum archive, 130/111, letter Hanna Reitsch/Ull Schwenger (22.07.1977).

开始训练双座版本的志愿者飞行员。1944年6月6日，同盟国将其称为"D日"，约有16万名来自英国、美国和加拿大的军人从诺曼底海岸绵延50英里（约80千米）、布满防御工事的五个海滩上抢滩登陆。这一行动大大出乎德军的意料，希特勒当时正在奥地利为爱娃·布劳恩的妹妹主持婚礼。"敌军的空中优势是显而易见的，"德国空军副官尼古劳斯·冯·贝洛写道，"他们的飞机几乎不受干扰地在空中巡逻，而我们的部队白天无法行动。"[1] 一周之内，"自我牺牲行动"的飞行员被全部召回以加强防御。"入侵已经开始了……"汉娜写道，"我们所有的努力都被遗忘了。"[2] 正如汉娜预见的那样，载人V-1飞弹永远不会投入使用。"这个决定性的时刻已经错过了。"汉娜痛苦地写道。她责怪戈林和纳粹领导层没有意识到她所提议的行动"不是特技作秀"。[3] "因此，"她总结道，"一个来自狂热和神圣的理想主义的点子死掉了，最后只能常常被有些人管理不当，使用不善。他们无法理解有人仅仅为了一个想法就可以抛头颅洒热血。"[4]

诺曼底登陆当天，亚历山大和梅利塔在他们的维尔茨堡公寓里醒来。前一天晚上，他们从劳特林根回来，在他们家庭城堡后面漂亮森林的山丘中打到了一只鹿，还带了一些鹿肉回维尔茨堡。法尔纳还给他们带来了另一个小小的惊喜：亚历山大被任命为总部设在雅典的纳粹意识形态教育官员。起初亚历山大不愿意接受这个职

---

1 Nicolaus von Below, *At Hitler's Side: The Memoirs of Hitler's Luftwaffe Adjutant 1937–1945* (Frontline, 2010), p. 203.

2 Hanna Reitsch, *The Sky My Kingdom: Memoirs of the Famous German World War II Test Pilot* (Greenhill, 2009), p. 236.

3 Ibid., pp. 236–237.

4 US National Archives and Records Administration, Hanna Reitsch personal file, 'The Wind of Heaven Goes West' (October 1946), p. 7.

位，因为他很清楚又是梅利塔托关系把他从前线调走的。他一去新岗位报到就表示自己不适合这份工作，但被告知他就任这个职位已经没得商量了。距离走马上任还有两周的自由时间，亚历山大尽可能多地花时间陪着梅利塔。他们在加图打兔子，在劳特林根打鹿。晚上，亚历山大为妻子在鹿肉饭前安排了"每日荷马一读"。[1] 但随着盟军登陆消息的传来，他们都被召回了柏林。梅利塔驾驶飞机载丈夫过去。亚历山大被派往希腊，而梅利塔则需要到空战学院。"入侵！"她在日记里写道，留下了一个罕见的感叹号。[2]

尽管身负重任，梅利塔在6月6日那天晚上还是抽出时间给贝特霍尔德打了个电话。除了最狂热的纳粹军官之外，所有人都认定失败已是注定的事实，而希特勒的否认和持续的领导失误只会拖延这场战争，最终导致德国完全被摧毁。[3] 盟军拒绝接受那些有身份有地位的谋反者提出的谈判请求，拒绝排除苏联，与德国单独达成和平协议。眼下，同盟国从西面进攻，而斯大林的红军从东边逼近。如果发起抵抗运动，那他们必须要尽快。"必须不惜一切代价进行暗杀，"海宁·冯·特莱斯科夫主张道，"重要的是，在世界和历史见证下，德国抵抗运动将会迈出决定性的一步。"[4] 第二天，梅利塔

1　Gerhard Bracke archive, Melitta's diary (11.06.1944).

2　Ibid. (06.06.1944).

3　到1944年7月，奥托·斯科尔兹内也认为"从纯粹的军事角度来看，没有一个有远见的人会质疑我们已经输掉了战争的事实"。然而，他觉得官员应该隐瞒这个事实，辩称"我们唯一的答案只能是用尽最后一口气抵抗（敌人）的决心。所有热爱祖国的有荣誉感的人都应该如此"。参见Otto Skorzeny, Robert Messenger, *Skorzeny's Special Missions: The Memoirs of 'The Most Dangerous Man in Europe'* (2006年出版), p. 106。

4　Nigel Jones, *Countdown to Valkyrie: The July Plot to Assassinate Hitler* (Frontline, 2008) p. viii; Margarethe von Hardenberg in Dorothee von Meding, *Courageous Hearts: Women and the anti-Hitler Plot of 1944* (Berghahn, 2008), p. 52.

风的女儿

再次联系贝特霍尔德，还有沃尔纳·冯·海夫腾和弗里德里希·奥尔布里希特——他们都是抵抗运动的关键核心人物。她没有详细说明，只是说，这时克劳斯正在希特勒的总部。

这是克劳斯首次在希特勒面前做军事通报，也是他第一次到访贝格霍夫。他没有对这里留下太多印象。克劳斯不停地偷偷四下观察。当希特勒抓过克劳斯的手握在自己的手中时，克劳斯感到希特勒控制不住地颤抖着，后来当希特勒拖着地图到处走时，地图也跟着一起抖个不停。希姆莱、凯特尔、施佩尔和戈林也出席了会议。克劳斯略带厌恶地注意到戈林明显化了妆，气氛诡异到仿佛有毒。克劳斯感到所有的人——除了施佩尔之外——都是"精神变态"。[1]施佩尔感觉他与克劳斯倒是"很合得来"。[2][3]"尽管带着不少战时留下的伤痕……施陶芬贝格还是具有年轻人的魅力，"施佩尔后来写道，"他充满了好奇心，也颇具诗意，同时办事很到位。"[4]那时的克劳斯对希特勒周围安全措施的确切细节都很感兴趣。在他的观察中，"在元首的直接随行人员中，有一个人有着相当大的行动自由"。[5]

6月6日晚上，梅利塔和贝特霍尔德聊到半夜。第二天贝特霍尔德一直到午餐时才离开。后来梅利塔遇到了刚从雷希林飞来的保

---

1 Nigel Jones, *Countdown to Valkyrie: The July Plot to Assassinate Hitler* (Frontline, 2008), p. 174.

2 施佩尔可能是对的。克劳斯邀请过他参加会议，但他没有去。后来发现的资料显示，施佩尔的名字被列为新政府的"军备部长"，用铅笔写的辅助笔记上还写着："如果可能的话。"正是这句话救了他的命。参见 Albert Speer, *Inside the Third Reich*（1971），p. 527。

3 Albert Speer, *Inside the Third Reich* (Sphere, 1971), p. 509.

4 Ibid.

5 Peter Hoffmann, *The History of the German Resistance, 1933–1945* (McGill-Queen's University Press, 1996), p. 380.

罗。他们一起沿着宁静的湖岸线边走边聊,聊得很深入,然后共进晚餐,有咖啡、干邑和苦艾酒。万湖是分开梅利塔两个世界的屏障,她在两个世界之间来回穿梭。一边,她与德国空军一起开发了飞行技术;另一边,她与她丈夫的兄弟们一起密谋推翻纳粹政权。不到一个星期的时间里,梅利塔再次起航去特里斯坦大街上的贝特霍尔德家见克劳斯——他们两人现在都住在那里,那里也成了抵抗运动成员的重要集会场所。晚餐时,克劳斯做了他"从(希特勒)总部获得的情报报告"。[1] "梅利塔是他能毫不保留地信任的少数人之一。"克劳斯的女儿康斯坦策后来写道。[2]

现在梅利塔需要管理自己的研究机构,克拉拉则过来帮衬她的家务,克拉拉一定很好奇,她的姐姐是怎么抽时间与朋友见面的。梅利塔实在是太忙了,连克拉拉的面都不能经常见到,而当梅利塔真的想到克拉拉的时候,也只是模糊地担心是不是"有什么东西没交代清楚"给她。[3]除了有关容克飞机的工作,梅利塔现在更重要的是受命研究如何解决将德国第一架喷气式战斗机梅塞施密特Me-262改装成战斗轰炸机所要面临的技术难题。这是希特勒钦点的项目,但是Me-262完全不适合这样的改造,无论如何,大规模量产还需要很多个月的时间。"看到(希特勒)与现实越来越脱轨,这令人十分不安。"尼古劳斯·冯·贝洛写道。[4]

---

1 Gerhard Bracke archive, Melitta's diary (13.06.1944).
2 Konstanze von Schulthess, *Nina Schenk Gräfin von Stauffenberg: Ein Porträt* [A Portrait] (Piper, 2009), p. 88.
3 Gerhard Bracke, *Melitta Gräfin Stauffenberg: Das Leben einer Fliegerin* [The Life of an Aviatrix] (Herbig Verlag, 2013), privately translated, p. 181.
4 Nicolaus von Below, *At Hitler's Side: The Memoirs of Hitler's Luftwaffe Adjutant 1937–1945* (Frontline, 2010), p. 200.

风的女儿

6月16日梅利塔的日记中写着"使用报复性武器"。[1]一天前，第一枚无人V-1嗡嗡炸弹袭击了伦敦，炸毁了铁路桥和一些房屋，造成六人死亡。[2]除了扬起的烟和灰尘外，它还在空中留下了一个漂亮的白色半圆，那是"一条像白虹的"的压力波。[3]这是几次测距中的一次，接下来又开始了一场全面攻击。虽然伦敦正如一名英国航空运输辅助设施女飞行员描述的那样，被"一堵气球墙围绕着……为了抵御嗡嗡炸弹"，设置了战略性分组的小型飞艇，还是有成千上万的V-1突破了这道防线。[4]

第一批被摧毁的房子在奥尔德肖特，那里有苏格兰飞行员埃里克·布朗的家。布朗的妻子没有受伤，但他们的清洁工被炸瞎了一只眼睛。从此，作为法恩伯勒机场试飞员的埃里克在关于帮助提高英国皇家空军前线战斗机的性能方面被激发出了"特别的兴趣"，希望它们可以在低空飞行拦截掠地飞行的V-1飞弹。[5]埃里克意识到，它们不能在建筑区域上空被击落，也不能被直接炸毁，"不然你会直接飞入炸弹的碎片里"。反之，埃里克开发了一个助推器系统，可以让一架在V-1旁边的战斗机在短时间内进行喷射助推，通过"产生气压轻推它的机翼"来使其偏离航线，"而不用发生实际接

1　Gerhard Bracke archive, Melitta's diary (16.06.1944).
2　第二天，一架有故障的V-1大幅偏离了航线，返回时发生爆炸，直接在希特勒及其助手所在的防空洞附近爆炸。没有造成人员伤亡。
3　Derek Mulley, Harpenden, Mulley interview (20.05.2013).
4　Veronia Volkersz, *The Sky and I* (W. H. Allen, 1956), p. 87. 'ATA' stands for the Air Transport Auxiliary.
5　Eric Brown, *Wings On My Sleeve: The World's Greatest Test Pilot Tells His Story* (Phoenix, 2007), p. 77.

第十一章 瓦尔基里行动 1944

触"。[1][2]同时，盟军对德国的空袭也加强了。"一波一波的飞机飞得很低，"曾经的外交官、如今的谋反者乌尔里希·冯·哈塞尔在他的日记中写道，"白天最严重的一次空袭……一些营房、一家孤儿院、几所幼儿园等都受到了打击，伤亡惨重，令人心碎。这看起来像是对'机器人'炸弹的回应。"[3][4]

在第一架V-1袭击伦敦后的第二天，梅利塔的日记中出现了一个经常重复的新词："'白鹳'夜航。"[5]梅利塔的官方工作包括夜间驾驶各种型号的容克飞机，但她之前从未记录过菲泽勒"白鹳"的夜间飞行。她显然是在试飞这款飞机，因为它是一架低速观测飞机，飞行体验很有趣，但由于没有参与过格斗，这些试飞的飞机显然无法投入战争。[6]据保罗说，梅利塔和他说过，暗杀任务结束后她负责带杀手返回的任务。保罗知道克劳斯可以完全信任梅利塔。她不仅认可他的政治目标，而且她还是一位出色的飞行员。最重要的是，如果她突然出现在某个地方，保罗认为，"即使在德

---

1 在一次试图给V-1施压时，布朗的飞机发动机着火，他被迫跳伞，落进了一个池塘里，旁边是一头愤怒的公牛。最终他被农民救了出来，这个农民安慰着公牛离开了："乖，费迪南德。"参见 Mail Online, Robert Hardman, 'Hero who makes Biggles look like a wimp' (07.05.2013)。

2 Mail Online, Robert Hardman, 'Hero who makes Biggles look like a wimp' (07.05.2013).

3 英国皇家空军和美国第八空军造成的破坏远远超过了V-1。

4 Ulrich von Hassell, The Von Hassell Diaries: The Story of the Forces Against Hitler Inside Germany 1938–1944 (Westview Press, 1994), p. 355.

5 Gerhard Bracke archive, Melitta's diary (17.06.1944).

6 菲泽勒"白鹳"是汉娜沿东线飞行所使用的飞机，也是斯科尔兹内载着墨索里尼飞往柏林时使用的飞机。英国空军中校伦纳·拉特克利夫将这种飞机描述为"一种玩具罢了，倒是轻便"(Mulley interview, 2013年12月12日)。法国的反纳粹游击队员称它们为苍蝇。参见 Paddy Ashdown, The Cruel Victory: The French Resistance, D-Day and the Battle for the Vercors 1944 (2014), p. 98。

303

国空军最高层圈子里，大名鼎鼎的利塔女士的出现也不会显得突兀，让人怀疑"。[1]

但保罗仍然对梅利塔的参与存在疑虑。飞机调度使用越来越难了。如果梅利塔想在没人注意的情况下飞去找克劳斯，那就必须使用"白鹳"，这是她不工作时唯一可以自由使用的飞机。但是标准的"白鹳"无法从距离东普鲁士300英里（约483千米）的地方直接飞回柏林，途中必须降落加油。而在一次暗杀行动之后，保罗认为，他们极有可能在这种经停的过程中被"发现并被逮捕"。[2]

梅利塔比保罗更了解不同飞机的性能，保罗觉得"她可能意识到了采用菲泽勒'白鹳'的话几乎没可能成功"，表示她应该让克劳斯知道这件事，这样克劳斯就可以改用更快速的德国空军通信飞机。但是梅利塔"不准备告诉克劳斯"。相反，在保罗戏剧性地重述他们的谈话时，梅利塔坚持说："我被召唤的时候，我会在那里。我并不害怕死亡。"[3] 也许梅利塔已经改装过了"白鹳"或增加了辅助油箱。6月17日到26日这几天，她至少在日记里记录了五次夜间飞行，但没有进一步的解释。她还冒着恶劣的天气完成了一次200英里（约322千米）的往返雷希林的飞行。然而，6月27日的那个星期二，她又去找了保罗。"晚上，保罗，很晚，令人沮丧。"她简捷地记录着。[4] "沮丧"的是什么她并没有说，但在此之后，再没有进行过更多的"白鹳"夜航。

---

1 Archive Reinhart Rudershausen, Paul von Handel, 'Erinnerungen an Litta' [Memories of Litta] (nd).
2 Ibid.
3 Ibid.
4 Gerhard Bracke archive, Melitta's diary (27.06.1944).

第十一章 瓦尔基里行动 1944

6月24日至26日，克劳斯在班贝格与家人度过了他的最后一个周末。尼娜打算带着孩子们去劳特林根过夏天，她惊讶地发现克劳斯对这次旅行似乎并不那么热心。"这不再关乎元首，也不关乎祖国，也和我的妻子和我的四个孩子无关，"几天后，克劳斯告诉抵抗运动成员，"现在是关乎整个德国……"[1] 7月6日，他以预备役总司令的参谋长这个新身份，重新回到了贝格霍夫。那天保罗坐在主沙龙的圆桌旁，施佩尔注意到保罗身边一直放着一个"鼓鼓囊囊的公文包"。[2] 保罗带着的是炸弹，但是行动并未启动，因为希特勒身边没有其他纳粹高级将领。

一周后，克劳斯开始了另一次尝试。"我的目标是保护帝国！"他呼吁道，"必须拯救德国人，避免无条件投降和完全被占领。"[3] 7月11日，他受命到贝格霍夫向希特勒汇报为西线撤换部队的可能性。在柏林附近的朗斯多夫机场，克劳斯朝着等候多时的飞机走去之际，遇到了正准备前往法国的奥托·斯科尔兹内。一名潜在的刺客和一名狂热的纳粹党员互相礼貌地打了招呼，还停下来聊了一会儿。事后斯科尔兹内还记得克劳斯看起来有多么平静和友善。克劳斯还是一直带着炸药，但这一次他又推迟了刺杀的计划，因为他得知希姆莱不会在场。他的目标是在一次行动中消灭希特勒、希姆莱和戈林，以便瓦尔基里计划成功之后的军事政变能更加顺利。

第二天，克劳斯会见了提名的未来政府成员。天气很热。外交官汉斯·吉斯维乌斯回忆说，克劳斯解开了他的制服夹克，瘫坐

---

1 Gerhard Bracke, *Melitta Gräfin Stauffenberg: Das Leben einer Fliegerin* [The Life of an Aviatrix] (Herbig Verlag, 2013), privately translated, pp. 187–188.

2 Albert Speer, *Inside the Third Reich* (Sphere, 1971), p. 509.

3 Gerhard Bracke, *Melitta Gräfin Stauffenberg: Das Leben einer Fliegerin* [The Life of an Aviatrix] (Herbig Verlag, 2013), privately translated, p. 188.

着,"双臂无力地耷拉着,穿着厚重的长筒马靴的双腿伸直在身前",他"从额头上抹了把汗,把垂下来的头发往后梳了梳"。[1]尽管看起来很疲惫,但他一开始讲话的时候"立刻吸引了大家的注意力"。[2]梅利塔当时不在场。她最好不知道更多不必要的细节。贝特霍尔德对他们成功的可能性表示悲观。"最糟糕的事情就是我们知道不能成功,"他对米卡说,"然而为了我们的国家和我们的孩子,我们必须这样做。"[3]对于贝特霍尔德、克劳斯、梅利塔和其他人来说——就像汉娜一样——每个人都冒着自我牺牲的风险。

7月15日,星期六,克劳斯飞回了"狼穴"。当时还有人拍到了希特勒和旁边的同事说话时他立正的样子,但那天晚上他返回了柏林,并没有引爆炸药。尼娜知道他"一直在做新的尝试",梅利塔也处于高度紧张的状态。[4]每天她去上班,壮志豪情地要帮助打击盟军轰炸机,同时急切地想要知道克劳斯用炸弹袭击纳粹领导人的情况。几乎没人能像她这样工作生活。"悲惨,疲惫。"她在15日晚上潦草地写着,她自己工作的会议一直持续到凌晨4点。[5]几个小时后,梅利塔起床了,乘汽船穿过万湖去特里斯坦大街看克劳斯和贝特霍尔德。那是一个星期天,但克劳斯已经有其他访客了。晚饭后才能有时间见梅利塔,之后又很快离开了。"一切都必须在晚上口口相传来安排和完成,人们永远不能打电话或写信,"另一位反抗

---

1 Hans Bernd Gisevius, *To The Bitter End* (Jonathan Cape, 1948), pp. 501–502.

2 Ibid., p. 502.

3 Annedore Leber, *Conscience in Revolt: Sixty-four Stories of Resistance in Germany* (Westview Press, 1994), p. 140.

4 Dorothee von Meding, *Courageous Hearts: Women and the anti-Hitler Plot of 1944* (Berghahn, 2008), p. 188.

5 Gerhard Bracke archive, Melitta's diary (15.07.1944).

第十一章 瓦尔基里行动 1944

者的妻子后来写道,"一切都是基于夜间的面对面接触。"[1]到这时,梅利塔已经错过了最后一艘船,所以她当天住在了特里斯坦大街,和贝特霍尔德聊天。"不好。"她简单地在她的日记中写道。[2]第二天早上,在又一次和克劳斯见面后,她赶忙回到加图,重新投入工作会议,避免耽误工作。

7月18日,梅利塔再次找保罗谈话,并安排在当天晚上与他见面。"组织'白鹳'等等,"她写道,"空袭警报,很晚。"[3]盟军再次轰炸了佩内明德,继续攻击V型武器以及其他目标。第二天,梅利塔在自己的试验中心工作之余两次找保罗讨论。"累。"她惜字如金地写道。[4]目前尚不清楚她是否知道克劳斯已经通过另一名抵抗组织成员——希特勒的军需官爱德华·瓦格纳——安排了另一名飞行员。那天晚上,沃尔纳·冯·海夫腾打电话给他的兄弟,告诉他自己终于"为母亲找到了一间公寓"。[5]这是他们的行动暗号,意为刺杀行动继续进行。在特里斯坦大街,克劳斯向贝特霍尔德展示了他的塑料烈性炸药,之后用一件干净的衬衫包了起来,塞进了他的公文包里。后来他试图打电话给尼娜,但空袭过后,电话线路都断了。

对于梅利塔来说,1944年7月20日的工作从容克-88车间飞行开始,随后是容克-87的技术工作。这又是一个闷热的日子,她在车间和机场中间来回跑,她知道自己很快就会大汗淋漓。克劳斯和

---

1 Dorothee von Meding, *Courageous Hearts: Women and the anti-Hitler Plot of 1944* (Berghahn, 2008), p. 14.

2 Gerhard Bracke archive, Melitta's diary (16.07.1944).

3 Ibid. (18.07.1944).

4 Ibid. (19.07.1944).

5 Dorothee von Meding, *Courageous Hearts: Women and the anti-Hitler Plot of 1944* (Berghahn, 2008), p. 155.

贝特霍尔德天一亮就起床了。"即使是大清早，也热得难以忍受。"吉斯维乌斯记录道。[1]作为军事助手的克劳斯和海夫腾需要在"狼穴"出席一个希特勒主持的日常会议，现在前进的红军距离"狼穴"只有50英里（约80千米）了。那个早上，他们的飞机掠过桦树林和松树林，很快在地勤人员制作的灰绿色的网罩下完成了伪装。沼泽附近的外门处有头顶着蚊帐的哨兵朝他们挥手，他们穿过雷区和从前的炮台，一路开到电围栏的第二道门。一英里（约1.6千米）后是最后一道门，直接通向希特勒的个人总部——隐藏在森林的深处。由于两人都有通行证，他们没有被搜查。

现在克劳斯才得知，开会的目的是安排当天晚些时候接待到访的墨索里尼。宾客的住所换成了一个专供来访人员住宿的小木屋，这个小屋比地下掩体更凉快一些。[2]克劳斯提出在见元首之前需要换下汗湿的衬衫，并趁此机会连忙启动了藏在他公文包里的炸弹。虽然他有一把特制的钳子，但是他仅有的一只手只剩下三根手指，操作起来仍然很困难，而且在被打断一次后，他没有时间来准备海夫腾夹带进来的二次爆炸物。12点35分，克劳斯走进了让人几乎犯幽闭恐惧症的会议室，手臂下夹着公文包。"他在那里站得笔直，"一位将军后来回忆说，"像一张经典的士兵照。"[3]然后克劳斯搬起希特勒附近的椅子，正好就在他右边一个座位，他把公文包放到了桌子下面，尽可能靠近元首。过了一小会儿，他借口说自己要去接电话。

克劳斯没有停下来拿帽子，一直走到了车里接应的海夫腾那里。当听到爆炸声时，他只走到了距离第一道门的一半路，他转过

1　Hans Bernd Gisevius, *To The Bitter End* (Jonathan Cape, 1948), p. 529.
2　主要的掩体当天也在进行维修。
3　Walter Warlimont, *Witness: The Plot to Kill Hitler*, BBC World Service (18.07.2014).

第十一章 瓦尔基里行动 1944

身,看到浓浓的烟雾还有喷射出的黄色的火焰。克劳斯确信:"那个房间里没有人还可以活下来。"[1]他们匆忙离开了检查站,登上了来时乘坐的亨克尔-111,飞机的发动机都没停转在原地等他们,然后他们回到了柏林。降落的时候还是午后,但克劳斯气愤地发现,没有事先备好车把他送往最高指挥部所在的本德勒大楼。等克劳斯终于到了指挥部,吉斯维乌斯记得他"站在那里几乎喘不过气,浑身都被汗水打透了",但是"不管怎样这个男人放下了重担,他似乎精神上更满足了,也更轻松了"。[2]克劳斯"脸上带着胜利的微笑",满满地都是信心和成功的光芒。[3]他还不知道希特勒没有被炸死。

瓦尔基里计划余下的部分如何进行,要视对暗杀事件报道的即时回应而定。"元首,阿道夫·希特勒,已经死了!"这是抵抗组织预先计划好的广播词,已经由一位办公室秘书玛格丽特·冯·奥文秘密准备好了,她一边写,心脏一边怦怦乱跳。"(新)帝国政府已经宣布戒严以维持法律和秩序。"[4]玛格丽特的手稿仍然在书桌抽屉里静静地等待着,但戒严法没有被宣布,预备役部队直到下午4点才被动员起来。[5]由于没有确认伤亡人数,克劳斯和他的同伴们犹豫了,未能确保最重要的无线电台或说服足够多的关键军事指挥官来支持政变。而他们永远的耻辱在于,大

---

1 Fabian von Schlabrendorff, *The Secret War Against Hitler* (Westview Press, 1994), p. 287.

2 Hans Bernd Gisevius, *To The Bitter End* (Jonathan Cape, 1948), p. 534.

3 Ibid., p. 535.

4 Nigel Jones, *Countdown to Valkyrie: The July Plot to Assassinate Hitler* (Frontline, 2008), p. 160.

5 海宁·冯·特莱斯科夫在政变当天将玛格丽特·冯·奥文送出柏林。"如果我们需要你,我会派一架飞机。"他告诉她。这种预防措施可能救了她的命,也可能解释了为什么梅利塔一直处于待命状态。参见Dorothee von Meding, *Courageous Hearts* (1997), p. 58。

多数高级官员都是向希特勒宣誓效忠，他们的军事职责和个人声誉远比他们心中的国家利益重要。而那天晚上，这场密谋崩溃了，新闻传开了，希特勒还活着。

希特勒离炸弹只有6英尺（约1.8米）远，但厚厚的会议桌帮他挡住了爆炸的大部分威力。炸弹把他从椅子上掀下来，造成了脑震荡，他的头部和背部被落下的木材击中，头发烧着了，耳朵严重耳鸣，大腿上扎满了200多片橡木碎片，但他没有受到致命的伤害。他很幸运。三名军官和一名秘书后来因伤势过重而死亡。希特勒能活下来显然是一个奇迹，使他对自己的不可侵犯加强了信心。希特勒带着几乎胜利的微笑迎接他的秘书们，对他们说："我已经得救了。命运选择了我……"[1] 后来，希特勒向墨索里尼展示他因遭袭而破损的裤子，然后把裤子给了爱娃·布劳恩，"并指示说裤子要小心保管"，作为天意如此的证据。[2] 然而，在发现施陶芬贝格是罪魁祸首时，希特勒"暴跳如雷"，"开始诅咒那些想要干掉他的懦夫"。[3] 当天喝下午茶的时候，希特勒再一次"疯狂地跳起来，嘴唇上带着吐沫，大声叫道：他会向所有叛徒复仇"。在接了柏林打来的一个电话后，希特勒下令"枪杀任何人、所有人"，然后说："我开始怀疑德国人民是否配得上我的伟大理想。"[4]

在柏林本德勒大楼一楼走廊一阵短暂的枪战过后，克劳斯被

---

1 *Blind Spot: Hitler's Secretary, Traudl Junge*, Sony Pictures Classics (directed and written by Andrew Heller and Othmar Schmiderer, 2002).

2 Christa Schroeder, *He Was My Chief: The Memoirs of Adolf Hitler's Secretary* (Frontline, 2009), p. 122.

3 *Blind Spot: Hitler's Secretary, Traudl Junge*, Sony Pictures Classics (directed and written by Andrew Heller and Othmar Schmiderer, 2002).

4 Hugh Trevor-Roper, *The Last Days of Hitler* (Papermac, 1995), pp. 28–29.

击中手臂，他和他的直接利益集团被捕。他们的勋章和等级徽章都被扯下来，扔到了地板上一个朝上放着的头盔里。克劳斯声称个人对未遂事件负全责，并说其他人只是听他指挥。尽管如此，他们都被立即判处死刑立即执行，并被押着从最近的楼梯走出了大楼。大楼的正面被探照灯照得直泛白光，而后院的一侧则被卡车的前灯照亮。整座停电的城市一片黑暗，"似乎是戏剧般的电影背景……在一间黑暗的工作室里"，施佩尔后来回忆说。[1] 就在眩光之外，一支行刑队正在等待行刑。现在是午夜，距离克劳斯在希特勒的脚下放下炸弹已经过去了12小时。奥尔布里希特第一个被带到步枪前面，很快倒地身亡。接下来是克劳斯，他的制服袖子现在被血浸透，但有些报道说，海夫腾为朋友挡了子弹。轮到克劳斯的时候，有目击者称，听到克劳斯大吼了一声："神圣的德国万岁！"

1　Albert Speer, *Inside the Third Reich* (Sphere, 1971), p. 521.

第十二章
集中营里 1944

"现在，终于，事情进展顺利！有人试图暗杀希特勒……"一个14岁的荷兰女孩在她的日记中热情洋溢地写道，"终于不再是犹太共产党人干的，也不是英国资本家，而是一位德国将军，还是一位伯爵，还很年轻。"[1] 安妮·弗兰克此时仍躲在阿姆斯特丹自己家的阁楼里，她相信这是"我们到目前为止最好的证明，证明了许多军官和将军都厌倦了战争，并希望看到希特勒陷入无底洞"。[2] 在400多英里（约644千米）外，在纳粹德国境内，梅利塔也一直在用她的日记倾诉，但内容更加谨慎。"暗杀的新闻。"她用铅笔整齐地写到7月20日的事，继续不停地写道，"夜航，容克-87不起作用，由于接触不畅，修理，准备安装容克-88"。[3] 7月21日早上梅利塔照常去上班。她的助手向她报告了之后的新闻后，梅利塔才写下："他们显然已经在电台里提到了圣（施陶芬贝格）伯爵

1　Anne Frank, *The Diary of a Young Girl* (Penguin, 2012), p. 332 (21.07.1944).
2　Ibid., pp. 332–333 (21.07.1944).
3　Gerhard Bracke archive, Melitta's diary (20.07.1944).

第十二章　集中营里 1944

上校！"[1]这个感叹号，以及提到克劳斯时使用正式名称和头衔而非她通常用的一个简单的"C"的写法，让她和克劳斯之间保持了谨慎的安全距离。当天晚上，她直接打电话给戈林，戈林的副官最终告诉她，没有人在袭击中受重伤。"有怀疑。"她冒着风险在日记里写道。[2]

对于奥托·斯科尔兹内来说，7月20日下午的第一条广播声明就像"一声霹雳"。[3]他迅速召集了几位党卫军军官，于午夜时分赶到了本德勒大楼。他立刻注意到那里"充满敌意的气氛"，不少军官仍然端着机枪在走廊里。[4]他来得太晚，没来得及阻止对克劳斯的即时行刑，但是半小时后他遇到了施佩尔和盖世太保的头目，便和他们一起讨论下一步的安排。"我们打招呼时……没人磕响自己的脚跟，"施佩尔后来回忆说，"一切似乎都被静音了。甚至谈话都压低了声音，像在葬礼上一样。"[5]几个小时之内，纳粹的国家机器重新恢复了正常运作。

斯科尔兹内对政变失败的看法是，"除了冯·施陶芬贝格上校"外，反叛者们已经"太过无望以至于犹豫不决，也已经屈服于最坏的情况，所以一小撮对手的轻轻一击，都会让所有的一切功亏一篑"。[6]甚至连丘吉尔也只是将这场政变视为"一场杀气腾腾的内部

1　Gerhard Bracke archive, Melitta's diary (21.07.1944).

2　Ibid. (22.07.1944).

3　Otto Skorzeny, *Skorzeny's Special Missions: The Memoirs of 'The Most Dangerous Man in Europe'* (Greenhill, 2006), p. 113.

4　Ibid., p. 117.

5　Albert Speer, *Inside the Third Reich* (Sphere, 1971), p. 521.

6　Otto Skorzeny, *Skorzeny's Special Missions: The Memoirs of 'The Most Dangerous Man in Europe'* (Greenhill, 2006) p. 118.

权力斗争"的一部分。[1]斯科尔兹内保留了对克劳斯的"最大尊重",因为克劳斯是一个"准备为自己的信念付出生命的人",但对于这种"背后中伤正在为全国人民生命而战的德意志民族"的企图,斯科尔兹内还是感到愤怒。[2]斯科尔兹内被授权追捕其余的反叛者后,他对自己的工作表现出了巨大的热情。

午夜刚过,希特勒向全国发表讲话。起初他说话缓慢,犹豫不决,但他的声音随着他将自己幸存下来归因于天意而变得激情洋溢。[3] "我的心停跳了一拍,这实在是太令人震惊了。"其中一个反叛者的妻子写道,惊恐地得知这次行动已经失败,而另一位妻子则急忙"点火烧掉了所有的文件"。[4]因背叛而出离愤怒又深受伤害的元首很快就开始对着麦克风大喊大叫,发誓要对那些胆敢反对他的"野心勃勃的、邪恶的、愚蠢的有罪官员的小集团"复仇。"我们将清理门户……"他承诺,"就像我们国家的社会主义者一贯解决这种人的方式一样。"[5]

"只要有一丝怀疑,他们就会杀掉任何人。"冯·托马将军评论

---

1 Joachim Fest, *Plotting Hitler's Death: The German Resistance to Hitler 1933–1945* (Weidenfeld & Nicolson, 1997), p. 231.

2 Otto Skorzeny, *Skorzeny's Special Missions: The Memoirs of 'The Most Dangerous Man in Europe'* (Greenhill, 2006), pp. 118–119.

3 希特勒的摄影师海因里希·霍夫曼发誓他确信希特勒"非常相信"天意,而且他本人也"多次亲眼看见他大难不死的经历"。参见Heinrich Hoffmann, *Hitler Was My Friend:The Memoirs of Hiter's photographer*（2011）, pp.134-135。

4 Elisabeth zu Guttenberg, *Beim Namen Gerufen: Erinnerungen* [Called By Name: Memories] (Ullstein Sachbuch, 1992), p. 180; Eva Madelung, Joachim Scholtyseck, *Heldenkinder – Verräterkinder: Wenn die Eltern im Widerstand waren* [Hero Children – Traitor Children: Children of the Resistance] (C. H. Beck, 2007), p. 37.

5 Nigel Jones, *Countdown to Valkyrie: The July plot to assassinate Hitler* (Frontline, 2008), p. 236.

说，当时他已是英国的战俘，人在英格兰收听着广播。施陶芬贝格的"妻子和孩子可能……早就被杀了"。[1]然而，尼娜还在劳特林根家的床上熟睡着。她已经好几天没有听到克劳斯的消息了，这个夏天她带着孩子们去了施陶芬贝格家的乡下城堡，贝特霍尔德的妻子米卡已经把她的小家在这里安置下来了。7月20日，两个女人一直坐在花园，一名女佣跑出来对她们说广播里正在讲一场暗杀。"我们互相看了一眼，"尼娜后来回忆说，"然后说：'就是这个！'"[2]

第二天早上，克劳斯年迈的母亲卡罗琳急忙走进了尼娜的卧室。希特勒的午夜广播过后，施陶芬贝格家所有人都知道了。尼娜和米卡都不知道丈夫们到底做了什么，贝特霍尔德没有被捕，而克劳斯在执行枪决后就被埋葬。[3]那天早上，盖世太保到了班贝格抓捕尼娜。由于在那里没有找到她，他们只好逮捕了她的母亲，最终将她送到了拉文斯布吕克，这是专收女性的纳粹集中营，位于柏林以北60英里（约96千米）处。两天后，他们就会前往劳特林根抓捕尼娜和其他人。

对于尼娜来说，"那两天是来自天堂的礼物"。[4]克劳斯早就"命令"过她不要陪着他、支持他，"但要尽一切办法保证孩子们的安全"。[5]他们的长子小贝特霍尔德现在10岁了。他每天都看报纸，也

---

1 TNA, WO 208/4168 (SRGG 961c), interrogation reports of German POWs, General von Thoma.

2 Dorothee von Meding, *Courageous Hearts: Women and the anti-Hitler Plot of 1944* (Berghahn, 2008), p. 192.

3 随后希特勒下令将克劳斯的遗体挖出并烧毁。

4 Dorothee von Meding, *Courageous Hearts: Women and the anti-Hitler Plot of 1944* (Berghahn, 2008), p. 192.

5 Konstanze von Schulthess, *Nina Schenk Gräfin von Stauffenberg: Ein Porträt* [A Portrait] (Piper, 2009), p. 25.

在收音机里听到过暗杀的事。他想知道发生了什么，但成年人都不谈论这件事。他的舅爷爷于克斯还会带着所有孩子出去玩，给他们讲自己以前在非洲捕猎大型动物的故事分散他们的注意力。7月21日，尼娜把她的两个男孩单独叫到一边，轻轻地告诉他们，他们的父亲发动了这场袭击，并在发动袭击的当晚被行刑队处决。对于贝特霍尔德来说，他母亲的话是"具有破坏性的……我的世界结束了"。[1]像所有的孩子一样，贝特霍尔德从小受到的教育是要尊敬他的元首，但他也崇拜自己的父亲。"他相信他必须为德国做这件事，"尼娜在看到儿子的困惑后解释道。[2]"他犯了一个错误……"尼娜补充，想到这些男孩可能也会被审讯，她只能这样说，"天意已经保护了我们亲爱的元首"。[3]"从那一刻起，我便无法清醒地思考了。"贝特霍尔德后来承认道。他只是让自己接受了"落在我们身上的打击"。[4]这场打击来得又快又狠。

盖世太保在晚上就到了劳特林根，当时孩子们已经睡着了。第二天，他们的母亲和舅爷爷于克斯都不在了。米卡乘火车去柏林，希望了解她丈夫的情况，顺便贿赂盖世太保释放家人，结果她也被捕了。尼娜原本打算"上演不知情的小家庭主妇的戏份，带着孩子、

---

1 Berthold von Stauffenberg, 'A Childhood in the Third Reich – from System Conformist to Traitor's Child'. Lecture delivered to the AV Rheinstein Köln-Lindenthal (14.04.2008).

2 Witness: The The Plot to Kill Hitler, BBC World Service (18.07.2014).

3 Dorothee von Meding, Courageous Hearts: Women and the anti-Hitler Plot of 1944 (Berghahn, 2008), p. 198.

4 Berthold von Stauffenberg, 'A Childhood in the Third Reich – from System Conformist to Traitor's Child'. Lecture delivered to the AV Rheinstein Köln-Lindenthal (14.04.2008).

尿布和脏衣服"。[1]现在她发现这样做一点好处都没有。希特勒正在援引古老的"亲属拘留法"。"必须消除这种败类，连根拔起，"他宣布道，"仅仅抓住罪犯并无情地让他们对自己的所作所为负责是不够的——他们的全家都必须被彻底干掉。"[2]希特勒的伤势比他想要承认的还要糟糕。他的听力和左臂的神经受损，双腿疼痛，手上可见"开放性溃疡"。[3]他"看起来很可怕"，助手偷偷地说，简直就是"一个又胖又崩溃的老头儿"。[4]此时的希特勒可没心情悲天悯人。

尼娜被捕后的那个晚上，克劳斯的母亲卡罗琳、她的妹妹，以及许多叔叔、婶婶和堂兄弟、堂姐妹都遭到拘捕。[5]尼娜和米卡的孩子们中最小的只有三岁，他们对于发生的事感到又害怕又困惑。被留下的保姆和两名盖世太保官员负责照看他们，很快就"表现得像整个房子的主人"一样了。[6]预备役部队办公室秘书玛格丽特·冯·奥文[7]是当时用打字机打出瓦尔基里行动命令的人，7月21

---

1 Konstanze von Schulthess, *Nina Schenk Gräfin von Stauffenberg: Ein Porträt* [A Portrait] (Piper, 2009), p. 84.

2 Robert Loeffel, *Family Punishment in Nazi Germany: Sippenhaft, Terror and Myth* (Palgrave Macmillan, 2012), p. 123.

3 *Spying on Hitler's Army: The Secret Recordings*, Channel 4 (02.06.2013).

4 Sönke Neitzel, *Tapping Hitler's Generals: Transcripts of Secret Conversations, 1942–1945* (Frontline, 2007), p. 118.

5 1944年12月，卡罗琳·冯·施陶芬贝格表示虽然她不清楚儿子所做的事的细节，但就算"我知道我儿子的所作所为我也支持他"。参见 Peter Hoffmann, *Stauffenberg: A Family History*, 1904–1944 (2008), p. 281。

6 Gerald Posner, *Hitler's Children: Inside the Families of the Third Reich* (Mandarin, 1991), p. 181.

7 玛格丽特·冯·奥文后来遭到逮捕并被关进了监狱。"当……门在我身后关闭，我感觉很开心，"她说，"从那一刻起，我就不再紧张了。"尽管身陷囹圄，她还是在"二战"中幸存了下来。参见 Dorothee von Meding, *Courageous Hearts* (1997), p. 58。

日当她乘火车返回柏林时,手提包里装着可以证明她罪状的文件。突然,她无意中听到有人说"施陶芬贝格……暗杀……天意……小集团……所有人都被清算了"。[1]玛格丽特赶忙跑进厕所,撕毁了文件扔进厕所冲走了。一周后,她本应该一直保持低调,却冒着风险去拜访仍然被软禁的施陶芬贝格家的孩子。写着名字的标签已经从他们的衣服上剪了下来,防止他们被认出。8月,这些孩子被国家社会主义福利局领走。临走前,他们的保姆将他们带到当地牧师那里,以求保佑。"眼里含着泪水的"牧师对他们说,无论前方有多么可怕的事,他们都不能忘记他们的父亲"是一个伟大的人"。[2]后来他们才意识到在当时能说出这些话需要多大的勇气,因为当时的新闻和无线电广播中充斥着关于反叛者的尖刻的批评。后来他们被一辆黑色豪华轿车接走了。这种车当时很少见,孩子们又兴奋又恐惧,而他们的保姆流着泪,没人知道他们要去哪里。

自从吓人的报道一出现,梅利塔就开始给家里人打电话,警告他们为了自己的安全,要和她保持距离。她希望他们不会被盯上,毕竟他们不是克劳斯的直系亲属。[3]"这场灾难将要波及的范围之广是显而易见的。"克拉拉说,她不顾梅利塔的警告,立刻出发前往加图。克拉拉到了以后,姐妹俩还是和往常一样去树林里散步,一直走到湖边。此时的湖水不再闪耀出粼粼的生机。梅利塔再也不会乘渡轮去特里斯坦大街,也不能再与克劳斯和贝特霍尔德泛舟万

---

1 Dorothee von Meding, *Courageous Hearts: Women and the anti-Hitler Plot of 1944* (Berghahn, 2008), p. 58.

2 Konstanze von Schulthess, *Nina Schenk Gräfin von Stauffenberg: Ein Porträt* [A Portrait] (Piper, 2009), p. 143; Gerald Posner, *Hitler's Children: Inside the Families of the Third Reich* (Mandarin, 1991), p. 181.

3 梅利塔的父母和兄弟姐妹都没有因此被捕。

第十二章 集中营里 1944

湖。但湖岸还是静谧如初,她和克拉拉可以谈心,而不用担心被人听到。克拉拉觉得梅利塔看起来出奇地平静。梅利塔并"没有幻想她能逃过此劫",但她相信她工作的重要性让她有机会"毫发无损地回来"。[1] 梅利塔明白自己随时可能会被捕,她一直不肯在自己的房间里待着,直到"带着沉重的心情"目送着克拉拉离开,而克拉拉答应梅利塔每天都会给她打电话。[2]

梅利塔也给在希腊的亚历山大打了电话。虽然他们无法讨论这件事,但他们试图"互相鼓劲"。[3] 梅利塔已经销毁了丈夫的信件。她现在主要担心自己若遭审讯可能会被下药,这可能会"摧毁她的意志力"。[4] 亚历山大虽然在未遂的政变期间身处数百英里之外,但作为主要刺客的哥哥,他仍然很危险。尼娜认为这个消息会让他"十分震惊",因为自己被排除在了计划之外,在她看来,"他的弟弟们低估了他","他肯定感觉到他们没有把他加入自己的秘密组织,因为他……太过粗心了"。[5][6] 亚历山大已经对自己的家人遭到逮捕和处决的消息做好了心理准备,也准备好了自己可能也会被捕。当朋友们提出要帮他逃往埃及时,他光明磊落地拒绝了。"如果小鹪鸟必须为他的兄弟而死,"梅利塔在日记中透露道,"那么我

---

1 Archive Reinhart Rudershausen, Klara Schiller, 'Memories of Klara Schiller' (nd).

2 Ibid.

3 Gerhard Bracke archive, Melitta's diary (23.07.1944).

4 Archive Reinhart Rudershausen, Klara Schiller, 'Memories of Klara Schiller' (nd).

5 亚历山大的继女古都勒·科纳尔-施陶芬贝格(Gudula Knerr-Stauffenberg,)博士后来表示,虽然继父从未提起过,但他自1943年起一直知道这次行动,只是对细节可能不很清楚罢了。

6 Dorothee von Meding, *Courageous Hearts: Women and the anti-Hitler Plot of 1944* (Berghahn, 2008), p. 189.

也不干了。这里的一切我都不要了。"[1] 日记写完第二天，亚历山大被捕了。

亚历山大被捕当天下午，保罗打电话给梅利塔。"她很平静"，保罗写道，也告知他"因为几位盖世太保的绅士在她的办公室里，她可能有段时间都不会再打电话了"。[2] 起初是她的办公室被翻了个底朝天，然后是她在维尔茨堡的公寓被搜查。尤塔骄傲地写道，梅利塔一直以"高贵而沉着"的态度对待"暴徒"，他们都不敢打坏她的黏土雕塑。[3] 梅利塔随后被带到阿尔布雷希特王子大街的盖世太保办公室。

克拉拉按照她对姐姐承诺的那样，每天都给她打电话。"当……没人接听的时候，我知道他们找到她了。"她写道。[4] 让她欣慰的是，几天后她收到了一封梅利塔寄来的信，信中说自己已经向戈林请愿，有希望尽早获释。她也明确要求克拉拉"不要以她（梅利塔）的名义插手这件事"。[5] 梅利塔不希望给她"荣耀的雅利安"家庭引来不必要的关注。虽然梅利塔并未获准去探望其他被关押的犯人，但她本人的情况还不错。监狱的床"没比我们空军营地里的床差到哪里去"，梅利塔说，而且监狱里的伙食——白菜浓汤、面包、果酱和咖啡——"也没比食堂差"。尽管梅利塔"已被证明是清白的"，但她还是被关押着，她在日记里清楚地写道。她还设法把她

---

1 Gerhard Bracke archive, Melitta's diary (23.07.1944).
2 Archive Reinhart Rudershausen, Paul von Handel, 'Erinnerungen an Litta' [Memories of Litta] (nd).
3 Archive Reinhart Rudershausen, Jutta Rudershausen, 'Flugkapitän Melitta Schiller-Stauffenberg' (nd).
4 Archive Reinhart Rudershausen, Klara Schiller, 'Memories of Klara Schiller' (nd).
5 Ibid.

第十二章　集中营里　1944

的日记本也带进了监狱里，她本人"非常平静而且相当镇定"。这其实并不完全是真话。"想了很多关于死人的事。也许我很快就能见到他们，"在经历了第一轮审问后，梅利塔的日记变得没那么谨慎了，"还有那些可怜的孩子，我还能照顾他们吗？"后来她又补充道，"B（贝特霍尔德）也应该参与（照顾孩子）！审问一切顺利。"[1]

为了打发时间，梅利塔为自己设计了一系列的工作流程：每天做体操，洗衣服，打扫她的牢房。她用从其他衣服上拆下来的线头缝袜子和胸罩，用压扁的面包堵住墙上最大的洞，然后在窗前喂麻雀，就像她曾经在加图养松鼠那样。有时她会记下她对弗伦茨的回忆，那是她已逝的"小麻雀"。然而在"没日没夜疯狂的飞行"过后，梅利塔难以接受现在自己无法活动的现实。[2]她也知道让人们注意到她工作的重要性是她重获自由的最大希望。她争辩说她的技术创新是"不可或缺的"，可以对战争产生"决定性的影响"，并请求允许她在牢房内继续工作。[3]两天后，梅利塔的助手给她带来了资料，并帮她把她的消息带回给她的姐妹们。其他囚犯很快被说动，也来为她打字。偶尔看到"两个小小的克莱姆飞机"飞过监狱院子时，梅利塔会叹气，如今——就像以前一样——她在工作中找到了避难所和勇气。

负责家族株连式监狱的盖世太保专员是党卫军二级突击队大队长保罗·奥皮茨。这是"一个小个子，脸色苍白、少言寡语的男人"，但至少在他的眼中"有一种善意的眼神"——一个狱中的女人这样

1　Gerhard Bracke archive, Melitta's diary (27.07.1944).

2　Ibid.

3　Ibid. (end pages).

风的女儿

形容——而不像他那个充满敌意的"白金发色"的秘书。[1]作为"一战"老兵，奥皮茨与梅利塔的父亲和哥哥一样加入过波森的战后志愿军团，致力于恢复原属德国的波兰边境地区。[2]他后来职业生涯中的大部分工作都是在党卫军下属的移民边防警察部队，工作内容涉及对于1941年在波兰进行大规模谋杀的别动队的管理。1944年7月20日后，奥皮茨被任命为调查此次政变的特别委员会成员。也许感觉到战争的大势已去，他允许与政变相关的妇女会见访客。"他似乎把自己视为一个仁慈的保护者。"有人后来这样写道。"我希望我能把他们都放了，"奥皮茨曾低声说，"我不想和这件事有任何关系。"[3]

奥皮茨钦佩梅利塔的工作精神，封她为"荣誉囚犯"。[4]这意味着她能得到更多的水和蛋糕卷，而这些后来也被梅利塔分给了其他的囚犯。"她真的太神奇了，一句怨言也没有，"有人回忆道，"她一走进一个房间，哪怕是牢房，都好像她是从另一个世界来的……我总是叫她'囚犯天使'。"[5]梅利塔也能拿到薄荷香烟和书。"非常好。"在读完《吉夫斯转危为安》后，她用自己一贯的直白文字写道。然后又写下："洗了网球衫和袜子。"[6]不久后她获准可以有一定自由活动的时间。奥皮茨告诉她，她很快就会被释放了。然而到了

---

1 Ursula von Kardorff, *Diary of a Nightmare: Berlin 1942–1945* (Rupert Hart-Davis, 1965), p. 137.

2 如今的波兹南，位于波兰中西部地区。

3 Ursula von Kardorff, *Diary of a Nightmare: Berlin 1942–1945* (Rupert Hart-Davis, 1965), p. 139.

4 Gerhard Bracke archive, Melitta's diary (03.08.1944).

5 Gerhard Bracke archive, Philippa Countess von Thun-Hohenstein (née von Bredow), filmed interview, 'Memories of Melitta: personal impressions of Countess von Stauffenberg' (07.07.2000).

6 Gerhard Bracke archive, Melitta's diary (04.08.1944).

第十二章 集中营里 1944

8月初，她却被转移到了夏洛滕堡监狱。[1]"压抑，没有麻雀，更暗，没厕所，牛奶汤。"她写道。[2]

施陶芬贝格家的人都被关押起来了，而奥托·斯科尔兹内还在忙着抓捕剩下的反叛者以及纳粹政权想要除掉的其他人。有传言说"看起来不开心也有被捕的风险，不少人只是因为说了'多遗憾啊'而被投入大牢"，一位年轻的记者在日记中透露道。[3]最终大约有7000人被捕，很多人最后死在了集中营里，还有很多人则直接被当场枪决。不少军队里的人从此失宠，包括陆军元帅埃尔温·隆美尔，他后来被逼自杀。更多的人则被拖到臭名昭著的人民法院前受审，人民法院由法官罗兰德·弗莱斯勒掌管。第一批审判在8月初举行。希特勒"充满了复仇的渴望"，他的贴身男仆记录道，他下令将所有被判有罪的人"像牲口一样吊死"。[4]8月9日是"非常黑暗的一天"，梅利塔写道，一个人在自己的牢房里。"8名叛徒被吊死。"[5]与此同时，希特勒亲自对斯科尔兹内的努力工作表示了感谢，对他说："你，斯科尔兹内，救了第三帝国。"[6]

贝特霍尔德的审判在第二天。梅利塔静静地在监狱的洗手池里洗衬衣的时候，贝特霍尔德因为不许穿制服以及使用皮带和吊带，

1　1939年，夏洛滕堡成为仅关押女性的监狱，主要用于关押涉及"政治犯罪"的妇女。1942年，"红色交响乐团"抵抗组织的几名成员被关押在此，而后有人被执行死刑。2008年，电影《朗读者》的监狱场景在这里取景。

2　Gerhard Bracke archive, Melitta's diary (06.08.1944).

3　Ursula von Kardorff, *Diary of a Nightmare: Berlin 1942–1945* (Rupert Hart-Davis, 1965), p. 122.

4　Heinz Linge, *With Hitler to the End: The Memoirs of Adolf Hitler's Valet* (Frontline, 2009), pp. 161, 163.

5　Gerhard Bracke archive, Melitta's diary (09.08.1944).

6　Glenn B. Infield, *Skorzeny: Hitler's Commando* (St Martin's Press, 1981), p. 64.

只能提着裤子走上被告席。尽管监狱采取了这样的办法来羞辱他，贝特霍尔德的目光始终直视前方。他决心用有尊严的方式迎接他的命运。然而每当贝特霍尔德一说话，弗莱斯勒就会对他大喊大叫，这样贝特霍尔德所说的话便无法记录下来。希特勒已经颁布法令，那天不能有人"被成为"烈士。

和另外8个人一样，贝特霍尔德当天下午被判处绞刑。他被带到了鳊鱼湖监狱的行刑棚，他看到一间空荡荡的白色房间，里面只有一个断头台和一根钢梁，上面是用来挂犯人的铁钩子，还有一张刽子手用的小桌子，上面放着眼镜和干邑。他不是直接被推下去吊死，而是用套在脖子上的绳圈缓缓地挂起来，这样他在死前就会被吊晕再被救活过来很多次，深受折磨。整个过程被拍照摄像记录下来。"希特勒戴着眼镜，急切地拿出那些令人毛骨悚然的照片并久久地盯着看，"他的一个心腹后来写道，"受害者死亡之痛的特写镜头后来又被大家传阅。"[1]

虽然梅利塔没有看到这样的细节，也没因此受到折磨，但她在这样越来越压抑的日子里也变得越来越痛苦。8月11日，她写道："结婚纪念日，非常伤心。"[2]某一刻她把自己的一绺头发藏在日记后面的折叠页里，或许是为了某天她也遭遇不测的时候留给后人做纪念。不久后，于克斯被判处死刑，死前拒绝以年老体迈的借口为自己开脱。接下来是克劳斯副官的兄弟汉斯·冯·海夫腾。他的妻子芭芭拉·冯·海夫腾也被关在夏洛滕堡，听闻丈夫的死讯，她写道，她"几乎被自己的眼泪淹没"。她如今唯一的慰藉是他并没有遭受

1　Bernd Freytag von Loringhoven, *In the Bunker With Hitler: The last witness speaks* (Weidenfeld & Nicolson, 2005), p. 68.

2　Gerhard Bracke archive, Melitta's diary (11.08.1944).

第十二章 集中营里 1944

更多折磨。因为下定决心"要为孩子们活下去",她在自己的牢房里还"带着极大的热情"为德国空军缝衣服。[1] 梅利塔明白自己对于纳粹政权的价值是她保护自己的唯一希望,也可能在某种程度上保护了亚历山大、尼娜、米卡和孩子们。她工作到凌晨的时候,有时便可以听到芭芭拉和其他狱友的啜泣。她一有机会就会安慰大家,然后继续工作,打床上的臭虫,吃安眠药,再然后被空袭惊醒。

梅利塔一做梦就是折磨人的噩梦。她会在梦里见到弗伦茨,然后他又突然消失。当她在汉莎机舱里找到他时,他却对她说他想要"自己走"。[2] 她明白他的意思。"我想要怪他为什么这样自私,"她记录道,"(但在天堂里)他非常愉快地说,'看好',向我展示了裁缝为他设计的新款领子。他穿着做工粗糙的亮色西装,还是新领子,就是没有衬里。我不喜欢这个领子,说他应该保留他以前的绿色厚夹克……我觉得不值得做一个新的,因为他很快就会死。我问他是否我应该先走,他温柔地吻我的手,说我们应该一起走,这样比我们各自找自己的路要好些。"[3]

奥皮茨当天晚上去找了梅利塔,那时她还醒着。他让她放心,说亚历山大人没事,但同时向她宣布,按照希特勒的命令,她"不能被立即释放"。"应该(提交)另一个申请,"她写道,"觉得没用。"[4]

梅利塔不清楚的是,她在德国空军学院和航空部的不少同事都在为她说情。"这些和飞行有关的人都有一个特殊的核心,他们都带着一种团队精神。"她的一个侄子后来写道。梅利塔"被每一个

---

1 Dorothee von Meding, *Courageous Hearts* (1997), pp. 156–157.
2 Gerhard Bracke archive, Melitta's diary (17.08.1944).
3 Ibid. (17.08.1944).
4 Ibid.

飞行员所知晓，被每一个航空相关领域的人所了解。她在这个群体中有不少好朋友"。[1]其中就包括汉尤·赫尔曼，"野猪"拦截中队队长，而他也是戈林的密友。汉尤对于刺杀行动深感震惊。虽然他也认同"领导层存在弱点"和"失败"，但他觉得"我们共同的职责是要沿着历史为我们指明的道路前行"。[2]汉尤很确信梅利塔一定不知道这一密谋，他向戈林抗议，说她的职责是在她的中心工作。梅利塔负责研发的装备是"了不起的"，汉尤补充道，并表示自己没有她的装备就拒绝执行飞行任务。[3]

奥皮茨也一直在争取早日释放梅利塔。[4]梅利塔如今也把他列为自己的密友，给了他一个鸟类的昵称，称他为"白乌鸦"[5]，但她没有像对亚历山大和弗伦茨一样加上一个"小"字以示亲密。8月底，奥皮茨告诉梅利塔自己已经以"项上人头"为她担保，保她出狱。[6]在飞行员和党卫军军官的双重压力，以及盟军的持续轰炸中，戈林终于决定释放梅利塔。一周后，9月2日，梅利塔因"战争需要"被释放。[7]此时，她已经在狱中待了6周。虽然仍为狱中的朋友

---

1 Gerald Posner, *Hitler's Children: Inside the Families of the Third Reich*(Mandarin, 1991), p. 184.

2 Hajo Herrmann, *Eagle's Wings: The Autobiography of a Luftwaffe Pilot* (Airlife, 1991), pp. 227, 231.

3 Gerhard Bracke archive, Melitta's diary (24.07.1944).

4 奥皮茨意识到他可能在战争后面临起诉，他十分清楚与梅利塔结下友谊的潜在价值。1946年，他写信给亚历山大，表示自己可以和他讨论7月20日他所知道的所有事情，并说他一直"从内心深处反对"纳粹党。1967年，他因别动队在波兰造成的大规模惨案而在西柏林被起诉，但未被判定为有犯罪行为。

5 德语中，"白乌鸦"一词意为"罕见的鸟"，指非凡而特殊的人。

6 Gerhard Bracke archive, Melitta's diary (25.08.1944).

7 Robert Loeffel, *Family Punishment in Nazi Germany: Sippenhaft, Terror and Myth* (Palgrave Macmillan, 2012), p. 146.

第十二章 集中营里 1944

忧心忡忡,但她此时又有了希望:释放意味着她对于这个日渐绝望的政权来说还有利用价值。

梅利塔的释放有两个附加条件。一个是她必须立刻回到工作岗位上,还有一个是她再也不许姓施陶芬贝格。自此之后,她被官方称为申克伯爵夫人。难以置信的是,梅利塔也提出了她的条件。她坚持要定期探望关押中的施陶芬贝格家人,还要每个月至少给亚历山大打一次电话。也许她没有忘记于克斯当年暖心的祝酒词:"人人为我,我为人人!"1937年,就是他顶着纳粹新法欢迎这位犹太混血嫁进施陶芬贝格家。[1]然而激励梅利塔的不只是感激,还有爱。她出狱后的几小时中便给亚历山大送去了食物。亚历山大给她写了一首诗,题为《爱的回忆》,讲述的是他们从彼此身上寻找力量的故事。[2]梅利塔那天晚上又是自己一个人,她坐下来给自己倒了一杯红酒,开始打电话。

出狱不到24小时的第二天一早,梅利塔便回到了工作中。那个秋天,梅利塔的研究对象是容克-88、容克-87、双发动机西贝尔-204和比克尔(Bücker)"伴郎"-181,同时她还要训练飞行员掌握她研究的夜间降落技术。11月,她顶着大雾飞了一次阿拉多-96,甚至还飞了一次梅塞施密特Me-262战斗机,但她的心思早就不在工作上了。这只是"帮助我们的一个借口",亚历山大对一个朋友

---

[1] Nina von Stauffenberg quoted by Gerhard Bracke, *Melitta Gräfin Stauffenberg: Das Leben einer Fliegerin* [The Life of an Aviatrix] (Herbig Verlag, 2013), privately translated, p. 223.

[2] "你知道即便是远远地/你的笑可以治愈他,那个不舒服的他,那个受难的他/一个悲伤的微笑,可以让这个空荡荡的牢房,充满了落日余晖照耀下的云……"亚历山大写道,"我感觉到你的烦恼,沉闷的痛苦和折磨/坚持,抵抗:/我们会熬过这一切,如我们梦中承诺的那样。"参见Alexander von Stauffenberg, *Denkmal* [Monument] (1964)。

说道。[1]克拉拉这时已正式被调去做梅利塔的助理。她本以为自己要去在技术上帮忙，比如算算术什么的，结果惊讶地发现，梅利塔安排她把亚历山大翻译的荷马《奥德赛》的德语译本用打字机打出来。"感谢上帝没人到我的工作站打扰我，"克拉拉笑着说，"这样才没人发现我那'对战争很重要'的工作到底是什么！"[2]"晚上梅利塔会去试飞，测试盲飞设备，白天她就在不同的办公室和盖世太保的办公室之间来回跑，想要帮到她的丈夫和他的亲戚。"另一个朋友写道。注意到梅利塔日渐消瘦的身材和"温柔但疲惫的声音"，"我简直怀疑她是不是都不睡觉"。[3]

梅利塔先去了施陶芬贝格家在劳特林根的城堡，此时那里已经被盖世太保占领。表面上她是去取自己的物品，实际上是奥皮茨允许她去和亚历山大的母亲卡罗琳见一面，后者此时被软禁在城堡里。梅利塔突然带着家人的消息出现，"从'夜和黑暗'中走来，像一个奇迹，"[4]卡罗琳写道，"像上帝送来的一个不可能出现的童话故事。"[5]离开的时候，梅利塔将她做的漂亮的贝特霍尔德和于克斯的半身像悄悄带走了，好让子孙们世代保存下去。[6]

梅利塔已经提交了释放亚历山大的申请。此时，她讨巧地穿

---

1 Peter Hoffmann, *Stauffenberg: A Family History, 1904–1944* (McGill-Queen's University Press, 2008), p. 279.
2 Archive Reinhart Rudershausen, Klara Schiller, 'Memories of Klara Schiller' (nd).
3 Ursula von Kardorff, *Diary of a Nightmare: Berlin 1942–1945* (Rupert Hart-Davis, 1965), p. 152.
4 "夜和黑暗"（Nacht und Nebel）是希特勒在1941年发布的命令，旨在要求把政治犯不留痕迹地除掉。
5 Konstanze von Schulthess, *Nina Schenk Gräfin von Stauffenberg: Ein Porträt* [A Portrait] (Piper, 2009), p. 143.
6 梅利塔悄悄地把这些半身像藏在保罗·冯·亨德尔的家里，而保罗并不知情。

第十二章　集中营里　1944

着深色套装，带有钻石的飞行徽章别在铁十字勋章上边，给亚历山大送来装满了衣服、食物和书的行李箱。她还拿了几包厚衣服给米卡，在那个入夜后冰冷的牢房里，米卡连毯子都没有。米卡非常害怕自己的孩子们被送去做医学实验，但她仍旧在审问时拒绝配合。[1] 尼娜怀着她和克劳斯的第五个孩子，已经有了三个月的身孕，被单独囚禁，条件据她说是"难以描述的糟糕"。[2] 梅利塔给她带来了衣服、药、很多水果和蔬菜，自己在机场公园里打来的兔子，另外还有克拉拉做的大豆杏仁饼。她们拥抱的时候，梅利塔悄悄地向尼娜透露了克劳斯和贝特霍尔德都已经被处死。后来梅利塔又用自己的飞行员特权食品券给尼娜带来了鱼肝油，还有一条孕妇腰带，一些书、笔记本和一封来自拉文斯布吕克的她母亲的信。梅利塔是尼娜监狱外唯一的联系人。她还探望了老一辈的家人，每周给狱中的其他朋友带一包包的食物，但是尽管她很努力地调查，却一直不知道施陶芬贝格家的孩子们身在何处。

巴特萨克萨是哈尔茨山靠近北豪森的一个小镇，距离柏林200英里（约322千米）。1944年，这里也是支持纳粹党的大本营。大多数主要反叛者的孩子，包括克劳斯和贝特霍尔德的孩子们，年纪小的都被送到了这个小镇郊外的一个孤儿院里。而他们年纪稍大一些的堂兄弟、堂姐妹，以及其他那些过了13岁的孩子，则被送到了但泽附近的集中营。他们先是坐轿车，然后坐卡车、火车，小孩子们一路唱着爱国的民歌给彼此鼓劲儿，他们和陌生人交朋友，有些陌

1　米卡的文件中包含一个手写的说明："她知道的比她承认的多。"参见Reinhild Gräfin von Hardenberg, *On New Ways*（2002），p. 155。

2　Dorothee von Meding, *Courageous Hearts: Women and the anti-Hitler Plot of 1944* (Berghahn, 2008), p. 193.

生人还分给他们黄油小面包吃。

孤儿院由多个传统木屋构成，每一个木屋里都有按年龄和性别分开的30个孩子。他们一到这里，克劳斯和尼娜的大儿子——贝特霍尔德就被单独分到了一个房子里，从此后，这些孩子只在"偶尔遇到"时才能相见。[1]一周后，其他"叛徒"的孩子们陆陆续续到了这里。由于被迫和家人分开，很多孩子都吓坏了。这里没有广播，没有报纸，没有学校也没有教堂，孩子们和外界没有任何联系。"我们花了好一阵才信任这里。"小贝特霍尔德回忆道。严厉的院长"浑身散发着权威"，纳粹党徽章永远都别在她的衣服上，她还会组织"阅兵训练"。[2]其他的工作人员则温柔一些。有时，孩子们甚至能和他们开玩笑，还能搞午夜钢琴演奏会和自制的黏土粒炸弹。总而言之，贝特霍尔德觉得，他们的"待遇很好，甚至有爱"。[3]这里远离轰炸袭击，他们整天读书，发明新的游戏，探索这片庄园。

实际上，这些孩子的状态非常不稳定，他们被从家里抓走，而他们的最终目的地仍然未知。他们监护人的工作只是保证他们的安全，直到把这份工作转手给下一站。他们虽然穿暖了，却只能吃那些用于喂牛的炖甜菜。尽管孩子们讨厌这种饭，但它可以填饱肚子。当他们患上水痘或扁桃体炎时，也可以接受良好的治疗。几星

---

1 Berthold von Stauffenberg, 'A Childhood in the Third Reich – from System Conformist to Traitor's Child'. Lecture delivered to the AV Rheinstein Köln-Lindenthal (14.04.2008).

2 Ibid.; Melitta to Nina von Stauffenberg (30.12.1944) quoted in Gerhard Bracke, *Melitta Gräfin Stauffenberg: Das Leben einer Fliegerin* [The Life of an Aviatrix] (Herbig Verlag, 2013), privately translated, p. 222.

3 Berthold von Stauffenberg, 'A Childhood in the Third Reich – from System Conformist to Traitor's Child'. Lecture delivered to the AV Rheinstein Köln-Lindenthal (14.04.2008).

期后，克劳斯和尼娜的三儿子弗伦茨·路德维希耳朵发炎了。他被带去看医生，当护士叫到"弗伦茨·路德维希·迈泽尔"的时候，他却拒绝起身去看病。他被告知，"施陶芬贝格"这个名字已经不能再用了，所以他们给他起了一个新的"中立的名字"，"以避免任何不必要的敌意"。[1][2] "但是我是施陶芬格贝格家的人。"他坚持说道。[3] 那年他六岁。

天气逐渐转冷，梅利塔仍然坚持去看那些成年的囚犯。亚历山大的表姐伊丽莎白·古滕贝格也去加图拜访了梅利塔，当时伊丽莎白的丈夫也被关在监狱里。伊丽莎白钦佩地看到她朋友"精致但时刻紧张的脸"，阳光"照在她可爱的金红色头发上"。[4] "她脚蹬一双飞行员高筒靴，肩膀上搭着一件皮夹克，"伊丽莎白写道，"手里拿着一把枪，我惊讶地发现她腰带上系着两只死兔子。"[5] 梅利塔看出伊丽莎白脸上的惊讶，便解释说用这兔子"可以给我们的囚犯做好吃的"。[6] 她们一起给尼娜准备了更多的衣服和食物。"那天气温远低于零摄氏度……"伊丽莎白后来回忆道，"监狱就像一个冰盒子，又潮湿又没有供暖。尼娜看起来像个死人，但她却惊人地平

---

1 Bundesarchiv Berlin, R58/1027, quoted in Robert Loeffel, *Family Punishment in Nazi Germany: Sippenhaft, Terror and Myth* (Palgrave Macmillan, 2012), p. 178.

2 这个新名字意味着孩子们可以在"最后的胜利"之后被党卫军家庭匿名收养。希特勒的理念是"从优生的角度来说，一个儿子几乎总是继承其母亲的特征"——这曾是他提出的自己没有孩子的理由，而这可能帮到了施陶芬贝格家的孩子。参见Heinrich Hoffmann, *Hitler Was My Friend:The Memoirs of Hitlor's photgropher* (2011), pp.146-147。

3 Berthold von Stauffenberg, Mulley interview (05.11.14).

4 Elisabeth zu Guttenberg, Sheridan Spearman: *Holding the Stirrup* (Duell, Sloan and Pearce/Little, Brown, 1953), p. 212.

5 Ibid.

6 Ibid.

静。"[1] "这些日子能如何打造一个人真的很神奇,"梅利塔说道,一边离开一边摇着头,"都是英雄和圣人!"[2]

几周后,尼娜被转移到盖世太保负责的拉文斯布吕克妇女集中营附楼。她将在接下来的五个月中在这里所谓"地堡"的无窗牢房里被单独监禁。有时她的母亲可以通过门上的一条缝看到尼娜,但却没办法给她捎话。从某种程度上说,尼娜享受了"特权"。很多怀孕的囚犯都成了"医学实验"的实验品,而且几乎所有的女囚都被当作强制劳动力被残酷地剥削,很多人都在为 V-1 和 V-2 飞机造零件,而当她们累倒了,就会被杀掉。尼娜虽然被监禁但却保住了性命。凭借非凡的毅力,她每天干各种事打发时间,补袜子,练习速记,玩用烟盒制作的扑克牌,回忆从前的文学和音乐知识。有笔和纸的时候,她就给梅利塔写信,梅利塔这时还会给她送水果和蔬菜,还有更大更厚的衣服。这个冬天,尼娜怀孕的月份也越来越大了。在这里,尼娜写下了她的遗嘱:她死后,她希望她的孩子们能团结在一起。她肚子里的这个孩子要是男孩,就叫克劳斯或者阿尔布雷希特,要是女孩就叫康斯坦策。亚历山大要做他们的教父,让他们上学信教。如果条件允许,她希望亚历山大和梅利塔来照顾这些孩子。梅利塔答应她一定会尽力找到她的孩子们。

突然之间,亚历山大、卡罗琳、米卡和其他人都被转移出了柏林,梅利塔一下子没了他们的消息,吓得她以为自己的丈夫被送到了鳊鱼湖行刑,就像他的兄弟一样。而实际上,他们被送到了西里西亚南部山区巴特莱纳兹(Bad Reinerz)的一个被隔离的酒店里。

---

1 Elisabeth zu Guttenberg, Sheridan Spearman: *Holding the Stirrup* (Duell, Sloan and Pearce/Little, Brown, 1953), p. 215.

2 Ibid.

第十二章 集中营里 1944

施陶芬贝格家的堂兄弟和他们的妻子以及大一点的孩子们,连同这场抵抗运动中的其他人在更早的时候都已经在这里了。这些自7月以来就在奥格斯堡和讷德林根蹲监狱的人纷纷对这个酒店的奢华程度感到惊讶。有一个人从达豪集中营来,"瘦得只剩下皮包骨",他的头发被剃光了,在达豪集中营时主要为医疗站工作,目睹了许多骇人的暴行。[1]

虽然盖世太保在这里巡视,犯人们却暂时得到了相对的自由。他们一起讨论这场政变,发现"每个人说的都有点不同",法伊·冯·哈塞尔说道,但"事件大致说得足够清楚了"。[2]作为德国驻罗马的前大使,法伊的父亲乌尔里希·冯·哈塞尔一直是柏林政变计划中的重要成员,原计划可能在政变后的政府中出任外交部部长。7月下旬,乌尔里希在他的办公桌前被捕,于9月接受审判,在判决两小时后被绞死。法伊在关押期间被强行和她年幼的孩子分开,她感觉与施陶芬贝格家族有了一种"天然的亲密",特别是被米卡所吸引,并称后者为"一个美丽的女人"。[3]这两个母亲本能地明白,不管另一个人在做什么,她们的心思都在孩子身上。"慢慢地我发现我最敬佩的人,"法伊写道,"却是亚历山大。"[4]

法伊从亚历山大一到这里就注意到了他,他还穿着离开雅典时穿的军官制服。他"个子非常高,头发从来没有好好梳过,眼睛里一直闪着光",法伊觉得,他真是"充满了魅力和温暖……一个最

---

1 Anne Voorhoeve private archive, Berlin, Otto-Philipp von Stauffenberg, 'Memories of the time after 20 July 1944, the day of the attempted assassination of Hitler'.

2 Fey von Hassell, *A Mother's War* (Corgi, 1991), p. 158.

3 Ibid., pp. 161,163.

4 Ibid., p. 161.

有吸引力的人"。[1]亚历山大正在读意大利语版但丁的《地狱》，这需要他一边凭借自己的拉丁文知识储备，一边靠在每一页的空白处用英语来备注。法伊的父亲在意大利做外交官时，她曾和父亲一起在意大利生活过一段时间，并和一个意大利人结过婚。她现在给亚历山大开了意大利语小灶，起初她很害羞，因为"亚历克斯看起来比我年长，也更有文化"。[2]很快地，他们每天都去树林里散步，用意大利语聊天。对于法伊来说，亚历山大代表了"我想象中的完美德国人——高大，有男子气概，非常绅士"。[3]"不断增长的友谊变得具有无法估量的价值和力量，"法伊写道，"对我来说当然如此，但我认为对我们两人来说都是如此。"[4]虽然亚历山大有时候很忧郁，但是他本性乐观，具有面对未来的勇气。他给囚犯办的历史讲座，他能默诵的诗歌，还有他经常针对守卫的调皮而"孩子气"的幽默感，是他们所有人的力量源泉。[5]其中一名年轻人埃伯哈德·冯·霍法克尔后来说，如果没有亚历山大的鼓励和榜样作用，自己肯定"无法活下来"。[6][7]

在巴特莱纳兹形成的深深的感情纽带，帮助这些被株连的囚犯

---

1 Fey von Hassell, *A Mother's War* (Corgi, 1991), p. 161.

2 Ibid., p. 166.

3 Ibid., p. 168.

4 Ibid.

5 Ibid., p. 163.

6 Karl Christ, *Der Andere Stauffenberg: Der Historiker und Dichter Alexander von Stauffenberg* [The Other Stauffenberg: Historian and Poet Alexander von Stauffenberg] (C. H. Beck, 2008), privately translated, p. 161.

7 埃伯哈德·冯·霍法克尔是德国空军上校凯萨·冯·霍法克尔的长子，凯萨是施陶芬贝格兄弟的堂兄，因曾担任反叛者之间的联络人于1944年被处决（凯萨的父亲是第一次世界大战时期的将军，也叫埃伯哈德）。

度过了之后"漫长而痛苦的几个月",法伊写道。[1] 11月底,他们被押上火车,直接穿越苏联前线转移到但泽。由于每天睡在冰冷的中转站的石头地板上,而且几乎没有吃喝,其中一些人病倒了。负责押送的"一脸严肃的党卫军"军官们尖酸刻薄的评论让法伊觉得"他们确信我们很快就会被清算了"。[2] 亚历山大和他的一个叔叔仍然穿着制服,他们被要求剪掉肩章、领章和其他位置上的军衔,表明党卫军不希望人们知道他们看守的人当中有德国军官。他们拒绝了,"党卫军的人开始尖叫着骂人……在几乎歇斯底里的愤怒中大吼大叫"。[3] 后来这样的场景会变得越来越常见,而现在他们都吓坏了。他们的恐惧被证明是正确的。他们的目的地正是残忍的施图特霍夫集中营和灭绝营。战争期间,超过6.5万名囚犯在这里死于疾病和饥饿,或在小小的毒气室中被齐克隆B[4]毒死,或被注射致命的药物而死。

7月政变发生时,彼得·里德尔正在位于斯德哥尔摩的德国大使馆担任空军武官。"瑞典报纸中到处是德国将军要杀希特勒的事",他记录道,而"我不是唯一能够看清事情发展方向的人"。[5] 不久后,彼得不仅开始关心纳粹政权的意识形态立场,也开始担心这个政权是否有能力做出明智的决定。他指出,通过大使馆或外交部报告令人不快的事实,即使不是不可能,也变得越来越困

1　Fey von Hassell, *A Mother's War* (Corgi, 1991), p. 166.

2　Ibid. p. 173.

3　Ibid. p. 174.

4　齐克隆B是一种氰化物化学药剂,原为杀虫剂,后被纳粹德国用于大屠杀。

5　Martin Simons, *German Air Attaché: The Thrilling Wartime Story of the German Ace Pilot and Wartime Diplomat Peter Riedel* (Airlife, 1997), p. 180.

难，而"任何的好消息都会被夸大"。[1]

9月，彼得收到一个大大的匿名信封。斯德哥尔摩的苏联公使馆经常会寄来一些宣传文件和"虚假信息"，最后只会被扔掉，但这个信封却不同。彼得在信封里发现了一份传单，上面印着位于纳粹占领的波兰卢布林郊区的可怕的迈丹尼克集中营的照片。[2]虽然在1941年最初建立时只是作为战俘的劳改营，但迈丹尼克集中营后来被用于大规模杀害波兰犹太人、苏联红军和其他囚犯。7月炸弹政变事件发生两天后，它成为盟军攻下的第一个集中营。红军进攻的速度之快意味着集中营的大部分文件都没能被销毁。1942年9月起，迈丹尼克投入使用了7个毒气室，它们从未被隐藏起来。一年后的"丰收节行动"还发生了行刑队的大屠杀。最疯狂的时候，一天有1.84万名波兰犹太人被杀。男女囚犯们都被迫去埋葬这些尸体，后来又将尸体挖出并火化，而后这些囚犯也被轮流处决了。大规模屠杀一直持续到1944年3月。在集中营遇害的男女老少总人数保守估计为8万人，但后来发现了一个有80万双鞋子的棚子，还有等待用于农作物肥料的成堆的灰烬。

拿下迈丹尼克后，苏联人组成了一个波苏委员会，调查并记录纳粹在那里犯下的反人类罪行。调查后苏联印发了给德国大使馆以及盟军媒体的传单。彼得听说有关东线暴行的传闻已有两年之久，但他试图说服自己，他所听到的有目击证人的大规模暴行的细节只是狂热分子的个别错误，而不是官方政策的犯罪证据。彼得圈子里

---

[1] Martin Simons, *German Air Attaché: The Thrilling Wartime Story of the German Ace Pilot and Wartime Diplomat Peter Riedel* (Airlife, 1997), p. 75.

[2] Ibid., p. 183.

的人普遍觉得"要是元首知道，他就会纠正这些事"。[1]然而，这份传单包含的证据表明，暴行有来自最高层的支持，而且这些暴行不仅发生在前线，还发生在有组织的死亡集中营里。传单最后一页记录了希姆莱视察迈丹尼克的日期。彼得在绝望中写道："我现在非常痛心地确定了，我所听到的故事以及关于大规模暴行的谣言，远不如现实可怕。"

彼得不敢在大使馆讨论传单的事。随着西方媒体对这一事件的大肆报道，他致信一位美国将军，为那些"被误导的、耐心的、努力工作却在苦难中挣扎的德国大众"辩护，称他们被他们的"全体领导班子"抛弃了。[2]"没有哪位正直的德国人会支持盖世太保的犯罪行为，"彼得写道，"如果让全国人民为一些疯子犯下的罪受罚，这难道是公平的吗？"[3]他在信中没有提供更多关于纳粹战争罪的信息，也没有关心迈丹尼克集中营里被杀害的人们。而且，这封信压根儿就没寄出去。几周后，彼得又前往柏林进行每月例行的述职，他悄悄把迈丹尼克的传单夹在自己外交邮包的酒和礼物中间带到了柏林。他还是不知道应该拿这封信怎么办。几天后，他去德国航空部找汉娜吃午饭。一度奢华的柏林航空俱乐部在几波空袭下变得破败不堪。"进门大厅的地方有一个水池，"彼得注意到，"池子内外都是水。"[4]汉娜在给军官准备的小房间里等他，"那是这里阴暗压抑的氛围里唯一有光亮的地方"。[5]他们已经是十多年的朋友了，两人

---

1 Martin Simons, *German Air Attaché: The Thrilling Wartime Story of the German Ace Pilot and Wartime Diplomat Peter Riedel* (Airlife, 1997), p. 146.

2 Ibid., pp. 185, 188.

3 Ibid., p. 189.

4 Ibid., p. 196.

5 Ibid., p. 197.

很快开始讨论彼此的情况。"和很多人一样,她很沮丧",彼得注意到,但随着他们谈话的进行,她的精神似乎在好转。[1]

坠机并没有阻止汉娜对危险的向往,她去往苏联前线的经历也没有打破她对德国最终会取得胜利的信心。她告诉彼得,自己刚从"狼穴"回来,陪同罗伯特·里特尔·冯·格莱姆与希特勒一起开会。希特勒给格莱姆颁发了"剑和钻石",搭配他8月获得的橡树叶骑士铁十字勋章,他现在的勋章就变成了"钻石橡叶带剑骑士铁十字勋章"。闪耀的荣誉勋章之上,格莱姆的脸看起来前所未有地温柔和苍白,但他的野心远不止于此。格莱姆非常看不上戈林,一直想要夺过德国空军的指挥权。[2]当格莱姆和希特勒都已经在隐蔽的藏身地安顿下来,汉娜则非常开心地遇见了奥托·斯科尔兹内,并和他一起在铁丝网和重兵防守的"狼穴"附近散步,呼吸新鲜空气。当天晚上,汉娜非常骄傲地介绍两位她都非常崇拜的男人——格莱姆与斯科尔兹内相见。年轻一些的斯科尔兹内"惊讶地发现将军仍然展现出了极大的热情和事业心",很快他们便一起"严肃而生动地讨论"起了德国空军的未来。[3]汉娜在这样的环境下觉得颇为自在。

第二天,面色苍白还有点驼背的希特勒任命格莱姆为德国空军副总司令,下达简令,命令其"在不需要(希特勒)除掉戈林的

---

1 Martin Simons, *German Air Attaché: The Thrilling Wartime Story of the German Ace Pilot and Wartime Diplomat Peter Riedel* (Airlife, 1997), p. 197.

2 1944年11月,戈林组织了一场德国空军战略会议。由于人们不能质疑他的领导能力和Me-262,所以几乎没人能自由发言。他与戈培尔谈到了德国空军1943年12月的"绝对失败",并将其归咎于人员和技术故障。参见 *Die Tagebücher von Joseph Goebbels*:*Oktober bis Dezember 1944*, Jana Richter and Hermann Graml (ed.), 07.12.1944, p. 371。

3 Otto Skorzeny, *Skorzeny's Special Missions: The Memoirs of 'The Most Dangerous Man in Europe'* (Greenhill, 2006), p. 129.

情况下，接手全部空军行动的指挥权"。[1]这对于戈林来说是莫大的耻辱，而对格莱姆来说也让他觉得心有余而力不足。看到自己最爱的将军还不能获得最高领导权，汉娜有些失望，但她还是乐见他的晋升。斯科尔兹内则带着一种更加批判的眼光看待这一决定。"鉴于战事如此无望，我认为格莱姆肯定会拒绝接受和戈林一起工作。"他写道。[2]格莱姆也确实递交了申请，表示不愿接受这一任命。

对于彼得来说，汉娜有如此广泛的人脉并不是一件奇怪的事，但她现在也把希姆莱当作自己圈子里的人，这让彼得觉得有些不安。这位党卫军和盖世太保的头目是"一个善良好心的人"，汉娜对彼得说，希姆莱"非常懂礼仪，在我看来，非常有同情心且富有魅力"。[3]彼得惊讶得一时间没说出话来。在这之前，他一直和汉娜无话不说，他也很喜欢汉娜的诚实和坦诚，因此，尽管有些不安，几小时后，彼得还是去找了汉娜，这次是在她的公寓里。他把迈丹尼克的传单丢在汉娜的桌子上，他的态度在汉娜看来"非常生气"，彼得对她说："这就是你的朋友希姆莱！你看看他在干什么？读读吧！"[4]汉娜打开传单，边看边气得发抖。"你是说你居然信了这种鬼话？"她

---

1 US National Archives, Hanna Reitsch interrogation summary, 'Condemnation of Göring by Hanna Reitsch' (16.11.1945), p. 6.
2 Otto Skorzeny, *Skorzeny's Special Missions: The Memoirs of 'The Most Dangerous Man in Europe'* (Greenhill, 2006), p. 216.
3 Martin Simons, *German Air Attaché: The Thrilling Wartime Story of the German Ace Pilot and Wartime Diplomat Peter Riedel* (Airlife, 1997).
4 Hanna Reitsch, *The Sky My Kingdom: Memoirs of the Famous German World War II Test Pilot* (Greenhill, 2009), p. 218; Martin Simons, *German Air Attaché: The Thrilling Wartime Story of the German Ace Pilot and Wartime Diplomat Peter Riedel* (Airlife, 1997), p. 197.

大喊道，"明显是敌军的宣传，没必要当真。"[1]对于彼得将这些信以为真，汉娜"勃然大怒"，但她对传单内容的否认也把彼得的怒火点燃了。[2]"那这80万双鞋是哪里来的？"彼得质问道，"为什么美国的《时代周刊》，还有别的西方媒体都报道了这个消息，他们为什么要跟进一条苏联共产党的线索？"当他们慢慢平静下来，彼得眼神坚定地看着汉娜。"证明一下这不是真的，"彼得对汉娜说，"给希姆莱看看，看看他怎么说！"[3]汉娜同意了。希姆莱是一个如此"令人尊敬而友好的人"，她觉得，给他看也不会出大问题。[4]

在上一次见面的时候，希姆莱曾对汉娜说过她可以向他提任何问题。如今汉娜把迈丹尼克的传单递给了他，他接过来翻了一遍，什么都没有说，也没有任何表情。"亲爱的长官，您对此怎么看？"汉娜追问了一句。[5] 1943年10月，希姆莱曾在波森给纳粹领导人发表过一次演讲，其中他毫不避讳地谈到了"对于犹太人的灭绝"。他此后也去过不少集中营，据说还在亲眼看见了索比堡集中营的毒气室后提拔了一些人。他回避了汉娜的问题，平静地反问她是不是相信这些事。汉娜不耐烦而又诚实地回答说，她不信。尽管身边关于集中营强制劳工的消息越来越多，还有人说集中营里都是火葬场的味道，此外被遣返的犹太人一个都没有寄信回来，汉娜还是坚信这

---

1 Martin Simons, *German Air Attaché: The Thrilling Wartime Story of the German Ace Pilot and Wartime Diplomat Peter Riedel* (Airlife, 1997).

2 Deutsches Museum archive, 130/109, Hanna Reitsch letter to Peter Riedel (27.11.1972).

3 Martin Simons, *German Air Attaché: The Thrilling Wartime Story of the German Ace Pilot and Wartime Diplomat Peter Riedel* (Airlife, 1997).

4 Ibid.

5 Hanna Reitsch, *The Sky My Kingdom: Memoirs of the Famous German World War II Test Pilot* (Greenhill, 2009), p. 219.

第十二章 集中营里 1944

份传单就是敌人的恶意造谣。如果她有过怀疑，她也就不会直接拿着罪证去找党卫军头目对证。然而希姆莱却无意反驳传单的真实性，他更在意的是借此机会评估一下汉娜。一半是想不到、一半是不想考虑这么多的汉娜却不断追问着，想要让他公开驳斥这种说法。汉娜死死抓住了他对于反宣传的赞同说法，仿佛这就是她一直想要听到的结果——他的全面否认。后来这场会面结束了。汉娜事后对彼得说，传单深深地刺激了她，但她也同意将这份传单的内容公之于众，而他们的担心在她和希姆莱会面后"烟消云散"了。[1]

在汉娜的第一版回忆录里，她写道，她直到战后才知道纳粹集中营的事。而在后来的版本中，她删去了这种说法。真相显然更为复杂。也许她只是不想相信这些令人难以置信的前所未有的恐怖事件。也许真相对她来说实在是难以接受，接受它意味着她必须重新评估自己的世界观和个人的道德价值，而这是她明显不想做的事。但是汉娜确实被迈丹尼克传单搞得心烦意乱，她只想确保自己不需要负责反驳这件事。希姆莱不仅让她放了心，还从某种程度上让她觉得知道这些事并不是一个负担。毫无疑问，汉娜看到了迈丹尼克集中营里的罪恶，但她选择置之不理，并坚持继续真诚地热爱纳粹政权。[2] 9月底，她和一个航空界的朋友说自己并不支持纳粹德国国内发生的很多事，但很幸运，自己能讨论这些别人一

---

1 Deutsches Museum archive, 130/109, Hanna Reitsch letter to Peter Riedel (November 1972).

2 加拿大记者罗恩·莱特纳在20世纪70年代末采访了汉娜。当被问及纳粹罪行时，她回答说："有一天，我问赫尔曼·戈林：'我听说德国正在杀害犹太人，这是什么意思？'戈林生气地回答说：'这是英美媒体无耻的谎言。要是我们输了这场战争，就用这个理由来绞死我们。'"这个故事没有佐证，可能是她对与希姆莱会面的不准确的描述。参见Ron Laytner, Edit International, 'Hanna Reitsch' (2010)。

提就会被处死的事。这是"她帮忙的方式",汉娜说道。[1]言语间不仅暗示出自己具有道德上的正义,而且也用语言掩盖了她所看到的令人震惊的罪行。

在汉娜与希姆莱会面后的几天,德国一家主流报纸拒绝报道迈丹尼克一事,全瑞典媒体也都封杀了这条新闻。汉娜更放心了。然而彼得却感觉自己要出事,他带着危机感回到了斯德哥尔摩。11月中旬,他在一小时内连续收到两封电报,召他回柏林。彼得没有回去,而是请求瑞典空军的联系人安排提供庇护。他的外交豁免权和护照都被取消了,他已经是真正的无国籍状态了。此时他又听说臭名昭著的德国军事情报部门阿勃维尔从瑞士绑架了他的妻子海伦并将其扣为人质逼他回国。彼得努力保持镇定,先向瑞士大使馆问询妻子的情况,后者证实了海伦在达沃斯仍然安然无恙。接着德国大使馆便开始采取行动要引渡他回国接受军事法庭审判,彼得整个人迅速消失得无影无踪。现在他向盟军倒戈了。他想要通过无线电广播向德国大众讲述党卫军战争罪行的真相,但被告知这在现阶段"没什么用处"。[2]最后彼得隐姓埋名在瑞典乡下度过了战争剩下的时间。[3]

载着株连囚犯的货车离但泽郊外的施图特霍夫集中营越来越近,法伊从他们所在车厢的木板缝往外看。他们正在通过"被大探

---

1 Deutsches Museum archive, 130/101, Walter Stender, 'Politische Erklärung' [Political Statement] (01.07.1947).

2 Martin Simons, *German Air Attaché: The Thrilling Wartime Story of the German Ace Pilot and Wartime Diplomat Peter Riedel* (Airlife, 1997), p. 208.

3 1945年5月,德国表示希望彼得·里德尔回到德国。由于担心以前的同事可能会诽谤他,他拒绝回去。他在卡萨布兰卡蹲了一阵子军事监狱后,和他的妻子在委内瑞拉生活了一段时间。而后移民法放宽,他们得以搬到了美国。

第十二章　集中营里 1944

照灯照亮的一个巨大的铁丝网",沿着这个网能看到,"瞭望塔的轮廓颇具威胁性地直插云霄"。[1]她、亚历山大和其他人都很幸运——人质的身份使得他们被转移到一个特殊的"VIP棚"。这里的条件比集中营其他地方要好得多——这里分成几个小房间,有一个公共浴室和开放式厕所。他们每天都能分食"一大桶稀汤",还有一些蔬菜和一大块黑色或灰色的面包。星期天,他们甚至能吃到一些肉。

这些株连囚犯在施图特霍夫集中营的工作就是在一个小院子里砍柴、洗衣、织补和做饭。"教授们显然不擅长某些实际的工作",法伊在亚历山大有一次几乎用斧头砍掉自己的脚趾后写道。[2]养伤期间,亚历山大给法伊看了一些他写的诗。法伊极度需要安慰,并承认"即使在亚历山大虚弱的状态下,他也越来越像吸收我受伤情绪的磁铁"。[3]白天的工作结束后,这些人被允许在他们的院子里活动,但到了晚上,整座建筑物都被泛光灯照亮,守卫也收到过命令可以击毙逃犯。逃跑无论如何都是不可能的。他们经常听到巡逻犬的叫声,上了年纪的克莱门斯·施陶芬贝格称它们为"没吃饱的寻血猎犬",一边追逃跑的犯人一边狂吠。[4]"被这些动物追赶的话,"法伊继续说道,"他们肯定会被抓到。当这些大狗扑倒逃跑的人时,一阵绝望而痛苦的尖叫有时会划破静谧的夜空。"[5]

不出几周的时间,痢疾暴发了,然后又很快发生了伤寒。希姆莱已下令不得让任何株连囚犯死亡,"至少现在还不能死",因此他

1　Fey von Hassell, *A Mother's War* (Corgi, 1991), pp. 175–176.

2　Fey von Hassell, *A Mother's War* (Corgi, 1991), p. 179.

3　Ibid.

4　Elisabeth zu Guttenberg, Sheridan Spearman, *Holding the Stirrup* (Duell, Sloan and Pearce/Little Brown, 1953), p. 22.

5　Fey von Hassell, *A Mother's War* (Corgi, 1991), p. 182.

们都接受了药物治疗，而那些患有猩红热的人都被隔离了。[1]有两名苏联女囚受命来照顾他们，米卡用自己的母语与她们交谈。"我们知道了更多关于我们集中营之外的残酷的生活细节，相比之下，我们这里简直就像天堂，"法伊写道，"她们向我们描述了她们的同伴遭受了多少非人的折磨，然后在毒气室被毒死，最后在焚尸炉中被火化。"[2]没有人怀疑她们的说法。"从白天到晚上，我们看着焚尸炉里冒出的烟，闻着令人作呕的恶臭。"克莱门斯写道。[3]虽然是有"特权"的囚犯，但他们的未来似乎依旧毫无希望。"从白天到晚上，"克莱门斯平静地补充道，"我们等待着死亡的到来。"[4]

1944年11月下旬，希特勒最后一次离开"狼穴"。他在天黑后抵达了首都柏林。"他没能看到柏林真正的受损程度，"他的秘书特劳德·琼格回忆道，"车前大灯从远光调成近光，照着道路两旁成堆的石头。"[5]他的随从很清楚希特勒故意避免看到更多惨状。"美国空军的数量优势，"一周后戈林向他报告，"即使我们的飞行员有再大的勇气也不能克服了。"[6]"希特勒似乎已经知道了，"斯科尔兹内评论道，"因为他几乎没有花心思在听。"[7]英国皇家空军和美国空军现在几乎把德国的空域当成了自己的领空，轰炸机径直飞往精准定

---

1 Fey von Hassell, *A Mother's War* (Corgi, 1991), p. 179.

2 Ibid., p. 185.

3 Elisabeth zu Guttenberg, Sheridan Spearman, *Holding the Stirrup* (Duell, Sloan and Pearce/Little Brown, 1953), p. 228.

4 Ibid.

5 Anthony Beevor, *Ardennes 1944, Hitler's Last Gamble* (Viking, Penguin Random House, 2015), pp. 80–81.

6 Otto Skorzeny, *Skorzeny's Special Missions: The Memoirs of 'The Most Dangerous Man in Europe'* (Greenhill, 2006), p. 162.

7 Ibid.

第十二章 集中营里 1944

位的目标：炼油厂、机场、飞机制造厂和补给设施。几个月前，希特勒给斯科尔兹内颁发金质十字勋章的时候，还兴奋地说着德国的2000架火箭战斗机，还有马上可以用V-1"嗡嗡炸弹"炸了美国纽约。如今，希姆莱只说起了250架火箭战斗机，而希特勒并未在意，"明显德国空军已经报废了"。[1]

"二战"期间第六个圣诞节即将到来，株连囚犯们开始可以听见前线的炮火声了。他们之中的米卡和法伊都得了伤寒，病得很重。除了医生外，唯一还能去病房看她们的囚犯就是亚历山大，他每天早上和下午都给她们送柴烧火。他害怕法伊会挺不过去，给她写了一首诗，结尾写道：

> 安慰我，因为我们徘徊着，无路，无星，
> 我无法触及或触摸你，
> 但透过墙，我听到你的呼吸，
> 如此近，如此近，整整12个悲伤的圣诞夜。[2]

即便是炉子里烧着火，"那年冬天持续刺骨的寒冷……还是难以想象的"，法伊后来回忆道。[3]除了寒冷和饥饿外，他们面对伤寒、痢疾和猩红热的焦虑以及他们握在党卫军手中的未知的未来，现在都比不上新一轮的恐惧：害怕被红军伤害。他们在绝望中拼命想要彼此鼓舞士气，把废纸片折叠成了圣诞故事中的人物和其他装饰

1　Otto Skorzeny, *Skorzeny's Special Missions: The Memoirs of 'The Most Dangerous Man in Europe'* (Greenhill, 2006), p. 162.

2　Fey von Hassell, *A Mother's War* (Corgi, 1991), p. 184.

3　Ibid.

品，用锡箔做了几颗星星，装饰了一棵枯干的树。在平安夜，那些还能站起来的人唱起了传统圣诞颂歌。

对于仍然被关押在巴特萨克萨小镇郊外孤儿院的孩子们来说，圣诞节有一个非常棒的惊喜。9月下旬以来，梅利塔已经与奥皮茨见了13次面。她代表亚历山大的请愿书"令人满意"，希姆莱告诉她，他对这个案子"十分在意"。[1]终于，梅利塔被允许去看望孩子们了。最初一批孩子已于10月被释放，被送到了祖父母或远房婶婶家，也是为了遏制有关"纯种德意志儿童"消失的谣言。到了12月底，这里只剩下了14个孩子，所有施陶芬贝格家的孩子和他们的堂兄弟都被安置在一个房子里。他们对外界一无所知，也不知道父母是否还活着。

在按要求出席了一下研究所的圣诞派对后，梅利塔于12月22日乘火车前往巴特萨克萨。同一天一起乘车的还有汉斯·威尔海姆·哈根中尉，他刚从军队医院出院，一直在住院治疗头部的伤。哈根中尉选了一个窗户很小的车厢，他有一只眼睛上包着绷带，在旅程的大部分时间里都很忧郁。过了好一会儿，他才惊讶地注意到"我对面坐着一位女士——有那么多座位，她偏偏坐在一个军用车厢里"。[2]哈根认为她一定是迷路了，而当她脱下皮草外套，他注意到了她夹克上别着的铁十字勋章，下面还有一枚钻石飞行徽章。"夫人！我可以向您做一下自我介绍吗？"他问梅利塔，然后激动地说，"您没有必要介绍您本人，因为这世界上只有一位女士获得

---

1 Gerhard Bracke archive, Melitta's diary (05–06.12.1944).

2 Gerhard Bracke, *Melitta Gräfin Stauffenberg: Das Leben einer Fliegerin* [The Life of an Aviatrix] (Herbig Verlag, 2013),privately translated, p. 217.

了这些奖章。"[1]事实上，有两位这样的女士，但是梅利塔的名声不及汉娜的一半。接下来的事情便尴尬了。

也许是梅利塔天生保守的性格和得体的处事态度使她没办法纠正这位受伤的中尉，特别是他还称赞她是与V-1火箭一起工作的"最著名和最勇敢的飞行员"。[2]但是梅利塔也出于另一个原因没有提醒哈根。正如她自己在日记里记录的，"7月20日，与卫兵营哈根中尉的对话"，梅利塔明确地知道她正在与谁交谈。[3]哈根所在的卫兵营是瓦尔基里行动中待命的紧急部队。为了了解当时的情况，哈根的任务就是联系该营的负责人约瑟夫·戈培尔。而正是通过戈培尔，他得知暗杀失败。于是他迅速安排他的指挥官与希特勒通话。正是在这通电话中，希特勒下令"一定要镇压这场政变"。[4]哈根快速采取的主动行动是政变失败的关键原因之一。在接下来的几个小时里，梅利塔默默地忍受着与这个男人的对话，正是他的所作所为打破了推翻政权的所有希望，导致梅利塔的许多家人，包括她的丈夫，以及她正要去看的孩子们被处决、被捕和被绑架。从哈根自己的回忆录来看，梅利塔并未透露她的真实身份，在这份战后发表的回忆录中，他高兴地讲述了他在这场战争的最后一次圣诞假期中与"汉娜"的相遇。[5]

1　Gerhard Bracke, *Melitta Gräfin Stauffenberg: Das Leben einer Fliegerin* [The Life of an Aviatrix] (Herbig Verlag, 2013),privately translated, p. 217.

2　Ibid.

3　Gerhard Bracke archive, Melitta's diary (22.12.1944).

4　Gerhard Bracke, *Melitta Gräfin Stauffenberg: Das Leben einer Fliegerin* [The Life of an Aviatrix] (Herbig Verlag, 2013),privately translated, p. 215.

5　Hans W. Hagen, *Blick hinter die Dinge – 12 Begegnungen* [Behind the Scenes – Twelve Encounters] (Türmer-Verlag 1962), quoted by Gerhard Bracke, *Melitta Gräfin Stauffenberg: Das Leben einer Fliegerin* [The Life of an Aviatrix] (Herbig Verlag, 2013),privately tromslated, pp. 215–218.

如果说梅利塔终于告别了哈根让她松了一口气，那么当她终于带着一棵小圣诞树和一堆礼物到达巴特萨克萨时，她却感到了一丝恐惧。作为孩子们被拘禁6个月后见到的第一名访客，她不知道他们遭遇了什么。事实上，所有人都安然无恙。甚至有人在烛光下给他们读圣诞故事，虽然不算多，但这里还算有一种温暖的氛围。对孩子们来说，他们为能见到伯母感到非常兴奋。就连最小的孩子也认出了她，而且当孩子们得知他们的母亲虽然被捕，但仍然活着时，小贝特霍尔德说，这是"我们得到的最好的圣诞礼物"。[1]

虽然天气寒冷刺骨，梅利塔第二天还是和孩子们一起在户外玩了一会儿。他们在小溪旁边找到"漂亮的冰柱"，"用它们搭了一个仙境"，直到因为天气太冷了大家才回到屋里。[2]当梅利塔费劲地抱着4岁的瓦莱丽的时候，贝特霍尔德接过手，很乐于帮她这个忙。后来，他们一起用松枝装饰了房间，把短粗的蜡烛夹到圣诞树上，又在一起唱圣诞颂歌。"温馨"，"非常温馨"，梅利塔在她的日记中反复写道。[3]

梅利塔和孩子们待在一起，直到节礼日[4]。玩得很开心，也有一些"光荣的游戏"，但有时候他们也待在床上取暖，梅利塔用"飞行中最奇妙的故事和她的飞机"来逗他们，小一点的男孩之一弗

---

1 Berthold von Stauffenberg, 'A Childhood in the Third Reich – from System Conformist to Traitor's Child'. Lecture delivered to the AV Rheinstein Köln-Lindenthal (14.04.2008).

2 Gerhard Bracke, *Melitta Gräfin Stauffenberg: Das Leben einer Fliegerin* [The Life of an Aviatrix] (Herbig Verlag, 2013),privately translated, p. 219.

3 Gerhard Bracke archive, Melitta's diary (23-25.12.1944).

4 节礼日为12月26日。——译者注

伦茨·路德维希回忆道。[1]"我们都爱她,"他说道,"她让人非常兴奋……那一年的圣诞节和她一起过,非常棒。"[2]虽然很难买到玩具,但是梅利塔还是设法带来了一堆梦幻般的玩具。有建筑工具包,可以进行切割然后将材料粘在一起;有玩具车和真的可以浮起来的玩具军舰和划艇;有涂料、图书、弓箭;还有可以换衣服的娃娃。梅利塔甚至不知从哪里搞到了一些战争奖章。也许她心里一直惦记着那些从克劳斯和贝特霍尔德身上扯下来的奖章,那些被捕前还挂在胸前的奖章后来被扔进了地上一个朝上放着的头盔里。无论如何,当她把奖章别在男孩们的胸前时,那是一个令人印象深刻的时刻。[3]"我们当然感觉自己就像真正的英雄。"弗伦茨·路德维希后来热情地回忆道。[4]女孩们则戴上了珍珠饰品。

其中一个孩子——克劳斯和尼娜的第二个儿子海梅兰——因为得了猩红热被隔离。梅利塔去看他之前,一位护士给他带了一棵小树,把他抱起来坐在床上,然后蒙上了眼睛。"他直接摸到了我的奖章,然后立即叫出我的名字:'利塔伯母!'"梅利塔写道,"后来,令我骄傲的是,他一次又一次地向我保证,圣诞节最好的事就

---

1 Melitta to Nina von Stauffenberg (30.12.1944), quoted in Gerhard Bracke, *Melitta Gräfin Stauffenberg: Das Leben einer Fliegerin* [The Life of an Aviatrix] (Herbig Verlag, 2013), p. 220; Gerald Posner, *Hitler's Children: Inside the Families of the Third Reich* (Mandarin, 1991), p. 184.

2 Gerald Posner, *Hitler's Children: Inside the Families of the Third Reich* (Mandarin, 1991), p. 184.

3 也许梅利塔也受到了希特勒为瓦尔基里行动的幸存者特制的7月20日特别战伤徽章的启发,该徽章上刻有"1944年7月20日"的铭文以及希特勒的签名。

4 Gerald Posner, *Hitler's Children: Inside the Families of the Third Reich* (Mandarin, 1991), p. 184.

是我来了。"[1]

最重要的是，孩子们不断问起尼娜、米卡和他们祖父母的事。梅利塔温柔地解释说，他们的母亲还不能来看他们，因为她们一个正在生孩子，另一个正在照顾病人，而他们还不能回家，因为遭遇炸弹袭击的人住在了他们的房子里。节礼日当天，当他们"再次点亮圣诞树"后，梅利塔依依不舍地离开了。[2]

梅利塔一回来就把孩子们的消息带给了尼娜。她无法透露他们被关押的地方，否则她的访问权就会被撤销，但她向尼娜保证他们生活得健康快乐，也得到了很好的照顾。五个月以来，尼娜第一次知道孩子们的消息。"贝特霍尔德真的像妈妈一样……他照顾并训练弟弟妹妹们，非常感人。"梅利塔写道。[3]弗伦茨·路德维希"又甜又可爱，一如往常，小脸红扑扑的，健康又强壮"，而女孩们"开心、开朗"，"沉着冷静"而且"表现良好"。[4]所有人对于新弟弟妹妹的消息都很激动。他们"觉得会是男孩，会叫阿尔布雷希特"，梅利塔写道，然后巧妙地补充道，"但海梅兰更想要一个小妹妹"。[5]她给尼娜讲了他们一起过圣诞节的所有细节，还附上了海梅兰画的一幅画，告诉尼娜他们有多么想念他们的母亲，但承认他们"玩了太多游戏"所以所有人都没时间一起写信。[6]

---

1 Gerhard Bracke, *Melitta Gräfin Stauffenberg: Das Leben einer Fliegerin* [The Life of an Aviatrix] (Herbig Verlag, 2013), privately translated, p. 220.

2 Gerhard Bracke archive, Melitta's diary (26.12.1944).

3 Melitta to Nina von Stauffenberg (30.12.1944) quoted in Gerhard Bracke, *Melitta Gräfin Stauffenberg: Das Leben einer Fliegerin* [The Life of an Aviatrix] (Herbig Verlag, 2013),privately translated, p. 219.

4 Ibid.

5 Ibid.

6 Ibid.

第十二章　集中营里 1944

梅利塔又可以休假的时候，她便去施图特霍夫看亚历山大和米卡，让他们知道孩子们没事。后来她又给尼娜带了一件克劳斯的旧皮草外套，也许就是她自己穿去巴特萨克萨的那件，还有一封孩子们给他们"远方的妈妈"的饱含深情的信，尼娜读过后便哭了。[1]孩子们很好，他们都在一起，梅利塔悄悄告诉了她他们关押的位置。[2]尼娜对孩子们被关押的地点感到绝望，但能得知他们平安无事仍算是从政变失败以来第一次让她感到高兴的事了。

1　Konstanze von Schulthess, *Nina Schenk Gräfin von Stauffenberg: Ein Porträt* [A Portrait] (Piper, 2009), p. 90.
2　梅利塔后来也告诉了孩子们的祖母卡罗琳他们所在的地方。

第十三章
在地堡 1945

　　希特勒闷闷不乐地看了看房间里夹在小树枝上的蜡烛。1944年年底，他已经撤到陶努斯山区的阿德勒霍斯特的地堡里，希望能够在这里指挥获取阿登战役的巨大胜利。这场"完全出人意料的冬季攻势……"一名参谋官惊呼道，"是送给我国人民最完美的圣诞节礼物。"[1] 然而在比利时前线吃着结冰的口粮、挖着战壕和散兵坑的部队却不大赞同这种说法。圣诞节一早，一批容克-88投下镁照明弹，标志着德国人猛攻的开始。这一波攻击很快遭到了美国战斗轰炸机的反击，美军投下汽油弹，并以大规模的机枪扫射压制德军。长时间的战斗造成了大约3.8万名士兵伤亡，其中三分之二是德国人。元首的"最后一次赌博"已经步履维艰。12月26日，希特勒谈到想要"结束自己的生命，因为实现胜利的最后希望已经消失"。他的德国空军副官尼古劳斯·冯·贝洛记录道："1944年这一年在无望的情绪下结束了……盟军几乎占据了全部的

---

[1] Anthony Beevor, *Ardennes 1944: Hitler's Last Gamble* (Viking, Penguin Random House, 2015), p. 219.

第十三章 在地堡 1945

空中优势。"[1]

汉娜在柏林动物园高射炮掩体下的德国空军医院度过了她的圣诞节，一次空袭造成了她的脑震荡和肘部受伤，现在正在康复期。虽然柏林遭到了猛烈的攻击，但她拒绝离开首都。11月的一次官方电台广播中说："站稳脚跟。汉娜·莱契和你一起承受着这一切。"[2] 德国的广播现在充满了类似的鼓舞士气的宣传，但是柏林人已经发展了自己的"闪电战精神"："实际一点，"他们带着一种大难临头的幽默感开玩笑说道，"圣诞节送个棺材。"[3]平安夜，3000架美国飞机轰炸了32个城镇，其中包括柏林，这是"二战"期间最大规模的一次袭击。一周后，戈林派出近1000架飞机攻击盟军机场和地面部队。盟军对此已经做好了准备。超过四分之一的德国空军编队在这次灾难性行动中被摧毁。看着周围床上受伤的军人，汉娜又骄傲又痛苦。"我知道我们正在输掉这场战争。"她承认道。[4]"自我牺牲行动"为时已晚，但她想知道她是否还能做一次英雄。"我还能飞……"在与希特勒会晤之后，她对她突击队的朋友奥托·斯科尔兹内小声说道，"我很快就会加入战斗。"[5]

汉娜决定，至少在苏联红军抵达之前，她要"救出"一些住院的

---

1 Nicolaus von Below, *At Hitler's Side: The Memoirs of Hitler's Luftwaffe Adjutant 1937–1945* (Frontline, 2010), pp. 223–224.

2 Ron Laytner, *Edit International Articles: A portfolio of some of Ron Laytner's greatest stories*, 'Hanna Reitsch: Greatest Nazi Test Pilot and World's First Astronaut' (2010).

3 Anthony Beevor, *Ardennes 1944: Hitler's Last Gamble* (Viking, Penguin Random House, 2015), p. 219.

4 Ron Laytner, *Edit International Articles: A portfolio of some of Ron Laytner's greatest stories*, 'Hanna Reitsch: Greatest Nazi Test Pilot and World's First Astronaut' (2010).

5 Dennis Piszkiewicz, *From Nazi Test Pilot to Hitler's Bunker: The Fantastic Flights of Hanna Reitsch* (Praeger, 1997), p. 87.

军人。在汉斯-乌尔里希·鲁德尔的帮助下，她制定出了一条疏散路线。鲁德尔是一位功勋卓著的德国空军中校，也是一位忠诚的纳粹党员，他右腿被截肢，正在此养伤。"趁夜里飞过来，在医院旁边的街道上降落"，或者，如果她可以弄到一架直升机，就可以停在附近防空塔的平顶上，她觉得她可以疏散不少人。[1]一出院，她便驾机在城里到处飞，训练自己穿过硝烟，记住没有被大雪覆盖的少量地标，直到她确认自己能在任何天气条件下，在没有无线电指引的情况下，从各个方向找到医院。

战争现在进入了最后的阶段。1945年1月12日，希特勒撤退到帝国总理府花园下方的柏林地堡。两周后，苏联红军穿过了纳粹占领的波兰领土，一路冲锋，占领了拉斯滕堡的"狼穴"，然后解放了"狼穴"往南350英里（约563千米）的奥斯维辛集中营。汉娜在无助的愤怒和绝望中，跟随德国大部队一路撤退。公路和铁路上满是退下来的军队，跑在溃不成军的部队前面的是成千上万的难民。与此同时，"英国人和美国人随心所欲地飞在帝国西部上空"，冯·贝洛报告称。[2]一波又一波的飞机每天横扫柏林，有时多达每天两次。城里疲惫的人们现在住在地窖和地下掩体里，白天去仍然勉强开放的几家商店排队买东西，整晚整晚听着空袭警报，"呻吟声和炸弹爆炸的声音此起彼伏"。[3]德军防空炮弹击中盟军炸弹也可能造成弹片伤人的危险，偶尔整个建筑物会在骇人的爆炸声中应声坍塌，燃烧

---

1 Ron Laytner, *Edit International Articles: A portfolio of some of Ron Laytner's greatest stories*, 'Hanna Reitsch: Greatest Nazi Test Pilot and World's First Astronaut' (2010).

2 Nicolaus von Below, *At Hitler's Side: The Memoirs of Hitler's Luftwaffe Adjutant 1937–1945* (Frontline, 2010), p. 229.

3 Hanna Reitsch, *The Sky My Kingdom: Memoirs of the Famous German World War II Test Pilot* (Greenhill, 2009), p. 253.

的断壁残垣中冒出火焰和白热的火花。层层烟雾从废墟中滚滚而来。

汉娜急于为祖国效力，当她的家乡西里西亚首府布雷斯劳遭遇围攻，通过无线电请求让她飞来接收给柏林的急件时，她毫不犹豫地接受了。两周后，当布雷斯劳已兵临城下时，她又飞了进去。这次她还带来了纳粹国务卿温纳·瑙曼，他是戈培尔在宣传部的助手，他的到来是为了试图振奋围困下的人民的士气。他们途中降落补充燃料和获取新消息的时候接到了希特勒发来的电报，要求他们返程。汉娜以她典型的泰然自若的态度私自决定，作为达姆施塔特研究站的一名文职雇员，她"不听令于军事命令"，便无视了这一电报。为了掩人耳目，她飞得很低，安全地把瑙曼送到唯一一个还在使用的机场，然后自己继续探索这座被围困的城市。她看到"女人和老人苍白恐惧的面孔"，静静地等待着他们在红军手中的"命运"，她意识到瑙曼的工作是带不来希望的。[1] 瑙曼和汉娜返回柏林的途中谁都没多说话。

汉娜的父亲维利·莱契博士在为逃离苏联的难民提供一般医疗救助时听说了强奸和暴力事件，对此，他深感不安。由于担心出现最坏的情况，他和他的妻子埃米已经放弃了在布雷斯劳以西70英里（约113千米）处希尔施贝格的家。他们带着汉娜的妹妹海蒂、海蒂的三个孩子以及他们的女仆安妮，还有尽可能多的财产，乘火车穿过被占领的捷克向南进入奥地利，埃米在那里有亲戚。比大多数从东方涌入的难民更幸运的是，他们在萨尔茨堡的莱奥波尔兹克罗恩宫找到了一个阁楼当避难所。[2] 这座18世纪豪宅的犹太主人于1938

---

1 Hanna Reitsch, *The Sky My Kingdom: Memoirs of the Famous German World War II Test Pilot* (Greenhill, 2009), p. 240.
2 莱奥波尔兹克罗恩宫以电影《音乐之声》在此取景而闻名，而冯·特拉普家族实际上住在艾根附近的别墅里，这座豪宅战争期间被希姆莱占用。

年被赶走，此后这里便被纳粹占领，供纳粹高级官员作为夏季住所和宾馆使用。

1945年4月20日是希特勒56岁的生日。虽然这一天是国家法定假日，但几乎没有多少庆祝活动。纳粹的旗帜在柏林的一片废墟上升起，一群纳粹党高官聚集在总理府带回音的房间里，很多人都没地方坐，因为精美的家具早被收起来了。讲了几句话后，元首在曾经漂亮的总理府花园中给希特勒青年团代表颁发了奖章，然后回到了他的地堡听取日常情况报告。4天前，柏林东部的市民被一股"强烈"的震动吵醒，一位女士写道，"声音之大，震得连电话都开始响了，震得照片从挂钩上掉下来"。[1]红军到了。4月21日午夜过后，苏联红军发动了对德国首都的进攻。一波波轰炸在总理府花园留下了巨大的弹坑，空气中弥漫着灰尘和烟雾。希特勒身边最资深的军官建议他趁现在赶快离开，以便在更安全的地堡中指挥战斗。希特勒犹豫了。他的核心团队则更有决断。那天晚上，希姆莱、施佩尔和戈林都离开了柏林。只有戈培尔留了下来，并向全国广播"忠诚是勇于面对命运"。[2]

两天后，希特勒的怒火在绝望中爆发了。纽伦——纳粹党的神圣城市——被美军占领。在柏林，希特勒一直依赖的武装党卫队的反击未能成功。苏联红军的炮弹在城市上空不断落下，仿佛倾盆大雨，苏联军队随时可能发起总攻。一切都失败了，希特勒痛苦地尖叫着，他将独自留在柏林面对命运的审判。事实上希特勒并不是独自面对。他还有一支卫队，一批联络官，一众秘书、医生、厨师和

---

1 Anon, *A Woman in Berlin*, introduction by Antony Beevor (Virago, 2011), p. 1.
2 Otto Skorzeny, *Skorzeny's Special Missions: The Memoirs of 'The Most Dangerous Man in Europe'* (Greenhill, 2006), p. 195.

第十三章 在地堡 1945

他的私人秘书马丁·鲍曼，都和他一起待在他的地堡里。最近，他的长期情妇爱娃·布劳恩也加入了进来，约瑟夫·戈培尔和他的妻子玛格达以及他们的六个孩子也来了。尽管希特勒仍然保持着绝对权威，但他的情绪已经崩溃对所有人来说都显而易见。当德国空军将军卡尔·科勒将希特勒的状况报告给戈林时，帝国元帅向他的元首发了一封电报。1941年，戈林已被提名为希特勒的继任者。他写道，现在身在上萨尔茨堡山的他更有能力指挥战斗。除非他当晚接到相反的指令，否则他会认定希特勒已经死亡或被捕，然后直接接管纳粹党和帝国领导权。被鲍曼操纵[1]的希特勒被激怒了——这对他来说是最终的背叛。

汉娜被送回了布雷斯劳。虽然她的家人已经离开了，但这次她留在了她的老家希尔施贝格。几年前，当这座城市重获自由时，街道两旁都是挥舞着旗帜的人群，报纸上都是她给当地学生教授滑翔课程的报道。而现在，学校里空无一人，街道上尽皆颓垣废井。汉娜突然感到一阵孤独。当她又接到命令，为医院飞去慕尼黑侦察适合的紧急降落场地时，她决定先到奥地利边境的萨尔茨堡探望她的家人。她的父亲已经几近崩溃，但她的母亲仍然很顽强地照顾着家里所有人，海蒂正在悄悄考虑再婚。"虽然被国家悲剧的阴云所笼罩，"汉娜写道，"但一家人在团圆中一如既往地感到幸福。"[2]

汉娜与家人团聚的第二天，4月25日，当苏联军队攻入柏林奥林匹克体育场时，格莱姆要求汉娜立即飞往慕尼黑执行一项特殊任务。格莱姆和科勒此前曾被召到元首地堡参加过一次有关"高度紧

---

[1] 有一种说法是鲍曼一直给希特勒注射毒品来保证他"身体健康"。——译者注
[2] Hanna Reitsch, *The Sky My Kingdom: Memoirs of the Famous German World War II Test Pilot* (Greenhill, 2009), p. 241.

急事务"的会议。[1]由于柏林现在被包围,科勒拒绝前往,而是选择支持戈林的行动。然而,格莱姆却决心服从元首的命令。1920年,格莱姆成为第一位为希特勒驾机的飞行员,带希特勒进入柏林参加卡普政变。现在,四分之一个世纪过后,他认为自己可能会重演这个角色,载着希特勒逃离首都。

格莱姆认为最好的方法是将旋翼直升机直接开进总理府花园。汉娜知道如何驾驶直升机,并且实际飞过这些路线,她也比任何人都更了解这座受灾城市的地标。他们都清楚自己不太可能在这样一个危险的任务中幸存下来,格莱姆以一个求婚者而不是一个指挥官的形式,请求汉娜的父母允许自己对她进行指挥部署。"这个(请求)他们毫不犹豫就答应了。"她自豪地记录道。[2]

午夜时分,汉娜将她的铁十字勋章别在黑色卷边毛衣上,整理了头发,并在一家人藏身的地窖里告别了家人。汉娜先拥抱了海蒂,然后依次拥抱每个困倦的孩子。她骄傲的父母跟着她走向等候她的车,"站得笔直,一动不动"地看着她上了车,车子开走了。[3]汉娜备受感动,她决定每天记录下对于父母的印象,"以便在脑海里和他们继续保持联系"。[4]

汉娜和格莱姆于第二天夜里2点30分离开慕尼黑去往雷希林。看着星光璀璨的明亮夜空,汉娜确定这片已被盟军占领了数周的

1　Cornell University Law Library: Donovan Nuremberg Trials Collection, Robert E. Work, interrogation of Hanna Reitsch, 'The Last Days in Hitler's Air Raid Shelter' (08.10.1945).

2　Hanna Reitsch, *The Sky My Kingdom: Memoirs of the Famous German World War II Test Pilot* (Greenhill, 2009), p. 241.

3　Ibid., p. 242.

4　Deutsches Museum archive, 130/123, letter Hanna Reitsch/Kurt Reitsch (1946).

领空此刻没有任何敌机的迹象，不到两个小时后，他们便安全降落。然而雷希林的情况并不好。汉娜和格莱姆原计划驾驶前往总理府的直升机已经在一次空袭中被摧毁。如果他们要继续这次行动，就必须乘飞机。加图是德国人控制的柏林最后一个机场，它已经被包围并遭遇了持续不断的炮击。没有人知道那里是否还有足够好的跑道可以安全着陆一架飞机。况且48小时内还没有一架飞机成功飞越苏军防线。

尽管存在巨大的风险，但格莱姆还是命令两天前带施佩尔飞到加图的德国空军中士现在重新飞一遍这条航线。一架福克-沃尔夫-190很快就准备好了。虽然是单座战斗机，但这架经过改装的飞机在行李舱内安装了第二个座位。飞行员将格莱姆送到加图就必须立即返回，因为苏联人随时可能会占领机场。

即使飞机能够飞抵加图，汉娜也担心格莱姆如何从机场去往柏林市中心的总理府大楼。格莱姆做准备时，汉娜悄悄地向飞行员询问再加她一个是否可行，然而被告知她的体重不是问题，但问题是这架飞机里已经没有给第三个乘客坐的位置了，即使是一个她这样身材娇小的乘客。汉娜让地勤人员把她水平地塞进了机舱里，先进脚，工作人员从机身后部小小的紧急舱口将她送了进去。她躺在那里，周围一片黑暗，卡在计量器、氧气瓶和其他装置之间。"就像一只蠕虫被压成一团。"她如此描述道。她甚至没法伸一伸手或腿，因为四肢已经被紧紧地挤在机身坚硬的金属翼梁下。[1] 而如果飞机被击中，她知道她无法逃脱，因为舱口只能从外面打开。

汉娜不习惯依赖别人。她一度感到非常害怕，努力从40架强大的战斗机护卫队发出的巨大引擎声和自己紧握的手枪中汲取力量。

---

1 Deutsches Museum archive, 130/123, letter Hanna Reitsch/Kurt Reitsch (1946).

如果被迫在敌人控制的领土上紧急降落,她决心不要活着成为苏联人的俘虏。几分钟后,格莱姆坐上了飞机,在他们马上要起飞的时候,汉娜突然对他说:"你安全带扣好了吗?"[1]那一刻格莱姆沉默了。"我能感觉到他的情绪变化,喜悦的心情让他无法回答。"汉娜用平日里讽刺的语气说道。[2]然后她听到了格莱姆的声音:"女上尉,你在哪儿?"[3]汉娜没时间解释,飞机已经上了并不平坦的跑道,每一次颠簸都会使她重重地撞在机身上。

从雷希林到加图的正常飞行时间是30分钟,汉娜看着自己手表的发光表盘开始一分一分地倒计时。他们一飞抵柏林郊区,便被苏联战斗机盯上了。汉娜能够感受到侧翼中弹的冲击力,接着这架福克-沃尔夫突然开始向前倾,"尾气冲击发出撕裂空气的尖叫声",然后垂直地向下坠落。[4]汉娜仍然紧紧地夹在翼梁下,头朝下快速坠落,"每一个细胞、每一根神经都高度紧张",等待着最后一刻的冲击。[5]然而片刻后,她感到飞行员抬起了福克-沃尔夫的机头,飞机又开始平稳飞行。他们并没有被击中,而是故意下降以避免敌人的袭击。他们的大部分护卫队还在他们头顶上与苏军缠斗。几分钟后,加图机场从柏林断壁残垣上空的浓烟中显现出来,在苏联战斗机对机场的一阵扫射中,他们落地了。

炮弹不断在他们身边炸响,子弹横飞,汉娜被从她的藏身处拉了出来,一出飞机就朝着最近的掩体冲了过去。在那里,她伸展

1　Deutsches Museum archive, 130/123, letter Hanna Reitsch/Kurt Reitsch (1946).

2　Ibid.

3　Hanna Reitsch, *The Sky My Kingdom: Memoirs of the Famous German World War II Test Pilot* (Greenhill, 2009), p. 244.

4　Ibid.

5　Deutsches Museum archive, 130/123, letter Hanna Reitsch/Kurt Reitsch (1946).

第十三章 在地堡 1945

按摩着酸痛的腿,格莱姆设法打电话给在地堡里的元首。尼古劳斯·冯·贝洛告诉格莱姆,现在进入这座城市的所有道路都落到了苏联人手里。然后又补充说,元首仍然希望"不惜一切代价"见到格莱姆,"但没有说明理由"。[1]目前唯一的选择是驾驶一架速度较慢的菲泽勒"白鹳"侦察机,这种飞机可以短距离起降,从加图飞到勃兰登堡门后面的大道上。而就在他们准备离开前,他们选择的飞机被炮火摧毁。下午6点,借着慢慢暗下来的日光,他们驾驶着加图的最后一架"白鹳"再次起飞,此时他们已经36个小时没有休息了。

由于汉娜没有在炮火中飞行的经验,所以格莱姆坚持还是由自己来驾驶飞机,将小飞机保持在离地面、屋顶和树梢很近的较低处,只要它长长的减震起落架还能承受。汉娜负责在后面导航,但她没有系安全带,而是选择保持站立。几分钟后,他们从距面湖面只有几米高的地方飞过万湖。"我们身下是万湖,湖面在渐渐黯淡的光线中闪闪发光。"汉娜看到了一个"遥远、田园诗般的宁静"场景。[2]然后她再次抬起头,用她的话说,"带着一种动物般的机警",时刻准备着要突然转向。[3]不一会儿,一群敌军的战斗机出现了,从柏林附近"绿森林"格林瓦尔德的树梢上俯冲下来,从各方面向他们发起进攻。格莱姆赶忙闪避,汉娜看到了地面上红军的坦克和数百名士兵,"在树丛中蜂拥而至"。[4]他们举起步枪、机关枪和反坦克武器瞄准这架看起来岌岌可危的"白鹳",汉娜一度可以

---

1 Hanna Reitsch, *The Sky My Kingdom: Memoirs of the Famous German World War II Test Pilot* (Greenhill, 2009), p. 245.

2 Ibid.

3 Ibid.

4 Ibid.

看到他们向上抬起的脸。然后他们开始了射击。子弹和炮弹从各个方向飞向他们，空气中立即到处是爆炸产生的烟雾。

突然间，飞机发生了断裂，猛地向下一沉，汉娜看到发动机旁腾起一道黄白色的火焰。与此同时，格莱姆尖叫着说他被击中了，一枚穿甲弹穿透了机身，从底部打透了飞机，击中了他的右脚。"仿佛是下意识地，我越过他的肩膀，控制住了油门和操纵杆，努力保持飞机平稳，闪转腾挪避免再次被击中，"汉娜写道，"格莱姆在他的座位上缩成一团，不省人事。"[1]他们周围的空气中到处是爆炸声，噪声震耳欲聋，"白鹳"的机身一再被击中。随着"一阵恐怖的痉挛"，汉娜看到两侧机翼油箱都流出了黑色的机油。[2]驾驶舱很快充满燃料的味道，她做好了再次爆炸的心理准备。不止一次，格莱姆睁开了眼睛，"用仿佛痉挛似的力量"伸手去够操纵杆，然后再次昏过去。[3]他们谁都没想过可以活着降落，而且格莱姆可能会因失血过多而死的想法折磨着汉娜。[4]然而奇迹出现了，她到现在都没有受伤，并且控制住了这架受损严重的飞机。

他们现在正在不断降低高度。随着地面火力的减弱，汉娜猜测下面的区域仍然在德国人的控制下。他们周围都是烟雾和灰尘，能见度几乎为零，但汉娜记得城里的地标，一路飞往医院附近的防空塔。从那里，她可以沿着主要的东西向街道横穿柏林，一直飞往勃兰登堡门。

汉娜的老朋友和希特勒顽强而忠诚的私人飞行员汉斯·鲍尔正

---

1 Hanna Reitsch, *The Sky My Kingdom: Memoirs of the Famous German World War II Test Pilot* (Greenhill, 2009).

2 Ibid.

3 Ibid.

4 Deutsches Museum archive, 130/123, Hanna Reitsch/Kurt Reitsch (1946).

第十三章 在地堡 1945

在监督一条紧急着陆带的建设,沿着这条东西向的轴线,他们拆了灯柱并砍了很多树木,来准备着陆带。听到了空中"白鹳"发动机故障的声音,汉斯立刻派出了一支搜救队。汉娜最终降落在了胜利纪念柱[1]的旁边,油箱里几乎没有剩下一滴机油。她从布满子弹的飞机上拖出了格莱姆,并撕下了自己的衬衫袖子,给他的腿扎了一个临时止血带。当格莱姆醒过来时,身边都是路旁倒下的树,自己躺在一片树枝和混凝土碎片之间。汉娜意识到他们到达地堡的唯一希望就是搭车走,但整个区域是如此荒凉。"周围的碉堡被炸成锯齿状,透出一丝丝骇人的气息。"她写道,"时间一分钟一分钟悲哀地过去。有一次,近在咫尺的地方发出几声尖锐的炸裂声——然后再次陷入一片寂静的荒凉。"[2]终于出现了一辆军用车,格莱姆被抬到了后座上,车载着他和汉娜从勃兰登堡门下出发,一路沿着菩提树大街,通过威尔海姆大街,进入沃斯大街。对于汉娜来说,她很难把周围的"瓦砾和烧焦的残骸"与曾经引以为豪的建筑物和林荫大道相提并论,这些树木最近才被一排排种在这些优雅的街道上。[3]她终于产生了一种多年来很多人一直都有的感觉:"就好像闭幕的帘子已经放下,"她写道,"隐藏了熟悉的现实。"[4]

随着他们到达地堡入口,这些想法都被放到了一边。对于只有在空中才觉得自己真正活着的汉娜来说,下到防空洞里便感觉"被包围了",正如阿尔贝特·施佩尔所说的那样,"四面都是混凝土

---

1 胜利纪念柱最初有三层,代表三次军事胜利。1939年,纳粹政权进行了加高,并将其从国会大厦前迁至蒂尔加滕,作为对帝国未来首都重新设计的一部分。

2 Hanna Reitsch, *The Sky My Kingdom: Memoirs of the Famous German World War II Test Pilot* (Greenhill, 2009), p. 247.

3 Ibid.

4 Ibid.

和泥土",感觉特别不自然。[1] "这里……"她写道,"非常压抑又安静,像在坟墓一样。"[2] 他们一进入狭窄的中央走廊,她差点和玛格达·戈培尔撞个满怀。她们之前没有见过面,但作为第三帝国照片中最常出现的两位女性,她们立即相互认了出来。有那么一刻,玛格达站在那里惊讶地看着汉娜,"好像震惊于竟然有活物找到了这里"。"戈培尔太太",汉娜恭敬地如此称呼她。[3] 然后情绪激动的玛格达开始抽泣,和汉娜紧紧拥抱在一起。过了一会儿,汉娜看到希特勒站在狭窄的过道远处。一位目击者写道,他们"热烈地互相打招呼"。但汉娜自己的记录是,希特勒的欢迎方式很酷,他的"眼神呆滞地望着远方",他的声音"没有感情"。[4] "头沉重地耷拉在肩上,"她又补充道,"双臂不断地抽搐着。"[5]

党卫军警卫把格莱姆直接带到了地下指挥中心,在那里,希特勒的私人外科医生斯达姆普菲格处理了格莱姆的伤口,并给他使用了止痛药。当希特勒到达时,格莱姆还在担架上。[6] 格莱姆挣扎着抬起了部分身子,敬了个礼,并报告了一路的情况。汉娜富于情感的描述,

---

1 Albert Speer, *Inside the Third Reich* (Sphere, 1971), p. 631.
2 Hanna Reitsch in *Die Welt*, 'Wie klein Mäxchen such den Untergang des Dritten Reiches vorstellt' [How the Little Maxes Imagine the Downfall of the Third Reich] (02.08.1973).
3 Hanna Reitsch, *The Sky My Kingdom: Memoirs of the Famous German World War II Test Pilot* (Greenhill, 2009), p. 247.
4 Gerhard Boldt, *Hitler's Last Ten Days* (Coward, McCann & Geoghegan, 1973), p. 178; Hanna Reitsch, *The Sky My Kingdom: Memoirs of the Famous German World War II Test Pilot* (Greenhill, 2009), p. 248.
5 Hanna Reitsch, *The Sky My Kingdom: Memoirs of the Famous German World War II Test Pilot* (Greenhill, 2009), p. 248.
6 这个描述来自汉娜出版的回忆录。关于地堡最后几天的记录略有差异,例如,她在接受美国讯问的报告中指出,希特勒是在手术室看到了格莱姆。但基本上要点是一致的。

似乎振奋了希特勒的精神,他弯腰抓住格莱姆的手,然后转向汉娜,惊呼道:"勇敢的女人!看来这世界上还有一些忠诚和勇气!"[1]

忠诚是希特勒最后迷恋的事情。他现在给戈林写下了最后一封电报,把它交给格莱姆时,他双手不受控制的颤抖让这张电报"疯狂地抖个不停"。[2]格莱姆读着电报,希特勒的眼中渐渐充满了泪水。然后,他脸上的肌肉开始抽搐,"他的气息变成了剧烈的喘息"。[3]他努力控制了许久才喊出来:"什么都没有放过我!什么都没有!每一次幻灭,每一次背叛、羞辱、叛国都发生在我身上。我要立即逮捕戈林,剥夺他所有的职位,将他驱逐出党组织!"[4]汉娜长期以来一直鄙视戈林,觉得他非常无能,身体"异常",是一个自欺欺人的吗啡瘾君子,听到希特勒诉说这"可耻的背叛"后,她并不惊讶。[5]希姆莱经常提到自己对这位德国空军首领的抱怨,而戈林又不想与她的英雄格莱姆"分享对德国空军的负责权或指挥权",汉娜对戈林的怨恨也随之增加了。[6]每当汉娜思考第三帝国的苦难时,她认识到有一条"长长的、不公正的、邪恶的链条,其中大部分都可以直接追

---

1 Hanna Reitsch, *The Sky My Kingdom: Memoirs of the Famous German World War II Test Pilot* (Greenhill, 2009), p. 248.

2 Cornell University Law Library: Donovan Nuremberg Trials Collection, Robert E. Work, interrogation of Hanna Reitsch, 'The Last Days in Hitler's Air Raid Shelter' (08.10.1945).

3 Ibid.

4 Hanna Reitsch, *The Sky My Kingdom: Memoirs of the Famous German World War II Test Pilot* (Greenhill, 2009), p. 248.

5 US National Archives, Hanna Reitsch interrogation summary, 'Condemnation of Göring by Hanna Reitsch' (16.11.1945), p. 1.

6 Deutsches Museum archive, 130/123, letter Hanna Reitsch/Kurt Reitsch (1946).

溯到戈林的罪恶上"。[1] 现在，戈林已经抛弃了元首，而格莱姆则留在元首的身边。希特勒当场将格莱姆提升为元帅，并立即生效，给予他德国空军的最高指挥权。这份巨大的荣誉正是格莱姆来到这里的原因。这是一条本可以通过电报来传达的晋升令，从此格莱姆就被授权指挥一支几乎没有一架飞机的空军。

汉娜一直被荣誉、责任和忠诚等抽象概念所吸引，并以这些为借口，不去质疑或理解他人的动机和她自己信仰的含义。至于希特勒"可能是对或错的领导"，她曾对她的哥哥说道，"这不是我应该判断或谴责的事"。[2] 汉娜知道格莱姆与她有着相同的价值观，而这也将她与他紧密地联系在一起，而不是靠纯粹的钦佩。对于汉娜来说，他们共同的荣誉感是精神上的，重申了他们自己的正义。汉娜看着格莱姆，"没有说话也没有动一下"，她猜想格莱姆做人的准则是如此"不可改变和无私"。在她看来，这便意味着格莱姆的晋升"只能有一个含义——留在这里，在地堡里，和希特勒在一起，一直到最后"。[3] 然后汉娜立刻决定，如果格莱姆留下来，她也会要求希特勒给她最后的特权，让她与希特勒在一起。有些记录甚至写道，汉娜抓住了希特勒的手，乞求他让自己留下，这样她的牺牲可能有助于挽回德国空军的荣誉——尽管这份荣誉已经因为戈林的背叛而黯然失色——甚至以此来"保证"她的国家在世人眼中的尊

---

1 US National Archives, Hanna Reitsch interrogation summary, 'Condemnation of Göring by Hanna Reitsch' (16.11.1945), p. 3.
2 Deutsches Museum archive, 130/123, letter Hanna Reitsch/Kurt Reitsch (1946).
3 Hanna Reitsch, *The Sky My Kingdom: Memoirs of the Famous German World War II Test Pilot* (Greenhill, 2009), p. 248.

严。[1]但汉娜的动机不仅仅是盲目的荣誉。她通过宣传以及她对德国空军的测试工作,一直在努力地支持纳粹政权,毫无疑问,她和格莱姆都认同了希特勒反犹主义的世界观并支持他的侵略性扩张主义政策。"汉娜无条件地崇拜希特勒,毫无保留,"地堡中的女秘书之一特劳德·琼格后来写道,"她整个人都非常狂热,疯狂地准备为元首和他的理想而死。"[2]

希特勒对汉娜的接见快结束的时候,玛格达·戈培尔邀请汉娜到她的房间,让她洗个澡。作为约瑟夫·戈培尔的妻子,玛格达选择与丈夫和她的元首一起留在地堡里。她还决定让孩子们和自己在一起。汉娜一进门,发现自己面对着6张小脸,从他们的上下铺上探出头来,充满了好奇心。[3]黑尔佳12岁,安静,高大,聪明,并且崇拜她的父亲;漂亮的11岁的希尔德被称为戈培尔家的"小老鼠",她和她的姐姐是希特勒的最爱;他们唯一的弟弟,10岁的赫尔穆特牙上还戴着牙套,被认为是一个梦想家;霍尔德今年8岁,"像一个小天使一样",她的父亲这样说;而黑达和海德龙分别是6岁和4岁。[4]三个小家伙的发色甚至比她们哥哥姐姐的还要偏金,都是天生的自来卷。孩子们很活泼,他们一起玩闹,有时也有争吵。只有最年长的黑尔佳"那双棕色的大眼睛里有时带着一种悲伤的、

---

1 Cornell University Law Library: Donovan Nuremberg Trials Collection, Robert E. Work, interrogation of Hanna Reitsch, 'The Last Days in Hitler's Air Raid Shelter' (08.10.1945).

2 Traudl Junge, *Until the Final Hour: Hitler's Last Secretary* (Phoenix, 2002), p. 174.

3 Hanna Reitsch, *The Sky My Kingdom: Memoirs of the Famous German World War II Test Pilot* (Greenhill, 2009), p. 249.

4 Fred Taylor (trans., ed.), *The Goebbels Diaries, 1939–1941: The historic journal of a Nazi war leader* (Sphere, 1983), p. 13.

知情的表情",一位秘书觉得,可能"孩子看透了成年人的伪装"。[1]

看到一张新面孔,所有的孩子都很高兴,他们向汉娜提出了各种问题。虽然疲惫不堪,但她很乐意回答。也许她也想起了她妹妹家的孩子们,那些两天前她在自己家地窖里抱过的孩子,或者就像她所说,她只是很高兴暂时逃进孩子们的"活泼无忧的小世界"里。[2]从那之后,汉娜便经常去看孩子们,教他们蒂罗尔民歌,以及他们后来为希特勒演唱的离别曲。就像梅利塔哄着被拘禁的施陶芬贝格家的孩子一样,汉娜也给他们讲了她自己的飞行冒险的故事,还有她所见过的"陌生的土地和人民"的故事。[3]"他们每个人都让人高兴,"汉娜觉得,"他们有一种开放的自然状态还有聪明的脑袋瓜。"[4]而最令人感动的是他们会彼此关心。当地面上的炸弹爆炸声吓坏了小孩子,年长的哥哥姐姐就会安慰弟弟妹妹说,这只是他们的"元首叔叔"征服敌人的声音。[5]孩子们"这片和平幸福的小小绿洲"和外面崩塌的世界的对比"最让我难受",汉娜说道。[6]

玛格达告诉汉娜,每天晚上当她把孩子们送上床时,她都不知道这是不是最后一次哄他们睡觉。作为回应,汉娜开始给孩子们唱歌:"明天这将是他的意志,主将再次唤醒你。"[7]几名工作人员已经请求陪孩子们到一个更安全的地方,但玛格达坚定地将他们留下来。

1　Traudl Junge, *Until the Final Hour: Hitler's Last Secretary* (Phoenix, 2002), p. 175.
2　Hanna Reitsch, *The Sky My Kingdom: Memoirs of the Famous German World War II Test Pilot* (Greenhill, 2009), p. 250.
3　Ibid.
4　Ibid.
5　Ibid.
6　Ibid.
7　Ibid.

现在，汉娜也对她说，自己可以带戈培尔一家飞出去。玛格达还是拒绝了，说他们宁愿一起死。汉娜被她在孩子面前展现出来的勇气、自制力和乐观的态度折服了，并决定不会再提这件事。[1]她更羡慕希特勒给玛格达的黄金纳粹党徽章，元首在自己佩戴了15年后，将其从自己的夹克上摘下来戴在了玛格达的裙子上，以表彰她的忠诚。相应地，玛格达也把汉娜当成了盟友。"亲爱的汉娜，当一切结束的时候，如果我在孩子们面前变得怯懦了，你必须帮助我，"她对汉娜说道，"你必须帮助我结束他们的生命。他们属于第三帝国和元首，如果这二者不复存在，他们就没有其他存在的意义了。你必须帮助我，我最害怕的是，在最后一刻，我将变得太怯懦。"[2]

在接下来的几天里，苏联军队径直穿过柏林，直入总理府的炮兵阵地。汉娜把大部分时间都花在了格莱姆的病房里。有时候她干脆在他的担架旁睡着了，但本质上她还是一名全职护士，每小时清洗一次格莱姆的伤口然后消毒，给他换姿势以减轻疼痛。现在汉娜基本上不可能睡上完整的几个小时，整个地堡摇晃着，灯时亮时灭，甚至在地下50英尺（约15米）的地方，墙皮都会从18英寸（约46厘米）厚的墙壁上掉下来。厕所堵住了，发出恶臭，再加上大约20名精疲力竭的工作人员和士兵的体臭，空气糟糕极了。地堡内潮湿、柴油烟气和通风这些棘手的问题一直没有完全解决，即使没有轰炸，气氛也压抑到让人无法忍受。现在，炮弹直接落在头顶的地面上，

---

1 相反地，希特勒的秘书特劳德·琼格说玛格达·戈培尔"现在几乎没有力气平静地面对她的孩子"，离开他们时，常常泪流满面。参见 Traudl Junge, *Until the Final Hour* (2002), p. 174。

2 US National Archives, Air Division HQ United States Forces in Austria, Air Interrogation Unit, interrogation of Hanna Reitsch: 'The Last Days in Hitler's Air Raid Shelter' (08.10.1945), p. 6.

风的女儿

炸毁了建筑物，汉娜总能听到走廊里传来"深深的呜咽声"。[1]

汉娜从病房出来，去见地堡里的其他人。她已经知道这里的人有尼古劳斯·冯·贝洛、温纳·瑙曼、汉斯·鲍尔、希特勒的长期情妇爱娃·布劳恩；爱娃的姐夫赫尔曼·费格莱茵，他也是希特勒与希姆莱之间的长期联络官；秘书特劳德·琼格；还有马丁·鲍曼，汉娜说，他大部分时间都在"为后人记录地堡中重大的事件"。[2]鲍尔在上一场战争中与格莱姆一起并肩作战过，两人谈了很长时间。鲍尔和贝洛都非常喜欢和尊重爱娃·布劳恩，她那么漂亮，而又如此勇敢，"她的行为是我们所有人的一个榜样。"贝洛断言道。[3]然而，汉娜认为爱娃是一个可怜的人物，不停地为希特勒哀叹，还对自己头发和指甲的状况小题大做，用刻有纳粹万字符的银色小镜子看自己的脸，每隔几个小时就要换一套漂亮的衣服。地堡里最富戏剧性的人是约瑟夫·戈培尔。汉娜形容戈培尔在对戈林的背叛感到愤怒时，"嘟囔着恶毒的骂人的话……在房间跛着脚走来走去，一直在晃着手，做各种动作，这些动作随着他上下踮着脚而变得更加古怪"。[4][5]戈培尔不批评戈林的时候，就会谈论自己的殉国将如何

---

1 Cornell University Law Library: Donovan Nuremberg Trials Collection, Robert E. Work, interrogation of Hanna Reitsch, 'The Last Days in Hitler's Air Raid Shelter' (08.10.1945).

2 Ibid.

3 Nicolaus von Below, *At Hitler's Side: The Memoirs of Hitler's Luftwaffe Adjutant 1937–1945* (Frontline, 2010), p. 233.

4 戈培尔的右脚由于先天性疾病而畸形，小时候做的手术没能治好他。即使是对于戈培尔这样一个罪行累累的人而言，汉娜的评价也算得上是奇耻大辱了，但这其实是纳粹党一贯的说法，因为纳粹本就歧视他的生理缺陷，认为其缺乏价值。

5 Cornell University Law Library: Donovan Nuremberg Trials Collection, Robert E. Work, interrogation of Hanna Reitsch, 'The Last Days in Hitler's Air Raid Shelter' (08.10.1945).

成为"所有德国人的永恒榜样……将永远作为一个闪亮而神圣的故事长久地存在于历史之中"。

汉娜不认识的一个人是负责为希特勒准备情报的职员贝恩德·弗赖塔格·冯·洛林齐霍芬。正是他的堂弟韦塞尔为克劳斯的暗杀行动提供了雷管炸药和爆炸物。暗杀失败后,韦塞尔自杀了。虽然没有直接参与,贝恩德还是差点就被牵连了,不得不保持低调。当希特勒的通信人员抛弃了地堡,贝恩德便开始秘密地根据英国广播公司和路透社的消息编写报告。汉娜不知道的是,贝恩德认为格莱姆——那个有着元首的"裙带"关系,而"能力如此有限"的人——"只是为了获得忠诚于希特勒的光环"而被带进如此巨大的风险中,实在是一件疯狂的事。[1]

无论他们的目的有多不同,地堡里的每个人都"时刻警惕着"。[2]汉娜相信"我们所有人都知道,没有任何疑问,最后的结局正在随着每个小时的过去离我们越来越近"。[3]特劳德·琼格也有同感。"我们在元首地堡的这几个人都明白,希特勒很久以前就放弃了战斗,并在等待死亡……"她写道,"元首地堡是一个蜡像博物馆。"[4]但是随着紧张局势的加剧,汉娜看到希特勒和他的核心圈子越来越多地选择欺骗自己,认为最终的胜利也许还可能出现。希特勒自一周前短暂接待希特勒青年团团员以来,就再也没有冒险到过地面上。现在,他大步地在地堡里走来走去,用满是汗水的

---

1 Bernd Freytag von Loringhoven, *In the Bunker with Hitler: 23 July 1944–29 April 1945* (Weidenfeld & Nicolson, 2005), p. 164.

2 Deutsches Museum archive, 130/123, letter Hanna Reitsch/Kurt Reitsch (1946).

3 Hanna Reitsch, *The Sky My Kingdom: Memoirs of the Famous German World War II Test Pilot* (Greenhill, 2009), p. 251.

4 Traudl Junge, *Until the Final Hour: Hitler's Last Secretary* (Phoenix, 2002), p. 179.

风的女儿

抽搐的手挥舞着一张破碎的路线图，还在指挥着一支不存在的军队进行城市防御。汉娜和希特勒最亲密的顾问们"生活在一个属于他们自己的世界里"，汉娜告诉格莱姆，"远离外面的现实"。[1]

虽然对戈培尔的长篇大论不感兴趣，但格莱姆并不是对元首自欺欺人的做法没有感觉。汉娜的梅塞施密特试飞员朋友之一马诺·齐格勒后来写道，"目的"和"最后的胜利"已经成为一种宗教。[2]当3个月前与汉娜一起讨论过疏散受伤士兵的空军中校汉斯-乌尔里希·鲁德尔[3]打电话说要派一架飞机救他们时，格莱姆告诉他自己无意离开。格莱姆接着与科勒将军通电话，他的乐观态度令后者震惊。"不要绝望！一切都会好的！"据说格莱姆这样说道，"元首的存在和他的信心完全激发了我的灵感。这个地方对我来说就像不老泉一样好！"[4]科勒吓呆了。然后汉娜接过电话，要求他告诉自己的家人她没有别的选择，只能来到地堡，然后对她的航行进行了一次"精彩而刺激的描述"，接着开始罗列她几天来遭受的苦难。科勒听不下去了，挂断了电话，解释称这条线应该用于保障更重要的通话。[5,6]

---

1 Hanna Reitsch, *The Sky My Kingdom: Memoirs of the Famous German World War II Test Pilot* (Greenhill, 2009), p. 251.

2 Mano Ziegler, *Rocket Fighter: The story of the Messerschmitt Me-163* (Arms & Armour Press, 1976), p. 137.

3 鲁德尔一个星期前亲自去过地堡。他在战争中幸存了下来，于1945年5月向美国军队投降。

4 Dennis Piszkiewicz, *From Nazi Test Pilot to Hitler's Bunker: The Fantastic Flights of Hanna Reitsch* (Praeger, 1997), p. 98.

5 科勒对汉娜所说的自己没有选择权提出了异议，称格莱姆本来不希望她加入，但汉娜本人坚持要求加入。

6 Karl Koller, *Der Letzte Monat: Die tagebuchaufzeichnungen des ehemaligen Chefs des Generalstabes der deutsche Luftwaffe vom 14 April bis zum 27 Mai 1945* [The Last Month: The Diaries of Karl Koller, Chief of Staff of the Luftwaffe, 14 April to 27 May 1945] (Mannheim, 1949), p. 62.

后来，希特勒把汉娜叫到自己的书房，给了她两个黄铜胶囊，里面各有一个装满半茶匙琥珀色液体的玻璃胶囊，那就是氰化物。玻璃胶囊可以用牙齿咬碎，方便迅速吞下毒药。有消息传来，墨索里尼被俘并被击毙，他和情妇的尸体被头朝下挂在米兰的一个公共广场上。[1] 希特勒用"非常小的声音"告诉汉娜，如果温克将军的德国第12军失败，他和爱娃决定自杀，而不是被捕受辱。[2] 在汉娜又一次展示了令人印象深刻的忠诚后，希特勒告诉她，她"是那些可以和我一起死的人"。[3] 按照汉娜的理解，她和格莱姆被赋予了"选择自由"。[4] 拿着元首给的"弹壳"，汉娜坐在了椅子上，眼中含着泪水，她请求希特勒重新考虑为德国牺牲生命的打算。"救救您自己，我的元首，"她恳求道，"这是每个德国人的意愿。"[5] 希特勒拒绝了。他已经拒绝了汉斯·鲍尔带他飞出去的提议，坚持要留在他的岗位上，准备好温克可能会赶走苏联人。汉娜觉得只有希特勒自己相信他在柏林的坚守对于鼓舞士气至关重要，而这种士气也是他活着的理由。略带一丝厌恶地，她看着他那曾经以有神出名的眼睛如今水汪汪地鼓胀着，脸上"松弛，都是腻子色"，她偷偷地觉得，即使

---

[1] 虽然将他们身体倒挂的人是想羞辱他们，但墨索里尼的情妇克拉拉·佩塔奇的衬裙还是在她的两腿之间被钉在了一起，这样就不会露出她的内衣。

[2] Cornell University Law Library: Donovan Nuremberg Trials Collection, Robert E. Work, interrogation of Hanna Reitsch, 'The Last Days in Hitler's Air Raid Shelter' (08.10.1945).

[3] Ibid.

[4] Hanna Reitsch, *The Sky My Kingdom: Memoirs of the Famous German World War II Test Pilot* (Greenhill, 2009), p. 251.

[5] Cornell University Law Library: Donovan Nuremberg Trials Collection, Robert E. Work, interrogation of Hanna Reitsch, 'The Last Days in Hitler's Air Raid Shelter' (08.10.1945).

温克到了，元首的"生命能量也已经无力再支撑他了"。[1]

4月27日下午，希特勒召开会议，确保每个人都知道如何使用他们的氰化物，并制订了销毁他们尸体的计划。尽管如此，爱娃还是将她的小瓶放在优雅的连衣裙口袋里，告诉女人们她想成为一具"美丽的尸体"。[2] 会议以全体人员自发的忠诚演讲结束。在集体歇斯底里中，汉娜和格莱姆商量，如果真的到了那一刻，他们会一起吞下毒药，同时引爆绑他们身上的手雷。

第二天，4月28日，汉娜得知爱娃的姐夫赫尔曼·费格莱茵被指企图逃跑，然后按希特勒的要求被处以枪决。虽然汉娜可以接受自愿牺牲，但她对他们中的一员被这样处决感到震惊。"谁在背叛谁？谁在反对谁？一个痛苦的问题在我体内燃烧。"她写道。[3] 感觉好像"我脚下的土地开始消失"。[4] 那天下午，鲁德尔成功地派了一架容克-52来接新的空军指挥官。对汉娜而言，它似乎"就像一个奇迹"，但格莱姆仍拒绝离开。[5]

到了晚上，红军一个街区接着一个街区地前进到了柏林著名的波茨坦广场，总理府大楼直接遭到轰炸。温克不在，柏林中心的防御就靠着大约4万名士兵、4万名人民冲锋队老队员，还有1000名希特勒青年团团员。

午夜过后不久，希特勒来到了格莱姆的病房，瘫倒在床边，抓

---

1 Hanna Reitsch, *The Sky My Kingdom: Memoirs of the Famous German World War II Test Pilot* (Greenhill, 2009), p. 252.

2 Traudl Junge, *Until the Final Hour: Hitler's Last Secretary* (Phoenix, 2002), p. 177.

3 Deutsches Museum archive, 130/123, letter Hanna Reitsch/Kurt Reitsch (1946).

4 Hanna Reitsch, *The Sky My Kingdom: Memoirs of the Famous German World War II Test Pilot* (Greenhill, 2009), p. 252.

5 Ibid.

第十三章 在地堡 1945

着电报和地图。汉娜注意到,他的脸色是"灰白的","就像死人一样"。[1]"希姆莱背叛了我……"希特勒结结巴巴地说,当他说出这个名字时他的声音都在颤抖。[2]一周前希姆莱就离开了柏林,他在没有元首首肯的情况下接触了盟军,与之讨论投降条款。汉娜对她所钦佩的这个男人的背叛感到震惊。"我希望自己从未出生过,"她写道,"忠诚和荣誉在哪里?"[3]对于希特勒来说,答案太清楚了。他将希姆莱的谈判描述为"人类历史上最可耻的背叛",然后他"在无助的震怒中,充满了仇恨和鄙夷地,瘫倒了"。[4]

希特勒还收到报告称,红军计划在早上攻击总理府。一架双座阿拉多Ar-96教练单翼飞机已经成功穿越火线到了地堡。希特勒命令格莱姆立即乘坐这架飞机离开这里,组织德国空军进行反击。他希望这可以给温克争取来24小时。对于汉娜来说,到了这一步还想着能有缓和的余地可能都是痴心妄想。贝洛同意,他后来写道,这是"(希特勒)自欺欺人的高潮"。[5]格莱姆还被赋予了新的任务,要确保希姆莱永远不会接替希特勒成为元首。一名军官记录说,这些命令是"以无法控制的歇斯底里的声音"发出的,"明确表示,格莱姆最好的方法是毫不拖延地清理掉希姆莱"。[6]

汉娜现在的态度发生了大反转,她开始反对离开,而格莱姆则

---

1 Hanna Reitsch, *The Sky My Kingdom: Memoirs of the Famous German World War II Test Pilot* (Greenhill, 2009), p. 253.

2 Ibid.

3 Deutsches Museum archive, 130/123, letter Hanna Reitsch/Kurt Reitsch (1946).

4 Gerhard Boldt, *Hitler's Last Days: An Eye-Witness Account* (Arthur Barker, 1973), p. 170.

5 Nicolaus von Below, *At Hitler's Side: The Memoirs of Hitler's Luftwaffe Adjutant 1937–1945* (Frontline, 2010), p. 238.

6 Gerhard Boldt, *Hitler's Last Days: An Eye-Witness Account* (Arthur Barker, 1973), p. 170.

认为他们有义务服从命令。当新的德国空军首领做准备时，汉娜在地图室里找到了希特勒，再次请求他让他们都留下来。希特勒看了她一会儿，只是说了一句："上帝保佑你。"[1]

半小时后，希特勒以一次简短的握手与汉娜和格莱姆告别。"当一个人离开送另一个人去死时，告别是多么困难，"汉娜写道，"（我简直）根本无法描述这种感觉。"[2]格莱姆还带着几封官方信件要送出去，爱娃也递给汉娜一张纸条，是给她妹妹葛莱特·费格莱茵的。大家一度都沉默了。"这位漂亮的女人以她新鲜、积极的方式赢得了所有聚集在地堡中的人无条件的尊重。"一位军官这样写到汉娜。[3]然后，当汉娜转身离开时，玛格达向她伸出手，恳求她尽力争取救下地堡的人。玛格达随后"重新恢复到她以往的沉着"，给了汉娜自己和丈夫写的信，要求带给她第一次婚姻中生下的儿子，还有一枚钻戒，好让汉娜不要忘记她。[4]深夜2点左右，戈培尔的6个孩子都熟睡了，汉娜再也没有见过他们。

当汉娜和格莱姆离开地堡时，后者一瘸一拐地痛苦地拄着拐杖。他们并没有呼吸到新鲜空气，而是见到"滚滚的烟雾和黄红色的火焰"，听到远处不停的枪声和炮弹的"哀号与爆炸声"。[5]他们征用了一辆装甲车，开车穿过没有树木只剩泥土和瓦砾的蒂尔加滕公

---

1 Cornell University Law Library: Donovan Nuremberg Trials Collection, Robert E. Work, interrogation of Hanna Reitsch, 'The Last Days in Hitler's Air Raid Shelter' (08.10.1945).

2 Deutsches Museum archive, 130/123, letter Hanna Reitsch/Kurt Reitsch (1946).

3 Gerhard Boldt, *Hitler's Last Ten Days* (Coward, McCann & Geoghegan, 1973), p. 178.

4 Hanna Reitsch, *The Sky My Kingdom: Memoirs of the Famous German World War II Test Pilot* (Greenhill, 2009), p. 253.

5 Ibid., p. 254.

园，直到胜利纪念柱。带他们飞往加图的那名优秀的飞行员正在飞机附近等着他们。汉娜蹲在飞机的两个座位后面，然后他们立刻离开了，趁着还有足够好的路可以作为临时机场的跑道。

苏联的探照灯现在照亮了柏林主要的道路，在燃烧着的城市上空追踪目标。阿拉多飞机一升空就面临着多重火力，苏联第三冲击军的部队把所有的炮火都对准了他们，只因担心希特勒逃跑。当他们逆着光飞过剪影似的勃兰登堡门时，他们受到了爆炸的冲击，但没有受到直接打击。从大约2万英尺（6096米）处向下看，柏林是一片火海，"鲜明而神奇"，然后飞行员迅速控制飞机爬升起来，小飞机很快隐藏进了云层中。[1]当小飞机再次出现时，空中的月光十分清亮。往下看时，汉娜看到"黑色的湖泊闪着银色的光，燃烧的村庄变成一个个亮得刺眼的红点，标记着战争和破坏的路线"。[2]

随着最后命令的下达，元首转向了其他事项。阿道夫·希特勒和爱娃·布劳恩就在他的地图室里，在一名当地官员的主持下，戈培尔和鲍曼作为见证人，他们签下了自己是雅利安血统并且没有遗传性疾病的宣言，然后就正式结婚了。在简短的香槟早餐之后，新郎定下了他的遗嘱和政治宣言，而苏联炮兵此刻正在头顶上炮轰着总理府周围的公园。希特勒把战争的起因归结为犹太人的煽动，把战争的失败归因于背叛他的军官，他说，他的继任者应该"首先，严格坚持种族法律，并毫不留情地抵制危害所有国家的毒瘤——犹

---

[1] US National Archives, Air Division HQ United States Forces in Austria, Air Interrogation Unit, interrogation of Hanna Reitsch: 'The Last Days in Hitler's Air Raid Shelter' (08.10.1945), p. 11.

[2] Hanna Reitsch, *The Sky My Kingdom: Memoirs of the Famous German World War II Test Pilot* (Greenhill, 2009), p. 255.

太人",说完便结束了他的这最后一次宣言。[1]

尽管汉娜总是发誓重视个人的荣誉,但在这次飞行途中,她打开了委托给她的最后一封私人信件。约瑟夫·戈培尔的文字很有挑衅性。"不管活着还是死了,"他告诉他的继子,"我们都不会离开这个避难所——除非我们能带着荣耀和尊严离开这里。"[2]戈培尔相信自己心中理想的纳粹德国就快实现了,他觉得希特勒和他本人的个人牺牲将为后代树立一个鼓舞人心的榜样。"有一天,谎言将在他们自己的重压下破裂,真相将再次取得胜利,"他带着特有的激情写道,"和我们的信仰、目标一样,我们保持纯洁无瑕,来等待那一刻的到来。"[3]玛格达·戈培尔的情感同样坚定,但她将它们表述成对孩子之爱。"能与希特勒一起结束我们的生命是一种仁慈的命运,"她对儿子说,"能光荣而勇敢地度过短暂的一生难道不比长久地苟活更好吗?"[4]

当读到这些充满荣誉、忠诚和牺牲的文字时,汉娜明白他们的信并不只是单独写给玛格达的儿子,更是为了更多的后代。她还不确定是否能够将这些信送达,但她小心地保留了这些信件。爱娃·布劳恩的最后一句话,"如此粗俗,如此戏剧化",令汉娜很是反感。[5]爱娃虽然给她怀孕的姐姐写了这封信,但没有提到几天前对赫尔曼·费格莱茵的处决。相反,爱娃写道,自己的生活已经"完美无缺……有了元首,我已经拥有了一切。现在死在他身边,就

---

1 Hugh Trevor-Roper, *The Last Days of Hitler* (Macmillan, 1947), p. 158.
2 Cornell University Law Library: Donovan Nuremberg Trials Collection, Robert E. Work, 'Last Letters from Hitler's Air Raid Shelter' (01.11.1945).
3 Ibid.
4 Ibid.
5 Hugh Trevor-Roper, *The Last Days of Hitler* (Macmillan, 1947), p. 152.

是我最大的幸福了"。[1][2]汉娜和格莱姆认为这种情绪就像它的作者一样是不成熟的,他们认为,在第三帝国的叙事历史中,作为一个没有地位的纳粹殉道者,他们可以获得荣耀。然而,他们不知道希特勒现在正在给他的新娘敬酒,汉娜后来对是否发生过这样的婚礼持怀疑态度,她说"最后几天地堡内的情形会使这样的仪式显得荒谬"。[3]希特勒夫人在她的婚礼早餐上喝着香槟,在最后一刻正式陪在元首旁边,而汉娜把她的最后一封信撕碎扔进了黑暗里。

1　汉娜后来根据回忆向美国情报人员讲了爱娃·布劳恩的信。
2　Cornell University Law Library: Donovan Nuremberg Trials Collection, Robert E. Work, 'Last Letters from Hitler's Air Raid Shelter' (01.11.1945).
3　Cornell University Law Library: Donovan Nuremberg Trials Collection, Robert E. Work, interrogation of Hanna Reitsch, 'The Last Days in Hitler's Air Raid Shelter' (08.10.1945).

第十四章
最后一次飞行 1945

一架孤独的菲泽勒"白鹳"侦察机在天空中盘旋，高高地飞在周围种满了山毛榉树的布痕瓦尔德集中营上空。布痕瓦尔德的命名正来自于这里的山毛榉树。"白鹳"坚硬的起落架轮廓在飞机调转方向的时候显得格外扎眼。在瓦尔基里行动后被捕的亚历山大、米卡和其他被株连的因犯从他们各自所在的营地里"冲出来"跑到封闭的院子里，他们的同伴法伊·冯·哈塞尔记录道，"挥舞着手帕和床单"。[1] 那是1945年3月，开着这架小飞机的人不是别人，正是梅利塔。透过营地焚尸炉的烟囱冒出的带有恶臭的烟雾，梅利塔看到了地面上向她示意的犯人们，她又飞了一圈，试图找个地方让她"疲惫不堪的小鸟"停下来。[2] "白鹳"长长的起落架稍稍打开，以减轻她在附近一块空地上落地时的冲击力。梅利塔对这个庞大的集

---

1 Fey von Hassell, *Niemals sich beugen: Erinnerungen einer Sonder- gefangenen der SS* [Never Bow Down: Memories of the Special Prisoners of the SS] (Serie Piper, 1995), p. 172.

2 Gerhard Bracke, *Melitta Gräfin Stauffenberg: Das Leben einer Fliegerin* [The Life of an Aviatrix] (Herbig Verlag, 2013), privately translated, p. 76.

中营、成千上万饿坏了的囚犯的场景,以及这里的恶臭感到震惊,唯一感到宽慰的是,她终于找到了自己的丈夫。

自梅利塔上次见到亚历山大以来,时间已经过去两个多月。亚历山大此前一直被关押在东普鲁士的施图特霍夫集中营,梅利塔一直和他保持着联系,给他、米卡还有亚历山大的母亲讲孩子们的情况,还能给他们食物和毯子。在这次见面四天后,苏联人发动了冬季攻势,在前线步步逼近的压力下,亚历山大和其他被株连的囚犯被迫向后方转移。他们不知道自己将被带到哪里去,只能坐在缓慢行驶的车厢里,任凭刺骨的寒风穿透他们的身体,风雪不断地从破裂的窗户往里灌,但这群人不得不说自己还算是幸运的。他们的后面是敞篷的牛车,上面塞满了数百名没有他们这么高利用价值的囚犯。晚上,温度降至零下30摄氏度,总有人因疲惫和寒冷而死,他们的尸体被从牛车上推下去,成为地上被雪覆盖的马匹和骡子尸体的一员。这些牛车的旁边还有走得磕磕绊绊的长长的难民队伍,许多人死在了铁轨旁边,其他人在"沉默和严肃"的氛围中不停向西走。[1]

丈夫和家人失踪时,梅利塔正在柏林加图机场工作。尽管她绝望地给所有她认识的人打电话打听他们的下落,却发现没有人愿意说这件事。谣言已经传开,人们开始质疑梅利塔的忠心,甚至连她的一些好朋友现在也颇为谨慎,怕被人看见在帮她的忙。"当我听说你的嫂子和敌人很亲近时,我不得不对你保持距离。"曾在监狱里帮助过梅利塔的盖世太保官员保罗·奥皮茨后来告诉米卡。[2] 长达几周的时间里,梅利塔听到的最多的一句话就是这些犯人大概已经

---

1 Fey von Hassell, *A Mother's War* (Corgi, 1991), p. 187.
2 Gerhard Bracke, *Melitta Gräfin Stauffenberg: Das Leben einer Fliegerin* [The Life of an Aviatrix] (Herbig Verlag, 2013), privately translated, p. 258.

落入苏联人手里,"可能已经死了"。[1]

梅利塔的正式工作仍然是指导飞行员使用她的光学夜间着陆设备。她还被委任开发类似的技术用于世界上第一架喷气式战斗机梅塞施密特Me-262,现在还有一位年轻飞行员受命来辅助她的试飞工作。他就是胡贝图斯·冯·帕彭-柯尼希根,是帝国前总理弗朗茨·冯·帕彭的侄子。胡贝图斯的两个哥哥在苏联前线战死,像梅利塔一样,他也是坚定的反纳粹主义者。胡贝图斯从敲门的那一刻起就喜欢上了梅利塔,尽管她的门上写着申克伯爵夫人,但他明白,"因为梅利塔的小叔子是刺客",所以她现在才不能再姓施陶芬贝格。[2]很快他们就取得了彼此的信任,经常私下里一起谈论政治和目前战争的情况。他们都相信战争不会长久。当胡贝图斯把一段封闭的混凝土高速公路当作跑道试飞Me-262时,梅利塔的精力则全部用来寻找和帮助她的家人。"她已经完全退居幕后,无论飞行还是她的技术开发工作,"胡贝图斯后来回忆说,就他而言,"一个人必须跑赢时间,坚持到战争结束。"[3]但是,梅利塔知道,对于亚历山大和其他被株连的囚犯来说,他们不仅是一个绝望而残暴政权的见证者,更是它的敌人,随后的战争越发显得危险。

至今仍能慰藉梅利塔的一件事,是她仍然可以帮助到克劳斯的遗孀尼娜。直到1月初,怀孕后期的尼娜一直被隔离关押在拉文斯布吕克集中营。随着预产期越来越近,她在全副武装的警卫看押

---

1 Fey von Hassell quoted by Gerhard Bracke, *Melitta Gräfin Stauffenberg: Das Leben einer Fliegerin* [The Life of an Aviatrix] (Herbig Verlag, 2013), privately translated, p. 240.

2 Gerhard Bracke archive, Hubertus von Papen-Koeningen interview (10.08.1989).

3 Gerhard Bracke, *Melitta Gräfin Stauffenberg: Das Leben einer Fliegerin* [The Life of an Aviatrix] (Herbig Verlag, 2013), privately translated, p. 239.

下，转移到了100英里（约161千米）以南的奥得河畔法兰克福的纳粹产妇之家。几天后，房子变得空荡荡的，人们已经被疏散，尼娜被安排去了一家柏林的私人诊所。在这里，她以尚克太太的假名，在1945年1月27日生下了她和克劳斯的最后一个孩子，一个名叫康斯坦策的女儿。[1]梅利塔一有时间就从加图骑自行车去看尼娜，给尼娜带一些烤兔肘和烟熏肉，还带了一条男士的裤子和几双鞋子。由于梅利塔没有盖世太保发的访客许可证，她便把自己的铁十字勋章牢牢地固定在外套夹克上。幸运的是，尼娜的这位"惊讶"的高级医生曾经在德国空军服役，立刻认出了梅利塔这位航空女英雄，没有啰唆便让梅利塔直接进来了。[2]尽管停电使这两个女人只能在漆黑的屋里说话，梅利塔还是为能见到她的新侄女感到非常高兴，尼娜则感激地把收到的礼物放进一个破旧的帽盒里——这是她目前唯一的行李。8天后，尼娜和她的孩子都感染了疾病，再次在警卫看护下被转移。由于无法站立，尼娜被"捆得像一箱货物"一样送到了波茨坦的一家医院。[3]

梅利塔和尼娜都不知道的是，由于战争看似要无休止地进行下去了，希姆莱已经下令留亚历山大和其他被株连的囚犯一条活路，把他们当成了讨价还价的筹码。被株连的囚犯们从施图特霍夫出发，很快到达了但泽-马茨卡奥劳改营，并在这里中转休整，这个营地曾用于惩罚那些有不当行为的武装党卫队军官。由于他们太虚弱了，无力继续长途跋涉，便被这里的囚犯从雪地里拖进院子，吃

---

1 同一天，东普鲁士的"狼穴"落入苏联军队之手，奥斯维辛集中营也于同日被解放了。

2 Gerhard Bracke archive, letter H. Schrank/Klara Schiller (14.03.1975).

3 Dorothee von Meding, *Courageous Hearts: Women and the anti-Hitler Plot of 1944* (Berghahn, 1997), p. 196.

了一些党卫军军官的口粮。几天后，他们被告知可以洗热水澡了。他们被赶进营地远处一间巨大的房间里，被要求脱光衣服。在这里，他们得以幸免，真正洗了热水澡而不是被趁机毒害。门没关，滚烫的热水从水龙头里倾泻而下，供他们清洗身体。实际上，马茨卡奥并没有毒气室，但即便如此，还是有部分被株连的囚犯在这里失去了生命，这是他们中死掉的第一批人。

尼娜的母亲，勇敢的安妮·冯·莱兴费尔德，在拉文斯布吕克集中营幸存下来，在那里她一度亲眼看到她怀孕的女儿被单独监禁。尼娜曾给母亲写过信，但不知道怎么寄给她。安妮后来又在施图特霍夫集中营活了下来，尽管如此，正如法伊·冯·哈塞尔所说，来自波罗的海的她"尤其被纳粹分子所憎恨"。[1]现在，这位曾经引人注目的社会名媛走来走去，蓬头垢面，穿着破旧的衣服，脚上穿着巨大的拖鞋。"人们都躲着她，"法伊写道，"因为她话太多了。"[2]安妮最终在马茨卡奥去世，死于肺炎、斑疹伤寒和痢疾。[3]

2月，囚犯们又一次被转移。他们小心翼翼抱着自己的毯子、钉子、一口锅和男人们从马茨卡奥的地里挖出来的一个生锈的炉子，轮换着乘卡车和牛车，穿行在普鲁士乡村冰天雪地的蜿蜒小路上，路旁是烧毁的车辆，还有脱轨的列车和成堆的废墟。远处不时传来枪战的声音。由于有一些关于苏联的传言，囚犯和押送者的心态都开始发生微妙的变化。"感觉到最后的结局即将到来，"亚历山大的堂弟奥托

---

[1] Fey von Hassell, *A Mother's War* (Corgi, 1991), p. 163.

[2] Ibid., p. 164.

[3] 安妮·冯·莱兴费尔德的尸体被埋在属于梅利塔家族的庄园附近，几乎可以肯定，这是亚历山大的建议。

写道，"他们经常喝醉，尤其是女性。"[1]一名女警卫"一脸冷漠，仿佛在不断压制着自己的恐慌，但恐慌仍在不断增长，"法伊补充道，"她不再用尖锐的嗓音吼到整个楼道都是回声。相反地，她变得有点谄媚。她的命运就是我们的命运，没有更好，可能更糟。"[2]

即使在战争的这个阶段——帝国处于动荡之中，难民在城镇之间流窜，空袭不断——士兵们却还在被训诫，接受训练然后被派往前线，而被株连的囚犯正在全国各地数百英里的路上到处转移。当他们快抵达柏林附近的萨克森豪森集中营时，亚历山大的叔叔，越来越虚弱的克莱门斯，明显再也走不下去了。他和妻子伊丽莎白被强行和他们的三个成年子女分开，两个老人留在了萨克森豪森的医疗营里。大家都知道这也许就是永别。随着被株连囚犯的人数越来越少，他们对自己生存的希望也在随之减弱。

最终，在3月初，正如法伊描述的"焚尸炉的恶臭气味"向剩下的被株连囚犯们证明了，他们终于快抵达柏林西南170英里（约274千米）魏玛附近的布痕瓦尔德集中营了。[3]布痕瓦尔德是一个巨大的集中营，营地里挤满了成千上万饥饿的囚犯。这个营地"肮脏得难以形容"，一位施陶芬贝格家的表兄说道，"空气中弥漫着痛苦和残忍的气息"。[4]女党卫军卫兵带着棍棒和鞭子，经常殴打囚犯，特别是如果命令——她们只说德语——没有立即执行的情况下，一顿棍棒是躲不开的。那些开始发疯的囚犯被锁在一个小房间里，看

---

1 Anne Voorhoeve archive, Otto Philipp von Stauffenberg, 'Der 20. Juli und seine Folge' ('The 20th July and its Consequences'), p. 20.
2 Fey von Hassell, *A Mother's War* (Corgi, 1991), p. 198.
3 Ibid., p. 205.
4 TNA, WO 328/37, Statement of Count Clemens von Stauffenberg, Capri (31.05.1945).

守只在吃饭的时候给他们开一下门，而且每次都只给半份口粮，另外一种开门的可能性就是里面的人已经死了。"党卫军总参谋部对囚犯整体持有非人的态度，带着故意的野蛮。囚犯们在他们眼中不是人，还不如牲口。"另一个施陶芬贝格家的人后来证实道。[1]有一次，法伊看着一辆卡车驶过，"满满一卡车都是赤裸的尸体，一直摞到卡车边缘"。最糟糕的是，她惊恐地注意到"似乎没有人在意"。[2]据传，每天营地都会死二三百人。超过1.3万名布痕瓦尔德囚犯在1945年的前3个月内登记死亡，这个数字还不包括处决、任意谋杀，或在运输过程中因疾病、寒冷或饥饿而死亡的人数。

对于被株连的囚犯们来说，幸运的是，他们再次获得了特殊照顾。抵达营地时，他们与其他有名的囚犯一起被推进"隔离营地"中，这里与集中营的其他部分隔着一条用铁丝网覆盖的高墙。在那里被关押的外国政要包括：法国前总理莱昂·布鲁姆和他的妻子，两人在新犯人们抵达时还悄悄地向他们挥手；1944年10月被奥托·斯科尔兹内绑架来的匈牙利摄政王的小儿子小霍尔蒂·米克洛什，绑架的目的是迫使他的父亲辞职；还有奥地利前总理库尔特·许士尼格；一些外交官、教会领袖和英国战俘。在这里，法伊得知了她父亲已被处决的消息，还听说了他在审判期间努力保持了自己的尊严，但始终没有孩子的消息。重创之下，她和亚历山大之间精神上的纽带变得更加亲密。她写道，他的"同情帮助缓解了我崩溃的神经和心灵"。[3]

当被株连的囚犯被运往布痕瓦尔德时，梅利塔正准备离开柏

---

[1] TNA, WO 328/37, Statement of Count Clemens von Stauffenberg, Capri (31.05.1945).
[2] Fey von Hassell, *A Mother's War* (Corgi, 1991), p. 209.
[3] Ibid., p. 167.

林。自2月以来,德国首都遭受了"不间断的轰炸",她的妹妹克拉拉写道,[1]这导致希特勒下令将德国空军技术学院的各个研究所分散到小地方去。梅利塔很高兴,一段时间以来,她和胡贝图斯已经达成了一致意见:"我们必须,无论如何,也绝不能沦为苏联的俘虏。"而她和克拉拉也悄悄地讨论了在极端的情况下徒步向西逃跑的计划。[2]现在梅利塔开始计划把她的特殊飞行设备试验中心——她自己、她的原型机和设备、工作文件以及一些工作人员——搬到维尔茨堡。克拉拉同意开着梅利塔的旧福特阿尔法汽车,负责搬运最重的设备。3月中旬,一个雾气弥漫的夜晚,克拉拉出发了,陪伴她的是梅利塔的助手和她的狗。梅利塔的官方通行证确保他们顺利通过了道路上的许多布控点,第二天他们便平安抵达。由于梅利塔在柏林加图机场仍然有一些工作,处理完后她会坐飞机跟上,并且她已经提出旅行费用申请,还安排转移了她的食品券。而事实是,她把自己所有的食品券都寄给了身在波茨坦的尼娜。

正在这时,梅利塔终于得知亚历山大和他的家人已被送往布痕瓦尔德。令人难以置信的是,她再次设法从盖世太保总部获得了所需的访客许可证。然后她在自己的"白鹳"飞机内装满了兔肉、水果、蔬菜和大豆面粉饼干,衣服里面藏着小纸条,甚至还有床单——她能找到的任何可以给他们帮助,可以用来保暖、鼓劲儿的东西。梅利塔的飞机没有武器载荷,这对于她需要进行的短途起降来说再合适不过了。她以每小时80英里(约129千米)的巡航速度在低空驾驶着飞机,希望在即使绕行最危险区域的情况下也能在

---

1 Archive Reinhart Rudershausen, Klara Schiller, 'Memories of Klara Schiller' (nd).
2 Gerhard Bracke, *Melitta Gräfin Stauffenberg: Das Leben einer Fliegerin* [The Life of an Aviatrix] (Herbig Verlag, 2013), privately translated, p. 243.

3 小时内到达。当梅利塔飞在城市上空时，天气晴朗，视力所及范围内没有敌人的飞机，但是她往西南方向前进时仍然小心翼翼地把"白鹳"压得很低。一飞出柏林，她便来到乡村上空，太阳照得房屋的窗户闪闪发光，河流在阳光下波光粼粼。这短短的几小时，让梅利塔觉得仿佛回到了战前的某个早晨，她又一次觉得飞机是她的"小鸟"，她必须给它找一个"合适的枝丫"来栖息。[1]

梅利塔到布痕瓦尔德时，一切都变了。飞机在一排排营房上空低低地盘旋，她一边急于找到丈夫亚历山大被关押的地方，一边还要寻找最佳降落地点。梅利塔一定也看到了广阔的集中营里骇人的现实，明白了设置焚尸炉的目的，也闻到了空气中浓浓的恶臭。在绝望和焦虑中，她努力告诫自己不去想那些大规模屠杀的可怕场面，专注于寻找所爱的人。飞机缓缓降落在离亚历山大、法伊和其他人一直挥舞着白布的营地尽可能近的一片田地里，她走向大门把文件递给了守卫，然后等待着，让自己做好心理准备，准备迎接丈夫可能已经惨遭不测的消息。

几分钟后，"隔离营地"的大门被打开，亚历山大向她走来。她日思夜想的那张英俊的脸已经因过度疲惫而变得面色蜡黄。亚历山大瘦得脱了相，尤其是下巴和颧骨周围，"只剩下了大大的眼睛，面容枯槁"。对于梅利塔来说，此时的他就像是一个自己没雕好的版本，还未完成的半身像——层次感没有做好，每个轮廓都不对。甚至他的制服看起来也不对劲，衣服挂在他瘦得枯干的身上，肩膀和衣领处被扯掉军衔的地方还破着。亚历山大对她微微一笑，习惯性低下头——这是他因为身材高大而形成的一个习惯，而并不是一个遭受打击的标

---

[1] Gerhard Bracke, *Melitta Gräfin Stauffenberg: Das Leben einer Fliegerin* [The Life of an Aviatrix] (Herbig Verlag, 2013), privately translated, p. 76.

志。他仍然是她的亚历山大,她的"小鹬鸟",她想给他书,给他烟,给他一些好酒,还有床单和饼干。但她还是告诉了他关于尼娜和他们的朋友以及战争进展的消息。亚历山大给她讲了他们绝望的旅程,以及克莱门斯和伊丽莎白戏剧性的离开。很快,时间到了,他又回到大门里面,而其他人远远地瞥见了梅利塔。她向他们挥挥手,在无声中向他们表示自己的支持。过了一会儿,他们听到她飞机发动机的声音响起,"白鹳"再一次在树林上空盘旋,梅利塔走了。

梅利塔知道她时刻面临被占领了德国领空的美军击落的危险,但这并没有阻止她一次次飞往布痕瓦尔德,并坚持在8个不同的营地上空飞来飞去。犯人们给她取名叫"飞行天使"和"营地天使",她每次到访都点燃了对于他们至关重要的希望,因为这证明了他们并没有被遗忘。[1]亚历山大是唯一获准与妻子交谈的人,但一共也只讲了两次。"这是非常秘密的。"米卡写道,而且相当不同寻常。[2]

在第一次从布痕瓦尔德返回的途中,梅利塔在距离集中营几千米的魏玛-诺拉机场加了一次油,然后继续飞往维尔茨堡,却发现她和亚历山大的家早已被夷为平地。英国皇家空军像在德累斯顿那样对维尔茨堡进行了燃烧弹攻击,有5000名平民死亡,这座历史悠久的城市成了一片废墟。梅利塔和亚历山大的家直接遭到了炮击。所有梅利塔从小保存下来的艺术品,所有的信件和照片,所有饰有施陶芬贝格家族人像浮雕的陶器,亚历山大多年来精心收藏的全部藏书……所有这些都毁了,没有了。那些没有被摧毁或烧毁的东西

---

1 Archive Reinhart Rudershausen, Marie-Luise [Lili] Schiller/Lübbert, 'Zweig Otto Eberstein' [Otto Eberstein branch of the family] (nd); Archive R. Rudershausen, Jutta Rudershausen, 'Flugkapitän Melitta Schiller-Stauffenberg' (nd).

2 Gerhard Bracke archive, Mika Stauffenberg, untitled account of Melitta Schiller (17.02.1962).

被他们绝望的邻居们洗劫一空。"一切……都已经沦为灰烬，"克拉拉写信给她们的姐姐莉莉说道，"甚至连根大头针都没留下。"[1]但庆幸的是空袭发生时没人在家。

梅利塔从瓦砾中翻出了一些物品，她向尼娜坦承，自己其实对于家里遭难这件事甚至感到有些宽慰。因为这意味着她现在可以将全部精力集中在那些集中营里的人身上。她迅速安排将余下的研究工作转移到魏玛-诺拉。"她可能为了帮这些囚犯动用了所有的筹码，"尼娜回忆道，"为了争取一切可能性，她端出了自己对于战争的重要性这面王牌，还打了个人魅力牌（这其实与她的天性并不相符，她原本非常严肃而保守）。"[2]偷偷地，梅利塔开始组建起了一个避难所，从集中营步行就可以抵达。她希望当不可避免的战败终于发生时，囚犯们能被释放。

几周后，她飞往萨克森豪森去接克莱门斯和伊丽莎白·冯·施陶芬贝格。克莱门斯的心脏非常虚弱，梅利塔通过谈判获准将他带回了家，避免他在关押期间死亡或者落入苏联人手中。而规定的交换条件是梅利塔将克莱门斯的妻子伊丽莎白送到布痕瓦尔德的被株连的囚犯营。在和亚历山大于营地门口进行了另一次痛苦而短暂的对话后，梅利塔带着她的病人飞走了。她在霍夫落地后便给伊丽莎白·古滕贝格打了电话，把克莱门斯带到了机场的一间木屋里。伊丽莎白发现梅利塔坐在外面吹着风，疲惫不堪，却一脸享受的样子。亚历山大的第一个亲戚得救了。她们一起将克莱门斯扶起来，

---

1 Thomas Medicus, *Melitta von Stauffenberg: Ein Deutsches Leben* [A German Life] (Rowohlt, 2012), p. 13.

2 Gerhard Bracke, *Melitta Gräfin Stauffenberg: Das Leben einer Fliegerin* [The Life of an Aviatrix] (Herbig Verlag, 2013), privately translated, p. 226.

他几乎站不住了,"看上去好像已经死了",但她们设法让他坐进了车里。[1]梅利塔接着转身上了飞机。"上帝永远和你在一起!"梅利塔喊道。"上帝保佑你,最亲爱的利塔!"伊丽莎白喊道。[2]梅利塔在驾驶舱里挥了挥手,飞机飞走了。

3月底,红军已深入东普鲁士。梅利塔的父母米夏埃尔和玛格丽特·席勒居住的但泽-奥利瓦市已经岌岌可危。虽然仅剩的电话线路大多都是用于军事,但梅利塔仍然设法打电话给她的父母,答应他们自己会带他们坐飞机逃出来。但如今已经84岁的米夏埃尔坚定地不想离开家,还对梅利塔说他"相信胜利者的人性",玛格丽特也不愿离开她的丈夫。[3]虽然心急如焚,但梅利塔却无能为力。

巴特萨克萨现在只剩下14个孩子了,其中一半是施陶芬贝格家的孩子,他们住在一栋别墅里,由附近基地的工作人员[4]负责。复活节期间,他们决定将这些最后的孩子转到布痕瓦尔德。他们被要求开始收拾行李,并被告知他们将在集中营里与家人团聚。10岁的贝特霍尔德听说过集中营,"只是听到(他们)低声说的",但他也知道自己不想被送到集中营里去。[5]

几天后,这些孩子被塞进了一辆黑色的国防军卡车,卡车开

---

1 Elisabeth zu Guttenberg, *Beim Namen Gerufen: Erinnerungen* [Called By Name: Memories] (Ullstein Sachbuch, 1992) p. 204.

2 Elisabeth zu Guttenberg, Sheridan Spearman, *Holding the Stirrup* (Duell, Sloan and Pearce/Little, Brown, 1953), p. 227.

3 Archive Reinhart Rudershausen, Jutta Rudershausen, 'Flugkapitän Melitta Schiller-Stauffenberg' (nd).

4 这些工作人员来自V武器计划总部的绝密单位00400。巴特萨克萨靠近臭名昭著的米特尔堡地下火箭工厂,该工厂在佩内明德轰炸后开始生产V-2火箭。

5 Berthold von Stauffenberg, Lecture for the AV Rheinstein Köln- Lindenthal, 'A Childhood in the Third Reich – from System Conformist to Traitor's Child' (14.04.2008).

风的女儿

到附近的北豪森，在那里他们将被送上去布痕瓦尔德的火车。他们刚到城郊，空袭警报就拉响了。卡车停了下来，司机和两个陪同他们的大人一起躲进了路旁的水沟。孩子们坐在漆黑的卡车里，听到"一声巨响，然后突然有一声哨响，接着便是一声震耳欲聋的爆裂声"。[1] 他们中的一些人尖叫起来，一些小点的孩子吓得开始哭。更多的炸弹落在他们周围，"然后再次安静下来了"。[2] 空袭炸毁了火车站周围的区域，火车站也成了废墟。"纳粹没有办法，只能带我们回去，"贝特霍尔德回忆道，"这让我们大松了一口气。"[3]

3月下旬，梅利塔的助理飞行员胡贝图斯·冯·帕彭－柯尼希根问柏林加图的指挥官，敌人袭击的时候他们应该采取什么行动。"确保你能安全地回来。"将军回答说，然后递给他三四张空白的飞行命令。[4] 4月4日，星期三，胡贝图斯和梅利塔觉得时候到了。那天早上，梅利塔给波茨坦的尼娜打电话，告诉她自己已经听说孩子们正从巴特萨克萨离开，可能会被送往布痕瓦尔德。梅利塔不知道北豪森的空袭已经改变了这一计划，但承诺一有消息就给尼娜汇报。梅利塔还答应尼娜4月份会给她寄自己作为重体力劳动者的食品补给券卡，她当天下午便寄出了，而令她惊喜的是，几天后食品券就到了。

天一擦黑，梅利塔和胡贝图斯便准备好"白鹳"，用以执行最

---

1 Alfred von Hofacker quoted in Robert Loeffel, *Family Punishment in Nazi Germany: Sippenhaft, Terror and Myth* (Palgrave Macmillan, 2012), p. 181.

2 Alfred von Hofacker quoted in Eva Madelung, Joachim Scholtyseck, *Heldenkinder – Verräterkinder. Wenn die Eltern im Widerstand Waren* [Hero Children – Traitor Children: children of the resistance] (C. H. Beck, 2007), p. 35.

3 *WWII Magazine*, Nigel Jones, 'Claus von Stauffenberg: The man who tried to kill Hitler' (HistoryNet.com, 22.12.2008).

4 Gerhard Bracke, *Melitta Gräfin Stauffenberg: Das Leben einer Fliegerin* [The Life of an Aviatrix] (Herbig Verlag, 2013), privately translated, p. 243.

后的任务。梅利塔身穿一件蓝色军装风格的西装，外面罩了一件深色的外套，她的铁十字勋章别在了翻领上。她带着一个箱子，里面都是食物、洗衣袋和睡衣，还有一个宽大的手提包，里面是她的个人物品。这两个行李她一直随身带着，在导航员座位上时也不曾离身。胡贝图斯则是第一次作为飞行员执行任务，他希望重新加入他的部队，但目前还不知道他们重新部署的地点。他们的计划是先飞去马格德堡东部的小型飞行员培训学校，那里可能有胡贝图斯部队的消息，然后去魏玛-诺拉和布痕瓦尔德。然而就在快要抵达马格德堡的时候，小小的"白鹳"发动机失灵了。胡贝图斯接受过迫降训练，他开着飞机轻轻地降落在一片新耕的田地上，但在黑暗中，他们无法分辨出犁沟和车辙的方向。一触地，"白鹳"的轮子就陷入了犁沟里，机头朝下栽了下去，然后摔成了底朝天，所幸两个人都系着安全带。"伯爵夫人，你受伤了吗？"过了一会儿，胡贝图斯问道。"不，完全没有。"梅利塔回答，已经自行检查了自己的身体状况。[1]然后他们慢慢地爬出了摔坏的飞机。

半小时后，他们拦下了一辆路过的军用车。这么晚了还能搭到车，运气可以说是非常好了。他们十分希望能在马格德堡机场度过一个宁静的夜晚，然而，他们一抵达就赶上了一场空袭。在混乱中，胡贝图斯跑向一个看起来像是小地堡的地方，而梅利塔则找到了一个狭窄的单人掩体，她把行李都挤放在身边。第二天早上，他们在凌乱的机场上相遇。尽管还是没有胡贝图斯的部队的消息，但他们充分利用了他们的公开飞行许可，不仅吃了早餐还获得了一辆未武装的比克尔"伴郎"-181双座特技单翼飞机，他们可以开着它飞往魏玛。由于他们现在在白天飞行，为了安全起见便一路保持掠

---

1 Gerhard Bracke archive, Hubertus von Papen-Koeningen interview (10.08.1989).

地飞行，很多时候离地只有20米，一有机会就钻进森林里避免被巡逻的敌人发现。事实上，美军飞机每隔几个小时才巡逻一次，于是他们平安无事地飞到了魏玛山谷。从那里，他们又沿着她驾驶"白鹳"的路线直接飞到了布痕瓦尔德。

通常情况下，飞越集中营头顶时，梅利塔可以看到人们在"隔离营地"的院子里聚集或走来走去，但这次却没有人。她飞得更低了，惊恐地发现"隔离营地"被遗弃了。主营地里的苦难仍在继续，但布痕瓦尔德焚尸炉在过去几周里的工作效率没能跟得上死亡率，靠墙堆积起了越来越多的尸体。所有人都被脱了个精光，他们的皮肤看上去带着一种"肮脏的灰绿色"。[1]即使在空中，梅利塔也能闻到营地里挥散不去的浓浓的臭味。[2]她不知道亚历山大是否还是最终难逃与弟弟们相同的被处决的命运，或者只是再次被转移了。回到魏玛-诺拉，她紧急致电布痕瓦尔德行政办公室。指挥官不在，但一位年轻的秘书接了电话。她证实那些有头有脸的囚犯都被转移走了，但她不愿多说。主营地内的数千名囚犯需要在美国军队到达之前撤离。很明显，许多人身体都太虚弱，根本无法承受这样的强行军。那些走路蹒跚的人会被枪杀。很少有人愿意谈论这些问题。

梅利塔拼命调查更多情况的时候，胡贝图斯在外面和地勤人员一起把"伴郎"推到了一处掩体旁。之前一对美国轰炸机在前往魏玛的途中看到了机场上的活动，并决定在回程时瞄准飞机库。当胡贝图斯正从"伴郎"机舱内取出他和梅利塔的行李时，他看到了这两架盘旋的飞机，两架都是美利坚合众国P-47"雷电"大型单引擎战斗轰炸机，银色机身和一侧机翼上涂着代表美国的白星，携带

1　Harry J. Herder, 'Liberation of Buchenwald', http://remember.org/ witness/herder.

2　Ibid.

大量武器。一秒钟后"雷电"开始俯冲，飞机上的布朗宁机枪疯狂扫射，"伴郎"被击中了。胡贝图斯携带的公文包被打落，在一阵震耳欲聋的枪声中，子弹打在了停着的飞机上和机库的内部。片刻后，美国人的飞机又飞到了高处。胡贝图斯振作精神，跑到了机场大楼里相对安全的角落，而这时这一对"雷电"又开始了第二轮进攻。4月4日晚些时候，胡贝图斯在"伴郎"的钢制机头和木制机身上一共数出了137个弹孔，虽然没有引起爆炸甚至都没起火，但它已经不能再飞上天了。令人难以置信的是，胡贝图斯本人并没有受伤，虽然有两颗子弹击中了他的公文包，一颗打穿了公文包的手柄，另一颗则留在了他的香烟罐里，而香烟罐仍然被小心翼翼地包裹在他的睡衣里。

有了这次与死亡的亲密接触后，胡贝图斯做出了新的决定。他打电话给布痕瓦尔德行政办公室，虚张声势说自己是一名高级军官，告诉秘书他已经接到柏林的紧急命令，由希姆莱亲自签发，要交给营地指挥官。秘书的疑虑被打消了，除其他事项之外，胡贝图斯还得知要犯们在3天前都被送去了雷根斯堡南部的施特劳宾小镇。

3天前的4月1日，当3辆灰色的德国国防军军用大巴车在布痕瓦尔德集中营外停下时，天几乎黑透了。党卫军部队进入"隔离营地"，带走了第一批人并把他们推上了车。其中包括亚历山大、米卡、法伊和其他被株连的囚犯。另有一批人坐一辆小型黑色卡车（车子靠烧木头驱动），在后面跟着。在与同盟国谈判时，希姆莱选择释放一批有社会知名度的囚犯作为交换条件。和包括汉娜的朋友奥托·斯科尔兹内在内的许多纳粹高级党员一样，希姆莱仍然相信，在全新的领导下，改革后的德国可以加入反对共产主义苏联的西方反布尔什维克联盟。然而当这种希望变得越发不现实时，囚犯的价值便开始下跌。作为释放名单中的一员的英国军情六处官员西吉斯蒙德·佩恩·贝斯特此前已在萨克森豪森的集中营里待了4年。他后来写道，这些囚犯都知道"随时都可能来一条命令，然后我们中部分或者全部的人就要被毒气毒死、被枪杀或被绞死"。[1]

亚历山大和株连犯们最终抵达慕尼黑以北80英里（约129千米）的雷根斯堡，但集中营已经人满为患，没有地方再收容他们了。当一个施陶芬贝格家的人开玩笑说附近的朋友有一座城堡并且很乐意收留他们时，卫兵生气了。最终他们被监禁在镇上监狱的二楼。在吃过一些面包和蔬菜稀汤后，他们透过牢房门上的格栅相互呼叫。后来，其他有名气的囚犯也被关到这里来了，其中包括著名的纳粹政权的批评者、路德派牧师迪特里希·朋霍费尔，他成立了反纳粹的德国异议教会。第二天早上，牢房门被打开，让囚犯们洗漱，"走廊里出现了神奇的团聚的场景……介绍和交流"。[2]对于惊讶的看守来说，这似乎成了德国高层人士的接待会。特别是朋霍费尔，他和不少被株连的囚犯分享了他在阿尔布雷希特王子大街监狱关押期间获得的他们的亲人的消息。像许多人一样，朋霍费尔觉得他们现在可能已经度过了最危险的阶段。

梅利塔和胡贝图斯不想冒与美国战斗机相遇的风险，便在魏玛一直待到黄昏。机场工作人员告诉胡贝图斯，他的部队现在在马里昂巴德，正在前往施特劳宾的半路上，所以他和梅利塔决定一起飞到那里。[3]天慢慢黑下来，他们从培训学校开走了一架加满油的旧

---

[1] Sigismund Payne Best, *The Venlo Incident: A True Story of Double-dealing, Captivity and a Murderous Nazi Plot* (Frontline, 2009), p. 187.

[2] Eberhard Bethge's biography of Bonhoeffer, quoted by Gerhard Bracke, *Melitta Gräfin Stauffenberg: Das Leben einer Fliegerin* [The Life of an Aviatrix] (Herbig Verlag, 2013), privately translated, p. 253.

[3] 马里昂巴德现在是捷克共和国的玛丽亚温泉镇。

西贝尔Si-204。这是一架小型运输机，可容纳8名乘客，最初设计是为了应用于民用领域，但最终成了德国空军军用飞机。当他们准备起飞时，很多人围了上来。学校的最后一名官员和气象站的女人们都害怕被留在这里。女人们在听过苏联前线残忍的故事后被吓坏了，也被当时的种族主义洗了脑，她们恳求说："美国人要来了！他们中间有黑人，他们会强奸我们！"[1]

半小时后，西贝尔带上了十几名乘客起飞了，他们把行李塞进了机尾。胡贝图斯再次坐上了飞行员的座位，梅利塔在他旁边导航。风迫使他们向西，朝着美军的前线飞。然而，飞机的载荷如此之重，当他们在跑道上滑行时机尾便不祥地耷拉着。胡贝图斯用尽全力踩下油门踏板，飞机才勉强飞过了机场的围栏，而梅利塔则疯狂地在他们的座位之间操作升降舵。

一升到空中，他们便朝着东南方向绕着圈飞，尽力保持这架超载的西贝尔能承受的最低飞行高度。夜幕降临时，他们飞到了波希米亚森林，数百条单轨铁路线和小溪蜿蜒穿过树林——这是在没有无线电的条件下最难导航的环境之一。飞机的燃料开始不足，而这时他们才认出森林远端的比尔森市。胡贝图斯发射了几枚红色照明弹，请求获得紧急着陆许可，但是下面发射了更多的红色照明弹回应，拒绝了他们。当时整个德国都处于高度警戒状态，在没有无线电联系的情况下，机场的人很紧张，担心是一架敌机。在经过几个紧张的时刻并发射了更多照明弹后，他们终于获得了许可，着陆带亮起，西贝尔降落了。为了庆祝他们的安全抵达，梅利塔和女乘客们在溜走之前一起喝了一瓶起泡酒。然后严重缺觉的她给自己补了几小时的觉。

1　Gerhard Bracke archive, Hubertus von Papen-Koeningen interview (10.08.1989).

风的女儿

梅利塔醒着的时候整个人都很焦虑。时间一点点过去，消磨着她的意志。现在是4月6日，她还没有找到亚历山大。她无法想象在战争的这个阶段自己的丈夫还能对纳粹有什么价值，因此越来越担心他更有可能已经被悄悄处死而并不是被释放了。早上8点，她和胡贝图斯将他们的西贝尔换成了一架比克尔"伴郎"-181。梅利塔喜欢这款小巧灵活的飞机，它的视野很好，可以飞得非常低，甚至"可以沿着街道，靠近地面飞行"，胡贝图斯觉得，这样既可以让他们尽可能地隐蔽，还能看着铁路标志导航。假如被敌人的战斗机发现了，尽管"伴郎"的速度慢，但因为是设计用于特技飞行的机型，它还是可以连续转弯躲进森林里，保持低速飞行和转弯，当敌人过去后再出来。[1]

他们首先飞到了马里昂巴德，胡贝图斯要留在那里。这次飞行时长不超过一个半小时，没有发生任何事故。梅利塔没有心情停留，很快从机场获得了一份带签名和公章的飞行许可，继续前往施特劳宾。这份文件上非常奇妙地写着，这架比克尔"伴郎"将被正式提供给梅利塔所在的学院，"用于特殊任务，对战争很重要"。[2]这个未指明的"任务"实际上是探访第三帝国最著名的刺客被监禁的家庭，还可能要救出亚历山大。梅利塔终于开始展望德国恢复和平与法治，向往家人的自由，期待自己和丈夫实现职业理想。只要让他再挺过几个星期，也可能只是几天，给他送去食物，带给他坚持下去的勇气，也许还能送去一条生路，同时向集中营警卫明确表示这些囚犯非常重要，上层一直关注着他们，直到投降文件签署完毕。

1　Gerhard Bracke archive, Hubertus von Papen-Koeningen interview (10.08.1989).

2　Gerhard Bracke, *Melitta Gräfin Stauffenberg: Das Leben einer Fliegerin* [The Life of an Aviatrix] (Herbig Verlag, 2013), privately translated, p. 250.

第十四章 最后一次飞行 1945

胡贝图斯坐在驾驶舱内,在梅利塔旁边,她滑行到位,准备起飞。他们告别并祝彼此好运,梅利塔突然伸手去掏她的手提包,将她找到的第一件东西——一罐蜂蜜——送给了胡贝图斯。胡贝图斯深受感动。他知道这份礼物一定本是要给亚历山大的,但他可能未能领会这个礼物所包含的小幽默。梅利塔名字的意思是"蜂蜜般的甜心"。她确实是在象征性地把自己带到丈夫身边。对她重塑生命美好的努力而言,几乎没有更好的比喻了——这是那种古典主义者和诗人可以欣赏的聪明的礼物。胡贝图斯小心翼翼地接过罐子,从"伴郎"中爬出来。他现在希望可以和梅利塔一起飞行,帮她在空中多一双眼睛看路,他本可以在她的飞机上坐上宝贵的第二个座位。然而他却只能看着她把机头抬起来,飞上了天,并且用战斗机特有的方式——晃了一下机翼——向他敬礼。如果一切顺利,午餐时间或午后,她将和亚历山大重聚。

然而亚历山大却已经不在斯特劳宾了,甚至离雷根斯堡监狱都很远了。梅利塔在马里昂巴德确保了自己能继续使用"伴郎"的时候,他和其他囚犯已经被送往申贝格的一所空荡荡的学校,那是巴伐利亚森林中一个美丽的村庄。在这里,他们被锁进了教室——但好在教室很明亮,还能看到山谷下美丽的风景,这里还有铺好的成排的床铺,床单是彩色的。这让他们的精神重新振作起来,囚犯们又开始聊天,甚至笑了起来。女人们用一个小盆洗澡时,男人们便背对着她们。有些人在他们选好的床上写下自己的名字。还有些人和有同情心的村民们取得了联系,结果几个小时后,一碗热气腾腾的土豆就被送来了,第二天甚至还有鸡蛋和土豆沙拉。他们都不知道他们现在正前往慕尼黑以北约10英里(16千米)的达豪集中营——他们将要被"清算"的命令终于到了。

从施特劳宾出发,梅利塔又飞往雷根斯堡,到了这里却发现自己和丈夫刚好错过了几个小时。她越来越疯狂，凭着坚定的决心，她设法拿到了盖世太保的许可，授权她第二天与申贝格的指挥官联系。"申克伯爵夫人今天来到这里，被交给了申贝格支队的负责人，"这份文件记录道，"没有人反对她去看望她丈夫的计划。"[1]当天晚上她在雷根斯堡-新特劳普林机场机库附近尽可能抽时间小憩了一会儿。

第二天早上，是一个星期天，清晨天气晴朗而明亮。在申贝格，牧师朋霍费尔正在一间教室里带着大家做礼拜。突然一队士兵闯进来打断了他们，无视其他人的抗议，将朋霍费尔绑了出来，将其带去了弗洛森比尔格集中营。[2]审判是草率和羞辱性的，他最终被判处死刑，和威尔海姆·卡纳里斯和一些与瓦尔基里行动相关的人，以及另一些纳粹政权的敌人一起被处以绞刑。其余的囚犯现在由盖世太保行刑队的成员看守着，这些人在集中营之间来回穿梭，"清理"那些对政权没有进一步价值的囚犯，"就像一名灭鼠的官员，"西吉斯蒙德·佩恩·贝斯特写道。[3]很明显他们并没有被国家遗忘，就像他们没有被梅利塔忘记一样。

7点，梅利塔再次升空。大约20分钟后，她在多瑙河和附近的一条公路之间进行超低空飞行，沿着施特劳宾-帕绍铁路向南飞往申贝格。飞机下方，施特拉斯基兴村里一名养伤的伤员正站在他家门口等着妻子从教堂回来。看到梅利塔的飞机在10米高的高度飞行，他被这个星期天早上不寻常的景象吸引了，呆呆地看了一会

---

1 Gerhard Bracke, *Melitta Gräfin Stauffenberg: Das Leben einer Fliegerin* [The Life of an Aviatrix] (Herbig Verlag, 2013), privately translated, p. 262.

2 迪特里希·朋霍费尔先在他那本普鲁塔克的书中写下了自己的名字，并将其留给了其他囚犯。被处决后，这本书被送回给了他的家人。

3 The Ian Sayer Archive (unpublished at the time of writing).

第十四章　最后一次飞行 1945

儿。几秒钟后，一架美国战斗机从同一方向咆哮而至。美国空军第15中队侦察中尉托马斯·A.诺布恩紧随其后也沿着施特劳宾-帕绍铁路飞过，他当时的任务是为火车清障。他把梅利塔手无寸铁的比克尔"伴郎"-181错当成了一架福克-沃尔夫190战斗机。不愿错过这个难得的机会，他迅速"放了两炮，大约五到八枪"。[1][2]

一位退休的铁路工人正在他的窗前穿衣服，也看到了同样的追击场景。据他描述，梅利塔本以一种非常悠闲和平静的方式飞行，"突然，一两架Me-109轰隆隆地追了上来，朝着慢慢飞的飞机开枪。几秒钟后，缓慢飞行的飞机向左转了一下，然后旋转着掉进了田里"。[3]没有爆炸声，但腾起了浓浓的烟雾。这名铁路工人骑上他的自行车，朝着那里拼命赶，一路上还遇到了一个法国战俘，他刚好也在附近的田里干活儿。[4]

这两个人是第一批到达现场的人。令他们惊讶的是，他们看到一位衣着整洁的女子坐在飞行员的座位上。她能成功地在坠机的瞬间紧急迫降，也没有明显的重大伤口，整个人又如此冷静，铁路工人并不认为她的状况很危险。"她只是说：'请帮帮我。'"他报告道。[5]他让她放心，并和法国人一起把梅利塔从失事的飞机里救出

1　Gerhard Bracke, *Melitta Gräfin Stauffenberg: Das Leben einer Fliegerin* [The Life of an Aviatrix] (Herbig Verlag, 2013), privately translated, p. 265.

2　诺布恩中尉后来在1945年4月8日上午7点40分报告了他在雷根斯堡地区的空中胜利。福克-沃尔夫190和比克尔"伴郎"-181的机身和舵形状类似，特别是从后面看时更是相似，因此他才会看错。诺布恩后来在韩国战死。

3　Gerhard Bracke, *Melitta Gräfin Stauffenberg: Das Leben einer Fliegerin* [The Life of an Aviatrix] (Herbig Verlag, 2013), privately translated, p. 265.

4　巧合的是，梅利塔离一年前弗伦茨·阿姆辛克坠毁的地方只有50英里（约80千米）。

5　Gerhard Bracke, *Melitta Gräfin Stauffenberg: Das Leben einer Fliegerin* [The Life of an Aviatrix] (Herbig Verlag, 2013), privately translated, p. 266.

来，放在地上。她的一条腿似乎断了，另一只脚在一旁，"不自然地扭曲"到一边。[1]他们轻轻地将她拉出来时，她的包里掉出来几件物品，包括巧克力、一些罐头食品和护照。护照上面写着："申克·冯·施陶芬贝格伯爵夫人，女上尉。"[2]

这位铁路工人把梅利塔交给法国战俘照顾，自己赶忙骑车去找当地的医生。看到邻村的一些人已经赶来，他放心了一些，当他带着医生赶回来时，当地军方已经接管了这里。由于梅利塔已经交由德国空军医生照顾，当地人都被遣散了，他们看着她被抬上了一辆救护车，朝着施特劳宾开走了。坠机现场仍在军事守卫之下。

在坠机几个小时后，**梅利塔死了**。施特劳宾空军基地医疗所所长给出的死亡证明上写的死亡原因是头骨底部骨折。她究竟是努力地为了活下去而在空中战死，还是在田野和救护车里香消玉殒，无人得知。但她显然因失血过多而极其虚弱。此外她身上的伤还包括"左大腿腿骨断裂，右脚踝骨折，左前臂骨折和轻微头部受伤"。[3]在迫降前，似乎梅利塔被美国军机的炮火直接击中了。在这样的情况下她还可以控制飞机紧急迫降，这足以证明她强大的毅力和作为飞行员的高超的技巧。

当天上午10点左右，施特劳宾医院的外科医生来到医院，听说梅利塔的飞机被击落了。然后他看到"穿着飞行员制服的女尸被施特劳宾的救护人员抬进来"。[4]他一度可以清楚地看到梅利塔的脸，

---

1 Gerhard Bracke, *Melitta Gräfin Stauffenberg: Das Leben einer Fliegerin* [The Life of an Aviatrix] (Herbig Verlag, 2013), privately translated, p. 266.

2 Ibid.

3 Ibid.

4 Ibid.

没有任何外伤。"她的眼睛是半睁着的,"他写道,"面部没有扭曲,平静而严肃,嘴巴闭合。"[1]

还有仅仅三周,"二战"就将全面结束。在纳粹德国设立的重重障碍下,这个官方认定的"犹太混血",这个曾经的女囚犯,这位领着高薪、功勋卓著的德国空军工程师、试飞员和纳粹政权的秘密敌人,在距离实现她最后梦想只有不到几个小时路程的地方,失去了生命。在往南仅几英里的地方,亚历山大正在安慰法伊,他们被推上了一辆军车,亚历山大一边与其他的囚犯谈论着他们可能的命运,一边想着自己了不起的妻子是否还能再次找到自己。他抬起脸,看到4月晴朗的蓝天下,朵朵白云飘过。

---

1 Gerhard Bracke, *Melitta Gräfin Stauffenberg: Das Leben einer Fliegerin* [The Life of an Aviatrix] (Herbig Verlag, 2013), privately translated, p. 270.

第十五章
解放和关押 1945～1946

4天后,梅利塔遇难的消息传到了亚历山大这里。盖世太保拿出了难得的体贴态度,一名警卫把亚历山大带到了一个安静的走廊上,然后告诉他梅利塔在一次空战中被击落了。很明显,梅利塔生前一直在赶往申贝格。当亚历山大重新回到其他囚犯中间,"他面如死灰",法伊记录道,他似乎"精神恍惚,好像有点眩晕"。[1]大家都得知了梅利塔的死讯,法伊和亚历山大的伊丽莎白婶婶坐到他身边。亚历山大已经失去了他的双胞胎弟弟贝特霍尔德和另一个弟弟克劳斯。他其余的家人要么被监禁,要么被软禁,他的家已经彻底崩溃了。他才华横溢、勇敢无畏的妻子是唯一一个有可能在战争中幸存的人,结果她在飞向他的时候被杀了。由于信息不足,亚历山大只能自己猜想妻子到底是被盟军还是德军自己击中,她是否在计划救大家,又是否在最后时刻受到了折磨。

---

[1] Fey von Hassell, *Niemals sich beugen: Erinnerungen einer Sonder- gefangenen der SS* [Never Bow Down: Memories of the Special Prisoners of the SS] (Serie Piper, 1995), p. 181; Fey von Hassell, *A Mother's War* (Corgi, 1991), p. 220.

第十五章 解放和关押 1945～1946

梅利塔的丈夫不知道的是，她在第二天——1945年4月13日早上就被埋葬了，身上仍然穿着10天前她选的那件深蓝色西装，这段时间以来她不止一次穿着这件衣服和衣而睡。铁十字勋章还在她的翻领上。她的财物被送交施特劳宾空军基地指挥官的私人秘书贝尔塔·索尔茨保管，包括她的护照、盖世太保的许可和其他文件，还有一本相册和4000德国马克，那相当于她和亚历山大银行账户所有存款的总和。索尔茨惊讶地发现并没有见到大家口中所说的梅利塔身上戴着的珠宝首饰，她问询了一番，最后收到了一枚她的戒指。其他的首饰都不见了。

最初因为没有人来认领梅利塔的遗体或来为她哀悼，他们原本计划将她埋葬在一个还埋着当地空袭遇难者的万人坑里。也许是出于对她作为航空工程师的贡献的尊重，或者敬重她是一名铁十字勋章的持有者，索尔茨在该镇的圣迈克尔公墓给她安排了一个私人墓地。飞行学校的一行人为她挖了坟墓，然后和他们的军官一起参加了葬礼。

梅利塔被击落三天后，美国第104步兵师"森林狼"抵达了软禁孩子们的巴特萨克萨附近的北豪森镇。德军在周围的森林和山丘进行了顽强的抵抗。在战争最后几周的混乱里，盖世太保没有进一步转移施陶芬贝格家的孩子们，孩子们发现如今他们已经身处前线了。贝特霍尔德回忆说，盟军士兵不仅扫射了他们房子周围树林中的国防军军车，"还扫射了我们花园里的草莓地"。[1]当房子暴露时，孩子们躲在放工具的酒窖里避难，这个酒窖在房子的一侧，部分位于地下。房间这里已经没有篱笆和栅栏，因此

1　Berthold von Stauffenberg, Lecture for the AV Rheinstein Köln-Lindenthal, 'A Childhood in the Third Reich – from System Conformist to Traitor's Child' (14.04.2008).

他们发现在这里可以看到飞机,"大多数是美国"野马"或"闪电"——飞过这里并射击"。[1]

12个小时后,孩子们听到了大炮的声音,贝特霍尔德的弟弟弗伦茨·路德维希描述称,那是"深沉如雷鸣般的声音",大家知道美军正在向前推进。[2]他们很快听到了附近战斗的声音,还有驻扎在这里的国防军士兵大喊着他们将要输掉战争的声音。然后,什么声音都没有了。"最后门被推开了,"弗伦茨·路德维希回忆道,"一名小士兵端着枪,四下看看,有人说这里只有孩子,然后又有一名士兵进来,他们似乎很得意。就这样。"[3]德国人已经撤退了,经过彻底的搜查后,这个地方被美国军队占领了,士兵们住在除了孩子们所在房间的每个房间里。这些士兵"非常好,他们都非常年轻",弗伦茨·路德维希补充说。[4]除了和孩子们一起玩游戏外,还给了小孩子们"迟到"的第一块巧克力和其他糖果——"那是我们难以描述的奢侈品"。[5]

新任命的巴特萨克萨市市长来了,告诉孩子们他们被正式释放了,几天后将把他们登记为当地居民。他还站在一张桌子上,发表了一篇关于他们对自己的父亲应该有多自豪的充满"激情的演讲"。[6]"这些话丝毫没有引起我们的注意。"施陶芬贝格家一位表兄

---

1 Berthold von Stauffenberg, Lecture for the AV Rheinstein Köln-Lindenthal, 'A Childhood in the Third Reich – from System Conformist to Traitor's Child' (14.04.2008).

2 Gerald Posner, *Hitler's Children: Inside the Families of the Third Reich* (Mandarin, 1991), p. 185.

3 Ibid., p. 186.

4 Ibid.

5 Ibid.

6 Robert Loeffel, *Family Punishment in Nazi Germany: Sippenhaft, Terror and Myth* (Palgrave Macmillan, 2012), p. 181.

弟后来写道。几个月以来,人们一直和孩子们说他们的父母是罪犯,而他们的敌人原来竟然是这些友好的美国士兵。[1]虽然两名护士被委派照顾孩子们,但孩子们现在基本上都能照顾自己了。他们在商店里翻找,在树林里漫步寻找,就像其他地方的孩子一样,寻找那些用过的弹药、弹片和其他"战利品",但基本上在巴特萨克萨的日子一如既往。他们不知道如何联系家人,也没人在意他们。

这些孩子虽然被绑架和软禁了,但他们从未被关押在集中营里。自从苏联军队于1944年7月抵达迈丹尼克集中营,盟军一段时间以来一直收到类似的骇人报告。那年夏天晚些时候,贝尔泽克、索比堡和特雷布林卡集中营也陆续被发现。1945年1月,奥斯维辛集中营被解放,接着是施图特霍夫、萨克森豪森和拉文斯布吕克,几周前,被株连的囚犯和其他的重要罪犯都已经被转移到了其他地方。美国军队于4月初抵达布痕瓦尔德,其次是朵拉-米特尔堡和弗洛森比尔格。英国同月解放了贝尔根-贝尔森。

与美国人一起进入德国的有苏格兰飞行员埃里克·布朗。现在,埃里克已成为一名荣誉等身的英国试飞员,在战争的最后阶段与一群科学家一起被派往德国,研究德国的超音速风洞等领先的航空技术,还有喷气式飞机和火箭飞机的实例。他还将审问德国顶级航空设计师、工程师和试飞员。他的第一个线索是有两名德国空军飞行员从苏联前线向南飞往汉诺威,驾驶的是两架梅塞施密特Me-262。埃里克飞往法斯贝格机场,在那里,他找到了废弃的飞机。他对梅利塔和汉娜在开发过程中测试过的喷气式飞机的"复杂性"和

---

1 Alfred von Hofacker, quoted in Konstanze von Schulthess, *Nina Schenk Gräfin von Stauffenberg: Ein Porträt* [A Portrait] (Piper, 2009), p. 172.

"敏感性""立刻感到了震惊"。[1]

占领了法斯贝格机场的美国第二军也奉命拿下了附近的贝尔根-贝尔森集中营。虽然它并不是一个灭绝营，但已有大约5万人在贝尔森被杀或留下等死。其中包括荷兰少女安妮·弗兰克，安妮曾在夏天的日记中对克劳斯的暗杀事件进行了评论。两周后，她和她的家人遭到出卖并被捕。在贝尔森获得解放前几周，可能是由于斑疹伤寒，安妮在她的姐姐死后几天也去世了。在盟军到达集中营的前几天，大规模屠杀仍在进行。此外还有1.3万名被关押者因为身体过于虚弱，在接下来的几周内相继死去。

由于会说德语，埃里克被找来做翻译。乘吉普车到达后，他找到了一些被关押者，他们"沉默，如同行尸走肉"，这些人在院子里踱着步或站在地上盯着他。[2]埃里克问他们话时，这些人甚至说不出话。军营之间，露天坟墓里有超过1万具尸体。"尸体堆得很高。其中三分之二是女性"，埃里克后来证实称，而更多的"被推平填坑……恶臭难以形容"。[3]每个小屋都有平均60人住，他发现有250人死于斑疹伤寒、痢疾和饥饿。"我认识德国人，我在德国很开心，"埃里克后来写道，"战争期间，我还为他们找借口，归咎于纳粹分子。而这（指集中营）没有任何借口。"[4]埃里克随后帮助审讯集中营指挥官，包括约瑟夫·克莱默，以及拒绝回应的23岁的伊尔玛·格雷斯——但有一次，她"跳了起来，行了个致敬希特勒的

1　Eric Brown, *Wings On My Sleeve: The World's Greatest Test Pilot Tells His Story* (Phoenix, 2007), p. 100.

2　Ibid., p. 97.

3　Eric Brown, James Holland interview, www.griffonmerlin.com.

4　Eric Brown, *Wings On My Sleeve: The World's Greatest Test Pilot Tells His Story* (Phoenix, 2007), p. 98.

礼"。[1]这些人,连同将近200名其他警卫,后来被军事法庭审判并被处以绞刑。

埃里克后来把注意力转回到对他名单上的一些工程师和飞行员的追捕和审讯上,其中包括韦纳·冯·布劳恩、恩斯特·亨克尔、维利·梅塞施密特、福克-沃尔夫飞机的设计师库尔特·谭克还有汉娜·莱契。他的第二个线索出现在一个晚上,当时他在吕贝克酒吧偷听一些德国人聊天。传闻说汉娜——埃里克口中的"神话般的存在"——"曾在第三帝国的最后几天在德国空军部的屋顶上飞过她的菲泽勒'白鹳'",现在她正藏在巴伐利亚。[2]

谣言只是略有夸张。汉娜和格莱姆在离开柏林市中心的途中避开了苏联的防空火力,于起飞当天早上3点安全降落在雷希林。寒冷的夜晚,"冻得发抖,疲惫且心情沉重"的汉娜跺脚取暖,而格莱姆与机场剩余的战斗人员开了个会,命令所有可用的飞机保卫首都。[3]从那里他们又飞往靠近丹麦边境的普隆,去找海军上将卡尔·邓尼茨询问希姆莱的下落。由于格莱姆还有伤,汉娜坐在了他们的比尔克"伴郎"的飞行员座位上,这和梅利塔最后飞往申贝格时驾驶的是同一款飞机。像梅利塔一样,汉娜"几乎是在爬而不是在飞",沿着树林的边缘,保持尽可能低的飞行高度,"当我经过它们时,几乎蹭过了篱笆和栅栏"。[4]当他们发现天上太危险后,她飞了最后的30英里(约48千米),偶尔停下来避免被头顶飞

---

1 Eric Brown, James Holland interview, www.griffonmerlin.com.

2 Eric Brown, *Wings On My Sleeve: The World's Greatest Test Pilot Tells His Story* (Phoenix, 2007), p. 114.

3 Hanna Reitsch, *The Sky My Kingdom: Memoirs of the Famous German World War II Test Pilot* (Greenhill, 2009), p. 255.

4 Ibid.

过的苏联战斗机扫射。

当汉娜和格莱姆听到希特勒去世还有海军上将邓尼茨组建的新德国政府的广播声明时，他们还在路上。邓尼茨宣布，元首"已经去世了"，"他是一个英雄"。事实上，当红军逼近帝国总理府时，希特勒和他的新娘自杀了。希特勒的飞行员汉斯·鲍尔和其他人确保他们的身体被汽油充分浸泡后用一把火结束了一切。死去的元首"凌乱的头发在风中飘动"，他的司机后来记录道，而爱娃深蓝色带白褶边的连衣裙"在风中摆动着，直到最后被燃料浸透"。[1] 其他目击者还记录了一些可怕的细节，有人称爱娃的身体在熊熊燃烧的火焰中慢慢弯曲成坐姿，而希特勒的尸体则在火焰中皱成了一团。

希特勒死后第二天，在斯达姆普菲格医生的帮助下，玛格达·戈培尔在哄孩子们上床睡觉前，给她的六个孩子下了毒。尽管有过最后的机会可以全家一起被护送出去，她还是选择在孩子们睡觉时依次用氰化物杀死了他们。几个小时后，玛格达和丈夫从紧急出口离开了地堡，走向曾经是总理府花园的土地和瓦砾中。他们在那里结束了自己的生命，然后尸体也被烧了。汉娜曾羡慕不已的那枚纳粹党徽章后来从玛格达的遗体上发现时，周围已经烧化了。当消息传来，汉娜相信苏联人不会伤害她在地堡里遇到过的孩子们。"他们的生命被浪费了，"她告诉记者，"他们是无辜的。"[2]

鲍曼、斯达姆普菲格、贝洛和鲍尔最终选择逃离地堡，柏林如

---

[1] Erich Kempka, *I Was Hitler's Chauffeur: The Memoirs of Erich Kempka* (Frontline, 2010), p. 78.

[2] Ron Laytner, *Edit International Articles: A portfolio of some of Ron Laytner's greatest stories*, 'Hanna Reitsch: Greatest Nazi Test Pilot and World's First Astronaut' (2010).

第十五章 解放和关押 1945～1946

今"一片混乱,到处是电缆、碎石和电车线……废墟和弹坑"。[1]当不再能逃跑时,鲍曼和斯达姆普菲格咬破了他们的氰化物胶囊;贝洛最终被英国人逮捕,并一直关押到1948年;鲍尔被苏联军队俘虏,在苏联的监狱中销声匿迹了10年。

汉娜和格莱姆终于抵达普隆时,邓尼茨已经掌权了,他用一段有关迫切需要继续打击布尔什维克主义的演讲接见了他们。没有人谈到未说出口的政策转变。后来邓尼茨召集纳粹政权剩下的部长,成立了一个战争委员会。当格莱姆向凯特尔元帅讲到有关支持温克将军期待已久的进军柏林的最佳航空战术时,凯特尔告诉他,温克将军的军队早已被摧毁。投降显然迫在眉睫。他们唯一现实的目标是尽可能长时间地牵制苏联的进攻,好让平民尽量逃往同盟国,以期能得到更好的待遇。

在会议室外等候的汉娜看到希姆莱的时候非常震惊。后来她回忆道,她曾质问希姆莱是否确实求过和。希姆莱愉快地承认了。"是你在最黑暗的时刻背叛了你的元首和你的人民?"汉娜感到一阵眩晕,"这是叛国罪,元帅先生……你应该和希特勒一起在地堡里。"[2]据说希姆莱对于这样的质问只是一笑了之。"历史将有不同的看法,"希姆莱对汉娜说,"希特勒疯了。早就应该有人制止他了。"[3]"他为他所信仰的事业而死,"汉娜反驳道,"他勇敢地死了,

---

1 Nicolaus von Below, *At Hitler's Side: The Memoirs of Hitler's Luftwaffe Adjutant 1937–1945* (Frontline, 2010), p. 241.

2 US National Archives, Air Division HQ United States Forces in Austria, Air Interrogation Unit, interrogation of Hanna Reitsch: 'The Last Days in Hitler's Air Raid Shelter' (08.10.1945), p. 12.

3 Ibid.

死得……光荣。"[1]对于希姆莱争辩说他自己的所作所为是为了"拯救德国的血液,拯救我们国家所剩下的一切",汉娜不屑一顾。[2]"德国的血液,元帅先生,你现在说起这个来了?几年前你就应该想到这一点,而不是现在突然认同了那么多无谓的牺牲。"[3]盛怒之下,汉娜说出了比以往更多的真相,但片刻之后他们的单独会面被空袭打断了。[4]汉娜此后再也没有见过希姆莱。[5]

汉娜和格莱姆都被暂时停飞了,他们讨论了自己在后纳粹德国的未来的可能性,最后一致认为他们可能没有未来。他们都诅咒戈林和希姆莱,说他们是弱者,说到底也都缺乏荣誉感。格莱姆一度还透露出他对梅利塔的疑虑。"这不仅仅是怀疑她和希姆莱合作过,"汉娜后来写道,"她事实上就是与他有联系。"[6]希姆莱曾在1945年春天提到过梅利塔,这使得格莱姆好奇梅利塔是不是参与了"间谍活动"。[7]汉娜很早就看出梅利塔总是避开某些特定的同事,还和另一些人一起批评过纳粹政权。"关于梅利塔是间谍的怀疑并不是其他人恶意造谣,"汉娜断言道,"都是梅利塔本人自己卖惨;比如她会避开我,还会严词拒绝我提供的每一个善意的帮助。"[8]汉娜还觉得梅利

---

1 US National Archives, Air Division HQ United States Forces in Austria, Air Interrogation Unit, interrogation of Hanna Reitsch: 'The Last Days in Hitler's Air Raid Shelter' (08.10.1945), p. 12.
2 Ibid.
3 Ibid.
4 希姆莱不久前刚刚下令处决掉所有集中营中病得太重而无法从前线撤回的犯人,但当他们谈到德国的血液流失时,谁都没想到这些囚犯。
5 希姆莱于5月21日被捕。两天后,他咬破了他的氰化物胶囊,在15分钟内死亡。
6 Gerhard Bracke archive, Hanna Reitsch/Klara Schiller correspondence (18.02.1975).
7 Ibid.
8 Ibid.

第十五章 解放和关押 1945～1946

塔的"种族负担"让这些谣言更可信，比如："在两个阵营都有插足"，或者正在"为敌人"工作。[1]在战争的最后几天，汉娜和格莱姆还花时间讨论了这个问题，这一事实比梅利塔的联系和活动更能说明他们的偏见和怨恨。但没有证据表明在这个阶段最关心自己家人的梅利塔在和希姆莱搞阴谋。

几天后，德国即将投降的消息刺激了格莱姆。5月8日，这位仍然有伤在身的陆军元帅和汉娜一起飞越阿尔卑斯山，与奥地利的凯塞林将军会面，讨论德国空军的最后命令。凯塞林当时并不在场，而德国空军总参谋长科勒将军对格莱姆的到场感到震惊。即使挂着两根拐杖，还有两名军官和汉娜陪着他，格莱姆仍然明显看起来非常痛苦，从他的车上下来的时候还是很困难。科勒在日记中写道，格莱姆的脸"松弛，几乎是黄色的"。[2]科勒给大家准备了浓咖啡，大家一起匆匆地吃了顿早餐。两名军官在房间外等候，但格莱姆坚持要汉娜陪着他。"与德国空军负责人开诚布公地谈话并不容易……"科勒悲伤地写道，"而且因为我无法让汉娜·莱契离开房间，这一切变得更困难了。我想（让她出去），但格莱姆不让。"[3]

格莱姆和汉娜重新讲了一遍他们从地堡到这里一路上的经历。两人都强调了未能和他们的元首一同死去的痛苦。流着眼泪，汉娜补充说"想跪在祖国的祭坛上祈祷"。[4]"祭坛？"科勒问道，不确定

---

1 Gerhard Bracke archive, Hanna Reitsch/Klara Schiller correspondence (18.02.1975).
2 Karl Koller, *Der Letzte Monat: Die tagebuchaufzeichnungen des ehemaligen Chefs des Generalstabes der deutsche Luftwaffe vom 14 April bis zum 27 Mai 1945* [The Last Month: The Diaries of Karl Koller, Chief of Staff of the Luftwaffe, 14 April to 27 May 1945] (Mannheim, 1949), p. 93.
3 Ibid.
4 Ibid.

她的意思。"就是地堡。"汉娜回答说。[1]对于科勒来讲，这完全是疯狂的鬼话。在科勒公开发表的日记中，他声称自己告诉他们地堡是"背叛德国的纪念碑"。[2]当科勒提出为汉娜做过那么多事情的戈林应该得到保护而不能被苏联人抓走时，他再一次对汉娜的反驳感到震惊：汉娜认为戈林是一个应该被处理的叛徒。科勒一直努力安排戈林和美国人进行会面，他觉得与汉娜和格莱姆的对话并无用处。格莱姆和汉娜都告诉科勒，如果他被捕，他就应该开枪自杀。"你必须这样做……"汉娜定了调，"被捕的人没有荣誉可言。"[3]

和科勒会面后的当晚，格莱姆收到电报称，纳粹政权已经签署了无条件投降书，所有敌对行动都必须停止，"立即生效"。[4]虽然大多数留任的高级领导人都烧毁了他们的纸质记录，但格莱姆默默地把他的最后命令放进了他制服夹克的口袋里，他的指挥到此结束了。

两名初级军官受命开车带格莱姆和汉娜到基茨比厄尔的民用医院。半路上，格莱姆下令停车。他的职责使他尽力想除掉自己，他不能被捕。在路边的一片草地上，汉娜小心地帮助他脱掉制服，穿上便装。这是一个可悲的场景，但不知何故也很亲密。德国空军的最后一名总司令身受重伤，而且还在逃跑的路上。他没叫军官帮忙，而是让在场唯一的女士汉娜帮他换衣服。格莱姆随后告诉军官，像对待逃

---

1 Karl Koller, *Der Letzte Monat: Die tagebuchaufzeichnungen des ehemaligen Chefs des Generalstabes der deutsche Luftwaffe vom 14 April bis zum 27 Mai 1945* [The Last Month: The Diaries of Karl Koller, Chief of Staff of the Luftwaffe, 14 April to 27 May 1945] (Mannheim, 1949), p. 93.

2 Ibid.

3 Ibid.

4 *The Telegraph*, Rob Crilly, 'Rare German surrender order expected to fetch £20,000' (26.04.2015).

兵一样把自己打死。后来,科勒写道,"这些年轻军官的心里一定非常不舒服"。[1]最终他们把格莱姆劝回了车里,带着他和汉娜到达了医院。即使是这个时候,格莱姆也拒绝"带任何其他,只带着汉娜·莱契,由她陪在自己身边"。[2]当美军进入城镇时,格莱姆仍然在接受治疗,正如汉娜所说:"我们所有希望都坍塌了。"[3]

在"战败的混乱"中,汉娜后来说,她的力量源于得知家人就在附近,就在萨尔茨堡郊外的莱奥波尔兹克罗恩宫。[4]她申请了一张通行证准备去探望他们。然而科勒告诉她,在战争的最后几天,在萨尔茨堡的最后一次炸弹袭击中,她的父母、妹妹和妹妹的三个孩子都被炸死了。"她坚强地接受了。"他说。[5]后来,她在格莱姆的房间里点燃了蜡烛,摆上了一些家人的照片。

汉娜后来得知她的家人死于完全不同的情况。第三帝国沦陷后,谣言开始流传说德国境内流离失所的家庭将被遣返回自己的家乡。希尔施贝格此时已经被苏联占领。戈培尔长期以来一直对红军进行负面宣传,用以加强民族团结抵御侵略,所以维利·莱契害怕他自己所爱的人遭到任何残忍的虐待。在一段时间之后,汉娜才得

---

1 Karl Koller, *Der Letzte Monat: Die tagebuchaufzeichnungen des ehemaligen Chefs des Generalstabes der deutsche Luftwaffe vom 14 April bis zum 27 Mai 1945* [The Last Month: The Diaries of Karl Koller, Chief of Staff of the Luftwaffe, 14 April to 27 May 1945] (Mannheim, 1949), p. 98.

2 Ibid.

3 Hanna Reitsch, *The Sky My Kingdom: Memoirs of the Famous German World War II Test Pilot* (Greenhill, 2009), p. 256.

4 Ibid., p. 257.

5 Karl Koller, *Der Letzte Monat: Die tagebuchaufzeichnungen des ehemaligen Chefs des Generalstabes der deutsche Luftwaffe vom 14 April bis zum 27 Mai 1945* [The Last Month: The Diaries of Karl Koller, Chief of Staff of the Luftwaffe, 14 April to 27 May 1945] (Mannheim, 1949), p. 128.

知了真相,并将她父亲的动机描述为"维护家庭的首要任务"[1]——维利·莱契以为自己唯一的儿子已经死了,自己支持的政权的倒台也让他悲痛欲绝,他又害怕自己会在敌军的手下遭遇虐待甚至死亡,他崩溃了。他和玛格达·戈培尔一样走了极端,对于一家之主维利·莱契而言,杀死家中所有的女人和孩子似乎是最好的办法。[2]

5月4日,一个朋友来看汉娜,并告诉她她家里不太好。第二天,还是这个朋友在莱奥波尔兹克罗恩宫外看到一辆推车,上面盖着旧毯子,下面是维利和埃米·莱契的尸体,还有他们的女仆安妮,以及汉娜的妹妹海蒂和她的三个孩子。毒药没能一次毒死他的家人,维利·莱契把他们都用枪打死了,然后把枪口对准了自己。在留给汉娜的最后的字条中,他告诉他的女儿,当她得知他们都已经安全地与上帝在一起了,她应该感到宽慰。她的父亲"没有办法",汉娜带着自我保护的态度写道,"只能承担起这最沉重的责任"。[3]

埃里克·布朗现在从美军处得知,有一个30岁左右"身材娇小,长相姣好"的女人躲在基茨比厄尔附近的一家美国医院里,他们认为那可能是汉娜·莱契。埃里克受命去找她。他走过女病房时,汉娜"立即认出"了他,并开始"假装心脏病发作",埃里克后来报告称。[4] "你知道,汉娜,"他对她说,"比赛结束了。"[5] 最初聊了几句后,埃里克经过交涉获准审问汉娜,并将其交给美国人关

---

[1] Hanna Reitsch, *The Sky My Kingdom: Memoirs of the Famous German World War II Test Pilot* (Greenhill, 2009), p. 257.

[2] 维利·莱契是德国东部做出同样抉择的数千名平民之一。

[3] Ibid.

[4] *Hanna Reitsch: Hitlers Fliegerin* [Hitler's Pilot], Interspot Film (dir. Gerhard Jelinek and Fritz Kalteis, 2010).

[5] Ibid.

押。等到他再次和她见面时，他们的谈话让人更加深刻地理解了她的想法。

"起初汉娜疑心非常重"，埃里克写道，但他向她保证他想更多谈论飞机而不是政治，然后"她开始自在地讲话"。[1]他对汉娜的各种经历感到着迷，她飞过各种德国民用和军用飞机，包括直升机和V-1飞弹。然而，他的首要任务是让她谈谈梅塞施密特Me-163火箭战斗机"彗星"，他对于这架飞机有着"尽快飞一下的渴望"。[2]"虽然她不愿意承认"，他后来写道，但他很快就发现汉娜从未在火箭动力下飞过这架飞机，只不过是"在滑翔机助力下进行过投产前的试飞"。[3][4]

对汉娜来讲，能和一个和她一样对飞行充满热情的人讨论航空问题一定是一件放松的事。然而，一旦她开始说起来，很快就离题了。埃里克看得出她处于"一种情绪化的状态"。[5]她不久前才得知她父亲"杀死了家中的所有女性"，他直白地写道。[6]他决定让她继续说下去。无论如何，"当她开始说话时，你无法阻止她"，他说，她简直"成了连珠炮"。[7]汉娜一度"一股脑儿说出了"敖德萨战役中关键人物的信息和前党卫军官员的关系，她说自己很确定他们可

---

1 Eric Brown, *Wings On My Sleeve: The World's Greatest Test Pilot Tells His Story* (Phoenix, 2007), p. 119.

2 Ibid., p. 109.

3 Ibid., p. 119.

4 自信的埃里克此后不久就飞了一次"彗星"。他迅速加速到每小时450英里(约724千米)，感觉好像"在开一列失控的火车"。他后来安全地回到了原地，一落地就去和地勤人员喝烈酒庆祝。参见Eric Brown, *Wings on My Sleeve* (2007), p. 112。

5 Eric Brown, *Wings On My Sleeve: The World's Greatest Test Pilot Tells His Story* (Phoenix, 2007), p. 119.

6 Ibid.

7 Eric Brown, Mulley interview (23.06.2014).

以干掉任何在他们看来背叛了第三帝国的人。[1]她告诉埃里克,她更担心的是自己对美国人说太多,而不是被指责与纳粹政权合作。埃里克相信汉娜还有更多的社会关系,远不止她后来说的这些,但此后她再也没有提到过敖德萨。她还"毫无感情地谈到了乌德特",埃里克觉得,她"没有任何崇拜的迹象",她还和他讲了自己去希特勒地堡的经历,"一段关于纯粹的勇气的传奇"。[2]在埃里克看来,很明显汉娜认为"对希特勒的忠诚是一种彻底的献身"。[3]"他象征的是我爱的德国。"汉娜对埃里克说道。[4]

汉娜也否认了大屠杀。当埃里克告诉她,自己参与了解放贝尔森的行动,并亲眼看过那些饥肠辘辘的囚犯和成堆的死尸。"她嗤之以鼻,并不相信……她不想相信其中任何一件事。"[5]这种否认对他们两人来说都是痛苦的,但埃里克发现"没有什么能让她相信发生过大屠杀"。[6]他总结说,汉娜是"一个狂热的飞行员、狂热的德国民族主义者和狂热的纳粹分子"。[7]最重要的是,他后来写道:"她对希特勒的狂热崇拜让我的血凉透了。"[8]

汉娜现在被软禁在了她家在莱奥波尔兹克罗恩宫的旧房间里。起初颇有同情心的美国空军情报部门负责人罗伯特·沃克和他的同

1　Eric Brown, Mulley interview (18.03.2013).
2　Eric Brown, *Wings On My Sleeve: The World's Greatest Test Pilot Tells His Story* (Phoenix, 2007), p. 119.
3　Eric Brown, Mulley interview (23.06.2014).
4　Ibid. (18.06.2014).
5　Ibid. (23.06.2014).
6　James Holland, interview with Eric Brown, www.griffonmerlin.com.
7　Eric Brown, *Wings On My Sleeve: The World's Greatest Test Pilot Tells His Story* (Phoenix, 2007), p. 119.
8　Ibid. p. 119.

事们还帮助她整理了一下家里的财产。她只保留了她母亲的一些诗歌、家人的照片和信件。[1]她获准骑车去他们的墓地祭奠。有一次，在得知她和梅利塔的前同事格奥尔基教授被关押在德国边境那边时，她非法越境去看了他一次。不久后，她被转移去接受审讯。在汉娜离开前，她战时的秘书葛莱特·伯斯设法见了她一面。在一起的这半个小时里，两个女人互换了手表，以保证多年前乌德特送给汉娜的手表可以由葛莱特保管好。汉娜同时还悄悄地交出了她的氰化物胶囊。

汉娜接着被转移到了另一栋设施齐全的别墅，在那里她接受了沃克礼貌而温柔的审讯。她"仔细权衡每一句话中的'荣誉'，"他评论道，"她对这个词简直到了痴迷的地步……这几乎是她整个人生观中一个不协调的体现。她不断重复这个词，但她自己并不自知，至少不如审讯者观察到的那样明显，我们双方对这个词的理解也不一样。"[2]对于汉娜来说，"荣誉"已经成了最重要的美德，可以免除任何行为失检，不管问题有多严重，但与此同时它也被简化成了一个简单的忠诚准则。具有讽刺意味的是，汉娜在战争期间经常选择违背这一准则，但她现在却接受了，用于拯救她的良心。

沃克还记录下汉娜仍然"高度尊重元首"。[3]她深深地震惊于元首在地堡时的状况，并辩解称希特勒一定是在过去的几个月中因为医生开的药而患上了人格障碍症。"希特勒以一个对抗世界的罪犯的身份结束了他的生命，"她对沃克说，"但他并不是这样开始

---

1 相比之下，戈林于5月9日被捕时，据说带了16个手提箱。
2 US National Archives, Air Division HQ United States Forces in Austria, Air Interrogation Unit, interrogation of Hanna Reitsch: 'The Last Days in Hitler's Air Raid Shelter' (08.10.1945), p. 2.
3 Ibid., p. 8.

的。"[1]汉娜并没有失去对元首早年理想的信心,也没有谴责纳粹政权的种族主义本质。她唯一承认的是,事实证明希特勒是一名差劲的士兵,也是一名糟糕的政治家。"奇怪的是,"沃克指出,"汉娜似乎并不觉得希特勒个人需要对此负责。"[2]相反地,汉娜认为"错误的一大部分在于那些引导他、引诱他、误导他犯罪,给他提供错误信息的人"。[3]最后的最后,汉娜认为,希特勒无可争议的权力使他从"一个理想主义的施主变成了一个贪婪的、诡计多端的暴君"。[4]在她看来,本质上错的是系统,是希特勒的顾问。

汉娜后来对戈林和他"吗啡抽多了的自负"提出了严厉的谴责,还讲了很多她的航空测试工作。[5]她宣称"人民必须知道戈林是什么样的罪犯,是对抗德国和世界的罪犯",这让沃克希望她可以成为战后德国的和解大使。[6]毕竟,她从未成为纳粹党的成员。因此,沃克对汉娜非常好,但埃里克·布朗评论说:"她让他出丑了。"[7]事实上,汉娜的批评仍集中在戈林滥用德国空军和欺骗希特勒上。她没有对纳粹政权表达更多的失望和批评。"两边牺牲的生命……在她看来,毫无疑问,都是戈林的错,"沃克满腹狐疑地在

---

1 US National Archives, Air Division HQ United States Forces in Austria, Air Interrogation Unit, interrogation of Hanna Reitsch: 'The Last Days in Hitler's Air Raid Shelter' (08.10.1945), p. 9.

2 Ibid.

3 Ibid.

4 Ibid.

5 US National Archives, Air Division HQ United States Forces in Austria, Air Interrogation Unit, 'Condemnation of Göring by Hanna Reitsch' (16.11.1945), p. 6.

6 Ibid., p. 7.

7 Eric Brown, Mulley interview (18.03.2013).

自己的报告结尾写道,[1]"希特勒即使有罪,也是因为他没能看出戈林的无能。"[2]

然而,最重要的是,美国人希望汉娜能够确认希特勒真的死了。苏联情报部门在占领柏林后几天内发现了希特勒烧焦的尸体残骸。然而,斯大林并不相信。因为也有传闻说,元首在最后一分钟逃脱了。汉娜轻蔑地驳斥了这种说法。她认为无论如何希特勒都病得太重了,肯定也活不长。"希特勒死了!"她告诉沃克,"他没有理由活下去,悲剧就在于他太清楚这一点了。"[3]虽然汉娜拒绝提供这方面的情报,但沃克认为她"以诚实和尽责的态度,尽可能真实而准确地"回答了他的问题。[4]沃克的审讯报告后来成为纽伦堡审判的证据。[5]

5月22日,格莱姆正式被逮捕。统观形势来看,他的情况并不好。他的脚伤一直没彻底愈合,整个人的身体也很差。他的空军被毁了,他的祖国成了一片废墟,他所奋斗的事业已经名声扫地。两天后,他咬破了希特勒给他的氰化物胶囊,几分钟之内便死了。

汉娜相信格莱姆自杀是为了避免在纽伦堡审判中不得不出庭作证,从而对戈林不利,尽管戈林是阻碍他职业发展的人,也应该对

---

1 US National Archives, Air Division HQ United States Forces in Austria, Air Interrogation Unit, 'Condemnation of Göring by Hanna Reitsch' (16.11.1945), p. 8.

2 Ibid.

3 US National Archives, Air Division HQ United States Forces in Austria, Air Interrogation Unit, interrogation of Hanna Reitsch: 'The Last Days in Hitler's Air Raid Shelter' (08.10.1945), p. 8.

4 Ibid., p. 14.

5 汉娜后来在她的证词中否认了这些说法,声称她从未授权或签署过这些审讯报告。事实上,这些报告并不需要由被审问者签署或批准。

德国空军的毁灭负直接责任。[1] "我确信格莱姆没法背叛他作为一名军人的荣誉感而说出他不得不说的证言,那些关于戈林卑鄙的本性和他的重大失误的证言。"她告诉沃克。[2]剩下的自杀理由可能来自于他担心自己被选中和苏联人交换战俘,或者他无法面对折磨和被处死的恐惧。

当希特勒给他们致命的氰化物后,格莱姆和汉娜曾计划一起自杀。然而当他们离开地堡后,汉娜担心他们死在一起会暗示某种浪漫的关系,这将玷污两者的荣誉。汉娜的奥地利表兄赫尔穆特·霍伊贝格尔认为他们"有一种基于深爱的友谊——在我看来,非常深爱——虽然从未真正有过肌肤之亲"。[3]格莱姆本身是有妇之夫,他和汉娜各自的荣誉感可能要么限制了他们,要么为他们提供了一个方便的借口。无论怎样,他们对彼此都是绝对尊重的。"大家对他的感激、尊重和忠诚永无止境,"汉娜后来在给朋友的信中写道,"他整个人和个性都赢得了我们的尊敬。"[4]汉娜并没有在格莱姆自杀的时候和他在一起,但她也没有对他的选择感到惊讶。现在几乎每个她关心的人都死了,她只是在等待一个恰当的时机——她对自己说——以避免协议自杀的丑闻。

几天后,仍在美国人关押下的汉娜坐车去了格莱姆的墓地,他和她的家人被埋葬在萨尔茨堡的同一个墓地。在车上,押送她的军官给她展示了达豪集中营的照片。没有关于她直接反应的记录。即

---

1 1946年10月15日,被绞死前几个小时,戈林也服用氰化物自杀了。
2 US National Archives, Air Division HQ United States Forces in Austria, Air Interrogation Unit, 'Condemnation of Göring by Hanna Reitsch' (16.11.1945), p. 5.
3 *Hanna Reitsch: Hitlers Fliegerin* [Hitler's Pilot], Interspot Film (dir. Gerhard Jelinek and Fritz Kalteis, 2010).
4 Deutsches Museum Archive, 130/123, letter Hanna Reitsch/Kurt Reitsch (1946).

便她再次想到了彼得·里德尔的迈丹尼克集中营——那个在佩内明德的劳改营——的传单或者埃里克关于贝尔森的证词，或者她怀疑起了自己是否对于此类罪行和纳粹政权有共谋，她也没有公开承认过这些事。汉娜后来再次声称不相信这种暴行的存在。然后，她在生命中最崇拜的男人——格莱姆的坟墓前，向他致以最后的敬意。他们一直到最后都以全部热情所支持的政权，是一种剥夺了数百万人权利的特权。

在萨尔茨堡的墓地里，汉娜认出了另一个女人。雷妮·瑞芬舒丹是一名电影导演，也曾是第三帝国最著名的编年史家。汉娜在1936年柏林奥运会上第一次见到瑞芬舒丹，当时后者正在拍一部关于奥运会的著名电影。从那时起，她们就开始同样作为纳粹女名人拥有越来越高的地位。瑞芬舒丹走过来时，汉娜从口袋里取出一些皱巴巴的纸，然后塞进瑞芬舒丹手里。"读一读这封信，"汉娜说，"它可能会被他们拿走，那样的话，除了我之外就没人知道它的内容了。"[1]这是戈培尔最后写自地堡的信。汉娜现在决意要确保留下这些历史记录。瑞芬舒丹接着问汉娜——这个她口中"娇小而瘦弱的女人"——是否曾经真的打算成为一名自杀式飞行员。[2]汉娜自豪地承认了。然后她说希特勒反对了该行动，因为"每一个在祖国的战争中冒着生命危险的人都必须有幸存的机会，即使机会很小"。[3]汉娜仍在捍卫她的元首的理想。她不能接受他和政权背叛了德国人民，也不能接受他们要对战争负责。

看着格莱姆的最后安息之地，并与瑞芬舒丹讨论了她们的国

---

[1] Leni Riefenstahl, *Leni Riefenstahl: A Memoir* (St Martin's Press, 1993), p. 320.

[2] Ibid., p. 321.

[3] Ibid., p. 320.

家以及政权的决定和声誉后，汉娜做出了一个决定。她抱了抱瑞芬舒丹，与之告别，然后决定不再自杀。汉娜一直认为自己能参与解决问题，她拥有一种"善的力量"。现在，她决定再次为德国献身，帮助德国在战败后数周、数月甚至数年的时间内恢复民族尊严。汉娜现在告诉审问她的美国人，她计划"说出关于戈林的真相，'这名浅薄的演员'；说出希特勒的真相，'这个无能的罪犯'；并且要告诉德国人民第三帝国带给他们的危险的真相"。[1]但汉娜要不就是根本没有能力说出真相——即便是对她自己也不行；要不就是在玩世不恭地撒谎。当美国人组织新闻发布会让汉娜公开对希特勒的军事和战略领导进行谴责时，她反而断言她曾经心甘情愿地支持他，并声称她会再次这样做。

亚历山大年迈的母亲卡罗琳·冯·施陶芬贝格在劳特林根家的城堡里被软禁了几个月。法国部队于4月中旬抵达，一阵混乱的战斗之后，这个镇子投降了。作为当地非官方的领导人，卡罗琳在她的小更衣室里，在水槽和桌子之间接待了法国的指挥官。应他的要求，她同意在房子里设立一个小诊所，红十字会的旗帜在屋顶上方升起。当更多的法国军队到达时，商店遭到洗劫，有报道称有过强奸案，卡罗琳为这些受害的村民提供了避难所，同时还被要求接待了大量撤离的盖世太保家庭。

6月初，卡罗琳的妹妹亚历山德里娜，施陶芬贝格家孩子们的姨奶奶，一位前红十字会护士，成功说服了法国军事指挥官借给她一辆带法国牌照的车还有一罐珍贵的汽油，然后开车经过两个盟军

---

1 US National Archives, Air Division HQ United States Forces in Austria, Air Interrogation Unit, interrogation of Hanna Reitsch: 'The Last Days in Hitler's Air Raid Shelter' (08.10.1945), p. 14.

占领区，跨越300多英里（约483千米）前往巴特萨克萨，这是梅利塔告诉他们的孩子们被关押的最后一个地方。6月11日，亚历山德里娜到达时，她发现房子里空无一人。当她找到最后一栋别墅的时候，才听到稚嫩的声音。所有15名失踪的孩子都在那里。康斯坦策后来写道，他们"立刻欢呼并包围了他们的姨奶奶"。[1]

巴特萨克萨很快被移交给了苏联人。"苏联人是恐怖主义的代名词，"弗伦茨·路德维希回忆道，"他们是一个威胁……绝对恐惧的原因。"[2] 势不可当的亚历山德里娜迅速将贝特霍尔德、海梅兰和弗伦茨·路德维希藏进了法国汽车里，还搞到了一辆甲醇燃料的大巴车，带上了其他的孩子，跟在法国车后面。在他们离开几个小时后，苏联人进驻了巴特萨克萨，禁止任何人再转移。

回来的路上，亚历山德里娜经过了臭名昭著的多拉劳改营和米特尔堡工厂，在那里，被强制劳动的囚犯组装着一架架V-2火箭。贝特霍尔德永远不会忘记地下工厂的入口，这里离他们住的地方是如此之近，而就是在这里，数不清的人为纳粹的复仇武器计划而死。亚历山德里娜后来告诉了男孩子们，他们的父亲、伯父和其他亲朋好友所采取的行动。贝特霍尔德和海梅兰已经有了大概的了解，但对于弗伦茨·路德维希来说，这一切"相当惊人"。[3] 所有的孩子都对祖国遭受的打击感到惊讶。这已经不是他们认识的德国了。6月12日，在冲破重重阻碍后，最著名的刺杀希特勒未遂的刺客家的孩子们安全地回家了，这要归功于两位女士：一位坚定的红

---

1 Konstanze von Schulthess, *Nina Schenk Gräfin von Stauffenberg: Ein Porträt* [A Portrait] (Piper, 2009), p. 152.

2 Gerald Posner, *Hitler's Children: Inside the Families of the Third Reich* (Mandarin, 1991), p. 186.

3 Ibid., p. 187.

十字会老兵,另一名是勇敢的拥有铁十字勋章的犹太混血。

就在施陶芬贝格家的孩子们平安回家前的几个月,也是亚历山大得知梅利塔去世4个月后,被株连的囚犯们再次被转移,最终抵达了大门紧闭、高墙耸立,还有瞭望塔和高压线围栏的达豪集中营。在这里,男人们靠着砖墙排成一排,被编入人民冲锋队,这是一支在战争最后几个月成立的民兵组织。男人们被带走时,不少女人都哭了。很明显,这些老弱病残完全不能构成有效的战斗力量,她们担心他们会直接被处决。

在达豪集中营垮台10天后,被株连的囚犯们又一次团聚起来。他们一起看着一列又一列的囚犯穿着木鞋走出大门。有些人太虚弱了,无法行走,直接跪倒在地。即使警卫冲他们大喊大叫也站不起来,于是他们就直接被从背后击毙了。然后其他囚犯被赶到大巴车上,被押运着穿过阿尔卑斯山驶入意大利。党卫军卫兵有命令,如果这些人有任何可能落入盟军手中的风险,就直接击毙他们。

最终他们到达了南蒂罗尔,那里的谈判者达成了一个微妙的停火协议。在这里,一些囚犯与一些国防军高级官员取得了联系,后者派来一队士兵,解除了党卫军看守的武装,并直接宣布对犯人们负责。"一时间人们不清楚是谁打算射杀谁,"一位犯人后来写道,"党卫军看守会射杀囚犯吗?士兵会射杀党卫军看守吗?还是那些开始出现在山脊和山坡上的意大利游击队员会射杀我们所有人?"[1]一周后,第一批美国军队抵达,党卫军当晚就跑掉了。[2] "在很短的时间内,整个地方到处都是吉普车和穿着干净制服的年轻的美国士

---

1 Fabian von Schlabrendorff, *The Secret War Against Hitler* (Westview Press, 1994), p. 333.

2 一些党卫军卫兵据说后来遭到游击队的伏击并被绞死。

第十五章 解放和关押 1945～1946

兵。"囚犯们被移交给了美国人。[1]那是5月4日。美国人发现党卫军原本计划4月29日把被株连的囚犯都清算掉,而他们车队中最后一辆形状奇特的车实际上是一个移动毒气室,能用自身废气中的一氧化碳毒杀车里的人。

美国人不知道他们救的是什么人,但是他们知道他们是纳粹的VIP囚犯,然后"把香烟、巧克力……还有上百种优质的美国食品给我们",法伊写道。[2] "我们不能完全分享我们的外国朋友和美国士兵的胜利心情,"另一个被株连的囚犯安娜-露易斯·霍法克后来回忆说,"我们是自由了,但同时我们还是战败者。"[3]在5月明亮的阳光下,他们先坐车被送到了维罗纳,然后飞往那不勒斯,接着被转移到卡普里岛的帕拉迪索酒店。在盟军验证他们说法的同时,他们在这里待了一个多月。

法伊和亚历山大在卡普里岛附近散步,法伊觉得她和亚历山大终于找到了"一种内心的平静"。[4]他们被强制停留的最后几天,亚历山大建议他们一起去小礼拜堂。当他坐下来演奏管风琴时,法伊止不住地流泪。她知道自己很快就能重新和丈夫相见了,她也希望能找到自己的儿子,但是"想到要离开亚历克斯,我非常伤心,他在很多方面是如此无助,他失去了那么多",她写道。[5]法伊后来向一位密友透露,他们曾经有过一段"恋情",而亚历山大曾希望与

---

1 Fabian von Schlabrendorff, *The Secret War Against Hitler* (Westview Press, 1994), p. 333.
2 Fey von Hassell, *A Mother's War* (Corgi, 1991), p. 243.
3 The Ian Sayer Archive.
4 Fey von Hassell, *A Mother's War* (Corgi, 1991), p. 243.
5 Ibid., p. 245.

她结婚。[1]他们告别时,亚历山大给她写了最后一首诗:"你是我的,我朝着风大喊。"他这样写道。[2][3]

施陶芬贝格家的孩子们回来后的第二天,亚历山大和米卡终于回到了劳特林根,他们开的那辆慕尼黑红衣主教借给他们的"拉风的梅赛德斯汽车"把大家吓了一跳。[4]米卡和孩子们的团聚让大家兴奋不已。亚历山大看到他所有的侄子侄女也非常激动。他告诉大家梅利塔去世的消息,大家都很震惊。孩子们现在为他们的"被击落的飞行员伯母"哀悼,也为他们的父亲和伯父,还有于克斯舅爷爷默哀,他们都被纳粹处死了。[5]而当他们回到宁静的劳特林根,大家才意识到这个世界的真实情况。对于贝特霍尔德、海梅兰、弗伦茨·路德维希和瓦莱丽来说,最糟糕的是他们的母亲还下落不明。

尼娜还活着,但7月以来,她一直被困在巴伐利亚的一个小镇里,靠近捷克边境。一个月之后她才回到劳特林根。她走到家门口的时候一身都是黑乎乎的,带着破烂的帽盒,怀里还抱着她最小的孩子康斯坦策。尼娜"仍然带着她充满异国情调的魅力",一位施陶芬贝格家的表弟写道,但在克劳斯之死的重创之下,加上长期监禁和独自分娩,"她看起来已经疲惫不堪,比她的实际年龄老了不

---

1 The Ian Sayer Archive, letter Fey von Hassell (Pirzio-Biroli) to Sigismund Payne Best (28.07.1946).

2 法伊最终与她的意大利丈夫和儿子团聚,他们都在战争中幸存了下来。他们一家后来在意大利定居,后来她也在意大利写了自己的回忆录。

3 Fey von Hassell, *A Mother's War* (Corgi, 1991), p. 247.

4 Gerald Posner, *Hitler's Children: Inside the Families of the Third Reich* (Mandarin, 1991), p. 187.

5 Berthold von Stauffenberg, Lecture for the AV Rheinstein Köln-Lindenthal, 'A Childhood in the Third Reich – from System Conformist to Traitor's Child' (14.04.2008).

少"。[1]卡罗琳在发现盖世太保没有杀掉她的儿媳时惊讶不已。尼娜的幸存不仅因为她是有潜在价值的囚犯,也归功于梅利塔的支持,还有她自己了不起的坚韧和好运气。

4月初,一名相当不情愿的军警受命把尼娜和她的孩子从医院接出来转移到申贝格,和其他的株连犯在一起。因为他们一起行走,人们经常误认为他们是夫妇——这样的误解让警卫和囚犯都"大声驳斥"。[2]在无休止的换车过程中,尼娜震惊地目睹了祖国的惨状:标有"飞行军事法庭"的汽车停在车站上;院子里的树木上悬挂着尸体,下面牌子上写着"逃兵"。[3]最后尼娜拒绝再继续走下去了。她给守卫写了"一份证词,证明他到最后一刻都在尽职尽责",然后自己和孩子自愿留在了霍夫附近的一个村子里。[4]不久之后,美国人到了,这个偶然的机会使得尼娜成了第一批被释放的囚犯,只是还无法与家人联系。几个星期以来,她住在朋友家,靠着梅利塔的食品券,一边给自己补充能量一边继续抚养孩子。一天晚上,一对喝醉酒的美国士兵强行闯进了她所在的房子里,威胁要打死她。最后,其中一个士兵给她看了自己家人的照片,然后两个士兵都睡着了。

一直到德国投降后,尼娜才判断再次出行是安全的。她先去了布痕瓦尔德,寻找她的4个孩子。美国军队于4月11日解放了布痕瓦尔德集中营,同一天早些时候,囚犯们冲击瞭望塔,夺取了集中

---

1 Elisabeth zu Guttenberg, Sheridan Spearman, *Holding the Stirrup* (Duell, Sloan and Pearce/Little, Brown, 1953), p. 241.

2 Konstanze von Schulthess, *Nina Schenk Gräfin von Stauffenberg: Ein Porträt* [A Portrait] (Piper, 2009), p. 157.

3 Dorothee von Meding, *Courageous Hearts: Women and the anti-Hitler Plot of 1944* (Berghahn, 2008), pp. 196–197.

4 Ibid., p. 197.

营的控制权。而大约2.8万名囚犯已经在早些时候被迫向德国内陆撤退，其中三分之一累死在路上或者死在了任意射杀的枪口下。然而，仍有超过2.1万人被关押在营地。"布痕瓦尔德就像一个血已经流干了的伤口。"伊丽莎白·古滕贝格来这里寻找株连犯后写道。[1]她和尼娜失之交臂，中间只错过了几个小时，两人都只知道他们的家人在这里被解放前已被转移走了，却没有关于转移目的地的记录。

绝望的尼娜回到了劳特林根，希望在这片安静的土地上将康斯坦策抚养长大。结果她遇到了她的3个儿子贝特霍尔德、海梅兰和弗伦茨·路德维希，以及她的小女儿瓦莱丽。卡罗琳和米卡也在城堡里，而亚历山大回来又离开了，他还在打听梅利塔最后几天的消息。得知梅利塔已经死去让尼娜很难受，其实她早就知道与梅利塔突然失联并不是好兆头。梅利塔一直保持和她联系，给她提供物质支持，带来新闻、改善她的生活，还给她带食品券。一旦梅利塔不再出现，事情其实非常明显。然而，"情感是一种奢侈品，几乎没有人允许自己深陷其中……"尼娜的最后一个孩子康斯坦策后来写道，"战争结束后，生活必需品才更重要。"[2]勇敢的尼娜打起精神，全身心地投入到照顾5个孩子的生活中，同时拿回了她的财产，并在战后找到了一份工作。对于尼娜来说，正如许多家庭的5个幸存者一样，最重要的是她的孩子，"他们是生活在未来希望中的新一代"。[3]

当幸存的施陶芬贝格家人团聚时，汉娜仍处于美国人的监禁

1　Elisabeth zu Guttenberg, Sheridan Spearman, *Holding the Stirrup* (Duell, Sloan and Pearce/Little, Brown, 1953), p. 238.

2　Konstanze von Schulthess, *Nina Schenk Gräfin von Stauffenberg: Ein Porträt* [A Portrait] (Piper, 2009), p. 174.

3　Elisabeth zu Guttenberg, Sheridan Spearman, *Holding the Stirrup* (Duell, Sloan and Pearce/Little, Brown, 1953), p. 264.

下。她现在被美国反恐情报局接连关在不同的监狱中。汉娜似乎忘记了自己能够接受纳粹政权下的政治逮捕、监禁和处决,而她现在却觉得美国人此举是令人愤怒的。甚至当她乘吉普车前往第一所监狱的路上,如她所说"路况超级糟糕"时她也感到不满。[1]在埃里克·布朗看来,汉娜已经习惯了早些时候在美国空军情报部门关押下的"好心的"优待,那些大房间和精致的餐食。[2]相比之下,拘禁是艰难的,各种条件都是最基本的。

汉娜坐在草席上,感受着10月的冷空气从牢房带栅栏的窗户吹进来。"囚犯的潦倒,"她觉得,"活在狭窄的墙之间,日子枯燥单调,茫然地凝视着,我头顶上那一片可以瞥见蓝天的地方。"这可能是梅利塔经历过的感觉。[3]梅利塔曾在被拘押期间得到过部分家人被处死的消息,而汉娜现在也要在狱中面对家人被杀或自杀的痛苦了。从某种意义上说,他们都是同一政权的受害者,但汉娜仍然不能接受这个真相,即使她已经处在历史中错的一边。相反,她抱怨看守带着不必要的对抗态度,而且美国人故意雇用犹太人,好让德国人在他们的看守下活得更惨。她完全以自我为中心。"我试着继续生活,"她写道,"经受着高级罪犯的兴衰变迁。我的罪过?我是一个德国人,一个著名的从事飞行的女人,也是一个直到最后一刻都对国家充满热爱并且尽职尽责的人。"[4]

10月,汉娜被转移到两个拘禁营中的一个,她将在这里一直待

---

[1] Hanna Reitsch, *The Sky My Kingdom: Memoirs of the Famous German World War II Test Pilot* (Greenhill, 2009), p. 258.

[2] Eric Brown, Mulley interview (18.03.2013).

[3] Hanna Reitsch, *The Sky My Kingdom: Memoirs of the Famous German World War II Test Pilot* (Greenhill, 2009), p. 258.

[4] Ibid., p. 257.

风的女儿

到1945年年底，转年的大部分时间也会在这里。国王营位于法兰克福西北部的上乌瑟尔附近，有一段时间这里关押了许多对美国来说最重要的纳粹囚犯，包括戈林、邓尼茨、凯特尔和凯塞林。白天，囚犯可以自由活动，晚上会组织讲座、读书会，还有合唱，但是天气很冷，食物和毛毯都很少，汉娜只能看到"折磨和腐烂"的过程。[1]作为等待审判的重要囚犯中唯一的女性，她很快就与纳粹政权前财政部部长鲁茨·格拉夫·什未林·冯·科洛希克走得很近。他们会长时间地聊天，"无话不谈"。她告诉他，她可以"深刻地感受到他的思想，比任何言语更强大"。[2]当汉娜得知她的兄弟库尔特在战争中幸存下来后，她自豪地写信告诉库尔特，很多个月以来，自己"一直在监狱里，身边都是最有价值的德国男人和很多领域的领袖。敌人不知道他们给了我一笔什么样的财富"。[3]"鉴于我们祖国和我们个人所发生的所有可怕的事情，你还好吗？"她继续问道，然后表达了她的担忧，从对她的审问中得出的关于纳粹政权灭亡前的"侮辱性的和虚假的报道"，可能会使他"感到羞耻或愤怒"或玷污他们家人的荣誉。[4]"我们被交到了敌人的手中，"汉娜写道，"并且生死全部听由他们的摆布，受他们所有肮脏手段的摆布。"[5]

亚历山大在1945年的夏末秋初一直在尝试寻找梅利塔的家人。德国正式投降后，克拉拉骑行了100多英里（约161千米）到维尔茨堡，只在那里找到了亚历山大和梅利塔家的废墟。邻居们告诉

---

1 Judy Lomax, *Hanna Reitsch: Flying for the Fatherland* (John Murray, 1988), p. 133.

2 Alexander Historical Auctions, www.alexautographs.com, letter Hanna Reitsch/Herr von Krosigk (13.05.1946).

3 Deutsches Museum Archive, 130/123, letter Hanna Reitsch/Kurt Reitsch (1946).

4 Ibid.

5 Ibid.

第十五章 解放和关押 1945～1946

她，她的姐姐在轰炸后来过，并给了克拉拉他们在劳特林根的地址。她们共同的朋友后来告诉了克拉拉梅利塔已经去世了，对克拉拉来说，这无疑是"意外和毁灭性的消息"。[1] 克拉拉很快收到了更多可怕的消息。面对苏联对但泽的进攻，梅利塔年迈的父亲米夏埃尔·席勒的决定与维利·莱契不同，他决定留在他的家中直面苏联士兵。几周后，一切尚未明朗的情况下，他去世了。他的女儿莉莉觉得他死在了避难所里或他们老房子的地窖里，并被"埋在花园里的某个地方"。[2] 有病在身又疲惫不堪的母亲玛格丽特随后随着成千上万的难民向西走去，希望在新明斯特找到莉莉。她最后的消息是她委托给一位同行的难民寄出的一封给家人的信，而她本人一定是死在了路上。[3]

在与克拉拉交谈后，亚历山大回到施特劳宾，梅利塔就是在这里被击落的。他毫不怀疑他的妻子一直在往申贝格飞，去寻找他的下落，他希望找到任何在她最后时刻见过她的人。他弄不到美国人的记录，一些目击者认为是德国的梅塞施密特 Me-109 将梅利塔击落的。也有传闻说梅利塔在坠机中活了下来，但没有人给她提供应有的医疗急救。因此她的家人们认为德国空军应对她的死负责。梅利塔的妹妹尤塔不能接受一架啸叫着、装备了足够火力的美国飞机从如此近的机场偏离到这里的说法。[4] "不能排除德国空军错认为是

---

1 Archive Reinhart Rudeshausen, Klara Schiller, 'Memories of Klara Schiller' (nd).

2 Archive Reinhart Rudershausen, Marie-Luise [Lili] Schiller/Lübbert, 'Zweig Otto Eberstein' [Otto Eberstein branch of the family] (nd).

3 玛格丽特·席勒的尸体从未被发现，她于1962年被正式宣告死亡。

4 Archive Reinhart Rudershausen, Jutta Rudershausen, 'Flugkapitän Melitta Schiller-Stauffenberg' (nd).

敌军的飞机于是开了火。"她说。[1]还有的人想得更多。克莱门斯的儿子认为梅利塔"最有可能"是被"一个知道谁在飞机里的德国人"打下来的。[2]尼娜表示同意,因为"该地区没有收到敌机入侵的警告",所以当然有可能梅利塔"这个令纳粹政权尴尬的人被击落"是有人故意安排的。[3]

还有人猜测梅利塔最后的意图。目睹她坠机的受伤军人听说她"正在处理抵抗运动的重要文件"。[4]更可能的是,鉴于她携带了护照和一大笔钱,尤塔觉得她正在"勇敢地准备救援……那是很久以前就计划好的",要把亚历山大和他的家人带到中立国瑞士。[5]

急于找到答案的亚历山大找到了安排梅利塔葬礼的空军基地秘书贝尔塔·索尔茨。盖世太保已下令将梅利塔的个人财产送到他们在柏林的总部。然而索尔茨把它们都留下了,如今她将它们交给了亚历山大:梅利塔的钱、护照、盖世太保开的通行证、相册还有其他的零碎物品。他静静地坐了一会儿,拿着梅利塔的结婚戒指——没有什么比这个他更熟悉了,但似乎也更让他感觉难过。

亚历山大后来写道,他被迫得出结论,梅利塔是被盟军击落的。"她正在努力想要找到我,"他补充说,"本来想和我一起逃到瑞士。"人们永远无法知道这是不是梅利塔真正的目的。唯一可以

---

1 Archive Reinhart Rudershausen, Jutta Rudershausen, 'Flugkapitän Melitta Schiller-Stauffenberg' (nd).

2 Elisabeth zu Guttenberg, *Beim Namen Gerufen: Erinnerungen* [Called By Name: Memories] (Ullstein Sachbuch, 1992), p. 214.

3 Gerhard Bracke, *Melitta Gräfin Stauffenberg: Das Leben einer Fliegerin* [The Life of an Aviatrix] (Herbig Verlag, 2013), privately translated, p. 258.

4 Ibid., p. 270.

5 Archive Reinhart Rudershausen, Jutta Rudershausen, 'Flugkapitän Melitta Schiller-Stauffenberg' (nd).

第十五章 解放和关押 1945～1946

确定的是，一个人需要极大的勇气才能在1945年4月盟军的攻击下，驾驶一架缓慢且没有武器装备的德国空军飞机比尔克"伴郎"-181，进行一场个人性质的救援行动。正如卡罗琳后来写的那样，梅利塔的牺牲证明了"她对这个家庭的承诺"。[1]

经过几个月的努力，亚历山大最终安排把梅利塔的遗体迁回劳特林根。然后他正式确认了她的遗体。梅利塔的脸基本上没有变化，让人完全认得出。孩子们后来无意中听到亚历山大对他们的母亲尼娜说，梅利塔不是一个金身不坏的圣徒或烈士，但她因为很快下葬了，所以遗体在干燥的坟墓中自然得以保存。只有她的鼻子坏掉了，让她失去了自己美丽的轮廓。

1945年的秋天，梅利塔的棺木被放在拖车上，挂在一辆劳特林根杂货商儿子战前开的宝沃汉莎-1100轿车后，一路开回了劳特林根，重新下葬。9月8日，劳特林根天主教堂举行了一个小型葬礼，虽然梅利塔是一名新教徒，但教堂仍然表示同情。这场葬礼没有几个人参加。因为那年秋天，德国邮政还没有恢复，讣告没法寄出，甚至连短途出行也需要旅行许可证。结果只有亚历山大和他最亲密的幸存下来的家庭成员出席：卡罗琳、亚历山大、尼娜、米卡和孩子们，大家见证了梅利塔·席勒-施陶芬贝格伯爵夫人的遗体被安葬在了家族墓地里。

---

[1] Konstanze von Schulthess, *Nina Schenk Gräfin von Stauffenberg: Ein Porträt* [A Portrait] (Piper, 2009), p. 149.

第十六章
名声

汉娜坐在位于威斯巴登的公寓的沙发上，无聊而烦躁。从美国人的牢房被释放后不久，她又开始接受审问了，这次问她问题的是一个在德国出生的美国二等兵，负责确认戈培尔日记的真实性。尽管汉娜作为一名飞行员有着"光彩"的前半生，这位最新的审讯者却认为她在"政治上过于天真"，依旧"狂热地献身于希特勒"。[1] 那些有关荣誉和责任的自我安慰似的口头禅和战时纳粹政权体制内普遍认可的道德错觉相得益彰，通过这样的说法，汉娜努力地重建自己世界里所谓的现实，而非接受第三帝国的真相。汉娜拖着疲惫的身子回答问题，负责审问的士兵注意到她的手上摆弄着一个黄铜"弹壳"，士兵要求看一下她手里的这个东西。[2] 拧下一端后，士兵发现这是一个含有液体氰化物的精致的玻璃胶囊，属于战争结束时典型纳粹高级官员会携带的那种类型。这是希特勒在地堡给汉娜的"礼物"。被问及她为何

---

1 Patricia Kollander, John O'Sullivan, *I Must Be a Part of The War: A German American's Fight against Hitler and Nazism* (Fordham University Press, 2005), p. 179.

2 Ibid., p. 180.

需要毒药的时候，她耸耸肩，不置可否地回答说："以防万一。"[1]

汉娜于1946年7月被"无条件释放"时已经34岁了。[2]她被监视了好几个月。根据美国情报部门的报告，她很快就在她的前秘书葛莱特·伯斯住的公寓楼里找了一个房间住下了。[3]伯斯也在美国人的监视名单上，她曾担任过国家社会主义妇女联盟（纳粹党妇女组织）的狂热领袖格特鲁德·朔尔茨-克林克的私人秘书。汉娜被关押的这段时间里，一直是伯斯帮她保管她的手表和氰化物胶囊，现在伯斯又把这些还给了汉娜。

美国人似乎不确定应该如何对汉娜进行甄别。1945年12月，他们记录说她"不是纳粹积极分子，甚至也不是纳粹党员"。[4]其他的备忘录还颇为乐观地把她列为潜在的亲善大使，甚至是"可能的间谍工作者"。[5]汉娜的名人身份，以及她与前德国空军工作人员和纳粹高层圈子的密切联系，都使她成为一个潜在的非常有价值的人物，"有能力影响成千上万的人"。[6]但她表达出来的想要宣传"真相"的愿望从未转化为实际行动。最终，他们决定在代号为"云雀"的情报行动中继续监视她，希望她可能在无意中带他们找到尚未接受审判且仍然逍遥法外的前德国空军成员。

---

1 Patricia Kollander, John O'Sullivan, *I Must Be a Part of The War: A German American's Fight against Hitler and Nazism* (Fordham University Press, 2005), p. 180.

2 US National Archives, XE053525, HQ US Forces, European Theater, file D-53525, subject 'Operation Skylark, re. Reitsch, Hanna' (15.02.1946).

3 葛莱特是玛格丽特的缩写，她在美国人的文件中记录为玛格丽特·伯斯。

4 US National Archives, XE053525, HQ US Forces, European Theater PR Division, release No. 794 (05.12.1945), p. 1.

5 US National Archives, XE053525, memo US/16,464.

6 US National Archives, XE053525, HQ US Forces, European Theater, file D-53525, subject 'Operation Skylark, re. Reitsch, Hanna' (15.02.1946).

汉娜一被释放就开始接待她那些"高度民族主义和理想主义"的朋友。[1]为了预先应对可能的批评,她将自己打造成了受害者的形象。"她(在美国人手下关押)的日子比集中营中的人更糟糕!"飞行员鲁迪·斯托克在一封被截获的信中写道。[2]斯托克正在"为朋友"安排组织一场活动,而汉娜则会受邀在这个活动中发表演讲。几个月后,英国情报部门报告称,汉娜通过这样的演讲活动"赚取了许多免费晚餐和派对"。"她毫无疑问是一个非常有效的宣传工具,"他们补充道,"并且几乎是在公开等着'那一天'[3]的到来。"[4]

美国情报人员随后尾随汉娜前往德国和奥地利各地。她身穿皮草外套,开着菲亚特带红色软垫座椅的跑车。她知道自己正被监视,她和朋友说她"已经厌倦了所有人和所有事,她只是想独自一人待会儿"。[5]然而,当她的车需要维修时,她还是很开心地要求美国情报局再提供另一辆车。乐见自己能参与到她生活中的美国人便照做了。在萨尔茨堡,头发梳得整整齐齐的汉娜前去拜访了格莱姆的母亲,并在他和自己家人的墓前点燃了蜡烛。她还拜访了她的老朋友和早期滑翔教练沃尔夫·希尔特。

"从前在德国空军中很出色的人……航空界人士都会去希尔特

1　US National Archives, XE053525, HQ CIC, US Forces, European Theater, Region III (Bad Nauheim) (15.10.1946).

2　US National Archives, XE053525, 'Censorship Civil Communications', R. Storck to G. Rieckmann (21.08.1946).

3　原文der tag是德语的"那一天",指的是纳粹主义复兴的那一天。

4　TNA, XE053525, British intelligence report quoted in US memo (22.10.1946).

5　US National Archives, XE053525, HQ CIC, US Forces, European Theater, Region VI (Bamberg) (23.11.1946).

第十六章 名声

家拜访。"美国人注意到。[1]这些人中包括汉娜的老朋友埃莉·拜因霍恩和汉斯-乌尔里希·鲁德尔，他们现在都被认定为"狂热的纳粹分子"。[2]希尔特后来称，汉娜觉得"所有德国航空事业中杰出的人都有责任帮助她创建一个秘密组织，该组织目前暂时需要秘密地在地下活动"。[3]她的目标是保障德国未来的空军发展，毕竟当时除了预定的民用航班以外，任何其他飞行活动都被禁止了，还有许多德国幸存的飞行员和航空专家都陆续离开了这个国家。

鲁德尔是那些希望移民的人之一。[4]他声称自己害怕共产主义欧洲，希望与佛朗哥统治下的西班牙朋友一起"建立德国空军的核心"。[5]汉娜的名字也在他的名单上。截获的往来信件上写着这样的文字："要是有人可以把信带过边境线就真的太好了。亲爱的汉娜，我希望你理解我的意思。"[6]美国人认为汉娜不仅是前德国空军人员秘密组织的成员，而且"可能是一个组织者或信使"。[7]汉娜可能对鲁德尔的目标表示支持，但她自己的想法则是这样的动员工作应该在德国的土地上进行。她经常说，现在不是把这个国家"留给残疾

1　US National Archives, XE053525, HQ CIC, US Forces, Region 1, memo subject 'Operation Skylark' (19.12.1946).

2　Ibid.

3　Ibid.

4　鲁德尔于1948年前往阿根廷，在当地他组织了对逃亡的纳粹战犯的支援，其中包括来自奥斯维辛集中营的前党卫军"医生"约瑟夫·门格勒。他还曾担任过区域军事顾问，也曾是军火商，他始终支持德国极右翼势力，直到1982年去世。

5　US National Archives, XE053525, HQ 970th CIC, US Forces, European Theater, memo subject 'Reitsch, Hanna, D-53525' (11.01.1947).

6　US National Archives, XE053525, US Civil Censorship (Germany) (18.03.1947).

7　US National Archives, XE053525, HQ 970th CIC, US Forces, European Theater, memo subject 'Reitsch, Hanna, D-53525' (11.01.1947).

人、病人、没有受过教育和没有经验的人"的时候,"也决不能留给那些肯定会留下来的共产党人"。[1]

汉娜被拘禁时,盟军一直在实施各种"去纳粹"计划,包括对个人的调查和起诉,还有关于集中营和灭绝营的公开讲座、无线电广播和纪录片放映。汉娜错过了很多,但是,作为第三帝国的一位杰出人物,她获得了给自己开"去纳粹"听证会的待遇。"作为一名飞行员,我在云层之上的活动比在地面上多,我从来不属于任何组织或政党……"她在自己的辩护词中写道,"我只是德国人汉娜·莱契。"[2]然而不可否认的是,在战争期间,她曾追求与高级纳粹领导人的密切接触,并乐在其中。在她的听证会上,上乌瑟尔拘禁营的天主教神父弗里德尔·福尔克马尔为她的良好品格作证。另一位朋友,后来的作家和记者霍斯特·冯·萨洛蒙写道,她"绝对正直,热情,非常谦虚,对真理绝对热爱",并坚持认为汉娜"曾经是,如今仍然是,非政治的"。"对她而言,"霍斯特继续写道,"纳粹主义是一个强大的概念,对德国人来说取得了外在的成功,使绝大部分国内的德国人团结起来。她没有看到任何背景。"[3]这种陈述通常被称为"帕西尔证明"(帕西尔为当时知名的洗衣粉品牌Persil),即为自己洗白的证词,盟军并没有把这些太当真。最重要的证词来自尤阿希姆·屈特纳,汉娜在20世纪30年代后期曾帮助这个犹太飞行员在德国以外找到了工作。汉娜显然早就意识到了这个国家的反犹主义,但她在屈特纳卷宗中的回应却意味着

---

1 US National Archives, XE053525, HQ US Forces, European Theater, file D-53525, subject 'Operation Skylark, re. Reitsch, Hanna'(15.02.1946).

2 Deutsches Museum archive, 130/100, letter Hanna Reitsch/Dr Laternser (17.03.1947).

3 Deutsches Museum archive, 130/101, letter Horst von Salomon/ Kaplan Volkmar (27.04.1947).

第十六章 名声

她的污名已经被洗清了。[1]

到了20世纪40年代末期，德国公众对纳粹的罪行越来越不感兴趣，毕竟大多数平民都在努力遗忘刚刚过去的惊吓和恐惧。对许多人来说，最重要的仍然是自己和家人是否有地方住、有东西吃。汉娜现在衣食无忧，但是她选择不要去面对真相。希特勒的前德国空军副官尼古劳斯·冯·贝洛后来自豪地宣称"我不是那种之前钦佩仰视一些东西，现在又跑来谴责的人"，和贝洛一样，汉娜认为坚持自己的信仰比改判更加有尊严。[2]她也对在德国建立公民社会和民主社会的做法深表怀疑。她很快发现自己并不是一个人。朋友们给她送来了手绘漫画，画中的"民主婴儿"弄脏了自己的床单，还有的画着汉娜被两个魔鬼和一个代表犹太人的女巫叉在烤肉叉上烤。[3]"我们将想办法完成这件事，"埃尔弗里德·瓦格纳的措辞更为谨慎，"我并没有对那些重要的事情失去信心。"[4]尽管"也许，毕竟，机会将会落到我们身上，我们这些被落下的折翼的家伙……"格莱姆的侄子告诉汉娜，"你知道我们会为了我们的爱而放弃任何东西。只要有拥有相同理想的人，以前是这样，现在是这样，以后也会是这样"。[5]

很快，汉娜在正在进行的军事法庭审判中为被告提供了支持。她

---

1 尤阿希姆·屈特纳在美国国家航空航天局的职业生涯非常顺利且成功。他一直和汉娜保持着友谊，并于1972年在德国参加了她的60岁生日派对。

2 Nicolaus von Below, *At Hitler's Side: The Memoirs of Hitler's Luftwaffe Adjutant 1937–1945* (Frontline, 2010), p. 11.

3 Deutsches Museum archive, 130/101, hand-drawn card (1947).

4 Deutsches Museum archive, 130/111, letter Elfriede Wagner/Hanna Reitsch (31.12.1948).

5 US National Archives, XE053525, US Civil Censorship (Germany) (07.03.1947).

和很多人一样觉得审判是由复仇驱动的。根据"反对共同仇恨"的既定动机，她认为"如果军事领导人被追究责任……是为了正义而不是出于对弱者的仇恨、复仇和优越感，那么其他国家的军事领导人也必须被追究责任"。[1]虽然她参加了几次审判，但她对没能看到她的朋友鲁茨·格拉夫·什未林·冯·科洛希克感到很失望。她后来得知他已被判处10年徒刑。"那些痛苦！""不公正！"汉娜写信给路易斯·约德尔时呐喊道。约德尔的丈夫在克劳斯暗杀未遂事件中受伤，他被判犯有危害人类罪，后来被处决。"你我的痛苦是留给我们的最神圣的事情，"汉娜继续说道，并补充说，大多数被告人，"尤其是最有价值的被告，都是自豪地殉难的——这是最英勇的事情。"[2]

汉娜帮过的被告中就包括突击队军官奥托·斯科尔兹内。她认为斯科尔兹内更需要被帮助而不是被谴责，她写下了一个"庄严的宣言"，表示当党卫军的诚实原则被他们的领导人用于不诚实的罪行时，斯科尔兹内曾非常痛苦。[3]而后他被无罪释放。汉娜还为著名的德国空军元帅"微笑"阿尔贝特·凯塞林说情，赞扬了他的"骑士精神、人道主义和公平"，尽管有记录显示，在他的命令下，他的部队曾剥削犹太奴隶劳工，并在意大利进行了大屠杀。[4]凯塞林先是被判处死刑，后来改判终身监禁。汉娜给他寄了一张自己的签名照片，还附了一封信，声称自己毕生都"投入于为了理解、和解与和平而进行的长期斗争"，尽管有"可怕的事情（发生）在我们

---

1 Deutsches Museum archive, 130/100, letter Hanna Reitsch/Dr Laternser (17.03.1947).

2 Deutsches Museum archive, 130/100, letter Hanna Reitsch/Frau Jodl (1948).

3 Deutsches Museum archive, 130/101, Hanna Reitsch, 'Eidesstattliche Erklärung' [solemn declaration], affidavit for Otto Skorzeny (12.04.1948).

4 US National Archives, XE053525, US Civil Censorship, 'Hanna Reitsch pleads for General Kesselring' (01.04.1947).

第十六章 名声

的祖国"。[1]

1948年5月,汉娜在非法进入奥地利时被捕。尽管她一再重复自己非常重视诚实的品质,但她却向边境官员撒谎并以假名签署了她的情况陈词。在后来的询问中,她说她没有办法,否则她的名誉可能受到损害。她被关在一个牢房里过了一夜,睡在一个稻草袋上,旁边有一个没有盖的桶,还要和7个"恶毒"的女囚一起用——其中还有3个女人怀孕了。"所有人都是妓女。"汉娜径直下了判断。[2] 为了表现出一点善意,她给她们分了她的香烟和三明治。等到她们开始聊天的时候,她认真观察她们,注意到"每个女人都带着上帝赋予女性的圣母玛利亚的光环"。[3]

第二天,汉娜向当地警察局局长承认了自己的身份。她写道,局长"善良、明亮、认真的眼睛"让她安心,是上帝派他来拯救自己的。[4] 她声称她在一位"天赐"的年轻滑翔机飞行员的帮助下一直试图去她家人的墓地祭拜。[5] 而后尽管法官带着"浓浓的犹太风格",她还是决定对这位法官坦承一切,"因为他的眼中都是善良和纯洁"。[6] 她现在不仅反犹,而且还有妄想症。在得知自己无法回自己的牢房去"拯救"她的狱友后,汉娜哭了。然后在得到允许去墓地祭拜之后,她带回了食物、洗漱用品,还有自己边哭边默写的母亲的15首宗教诗歌。最终汉娜回到了家里,很高兴地认为自己完成

---

1 Hermann Historica International Auctions, 70th auction online catalogue, lot 6017, letter Hanna Reitsch/Albert Kesselring (29.02.1948).

2 Deutsches Museum archive, 130/100–101, Hanna Reitsch statement (20.05.1948).

3 Ibid.

4 Ibid.

5 Ibid.

6 Ibid.

了上帝安排好的工作。

美国情报部门怀疑汉娜可能一直在帮助前德国空军人员逃往奥地利，于是安排了一个圈套，看看她是否会愿意帮助假扮成潜逃人员的特工。虽然她同意和这名特工见面，也详细问了他的情况，给了他食物，"听到这个假ըр犯受了那么多苦后她还哭了"，行动报告记录道，但当特工表示需要进一步帮助时，她不无遗憾地回答说自己"无能为力"。[1] 美国人只能推测，尽管"非常可疑"，"明显具有民族主义情结"的汉娜能在她的权力范围内提供任何帮助，[2] 但是她的记录严格来说却是清白的。

汉娜被盟军情报部门密切监控的同时，希特勒时代最著名的未遂刺客克劳斯一家已经得到正名并被释放了，而官方对他们的兴趣也不如对汉娜那么大。尽管他们在班贝格的家在战争期间遭到严重破坏，克劳斯的遗孀尼娜还是在劳特林根的城堡里住了好几年。在这里，她抚养大了她最小的孩子康斯坦策，也是在这里，她与卡罗琳以及大孩子们坐在一起通过收音机收听了纽伦堡审判。1945年秋天，克拉拉去劳特林根拜望了她姐姐的坟墓。她的姻亲热情地欢迎了她，把她当作家里的一员。孩子们将克拉拉称为"皮姆斯阿姨"，认为她"迷人，可爱"，作为工程师和营养师，还"非常非常聪明"。[3] 在接下来的几年里，劳特林根"成了我的第二个家"，克拉拉后来写道，"这样即使在利塔死后，她也能继续给我内心以力量"。[4,5]

---

1 US National Archives, XE053525, 'Agent Report' (19.07.1948).

2 Ibid.

3 Konstanze von Schulthess, Mulley interview (25.11.2014).

4 每年7月20日，劳特林根都会举行小型仪式纪念克劳斯、贝特霍尔德和梅利塔。

5 Archive Reinhart Rudeshausen, Klara Schiller, 'Memories of Klara Schiller' (nd).

第十六章 名声

1945年年底,尼娜在法国占领区获得了德国政府的一小笔生活津贴。在这一点上,她比其他那些参与暗杀计划者的遗孀幸运得多。战后德国官员们翻出了一条旧时法律,根据这条法律,如果公务员未被判定犯有"谋杀罪等死罪",他们的妻子才有权获得津贴。[1]他们如今热衷于实施这套法律并没有错。多年来,很多德国人认为抵抗运动的成员背叛了自己的国家,他们的孩子经常被叫作"叛徒的可怜孩子"。[2]因此,许多勇敢反对罪恶政权的男人们的妻子不得不对自己被津贴名单除名的现状提出质疑。

梅利塔重新下葬后不久,亚历山大去康斯坦茨湖北岸的庄园拜访了鲁道夫·法尔纳,亚历山大就是在那里与梅利塔结的婚。此后的三年中亚历山大经常回到这里,散步,与朋友聊天,写诗,手里永远点着一根烟,一直到他觉得自己能够再次面对这个世界。他写了一首诗,题为《利塔》,在他一生中却从未发表。这首诗以回忆之美开始,结尾却带着苦乐参半的悲伤。虽然战争已经结束,这些年却可能是他生命中最黑暗和最艰难的岁月。妻子和弟弟们的死让他非常沮丧,他也觉得自己已经名誉扫地。虽然亚历山大是第一个反对政权的人,但是他的家人在冒险反抗的时候却回避了他。《利塔》不仅纪念了亚历山大所爱的人,他写道,也是"我成熟的痛苦之歌"。这首诗的结尾处写道:

"在荣誉的殿堂里",消息得到了公布,

　　这对兄弟在我们面前

---

1 Charlotte von der Schulenburg, in Dorothee von Meding, *Courageous Hearts: Women and the Anti-Hitler Plot of 1944* (Berghahn, 1997), p. 141.

2 Dorothee von Meding, *Courageous Hearts: Women and the Anti-Hitler Plot of 1944* (Berghahn, 1997), p. xxii.

风的女儿

> 闪耀着你们胜利的面孔……[1]

亚历山大的心可能一直与死者同在,但他仍然有许多朋友,他们也曾遭受过苦难并且现在都陪伴在他身旁。正如尼娜所希望的那样,他成了康斯坦策的教父,但他们只是在家庭聚会上偶尔见面。康斯坦策只大概记得她的教父十分善良,非常高大。有一段时间亚历山大和克拉拉走得很近,两人分担彼此的悲伤。后来亚历山大给了她一本书,书上还有题词"从我内心的深处,亚历克斯",克拉拉发现他在书页里夹了一首他用蓝黑色墨水手写的诗《利塔》。

亚历山大还给法伊写了不少长信,如今法伊已经和她的丈夫与两个年幼的儿子在意大利重聚。这些信"起初相当悲伤",法伊觉得,信中回顾了他所遭受的"可怕的个人灾难",并对他们获释回归原本的生活之前一起度过的日子表示怀念。[2]仍然有人说起他们的绯闻——大多是幸存的被株连的囚犯,但亚历山大从未提起过。"不管他发生了什么事",他仍然是"一个真正的浪漫主义者",法伊总结道。[3]亚历山大也是一个真正的幸存者。

1948年,亚历山大成为慕尼黑大学古代史教授,搬到了这个曾经的纳粹腹地。第二年他又结婚了。马莱娜·霍夫曼是一个有着两个孩子的寡妇,自1938年以来一直是亚历山大夫妇在康斯坦茨湖附近的朋友之一。马莱娜是一位巧手的银匠,也是一位诗人兼欧洲文学翻译家。更重要的是,她非常勇敢。鲁道夫·法尔纳于1944年被捕时,马莱娜接手保管了克劳斯所谓的"反叛者誓言"的唯一已知

---

1 Alexander von Stauffenberg, 'Litta', in the collection *Denkmal* [Monument] (Stefan George Foundation, 1964).
2 Fey von Hassell, *A Mother's War* (Corgi, 1991), p. 291.
3 Ibid.

第十六章 名声

副本，这份誓言中他们对后纳粹德国的愿景，是当时可被高度归罪的文件。这份妥善保存的文件在战争中幸存了下来。亚历山大和马莱娜于1949年7月结婚，亚历山大成了她的两个女儿的继父。康斯坦策觉得"她很难成为（亚历山大的）第二任妻子，特别是当全家人都那么爱梅利塔的时候"。[1]但马莱娜证明了自己正是亚历山大所需要的人，而他们的新家也有了勃勃生机。

汉娜没有找到这样的满足感。自从她被释放后，她一直在与各种关于她和希特勒关系亲密的报道周旋斗争，还有谣言说是她把希特勒送到了阿根廷。这些都是"童话故事"，她坚称，并表示这种懒惰的新闻报道不仅会破坏她自己的声誉，而且"把真实忠诚的德国人说成毫无特点的个体，玷污贬低了我们所有人的真相和荣誉"。[2]她接着又向英国情报官员、历史学家休·特雷弗-罗珀就其在著名的《希特勒末日记》中揭露的事实提出异议。虽然特雷弗-罗珀没有采访汉娜，但他读过了她的审讯报告和其他文件。汉娜在发现这些资料被公之于众后一下被激怒了，并厉声谴责了这本书。[3]"在整本书中，就像一条红线一样，全部写的是汉娜·莱契作为见证人的报告，"她争论道，"我从来没说过。我从来没有写过。我从未签发过。这是他们臆想出来的东西。希特勒死得有

---

1 Konstanze von Schulthess, Mulley interview (25.11.2014).

2 Deutsches Museum Archive, PERS/F10228/2, Dortmund newspaper report, 'Hanna Reitsch, "Alles Schwindel"：Sie soll Hitler nach Argentinien geflogen haben' ['Everything vertigo': you should have flown Hitler to Argentina] (22.03.1950).

3 具有讽刺意味的是，被称为斯特恩帮（Stern Gang）的犹太复国主义准军事组织也被休·特雷弗-罗珀的书所激怒，威胁要暗杀他，称他过分强调了希特勒的个人魅力而对德国人的默许讲得太少。

尊严。"[1]两人不顺利的沟通也让特雷弗-罗珀批评汉娜"无可救药地爱玩文字游戏",而她则声称感到自己受到了迫害。[2]双方都有各种各样的人表示支持。有些人说,与证人陈述不同,审讯报告通常不需要签名。还有些人表示支持汉娜。知名记者蒂洛·博德写了一份长达15页的文件,题为《历史如何被伪造》,在其中称汉娜有着"近乎狂热的真实",是"一位伟大的理想主义者"。[3]

很多时候,汉娜最大的敌人是她自己。"你应该每天跪下感谢上帝,德国人没有枪杀你。"她告诉法国抵抗战士伊冯娜·帕尼耶,后者在战争期间逃出了集中营。[4]帕尼耶对于这次相遇则不这么看。她惊讶地发现汉娜"不是我想象中的女战神,而是一个身材瘦小、看起来很普通的女人,擦拭着不解和困惑的泪水"。[5]她后来将汉娜的回忆录翻译成了法语。1955年,汉娜出版了英文版回忆录,里面没有提到帕尼耶,也小心翼翼地回避了任何公开的政治评论。她不仅没有理由批评自己在第三帝国的角色,甚至没有想过自己在这种政权下工作可能会带来道德困境。"我渴望再次飞翔……"汉娜在书的结尾断言,"没有什么是比我们心爱的滑翔机更好的和平与和

---

1 Ron Laytner, *Edit International Articles: A portfolio of some of Ron Laytner's greatest stories*, 'Hanna Reitsch: Greatest Nazi Test Pilot and World's First Astronaut' (2010).

2 Hugh Trevor-Roper, *The Last Days of Hitler* (Macmillan, 1947), p. 164.

3 Deutsches Museum Archive, 101b, Thilo Bode, 'How History Can Become Falsified: The example of Hanna Reitsch' (nd), pp. 14–15.

4 Hanna Reitsch, *Hohen und Tiefen: 1945 bis in die Gegenwart* [Ups and Downs: 1945 to the present day] (F.A. Herbig Verlag, 1978), pp. 178–179.

5 Yvonne Pagniez, foreword to Hanna Reitsch, *Aventures en Plein Ciel* [Adventures in the Sky] (La Palatine, 1952).

解工具了。飞翔——那是我的生命。"[1]

对于大多数德国人来说，20世纪40年代后期的记忆就是苏联对柏林的封锁，美英空运来的物资，还有对国家未来治理的未知。随着1949年封锁的结束，德国分裂成了两个独立的国家：西部的资本主义德意志联邦共和国，东部小一些的社会主义德意志民主共和国。1951年，一次西德的全国调查发现，只有5%的受访者承认对犹太人有负罪感，而三分之一的受访者对暗杀希特勒的计划表示支持。公众并没有进一步反省，民意更多考虑的是和平、重建和西德的国家利益。这对于汉娜来说是一件好事。1951年，她战后第一次参与公开飞行，参加瓦塞尔库帕山重新启动的滑翔比赛。她的手又一次放回到了操纵杆上，凭借一对闪闪发光的翅膀，她在空中翱翔。转年，沃尔夫·希尔特复职，重新成为德国航空俱乐部的负责人。此后的几个月中，数百家俱乐部在西德各地兴起，汉娜觉得未来又变得明朗起来。

世界滑翔锦标赛于1952年在马德里举行。汉娜是唯一参赛的女性。她为自己的国家赢得了铜牌。在她回忆录的后记中写道，一位在战争中失去了一条腿和一只手臂的法国犹太人在马德里牵起她的手，说她赢得了所有人的心，这一幕让她十分动情。但是德国媒体报道她的胜利时，则报道了另一个有人情味的故事：他们猜测汉娜是否曾去看过奥托·斯科尔兹内，他现在流亡在佛朗哥统治下的西班牙首都。到1947年被无罪释放之前，斯科尔兹内一直被关押在

---

1 Hanna Reitsch, *The Sky My Kingdom: Memoirs of the Famous German World War II Test Pilot* (Greenhill, 2009), pp. 259–260.

达姆施塔特的拘禁营,经历了他所谓的"去纳粹化磨炼"。[1]汉娜是他在假释期间第一个来看他的人。斯科尔兹内在假释后第二年夏天逃跑了,最终逃到了马德里,他在那里建立了一个西班牙新纳粹组织。他和汉娜一直保持着联系,信件有时候通过志同道合的中间人来邮寄。[2]

汉娜在西班牙的时候,盟军在审判那些打击瓦尔基里行动的纳粹官员时发现,反叛者是"为了德国更大的利益"而采取行动的。[3] 1952年下半年,克劳斯的死亡证明被正式下达。尼娜和孩子们于1953年回到他们在班贝格的家。尼娜努力去重建这座房子,并请求归还家里被夺走的贵重物品,来抚养她的孩子,然而有时还要面对相当大的敌意。她的长子贝特霍尔德意识到,在被封锁的劳特林根,至少"我们并不被当作是被驱逐的人"。[4]而在班贝格,不仅人们时常侧目而视,他们还经常收到没有署名的信,"其中有相当多语气令人生恶"。[5] 1954年,德意志联邦共和国第一任总统西特奥多尔·豪斯在瓦尔基里行动发生10年之后,在克劳斯、贝特霍尔德和其他同谋者的第一次正式追悼仪式上致辞。此后人们的态度才慢慢开始转变。

---

1 Otto Skorzeny, *Skorzeny's Special Missions: The Memoirs of 'The Most Dangerous Man in Europe'* (Greenhill, 2006), p. 220.

2 奥托·斯科尔兹内从未公开谴责过纳粹主义,尽管如今人们大多认为他可能出于自我保护的目的于战后为摩萨德工作。1975年,他在马德里因癌症去世,他的棺材上盖着纳粹旗帜,老纳粹党员还给他行了纳粹礼。

3 Heidimarie Schade, Mulley interview (01.10.2014).

4 Berthold von Stauffenberg, Lecture for the AV Rheinstein Köln- Lindenthal, 'A Childhood in the Third Reich – from System Conformist to Traitor's Child' (14.04.2008).

5 Gerald Posner, *Hitler's Children: Inside the Families of the Third Reich* (Mandarin, 1991), p. 190.

第十六章 名声

1954年的世界滑翔锦标赛由**英格**兰主办。当汉娜的名字被列入德国队名单，英国《海外周刊》（*Overseas Weekly*）发表了题为《阿道夫的飞行女性回归》的报道。[1] 一番争论后，豪斯政府下令让汉娜退出国家队。愤怒的汉娜争辩说她只是对她的国家履行了"明显的职责，就像每个英国的男人和女人一样"。[2] 直到43岁的汉娜赢得了德国滑翔冠军，她的怒气才慢慢消退。接下来的几年中，她接连打破了国内外的一连串纪录。然而，1958年的锦标赛由波兰主办。汉娜对于战后将她的家乡西里西亚划归波兰的做法并不满意，起初她选择了退赛。而当她改变主意后，令她惊讶的是，波兰人拒绝了她的签证。波兰在战争期间有600多万公民死亡，其中绝大多数都死于纳粹占领期间。汉娜，这个纳粹政权死不悔改的辩护者，显然无法受到欢迎。她又一次被激怒了，**请求德国航空俱乐部的新负责人哈拉尔德·匡特带整个德国队退出比赛**。匡特是玛格达·戈培尔最大的孩子，玛格达的最后一封信就是留给他的。但是虽然提交了投诉申请，但匡特仍然维护了其余的**团队成员**。汉娜从此断了她和滑翔界的所有联系，也从此正式结束了她在德国的滑翔生涯。

汉娜的朋友们迅速聚集起来团结在她周围。埃莉·拜因霍恩回到了激烈的竞技飞行中，并经常**邀请汉娜同行**。[3] 就连著名的澳大利

---

1 US National Archives, D-53525, the *Overseas Weekly*, 'Adolf's Flying Femme Back' (28.02.1954).

2 *Die Zeit*, 'Unrecht an Hanna Reitsch' [Injustice to Hanna Reitsch] (22.07.1954).

3 拜因霍恩在战争期间没有飞行。后来她赢得了几枚国际奖牌。她经常是梅利塔前任老板格奥尔格·帕瑟瓦特的座上客，而后者因为**汉娜**的政治立场问题，和汉娜"没有任何亲密交流"。拜因霍恩于2007年去世，享年100岁。参见Correpondence Barbara Pasewaldt / Mulley,（2014）。

亚飞行员南希·伯德也同情汉娜和她本人所看到的"迫害和痛苦"。[1] 德国退伍军人飞行员协会"老鹰"（Alte Adler）也公开支持她，极右翼的巴西苏台德俱乐部更是授予了她名誉终身会员的称号，从"他们受命运约束的群体"向她致以"爱国的问候"。[2,3] 汉娜仍然收到大量的粉丝邮件，多到可能需要下半生每天用写到褪色的毡尖笔给这些明信片签名。"你不能高估我，"她对一位崇拜者说，"我对祖国的爱是绝对自然的事情，支持你热切喜爱的事情也同样自然。"[4] 对另一个人，她则批评抱怨道："谎言和故事的墙壁已经立起来了，而且相对于世界其他地方而言正在压倒德国人民。"[5] 两年后，她仍然指责"祖国的情况很糟糕，没有任何荣誉可言"。我们这些"有同样信念"的人，她认为，必须告诉年轻人"真相，并将其深深植入他们心中"。[6]

许多年轻一代已经就自己国家的历史得出了自己的结论，也在计划着为新的未来做出贡献。尼娜的长子贝特霍尔德1955年选择成为西德国防军的一名士兵。[7] 他知道他将在父亲的阴影中度过他的

---

1 Nancy Bird, *My God! It's a Woman: The inspiring story of Australia's pioneering aviatrix* (Harper Collins, 2002), p. 130.
2 此前的苏台德德意志族人党成立于1933年，是欧洲最大的法西斯会员组织之一。战争结束后，许多前成员逃往南美洲，当地人对纳粹的意识形态表示了极大的认可。
3 Deutsches Museum Archive, 130/136, letter Brazil Sudeten Club/ Hanna Reitsch (14.01.1958).
4 The Ian Sayer Archive, Hanna Reitsch correspondence, letter Hanna Reitsch/Herr Petzoldt (08.04.1957).
5 The Ian Sayer Archive, Hanna Reitsch correspondence, letter Hanna Reitsch/Herr Brockmann (11.11.1958).
6 Ibid. (June 1962).
7 尼娜于2006年去世。在她去世前，她对康斯坦策说自己觉得很无聊，然后抽了最后一根烟。

第十六章 名声

职业生涯，但他相信"这种负担将是值得的"。[1]此后数年，果然有很多人问贝特霍尔德很多问题，但他对于有关他家的"许多在食堂直言不讳的聊天"都带着一种接受的态度。[2][3]贝特霍尔德为父亲深感骄傲，也从来没有忘记他勇敢的伯母。"利塔就是一切。"他接受《明镜周刊》采访时说道。[4]他那个在巴特萨克萨因为姓氏问题拒绝回应的弟弟弗伦茨·路德维希则对法律产生了兴趣。所有的孩子现在都成年了，他们下午一般会去慕尼黑的公寓看望他们的伯父亚历山大。"在我的眼里，"康斯坦策注意到她教父的纽扣经常没扣对或袜子没穿成一对儿，"他是一位真正的教授，非常聪明，但有时候仿佛并不是这个世界的一分子。"[5]

除了葡萄酒和香烟外，亚历山大一直更关注精神世界而不是物质生活。除了翻译荷马、埃斯库罗斯和品达的作品，他还在1954年出版了一本关于克劳斯的短小的人物传记，称赞他这个弟弟的"高度灵性"、令人印象深刻的演说技巧和采取行动时具有示范性的决心。[6]与此同时，他的学术工作正在变得日益政治化。他被分配到各种委员会，参与讨论有关德国统一的前景，以及西德未来更积极

---

1 Berthold von Stauffenberg, Lecture for the AV Rheinstein Köln-Lindenthal, 'A Childhood in the Third Reich – from System Conformist to Traitor's Child' (14.04.2008).

2 贝特霍尔德·申克·冯·施陶芬贝格伯爵少将冷战期间一直在部队服役。他于1994年退伍。

3 Berthold von Stauffenberg, Lecture for the AV Rheinstein Köln-Lindenthal, 'A Childhood in the Third Reich – from System Conformist to Traitor's Child' (14.04.2008).

4 *Der Spiegel*, Hamburg newspaper (March 2012), quoted in Heiko Peter Melle, Ernst Probst, *Sturzflüge für Deutschland: Kurzbiografie der testpilotin Melitta Schenk Gräfin von Stauffenberg* [Nosedives for Germany: a short biography...] (Grin Verlag, 2012).

5 Konstanze von Schulthess, Mulley interview (25.11.2014).

6 Karl Christ, *Der Andere Stauffenberg: Der Historiker und Dichter Alexander von Stauffenberg* [The Other Stauffenberg: Historian and Poet Alexander von Stauffenberg] (C. H. Beck, 2008), privately translated, p. 45.

地与欧洲融合的可能性，他还在1958年帮助西德加入欧洲经济共同体[1]的工作中发挥了重要作用。那年的晚些时候，他又呼吁设立无核区并反对核竞赛。

汉娜仍然无法在德国参加飞行竞赛，因此当她在1958年收到赴印度比赛的邀请时，整个人都喜出望外。印度在英国统治时期曾经抵御过德国的入侵，但一个独立的印度现在接受了西德的贷款和投资。20世纪50年代的印度也成立了几个滑翔俱乐部，有一次他们的滑翔机意外受损，使西德看到了一个建立更强关系的机会。1959年春天，波恩政府派出了最先进的滑翔机，由汉娜陪同，赴印度进行特技飞行表演。最初她只是被邀请在印度待两个星期，后来她待了两个月。她喜欢印度的热情接待，发表了多场有关无声飞行的精神体验的演讲，并就印度空军的滑翔机训练提出了多套建议。她也对自己所谓在"全印度"观察到的"对希特勒及其成就的浓烈兴趣"感到非常兴奋。[2]而锦上添花的是，"印度睿智的总理"贾瓦哈拉尔·尼赫鲁提出了带她一起飞行的请求。[3]汉娜和尼赫鲁在空中停留了两个多小时，尼赫鲁有时甚至接管了操纵杆。这是一场巨大的公关事件，印度媒体对其广为报道。第二天早上，汉娜收到了与尼赫鲁和他的女儿英迪拉·甘地共进午餐的邀请。汉娜在印度国内的最后几天摇身一变，成了总理的座上宾。

汉娜离开时，西德驻印度大使馆兴奋地致电波恩政府："自战

---

1 即欧盟的前身。

2 *German History: The Journal of the German History Society*, Bernhard Rieger, 'The Global Career of a Nazi Celebrity', Vol. 26, No. 3 (Sage Publications, 2008), p. 398.

3 Hanna Reitsch, *The Sky My Kingdom: Memoirs of the Famous German World War II Test Pilot* (Greenhill, 2009), p. 263.

第十六章 名声

争结束以来，尚没有其他德国公众人物接受过类似的招待。"[1]汉娜与尼赫鲁此后保持了多年的联系，向他的家人问好，并表达了自己对共产主义蔓延的担忧。她得知豪斯总统也曾访问印度后，也写信给总统想要和他见面，讨论一下这个国家及其存在的一些问题。然而她只收到了一个礼貌的拒绝———汉娜永远没能见到豪斯。

1961年，在老朋友航空航天工程师韦纳·冯·布劳恩的建议下，汉娜重返美国，如今的布劳恩在美国航空航天局工作。汉娜经常声称自己拒绝了战后和美国航空部门的合作项目，因为那将是对她的国家的终极背叛。[2]布劳恩则不这么看，偶尔还会说服汉娜改变主意。"我们生活在世界性问题的时代，"他在1947年给汉娜的信中写道，"如果一个人不想留在外面往里看，就必须选择站队——— 即使你感情丰富、真情流露，也还是可能无法判定你真的在坦白交代。考虑一下吧！"[3]十几年后，汉娜参观了布劳恩在亚拉巴马州的火箭试验场，亲眼见证了土星火箭的发射，并在国家太空研究所发表了一次演讲，台下的观众中不仅有上了年纪的冯·布劳恩，还有当时还是年轻小伙的尼尔·阿姆斯特朗。[4]

在美国期间，汉娜也趁机加入了飞越内华达山脉的滑翔机机群，并与国际女直升机飞行员协会"旋风女孩"（Whirly Girls）接触。作为第一位驾驶直升机的女性，汉娜发现自己有幸成了"旋风

---

[1] *German History: The Journal of the German History Society*, Bernhard Rieger, 'The Global Career of a Nazi Celebrity', Vol. 26, No. 3 (Sage Publications, 2008), p. 395.

[2] 没有证据表明汉娜曾经拿到过这样的职位邀请。埃里克·布朗认为这不太可能，因为她是试飞员，而不是像布劳恩或多恩伯格将军这样的工程师，而后两者都加入了美国的项目。

[3] Deutsches Museum Archive, 130/18, letter Wernher von Braun/Hanna Reitsch (18.08.1947).

[4] 1955年，韦纳·冯·布劳恩入籍美国。他于1977年因癌症去世，此时尼尔·阿姆斯特朗登上月球已有8年。

女孩一号"。她和"旋风女孩"一起被邀请到白宫,肯尼迪总统在总统办公室会见了她们。在草坪上拍的合影照片中,她穿着一件奶油色外套,还有同样配色的帽子和手包,略微站得比个子高过她的女飞行员靠前一点。她的笑容再一次分外灿烂——她觉得自己得到了认可。在采访中她透露,肯尼迪告诉她,她是一个"范式",而且要她"永远不要放弃让飞行走近更多人"。[1]

返回德国后,汉娜获得了一架新的滑翔机,并很大程度上被飞行圈的人接纳了。但她的名字并没有出现在每一份邀请名单上。埃里克·布朗记得她没有出席慕尼黑的德国航空博物馆中翻新的Me-163b"彗星"的揭幕仪式。"就在德国人感觉回到了正常政治状态下的时候,她那在希特勒地堡中臭名昭著的过去对德国人来说非常尴尬,而那时的他们正慢慢摸索回归政治正常化。"埃里克日后写道。[2]

1962年,新独立的加纳由总统克瓦米·恩克鲁玛亲自出面邀请汉娜在加纳推动滑翔运动。据说尼赫鲁本人向恩克鲁玛推荐过她。[3]尽管汉娜经常担心共产主义的蔓延,但德国国内可让她留恋的东西太少了,她接受了恩克鲁玛的邀请,在她看来这是有关国家建设的

---

1 Deutsches Museum Archive, PERS/F/10228/2-, *Frau mit Herz* [Woman with Heart] magazine, 'The life story of the famous pilot Hanna Reitsch: Only up in the air could I feel free' (nd).

2 Eric Brown, *Wings On My Sleeve: The World's Greatest Test Pilot Tells His Story* (Phoenix, 2007), p. 266.

3 具有讽刺意味的是,汉娜实际上是被一位在联合国的印度经济学家推荐给恩克鲁玛的,这位经济学家曾在德国留学直到1938年,如他所说,"意识形态的变化"削弱了该国的吸引力。暗示尼赫鲁推荐了汉娜这种说法有一种反英的意味,然而这两个英国的前殖民地都与著名的纳粹飞行员合作过。参见 *History Workshop Journal*, issue 64, Maya Jasanoff, 'Border-Crossing: My Imperial Routes', 2007, p. 375。

工作。汉娜身材娇小,身着奶油色的两件套,戴着珍珠首饰,令人惊讶的是这位"敢于挑战天空的女人""在各方面都很女性化",加纳的新闻报道写道。[1]汉娜很快就与英俊而充满活力的恩克鲁玛建立了紧密的联系,使馆工作人员注意到,"作为一个女人",人们完全不用怀疑她有任何政治野心。[2]汉娜满腔热情地推动滑翔运动,将其作为一种训练性格的理想方法,恩克鲁玛便委托她建立一所全国性的滑翔学校,作为他的国家现代化建设的一部分。

汉娜的大受欢迎让西德政府颇为满意,1963年,西德政府向加纳提供了培训支持,并赠送了一架滑翔机当作礼物。在飞机交付后,汉娜又在这里待了4年,投身于滑翔学校的发展。她每天早上准时4点起床,"穿着长长的白色裤子,充满能量",她监督了殖民地时代的老机场的改建和一些飞机库的建造。[3]第一批学生是从加纳青少年先锋队队伍中挑选出来的,当时滑翔被当作是仅限于男孩的青年政治运动。她也没有兴趣训练女孩,她觉得她们"有很多其他重要的任务,要为抚养孩子做好准备"。[4]汉娜一边用拳头敲着她的帆布导演椅的扶手,一边对一个英国电影摄制组说,她的目标是

---

1 *Daily Graphic*, Edith Wuver, 'The Woman Who Dares the Heavens', quoted in *American History Review,* Jean Allman, 'Phantoms of the Archive: Kwame Nkrumah, a Nazi Pilot Named Hanna, and the Contingencies of Post-Colonial History-Writing' (February 2013), pp. 104–129.

2 *German History: The Journal of the German History Society*, Bernhard Rieger, 'The Global Career of a Nazi Celebrity', Vol. 26, No. 3 (Sage Publications, 2008), p. 401.

3 Deutsches Museum archive, PERS/F/10228/2-, *Frau mit Herz* [Woman with Heart] magazine, 'The life story of the famous pilot Hanna Reitsch: Only up in the air could I feel free' (nd).

4 Jean Allman, 'Phantoms of the Archive: Kwame Nkrumah, a Nazi Pilot Named Hanna, and the Contingencies of Post-Colonial History- Writing', *American History Review* (February 2013), p. 111.

风的女儿

"培养青年的性格……你看，没有接受过训练的人是不能成为飞行员的"。[1]尽管预算有限，她仍然通过特技飞行表演为这个日益引起争议的项目筹款，有影像记录拍摄下了她和恩克鲁玛一起手动发射模型滑翔机时谈笑风生的样子。

汉娜再次与一位越来越像独裁者的领导人站到了一起。一些加纳人认为她在政治上是清白的。"汉娜真正生活在天堂里，"一位作者写信给恩克鲁玛，"当她和我们在一起时，她对自己国家的完全无知是显而易见的。他们（美国人）完全欺骗了她！"[2]对于其他人来说，特别是许多加纳裔美国人，汉娜与纳粹的过往使她成了一个有争议的人物。但恩克鲁玛并不在意。1963年，他对西德大使说他"无法理解为什么德国人民如此强烈地关注（希特勒的）负面问题而不承认他在历史上的伟大之处"。[3]到1965年，滑翔学校开始出成绩了。汉娜将她的工作视为一种"人道慈善"，她写道，她要帮助"非洲人发展"并学会摆脱贫困。[4]加纳已经成为她表现道德自我的公共舞台。

1965年汉娜在德国过完圣诞节后，于1966年年初回到加纳。几周后，发生了军事政变。恩克鲁玛被困海外。滑翔学校被关闭，汉娜很快被驱逐出境。"我生命中最美好的任务，"她写道，"突然结

---

1 IWM film archive, *Roving Report – Ghana*, ITN 111 (October 1964).

2 *American History Review*, Jean Allman, 'Phantoms of the Archive: Kwame Nkrumah, a Nazi Pilot Named Hanna, and the Contingencies of Post-Colonial History-Writing' (February 2013), p. 122.

3 *German History: The Journal of the German History Society*, Bernhard Rieger, 'The Global Career of a Nazi Celebrity', Vol. 26, No. 3 (Sage Publications, 2008), p. 401.

4 Ibid.

束了。"[1]回到德国后,汉娜对这一政变的报道感到震惊。"我在西方报纸和杂志上读到的关于恩克鲁玛博士的个性、他的政治哲学和他的政治目标的种种都是错的,看在真相的份上,如此令人不安,"她写道,并一如既往地强调称,"我有责任写下我在加纳活动的那4年中的经历。"[2]虽然汉娜与恩克鲁玛仍保持联系,互赠玫瑰和饱含深情的信件,但他们却没有再见面。

亚历山大这些年在很多方面都发展得顺风顺水。家里人不再经常提到梅利塔了,第二次世界大战没有在学校里的教授中或在社会上进行过多的讨论,如果被问及暗杀的企图,他基本上不做评价但强调"行为中的人性和悲剧"。[3]亚历山大喜欢专注于现在:他的家庭,他的诗歌、学术著作和几本出版的书籍,以及他对于塑造国家形象所扮演的角色。照片中的他在20世纪60年代早期看起来温文尔雅,穿着精心剪裁的西装,打着薄薄的黑色领带和颜色鲜亮的口袋巾,他的目光直视前方,但嘴角微微带着笑意。他的头发已变成灰色,有些已经变白。几年后,亚历山大知道自己病重了,最后他不得不放弃讲课,但他继续在家里接待学生。他于1964年1月27日在慕尼黑因肺癌去世,享年58岁。回顾他的人生轨迹,他并没有被埋在劳特林根梅利塔以及他弟弟们身边,而是葬在了上巴伐利亚

1　Hanna Reitsch, *The Sky My Kingdom: Memoirs of the Famous German World War II Test Pilot* (Greenhill, 2009), p. 264.

2　Deutsches Museum Archive, PERS/F/10228/1, Hanna Reitsch, 'Ich Flög für Kwame Nkrumah' [I Flew for Kwame Nkrumah] (nd, *c.*1968).

3　Karl Christ, *Der Andere Stauffenberg: Der Historiker und Dichter Alexander von Stauffenberg* [The Other Stauffenberg: Historian and Poet Alexander von Stauffenberg] (C. H. Beck, 2008), p. 161.

州，在这里他与马莱娜一起幸福地生活过。[1] 20多年的时间中，马莱娜给过他很多帮助，而他也都非常受用。

在亚历山大去世后，他的散文和关于梅利塔、克劳斯和贝特霍尔德的诗歌合集以《纪念碑》为名出版。除了诗歌《利塔》之外，书中还包括对暗杀行动前夜克劳斯和贝特霍尔德最后一次对话的重新想象，还有受"反叛者誓言"启发的史诗《前夕》。结语的大部分内容都是关于梅利塔的，她崇高的精神思想、态度和力量，以及她为丈夫和家人多次冒着生命危险的"勇敢的爱的支持"。"英雄浪费了，人类的美德和人民的幸福因为过多的谈话而减少了，"亚历山大在前言中写道，"我们站在那里，无能为力……在我们骄傲的年轻人的坟墓前。"[2] 当年晚些时候，德国发行了一套邮票，纪念克劳斯和其他英雄以及国内抵抗运动25周年。有一段时间，他们的面孔和名字成了德国所有通信往来所需的邮资凭证，无声地渗透到家庭和办公室。目前尚不清楚汉娜是否在她相当多的信件中也收到过这样的邮票。

现年50多岁的汉娜独自一人住在法兰克福的一个小公寓里，屋里装饰着阿尔卑斯山的风景照、滑翔机的照片，还有她家人和格莱姆的照片。她与另一位独裁者的关系毁了她的名声，在社会民主党掌权的情况下，她基本上没有可能再进一步参与外交任务了。"我的生活非常动荡。"她悲伤地给一位朋友写信说。[3] 她将自己无处发泄的能量放到了区域滑行上。1970年，她驾驶滑翔机直冲向奥地利上空，创下了女子阿尔卑斯山滑翔的新纪录。同年晚些时候，她获得了国际

---

1 马莱娜于2001年去世，葬在亚历山大旁边。

2 Alexander von Stauffenberg, *Denkmal* [Monument] (Stefan George Foundation, 1964).

3 Deutsches Museum archive, 130/110, letter Hanna Reitsch/Herr von Barsewisch (31.08.1971).

滑翔委员会的钻石徽章，并参加了瓦塞尔库帕山滑翔比赛的50周年纪念活动，活动后与如今的名人尼尔·阿姆斯特朗以及其他荣誉嘉宾一起用餐。

虽然仍被禁止驾驶发动机为动力的飞机，但是随后的一年汉娜参加了第一次世界直升机锦标赛。她赢得了女子组的冠军，在所有选手中排名第六。现任英国直升机咨询委员会主席的埃里克·布朗在活动中与她见面。"由于名声不好"，她似乎并不合群，埃里克过来和她一起喝咖啡，他们谈到了乌德特和战前的生活。[1] "我并不为她感到难过，"埃里克说，"我和汉娜有一种又爱又恨的关系。我喜欢她的勇气也憎恨她的政治态度。"[2] 在接下来的几年里他们在活动中依旧会见面，也保持着邮件往来。汉娜打字机上打出来的信从来都不"友好"，而埃里克的回复则更多是出于义务。"汉娜总是要绝对肯定自己没有做错任何事。她觉得任何爱国者都会做同样的事情，"埃里克解释道，"她觉得自己是一个穿着闪亮盔甲的女骑士，而不是一个邪恶的女巫。"[3] 后来，埃里克看到汉娜在公共场合也佩戴着中间带有纳粹万字符的铁十字勋章，从此对汉娜的看法更极端了。针对汉娜一直辩称的"战后她不被信任的真正原因是她对祖国深深的热爱"，埃里克评论道："而这是否与热爱纳粹愿景不同，还有待讨论。"[4]

20世纪70年代，汉娜在航空方面的成就再次登上了国际各大媒体的版面。而在国内的活动上，一位记者写道："数十名幸存的德国

1　Eric Brown, Mulley interview (18.03.2013).

2　Ibid.

3　Ibid.

4　Ibid.

空军飞行员和现今的德国北约飞行员在看到她后都着实感到震惊。"[1]汉娜讨巧地没有参加1972年慕尼黑奥运会,也似乎没有对针对11名以色列运动员的谋杀案发表评论。对她来说,那一年的重点是回到美国,在亚利桑那州获得荣誉,并成为颇有声望的国际实验测试飞行员协会的第一位女性成员。没有什么比这更让她开心的了,坐在2000人的大厅里,与巴伦·希尔顿讨论新"汉娜·莱契杯"的可能性。在德国,她收到了数百封来自学童和退伍军人的信件与包裹,甚至还成为"大赦国际"德国分部的大使。"德国有数百万人爱我,"她称,"只有德国媒体才按要求讨厌我。这是政府支持下的宣传……他们害怕我可能会说阿道夫·希特勒的好话。但为什么不呢?"[2]

汉娜60岁生日那天,"老鹰"协会为她举办了一场丰盛的晚宴。来自德国和其他欧洲国家,甚至美国和巴西的客人欢聚一堂。"当晚最大的轰动"是汉娜激情献唱的约德尔民歌,协会主席后来写道。[3] "要评价我们的汉娜并不容易,"他对当晚的描述多少带着一点美化的色彩,"她代表的是我们作为人类都必须尊敬的女性一员,她的魅力令人着迷,她的成就赢得了最高的认可和钦佩……特别是她持之以恒的乐于助人、忠诚的态度和对祖国的热爱一次又一次地引起了人们的注意。"[4]但他的讲话却有一个遗憾:当德国的前敌人现在都在欢迎汉娜时,汉娜还是没有得到现任德国政府的尊重。

---

[1] Ron Laytner, *Edit International Articles: A portfolio of some of Ron Laytner's greatest stories*, 'Hanna Reitsch: Greatest Nazi Test Pilot and World's First Astronaut' (2010).

[2] Ron Laytner, *Edit International Articles: A portfolio of some of Ron Laytner's greatest stories*, 'Hanna Reitsch: Greatest Nazi Test Pilot and World's First Astronaut' (2010).

[3] Deutsches Museum archive, PERS/F/10228/1, Alte Adler club newsletter (Spring 1972).

[4] Ibid., p. 7.

第十六章 名声

"她是德国人荣誉感的典范,是我们国家和我们人民的典范……"他在讲话结尾说道,"因为她对祖国爱得深沉。"[1]

汉娜对这个招待晚宴很满意,但她的声誉仍然岌岌可危。次年,即1973年,英国电影《希特勒:最后十天》首映,这部电影根据地堡里的人的回忆录改编而成,由亚利克·基尼斯扮演元首。电影制作过程中并没有人咨询过汉娜,还在电影里把她塑造成了一个狂热的纳粹分子,怒火中烧的汉娜又开始公开发表不满。当她的批评没有得到重视时,她又扩大了她的攻击范围,批评对纳粹战犯的监禁,批评国际社会试图让全体德国人承担的集体罪行。30年过去了,汉娜仍然拒绝接受关于纳粹政权的真相。她也不明白为什么她战后拒绝放弃的国家还没有正式认定她是一个光荣的爱国者,甚至都没有尊重她。

就在这时,汉娜在报纸上看到了一个通知,有人要为梅利塔立传,并开始收集有关她的历史资料。汉娜震惊了。梅利塔是她的对立面:一个聪明的,有部分犹太人血统的,女试飞员。在汉娜的眼中,梅利塔早已背叛了她的国家,而汉娜却站稳了立场。如果梅利塔被当成了女英雄,汉娜并不想知道这对自己来说意味着什么。她立即与这名传记作者取得了联系,然后与梅利塔的妹妹尤塔和克拉拉也取得联系。她们之间的通信持续了4年,有时甚至比汉娜和梅利塔有生之年有过的所有交流更加激烈也更直接。

汉娜于1975年第一次见到克拉拉,当时克拉拉邀请汉娜和自己的姐姐尤塔共进午餐讨论稿件。表面上汉娜是对克拉拉的热情好客表示感谢,但她的信中更多是在批判尤塔——她们明显不睦。汉娜

---

[1] Deutsches Museum archive, PERS/F/10228/1, Alte Adler club newsletter (Spring 1972), p. 12.

对于尤塔对她自己的回忆录没有兴趣感到"震惊",汉娜写道。"但我也可怜她,因为我觉得她内心有些病态和扭曲。她经历了什么才让她变成了这样?"带着"这样的心态",汉娜继续写道,自己担心任何传记"都会让你的姐姐受到更大的伤害,这正是我想要防止的,所以我们要保证文献的真实性"。[1]

然后,汉娜重复了一遍在手稿中找到的"错误"清单。梅利塔"从来就没有担任过俯冲轰炸机或任何类型飞机的试飞员",她写道,并补充说,"梅利塔的成就没什么亮点,也没有什么特别了不起的"。[2]她也否认了梅利塔铁十字勋章的有效性,暗示梅利塔实际上是对于这个她并不配获得的奖励动了些手脚。"我确信梅利塔并不是因为纯粹的野心而做了这样的事,而是因为她在种族负担下的绝望,"汉娜继续说道,字里行间都透着一股不真诚,"为了梅利塔,我不希望将这些细节公之于众。"[3]

汉娜一会儿带着羞辱一会儿又喋喋不休地赞美,语言很是混乱,她声称自己感到宽慰的是没有人目睹过"尤塔对我提出的分歧以及我所给出解释"时她的反应。"我知道你和我一样悲伤,"她继续道,"因为聪明的你明白,如果你的姐姐不篡改这些内容会有什么后果。"[4]长信的其余部分重申了她的关心,说尤塔的反应是"需要注意的",说"谎言迟早会被发现",还说如果继续推动这本书出版,克拉拉就会有"令人尴尬的发现"。[5]"我相信你会正确理解我。我想保

1　Gerhard Bracke archive, letter Hanna Reitsch/Klara Schiller (07.02.1975).
2　Ibid.
3　Ibid.
4　Ibid.
5　Ibid.

护你，梅利塔的记忆……"信的结尾部分写道，"我只能祈祷你能以正确的方式理解这封信，并能成功劝说你的姐姐。"[1]

她们的通信还在继续，传记先被搁置了。当克拉拉为梅利塔辩护时，汉娜写信给她说："我明白，我也知道你从我这里听到所有这些不愉快的事情是多么难以接受。"[2]当克拉拉陈述梅利塔工作的事实时，汉娜又反驳道："要是把这些写进传记里，似乎很尴尬，也像是在炫耀。"[3]她又说在不同的时代，像梅利塔所做的俯冲测试没有风险，而她自己"冒着生命危险已经进行了几年的类似测试"。[4]她认为梅利塔是不值得信任的，也可能在"为敌人工作"。[5]最重要的是，她不断强调所谓的梅利塔"有关她种族负担的内心绝望"。[6]汉娜还有更多要说的，但感觉不能写下来，所以她给了克拉拉自己的电话号码。

克拉拉对于汉娜的种种攻击都大度地忍受下来，这实在是非常了不起的。她感谢汉娜"如此坦率地"解释了她的疑惑，并表示看到她的姐姐"如此阴暗的呈现方式"有多难过，并向汉娜保证，在一切都真相大白之前她不会停下。"当然，我们会接受所有历史事件的真相，很明显会有错误存在，人非圣贤孰能无过，感谢上帝，她也只是个凡人。"[7]但克拉拉也对汉娜坚称，梅利塔"无法宣传任何'她不知道'的事"；梅利塔绝对是光荣的，而克拉拉下决心发

---

[1] Gerhard Bracke archive, letter Hanna Reitsch/Klara Schiller (07.02.1975).

[2] Gerhard Bracke archive, letter Hanna Reitsch/Klara Schiller (18.02.1975).

[3] Ibid.

[4] Ibid.

[5] Ibid.

[6] Ibid.

[7] Gerhard Bracke archive, letter Klara Schiller/Hanna Reitsch (13.2.1975).

现事实。[1] "我很高兴你能一点点接近真相。"汉娜回应道。[2] 最终克拉拉中断了她们的通信往来。她找到了一些支持她自己对姐姐的形象看法的人。她后来把细节发给了汉娜,并对后者说:"有了这个,这个不愉快的篇章终于对我的家人和我说再见了。我认为你也会对此感到高兴。""为了找到真相。"她忍不住补充道。[3][4]

1976年,英国广播公司拍了一些汉娜仍然热情洋溢的镜头,她穿着一件戴着各种飞行徽章的制服式裙装,这组镜头后被用于电视连续剧《秘密战争》。采访开始前,制片人不得不要求她摘掉一个带有纳粹万字符的徽章,而且每次没有录像的时候,他都对汉娜的亲纳粹态度感到震惊。"她崇拜希特勒。"制片人后来回忆说。很明显,"她非常敬畏他"。[5] 然而,时至今日,汉娜仍公开表示她不是政治人物。她唯一关心的是飞行、真相和个人荣誉。

梅利塔的家人则积极参与政治。1976年,现任律师的弗伦茨·路德维希当选德国议会联邦议院议员席位,代表民主的中右翼基督教社会联盟。他作为议员为国服务了近10年,其中6年还是欧洲议会成员。这段时间的汉娜越来越关注滑翔。在接下来的几年里,汉娜驾驶着现代滑翔机也创下了不少女性滑翔纪录,她称这些新机型为玻璃纤维"赛马"。[6] 1978年,在她68岁时,她又创下了难以超越的

1　Gerhard Bracke archive, letter Klara Schiller/Hanna Reitsch (27.06.1975).

2　Gerhard Bracke archive, letter Hanna Reitsch/Klara Schiller (nd).

3　克拉拉后来成为一名营养科学家,这位席勒家最长寿的孩子于1996年去世。尤塔曾担任记者,而奥托曾先后在霍恩海姆大学和海德堡大学担任农业政策和社会学教授。

4　Gerhard Bracke archive, letter Hanna Reitsch/Klara Schiller (01.04.1977).

5　John Groom, producer, *The Secret War*, BBC, Mulley interview (24.06.2015).

6　The Ian Sayer Archive, Hanna Reitsch correspondence, letter Hanna Reitsch/Barry Radley (29.06.1978).

第十六章 名声

飞行时间和距离的纪录。"10小时的艰苦战斗,也是一次非常精彩的经历。"德国航空俱乐部的新任主席在给她的贺信中写道。[1]他们长达20年的纠纷已经结束,但汉娜已经开辟了新的战场。

除了尽可能地与当权派保持一致外,汉娜还和极右势力保持着联系。她现在的通信伙伴包括她曾经十分痛恨的德国空军将军唯一的孩子法达·戈林,以及反犹极右翼期刊《埃卡尔使者》(*Eckarbote*)的编辑弗里茨·施蒂贝尔,在汉娜看来,这本期刊的目的是保全"坚不可摧的德国人的灵魂"。[2]她还与埃莉诺·鲍尔保持着多年的书信往来,埃莉诺是1923年唯一参加过啤酒馆暴动的女性,也是一名因战争罪被判处10年徒刑的死不悔改的纳粹分子。"元首,我们的希特勒,如果得知我们在互相写信,一定会很高兴,"埃莉诺告诉汉娜,"我相信他一定在天上看着我们。"[3]埃莉诺曾给汉娜寄过一张自己和希特勒的合影,表示她对发现他们有"同样的朋友圈"有多喜悦,埃莉诺也对汉娜的回忆录充满了热情,她希望能帮助汉娜宣传,"作为对你的感谢,也为了真相和德国精神"。[4]

汉娜还与另一个鲍尔保持着联系:希特勒的前私人飞行员汉斯·鲍尔,现在已经将近80岁,也是一个毫无歉意的种族主义者和未经思想改造的纳粹分子。"除了那些钦佩我们作为飞行员取得成功的人之外,世界上其他许多国家都反对我们,"他警告汉娜

---

1 The Ian Sayer Archive, Hanna Reitsch correspondence, letter Hanna Reitsch/Barry Radley (05.06.1978).

2 Deutsches Museum archive, 130/111, letter Fritz Stüber/Hanna Reitsch (15.06.1978).

3 Deutsches Museum archive, 130/139, letter Eleanore Baur/Hanna Reitsch (01.09.1978).

4 Ibid.(20.11.1978).

说,"我们对自己说的每句话都必须要小心,还要小心我们表达的方式。"[1] 1978年,鲍尔和汉娜参加了一个公共活动,以纪念1928年第一位从欧洲飞越大西洋到美国的飞行员。20世纪30年代,虔诚的天主教徒赫尔曼·科尔表示反对纳粹,他得到的只是被禁止公开演讲,丢了工作,4年后在慕尼黑去世。德国媒体对于汉娜和鲍尔的出席并不友好,由此发表的文章重新点燃了汉娜作为受害者被迫害的情绪。为了让她心情好一点,鲍尔夸赞了她的"态度,还有对祖国和元首的忠诚",并高度赞赏了如今已在南美洲的"勇敢的老德国人"、"真正的德国人",他们都将她视为"完美模范"。[2] 汉娜回应说,虽然"为了真相和责任",她感谢他的支持,但她还是需要"从一个德国人的角度"把正确的历史进行还原。[3]

汉娜比梅利塔小9岁,汉娜只知道第三帝国时期的德国,几乎不了解其他德国历史时代和社会情况,她坚定地支持新政权,随着战争的推进,汉娜继续坚持对自己的所作所为做无罪叙述。由于纳粹种族灭绝计划战后逐步被揭露,许多德国人已经开始与他们以前支持的与政权有关的人和事保持距离。然而,汉娜并没有随着时间的推移而服软,而是变得越来越好战。她拒绝承认任何判断错误或表现出任何悔意,相反地,她对战后的西德越来越挑剔。在致英国朋友的一封信中,汉娜哀叹法兰克福学童中"外国人"的数量竟如此之多,也不满在街上除听到德语外还越来越多地听到"土耳其

---

1 Deutsches Museum archive, 130/109, letter Hans Baur/Hanna Reitsch (10.02.1976).

2 Ibid. (28.11.1978).

3 Deutsches Museum archive, 130/109, letter Hanna Reitsch/Hans Baur (05.12.1978).

语、南斯拉夫语、意大利语和希腊语"。[1]她的朋友表示同情，并鼓励汉娜采取更多行动。"犹太人在我祖国的土地上，"她回信写道，"历史上有关'大屠杀'最可怕的谎言就是这件事被世人所知，目的是引起人们对德国的憎恨。犹太人有着最罕见的大脑，专门来发明仇恨，仇恨，仇恨！而不是和平。犹太电影——美国的'工业'……（他们）发明这些来拯救自己。他们正几百万几百万美元地挣钱，而世界上却没有第二个国家像德国这样平凡而愚蠢——还相信了这一点。"[2]她反犹主义的怒吼还远没有结束，现在又拼命地抓住大屠杀否认者，用来证实自己几十年以来拒绝承认事实，甚至都不想考虑一下事实的所作所为是完全正确的。"来自英国、法国、美国的历史学家正在提供各种证据，这一切都是世界对所经历的最大的谎言的背叛！！！"她大吼着，完全无视自己看过战争期间迈丹尼克集中营的照片，也听过埃里克·布朗描述他自己解放贝尔根-贝尔森的经历。由于汉娜一贯拒绝接受事实，拒绝已经成为她生活的一部分，而她逃避责任的需要都发自内心。"靠生产仇恨赚钱是懦夫的行为！这是他们的'生活目的'，"她继续说道，"哦，我的祖国还有我的许多德国飞行员同志都是'机会主义者'，他们加入了那些'魔鬼'，这让我觉得非常不开心，也感到羞耻。"[3]

1978年下半年，美国摄影记者罗恩·莱特纳采访了汉娜，结果这成了一场影响恶劣的采访。莱特纳报道了汉娜对"银行家和汽车制造商之乡"西德的极大失望。"即使我们伟大的军队也变得软弱无

---

[1] The Ian Sayer Archive, Hanna Reitsch correspondence, letter Hanna Reitsch/Barry Radley (17.09.1978).

[2] The Ian Sayer Archive, Hanna Reitsch correspondence, letter Hanna Reitsch/Barry Radley (23.11.1978).

[3] 汉娜的英语并不好，但她的意思很明确了。

力。士兵们蓄着胡须还质疑命令,"汉娜告诉他,"我相信国家社会主义,我并不因此感到羞耻。我还戴着希特勒给我的钻石铁十字勋章。但今天,在所有德国人中你找不到一个肯承认自己曾经投票给阿道夫·希特勒选他掌权的人……"然而,汉娜最大意的评论是在采访结束时的一句话:"许多德国人对这场战争感到内疚,"她总结道,"但他们没有解释我们心中真正的内疚是什么——是我们输了。"[1]

快到1978年年底的时候,汉娜同意在青年"钢盔团"(*Stahlhelm Youth*)的一次活动中发表演讲,钢盔团是一个受希特勒青年团启发而发起的法西斯运动团体。[2]讲座定于11月8日举行。鉴于她曾参加飞行员赫尔曼·科尔的纪念活动而引发众怒,她不可能不知道这个日期是"水晶之夜"40周年纪念日。钢盔团的计划已经不只是政治迟钝,更是一个大大的挑衅。不来梅市市长的谴责最终使汉娜退出了这场闹剧。然而当不来梅基督教会众人质疑她关于毒气室的评论时,她再次对众人口诛笔伐,指责他们诽谤。汉娜对汉斯·鲍尔讲了他们对她人格的"诽谤",她写道:"对这些(关于毒气室)可怕的夸张说法如何判断,公道自在人心。到目前为止,我们还无法确定真相从哪里开始——以及谎言在何处结束。我充满激情地试图找到真相——无论我在哪个方面发力,我都在战斗。"[3]汉娜要求不来梅基督教会公开对她道歉,并且她以涉及荣誉为由,拒绝就此罢休。至于汉娜,荣誉就是当在公共场合不再允许她佩戴铁十字勋章时,她仍自豪地别在胸前的勋章。战争结束后的几十年里,她仍坚

---

[1] Ron Laytner, *Edit International Articles: A portfolio of some of Ron Laytner's greatest stories*, 'Hanna Reitsch: Greatest Nazi Test Pilot and World's First Astronaut' (2010).

[2] 最初的钢盔团于1918年作为准军事部队成立,隶属于纳粹冲锋队,于1945年解散。

[3] Deutsches Museum archive, 130/109, letter Hanna Reitsch/Hans Baur (05.12.1978).

第十六章 名声

持着,却越来越感到绝望。[1]

舆论的压力终于开始对汉娜造成伤害。她还在继续写信讨伐各种人,还在全国各地发表演讲,直到1979年夏天。那年8月,她告诉朋友自己患有胸痛。尤阿希姆·屈特纳打电话问她是否愿意在老地方机场见时,她让他这次到家里来看她,并补充道:"我真的出问题了,我需要你,我需要你的帮助。"屈特纳没法重新安排他的计划,他告诉汉娜,自己改天会来看她的。第二天早上,1979年8月24日,汉娜在家中去世,享年67岁。

没有验尸报告,但死因写的是心脏病发作。按照汉娜生前的愿望,她仍在世的家人悄悄地把她埋葬后宣布她去世。她在萨尔茨堡的市政公墓里与她的父母、姐妹、侄子和侄女埋在一起。一块巨石上刻有所有家族成员的名字,石头所在的地方标志着埋着他们的土地,旁边是"老鹰"协会的悼念祭品,图案是一只飞翔的老鹰旁边环绕着月桂花环——这是一个非常类似纳粹飞行员徽章的设计,只是鹰爪中不带纳粹万字符。

在接下来的几个月里,人们纷纷猜测汉娜是否在格莱姆自杀24年后终于履行了对他的承诺,坚持了咬破氰化物胶囊的死法,按她所说的那样"死得光荣"。汉娜的遗物中没有那枚胶囊。尽管汉娜总喜欢在对话中说最后一句话,这次她却没有留下任何话。也许她对爱娃·布劳恩以及约瑟夫和玛格达·戈培尔最后遗言的蔑视使她克制住了最后的诱惑。或者汉娜快速地处理掉布劳恩最后一张纸条的做法也让那些找到她字条的人做了同样的动作,悄悄地处理掉

---

[1] 希特勒于1931年创造了"我的荣誉就是忠诚"这个说法。然后希姆莱把这个说法的修改版当作了党卫军的官方座右铭,刻在他们的刀和皮带扣上。汉娜显然把"只有不问来由地服从才是光荣的"牢记在心。

风的女儿

她自己的纸条。又或许她确实没留东西，甚至没有自杀。

然而，至少有过一封信：汉娜去世前几周给埃里克·布朗寄了一封短信。在信里，她提到自己身体不好，她感到愤怒和沮丧，因为"没有人"——埃里克补充道，尽管"我们对于飞行和危险的热爱中有着共同的联系"——但是似乎没有人可以理解她的"对祖国热情的爱"。[1] 对于埃里克来说，这封信暗示着"她已经走到了她的尽头"。[2] 汉娜在落款前写了最后一句有意思的话："它始于地堡，并将在那里结束。"[3] 听闻汉娜去世后，埃里克毫不怀疑她终于用希特勒在地堡里给她的氰化物结束了自己的生命。他把这封信寄给了汉娜的兄弟库尔特，他们因埃里克战后被借调至德国海军航空兵部队而彼此相识。不久之后库尔特也去世了，他从未承认收到过这封信。"到这个痛苦的尾声，汉娜·莱契仍然设法将自己置于争议之中。"埃里克后来写道。[4]

没有证据表明汉娜最终亲手结束了自己的生命，而不仅仅是由于致命的心脏病发作。无论她曾经对格莱姆做过什么承诺，她几十年前也没有下决心和他们一样服用氰化物。[5] 汉娜从未在身体可能受伤的情况下害怕过。她自愿担任试飞员和自杀式炸弹袭击者时，已经接受了死亡的可能性，并对她的哥哥说："一个人自己的死亡没

---

[1] Eric Brown, Mulley interview (18.03.2013); Eric Brown, *Wings On My Sleeve: The World's Greatest Test Pilot Tells His Story* (Phoenix, 2007), p. 120.

[2] Eric Brown, James Holland interview, www.griffonmerlin.com/WW2

[3] Eric Brown, Mulley interview (18.03.2013).

[4] Eric Brown, *Wings On My Sleeve: The World's Greatest Test Pilot Tells His Story* (Phoenix, 2007), p. 120.

[5] 汉娜的英国飞行员朋友巴里·拉德利后来声称"她确实打算结婚过，但他在战争中被杀"。格莱姆已经结婚，但她与他的关系可能是她生命中最深的感情。参见Ian Sayer Archive, anon. newspaper, Barry Radley（27.11.1979）。

第十六章 名声

有什么重要性。"[1]她并不是因为害怕改变主意,而是选择了捍卫她的"荣誉",以及她理解的和这份荣誉荣辱与共的纳粹政权。但汉娜没有从道德上深入思考过。她从未对她与纳粹领导层的关系表示悔恨,也拒绝接受任何其他的世界观。她并不是没有能力说实话,只是她太过狂热,除了她自己心中的真相以外,她看不到任何真相。从小到大,她在心中形成的有关自杀的任何浪漫主义思想,最终都被证明太过异想天开,因为她想要为历史的真相、荣誉与和解而努力。

梅利塔已经在行动中死去,她早就知道希特勒的帝国被击败了,而且她已尽一切可能保护了她的同事和家人。梅利塔一生都渴望自由,最后在追求这个梦想的路上被杀死。对于这个一直以来试图避免宣传的女人来说,她的勇敢不为人所知或不为人认可,她并不在意。而汉娜在大多数家人和亲密的同事去世后还独自苟活了很久。她慢慢意识到,无论自己多么努力地在公众面前隐瞒自己的政治信念,都没有办法重振纳粹政权,也没法为自己正名。汉娜的命运不是在战争中被杀死,而是活下来见证她的纳粹信仰被完全驳斥。具有讽刺意味的是,对于一个一生都在寻找完美而且绝对充满勇气追求梦想的女人来说,汉娜最终在自己的床上死去,并在很多方面都可以被称为懦夫——因为她被真相击败了。

1　Deutsches Museum archive, 130/123, letter Hanna Reitsch/Kurt Reitsch (1946).

结语:矛盾时期

> 独裁统治是一个机会主义的时代,一个不想深究的时代,一个回避事实的时代。相比之下,这也是一个采取坚决行动的时代,每天都要对那些以任何方式与政府发生争执之人的善恶重新做出谨慎的判断……
>
> ——多萝特·冯·梅丁,1992[1]

汉娜·莱契和梅利塔·冯·施陶芬贝格都出生在第一次世界大战之前,两人都出生在德国,而且是相邻的区域。两人都成长为优秀而勇敢的飞行员,她们热爱飞行、向往自由,并坚信爱国主义、荣誉和责任的重要性。两位女性对待飞行的态度也巧妙地反映了她

---

1 Dorothee von Meding, *Courageous Hearts: Women and the anti-Hitler Plot of 1944* (Berghahn, 1997), p. xv.

结语：矛盾时期

们的生活方式。她们在同一片绿色的山坡上学习滑翔，都陶醉于自己可以在梅利塔所谓"无边无际的空气海洋"中翱翔的能力。汉娜更是贪心地称之为"神话般的新领域"。[1]后来，当梅利塔努力学习控制自己的飞机时，汉娜则觉得"滑翔是世界上最好的东西，因为……（人）被一股自然的力量带领"。[2]

两个女人都觉得在地上不如在天上舒服。拴住梅利塔的既有她保守的容克贵族价值观，还有她被意外发现的犹太血统。虽然她决心过上积极向上的"英雄般的生活"，但她从未质疑传统和安全的重要性。[3]汉娜则相反，她比梅利塔小9岁，热衷于迎接变革之风，也抓住了纳粹政权带来的机遇。"就像一个酗酒者一样，凡是能为飞行辩护的事对她来说都是好事，"梅利塔的侄子贝特霍尔德·冯·施陶芬贝格如此评论过汉娜，"而飞行则为她的态度和道德辩护。"[4]

汉娜和梅利塔的性别意味着她们曾经被很多人戴着"有色眼镜"来观察和评价，至今也如此。如果这意味着汉娜可能会比男同事引起更多的批评，那么她也在其他地方得到了更多的支持，因为人们尊重她的假定无罪性。雅利安女孩从小被教育信仰爱国主义、荣誉和种族歧视，也被教育不加批判地献身于她们的国家和元首。纳粹德国的妇女生活在一个男人的世界里。她们被鼓励去当家庭主妇，

---

1 Gerhard Bracke, *Melitta Gräfin Stauffenberg: Das Leben einer Fliegerin* [The Life of an Aviatrix] (Herbig Verlag, 2013), privately translated, p. 76; Hanna Reitsch, *The Sky My Kingdom: Memoirs of the Famous German World War II Test Pilot* (Greenhill, 2009), p. 1.

2 Deutsches Museum archive, PERS/F/10228/2, letter Prof. Walter Birnbaum to *Süddeutsche Zeitung* recalling train conversation with Hanna Reitsch (15/16.09.1979).

3 Archive Reinhart Rudershausen, Lieselotte Hansen, 'Memories of Lieselotte Hansen, née Lachman' (unpublished manuscript, nd).

4 Berthold von Stauffenberg, Mulley interview (5.11.2014).

而不要插手政治，被赋予职责却没有权利。正是因为汉娜和梅利塔不是男人，她们才既不被欢迎进入航空界，也不会被征兵，这些因素进而使得她们的行动无疑更关乎个人选择。正是她们的品格和决心，还有她们不同的价值观、利益和决定，才使她们处于历史的对立面。

梅利塔深深的爱国主义来源于对"一战"的切身之痛和随之而来的可怕的"和平"。她的信念里都是要通过勇气、决心和努力为她的国家尽职尽责。虽然沉迷于飞行的快感，但她认为自己不是变革的推动者，而是性别规则的例外：工作上是一个光荣的男人，空中的飞行员，但在家中是支持丈夫的妻子。"所有妇女的价值观都没有改变。对我们来说，飞行从来就不是为了引起轰动，甚至是解放的问题，"她说，"我们女飞行员不是女权主义者。"[1] 和她的贵族丈夫一样，梅利塔相信某种社会秩序。她可能有"公认不一般的"职业抱负，但她不能再支持希特勒的纳粹主义，就像她也不能支持无政府主义一样。[2]

梅利塔战前就发现了自己的家人被认为有部分犹太血统，因此在德国是不受欢迎的群体，而不是同等的公民，这证实了她对政权的早期反感。但她并没有直接发声批评政府瓦解的民主、不断增长的反犹主义以及对意识形态反对者的迫害，随着国家威胁的增加，她选择悄悄地专注于保护自己的家庭。

战争快结束的时候，梅利塔内心十分矛盾。她私下反对纳粹政权，但国家和政府并不是难以区分的。对她而言，爱国主义意味着

---

1 Gerhard Bracke, *Melitta Gräfin Stauffenberg: Das Leben einer Fliegerin* [The Life of an Aviatrix] (Herbig Verlag, 2013), privately translated, p. 159.

2 Melitta Schiller, 'A Woman in Test Flying', speech at the German Embassy in Stockholm (06.12.1943), quoted by Gerhard Bracke, *Melitta Gräfin Stauffenberg: Das Leben einer Fliegerin* [The Life of an Aviatrix] (Herbig Verlag, 2013), p. 159.

结语：矛盾时期

忠诚于比第三帝国更古老、更伟大的德国。她觉得有责任为她的国家服务，也发现了证明她的忠诚和价值的机会。后来她还希望帮助保护盟军攻击下的德国飞行员以及不堪空袭轰炸的平民。"我们这个时代的战争长期以来已经超越了其历史性起源，最初难以理解，看似无用，并且也已经超越了愧疚或动机的问题，"她争辩道，"不知不觉中它已经获得了它可怕的客观意义，这不是我们赋予它的，但是它却颇具威胁性地矗立在我们面前。"[1]

1944年春，梅利塔正在为纳粹空战学院进行技术研究，对第三帝国的女性来说这地位可称是超凡了。然而，她与克劳斯·冯·施陶芬贝格的关系也让她有机会支持暗杀希特勒的行动。许多暗杀行动的领袖也都扮演着类似的角色。大多数人参与的主要原因不是要结束对犹太人和其他少数民族犯下的暴行——尽管这也是原因之一，但他们更多地认为，长期无法取胜的战争是在背叛德国人民和他们的武装部队。正如克劳斯所说，他们计划"背叛政府，但是（政府）正在采取的行动是对国家的叛国行为"。[2]当刺杀失败时，梅利塔唯一的目标就是反抗希特勒赶尽杀绝的命令，保护亚历山大和更多施陶芬贝格家的人。

汉娜是梅利塔的对立面，她不是传统的守护者，而是第三帝国革命活力的来源。她感动于希特勒的强大领导力、他所表达的支持爱国主义的方式、他大胆将偏见合法化的立场，以及他承诺通过一场伟大的民族复兴摆脱战后经济衰退的路线。梅利塔看到的是困境，而汉娜则看到了机会。汉娜乐于把她的面孔、名字和技能用于

---

1 Gerhard Bracke, *Melitta Gräfin Stauffenberg: Das Leben einer Fliegerin* [The Life of an Aviatrix] (Herbig Verlag, 2013), privately translated, p. 168.

2 Peter Hoffmann, *German Resistance to Hitler* (Harvard, 1988), p. 135.

纳粹政权的宣传机器，并乐得可以从这种勾结的关系中获利。她无视有关驱逐德国犹太人的问题和"谣言"，当一位朋友把迈丹尼克集中营和灭绝营的照片展示给她，作为纳粹暴行的证据时，她选择接受了希姆莱轻率的保证。她不想知道这个可怕的事实，便选择了回避。在战争的最后阶段，汉娜甚至提出并制定了军事战略。

与那些有时被认为是"旁观者"的人不同——他们的惰性让他们碰巧赶上了国家社会主义的迅速崛起——汉娜作为在第三帝国被男性占领的航空领域中工作的女性，她对于纳粹主义的推广和积极服务远不能用愚蠢、平庸或者未加思索来加以掩饰。结果后来她还能被一些人认为是"女性解放"的榜样。[1]在最好的情况下，汉娜也只是像一些人想象中那样盲目地以自我为中心；而更糟糕的是，正如埃里克·布朗所认为的那样，她其实是一个"狂热的纳粹分子"。[2]无论汉娜到底算多大程度上的一名共犯，她对纳粹政权的重要性都是无可争辩的。如果希特勒赢得了这场战争，毫无疑问她会被盛赞为女英雄。正如罗伯特·哈里斯在《祖国》一书中所想象的那样——这本小说的创作背景就是假如纳粹德国赢得了"二战"——"在赫尔曼·戈林机场，汉娜·莱契的雕像在雨中伫立着，然后慢慢氧化。她盯着出发港外的广场，眼睛的部位已经锈迹斑斑"。[3]

汉娜从未成为纳粹党的一员。战争结束后，她声称自己从未参与过政治，而只是一个理想主义者和爱国者，她的领地"在云层之

---

[1] Deutsches Museum archive, PERS/F/10228/2, Evelyn Künneke quoted in *Frau mit Herz* [Woman with Heart] magazine, 'The life story of the famous pilot Hanna Reitsch: Only up in the air could I feel free' (nd), p. 2.

[2] Eric Brown, Mulley interview (18.03.2013).

[3] Robert Harris, *Fatherland* (Arrow, 1993), p. 299.

结语：矛盾时期

上而不是在地面上"。[1] "我只是德国人汉娜·莱契。"她在接受去纳粹化教育的时候坚持说道。[2] 而她的所作所为比她的言语更明显。她已经内化了纳粹政权的口号，把荣誉、真理和责任的言辞当作无懈可击的辩护词，反对一切质疑自己忠诚的道德品质的说法。为坚持荣耀和真理奋斗若能在现实世界里真的付诸实践是令人钦佩的，但是，一旦脱离现实成了空中楼阁般的空话，它们就成为狂热者为方便自己掩饰立场而随意捏造的概念。汉娜写了好几版回忆录，但从未批判性地审视过她与纳粹的关系，或谴责过他们的罪恶政策。面对过去和表达忏悔都需要很大的勇气，而汉娜发现如果永远不做这两件事反而更容易，于是她从不承认自己知道任何事，也不接受真相。30年里，她在把自己描述成受害者的同时，至死都还一直否认大屠杀的存在。

正如梅利塔的侄子贝特霍尔德·冯·施陶芬贝格所说，第二次世界大战"是一个充满矛盾的时期……不是每个党员都是纳粹分子，也不是每个非党员都不是"。[3][4] 就连梅利塔的同事都很少有人相信，这个正直的女人，这个坚定的保守派和爱国者，这个每天冒着生命危险为她的祖国奉献的人，早就知道克劳斯在计划刺杀希特勒。还有许多人认为汉娜曾祈求希特勒让自己带他从地堡离开去安全的地方，甚至数年之后还有谣言说她成功带希特勒逃离了地堡。

1 Deutsches Museum archive, 130/100, letter Hanna Reitsch/Dr Laternser (17.03.1947).
2 Deutsches Museum archive, 130/100, letter Hanna Reitsch/Dr Laternser (17.03.1947).
3 爱娃·布劳恩从未加入过纳粹党。希姆莱的个人副官、武装党卫队的校官尤阿希姆·派佩尔也不是，然而他是一个忠诚的纳粹分子，他一直在等待一个低级党员编号。而奥斯卡·辛德勒则是一名持卡的党员。因此汉娜虽然没有纳粹党身份，却并不一定能说明她的政治或道德立场。
4 *Der Spiegel*, Susanne von Beyer, 'Frau im Sturzflug' [Woman in a Nosedive] (05/03/2012).

虽然选择截然不同,但这两位女性都是第三帝国的核心。梅利塔和汉娜都没有直接犯下任何罪行,也没有成功阻止过战争。在成为共犯和犯罪之间,她们在可怕的独裁统治和一个战时国家并不如意的条件下生活、服务、妥协,有人抵制和违抗过,也有人支持和助力过,大家都痛苦过或庆祝过。汉娜盲目地选择忠诚于政权,也是个机会主义者。后来,她用自己定制的荣誉感保护自己。梅利塔则尽可能地抵抗着,同时继续为战争服务。也许梅利塔赞同克劳斯的信念,即"有勇气做某事的人必须清楚自己将成为历史中的叛徒。但如果他不这样做,他将成为他自己良心的叛徒"。[1]无论她们内心是怎么想的,她们的决定并非不具有政治后果。

由于信仰、恐惧或无知,大多数德国人有意无意地都支持了纳粹的所作所为。然而,梅利塔·冯·施陶芬贝格和汉娜·莱契戏剧性的一生最终表明,即使在希特勒统治时期的政治清洗、种族清洗以及强制暴力和宣传过后,德国民间社会的态度仍然是多元的,总有新的选择出现。虽然许多人努力为荣誉而生,但荣誉意味着什么对于不同的人而言却有很大差异。责任、忠诚和自我牺牲,有时都具有模棱两可的含义。真相经常并不尽如人意,有时令人震惊,有时也让人心甘情愿。战争把许多人最可怕的一面暴露了出来,但在某些情况下也带来了最好的一面。然而,并不是战争,而是政权及其意识形态导致德国犯下了最严重的罪行。这两位女性的故事以极其清晰的方式说明了这个政权的荒谬性,它建立在女性只具有家庭主妇价值的生物学前提下,也声称犹太人根本没有任何价值,然而却又是这样的政权赋予了两位女性最高的荣誉,一位"雅利安人",另一个是"犹太混血",她们因自己卓越的技能和成就违抗了这一"自然"的法则。

1　Joachim Kramarz, *Stauffenberg: The Life and Death of an Officer* (André Deutsch, 1967), p. 11.

参考文献

采访与信件往来 [1]

Captain Eric 'Winkle' Brown, CBE, DSC, AFC, Hon. FRAeS, Royal Navy Officer and Test Pilot (2013, 2014)

Doreen Galvin, WAAF Intelligence Officer, RAF Tempsford (2015)

John Groom, BBC producer, *The Secret War* (2015)

Flying Officer John Alan Ottewell, DFM, Légion d'Honneur, RAF 115 and 7 Squadrons, Pathfinder (2014)

Flight Sergeant Jack Pragnell, RAF 102 Squadron, Bomber Aimer (2015)

Lieutenant Dietrich Pütter, Luftwaffe reconnaissance pilot (2014)

Wing Commander Len Ratcliffe, RAF 161 Special Duties Squadron (2013)

Lance Corporal Walter Rehling, Luftwaffe Night Fighter Squadron NJG101 (2013)

Professor Dr Bernd Rosemeyer, son of Elly Beinhorn and Bernd Rosemeyer (2014)

Dr. Reinhart Rudershausen, son of Jutta Rudershausen, Melitta's sister (2014)

Dr. Heidimarie Schade, niece of Ilse and Otto Schiller, Melitta's brother (2014)

Konstanze von Schulthess Rechberg, youngest daughter of Claus and Nina von Stauffenberg (2014)

---

1 括号内时间为采访时的年份。

风的女儿

Major General Count Berthold von Stauffenberg, eldest son of Claus and Nina von Stauffenberg (2014)

Flight Lieutenant Russell 'Rusty' Waughman DFC, AFC, Légion d'Honneur, RAF 101 Special Duties Squadron (2015)

公开档案与博物馆资料

英国公开档案

Churchill Archives Centre, Churchill College, Cambridge CHUR 4/460A

Imperial War Museum, London

Film archive

    MTE 291, *Focke Helicopter: The First Really Successful Helicopter* (1938)

    ITN 111, *Roving Report – Ghana* (1964)

    GWY 556, *Deutsche Luftgeltung 1937* [German Air Effect] (1938)

    GWY 213, *Die Deutsche Wochenschau Nr 712* [newsreel] (April 1944) I & V

    GWY 223, *Die Deutsche Wochenschau Nr 712* (June 1944) III

Photo archive

    Various

The National Archives, Kew

Air Ministry

    AIR 34/625 'Peenemünde' (1944)

    AIR 40/7 'Kutonase Balloon Cable Cutters' (1942)

    AIR 40/21 'German Troop and Freight Carrying Gliders' (1941)

    AIR 40/36 'BZA-1 German Dive Bombsight' (nd)

    AIR 40/115 'German Helicopters, the Focke-Achgelis 223' (1944)

    AIR 40/205 'Me 323 "Gigant" Aircraft' (11/42–5/45)

    AIR 40/2840 'Launching of the German Flying Bomb, V-1' (1944)

    AIR 40/2834 'Flying the German Messerschmitt Me 262 jet-propelled aircraft: practical advice from former German test pilot' (1945)

AIR 41/7 'RAF Narrative: Photographic Reconnaissance', Vol. 2 (1941–1945)

War Office

WO 208/4168 (SRGG 961c), interrogation reports of German POWs, General von Thoma

WO 328/36 Statement of Alexandra von Stauffenberg (May 1945)

WO 328/37 Statement of Clemens von Stauffenberg, Capri (May 1945)

WO 328/38 Statement of Markwart von Stauffenberg (May 1945)

Foreign Office

FO 371/21737, Nevile Henderson letter (06.09.1938)

FO 954/10 Vol. 10/Folio 391 (Ge/44/14/A), Letter Foreign Office/Churchill's Private Secretary (24.07.1944)

Royal Air Force Museum, Hendon

Sound archive

330161: John Searby, Master Bomber, 'The Great Raids – Peenemünde' (nd)

德国公开档案

Deutsches Museum Archive, Munich

Melitta Schiller collection

FB89, Melitta Schiller, 'Windkanaluntersuchungen von Luftschrauben im Sturzflug' [Wind Tunnel Studies of the Propeller in a Nosedive] (06.04.1934)

FB106, Melitta Schiller, 'Auswertung experimenteller Untersuchungen über Verstell-Luftschrauben' [Analysis of Experimental Studies on Adjusting Propellers] (15.09.1934)

FB506, Melitta Schiller, 'Windkanaluntersuchungen an einem Flügel mit Rollflügel and Vorflü' [Wind Tunnel Tests on a Wing with Roll-Wings and Slats] (09.01.1936)

Hanna Reitsch collection, NL 130

18. Correspondence:

— Hanna Reitsch/Wernher von Braun (1947–1971)

风的女儿

— Hanna Reitsch/Amnesty International (1973)

Wernher von Braun obituary (unknown newspaper, June 1977)

100. Correspondence:

— Hanna Reitsch/Dr Laternser (17.03.1947)

— Hanna Reitsch/Frau Jodl (1948)

— Hanna Reitsch statement (20.05.1948)

101. Correspondence:

— Hanna Reitsch/Kurt Reitsch (nd)

— Hanna Reitsch/Otto Skorzeny (1974)

— Horst von Salomon/Kaplan Friedel Volkmar (27.04.1947)

— Friedel Volkmar/Dr Kindermann (July 1948)

— Various hand-drawn Christmas and Easter cards (1947)

Mano Ziegler, 'Die ersten Raketenjäger der Welt' [The world's first rocket hunters] (nd)

Walter Stender, 'Politische Erklärung' [Political Statement] (01.07.1947)

Richard Homberger (07.07.1947)

Hanna Reitsch, 'Eidesstattliche Erklärung' [Affidavit for Otto Skorzeny] (12.04.1948)

101a. Correspondence:

— Hanna Reitsch/Hugh Trevor-Roper (1948)

— Alfred G. T. Wilheim, *Die Epoche*/Hanna Reitsch (07.08.1947)

— Hanna Reitsch/*Die Welt* editor (01.12.1947)

Political reports:

— Anon., report on Hanna Reitsch (nd)

— Hanna Reitsch, *An den Kommandanten* [Statement to Camp Commanders] (March 1946)

— 'Abschrift' [Transcript] (Nuremberg, 08.04.1947)

Die Welt, Hugh Trevor-Roper, 'Hitlers Letzte Tage' [Hitler's Last Days] (14.10.1947)

101b.

Anon., 'Conversation with Hanna Reitsch' (nd)

Captain Musmanno, 'Private Conversation between Captain M. and H. Reitsch' (01.02.1948)

Thilo Bode, 'How History Can Become Falsified: The Example of Hanna Reitsch' (nd)

109. Correspondence:

— Hanna Reitsch/Heini Dittmar (1934–1953)

— Hanna Reitsch/Wolf Hirth (1952–1977)

— Hanna Reitsch/Peter Riedel (1960–1978)

— Hanna Reitsch/Günther Rall (1975)

— Hanna Reitsch/Hans Baur (1976–1979)

— Hanna Reitsch/Carl Franke (1977–1978)

— Hanna Reitsch/Nicolaus von Below (1978)

110. Correspondence:

— Hanna Reitsch/Karl Bode (1951–1979)

— Hanna Reitsch/Herr Brockmann (1958–1962)

— Hanna Reitsch/Fritz Edelhoff (1967–1971)

— Hanna Reitsch/Herr von Barsewisch (31.08.1971)

— Hanna Reitsch/Gerhard Bracke (1973)

Karl Bode, 'Darstellung der Vorführungen der Focke 61 in der Deutschlandhalle durch Frl. Reitsch im 'Stern' Nr 43' [Report of the performances of the Focke 61 in the Deutschlandhalle by Miss Reitsch in 'Star' No. 43]

111. Correspondence:

— Hanna Reitsch/Walter Schauberger/Hanna Reitsch (1947)

— Hanna Reitsch/Ernst Straka/Blüm/Hanna Reitsch (29.07.1970)

— Hanna Reitsch/Friedrich Wackersreuth (18.09.1971)

— Fan mail/Hanna Reitsch (1974)

— Hanna Reitsch/Herr Stüper (07.02.1974)

— Hanna Reitsch/Rud. Hèdrich-Winter von Schwab/Hanna Reitsch (24.02.1976)

— Hanna Reitsch/Dr Elfriede Wagner (1976–1977)

风的女儿

- Hanna Reitsch/Pater Karl-Theodor Wagner (1976–1977)
- Hanna Reitsch/Ull Schwenger (1977)
- Hanna Reitsch/Fritz Stüber (15.06.1978)

123.

Letter Hanna Reitsch/Kurt Reitsch (1946)

136. Correspondence:

- Hanna Reitsch/Brazil Sudeten Club (14.01.1958)
- Hanna Reitsch/Theodore Heuss (1960)
- Hanna Reitsch/Erika Christl Greim (29.08.1974)

Wernher von Braun, 'Wir Haben Allen Grund – Zu Beten' [We have every reason – to pray] (nd)

139. Correspondence:

- Hanna Reitsch/Eleanore Baur (1978)
- Hanna Reitsch/Edda Göring (18.10.1978) PERS/F/10228/1

Unknown publication, 'Hanna Reitsch soll nicht in England fliegen' [Hanna Reitsch should not fly in England] (13.07.1954)

Hanna Reitsch, 'Ich Flog für Kwame Nkrumah' [I Flew for Kwame Nkrumah] (nd)

Alte Adler member newsletter, Friedrich Stahl, Alte Adler president, speech at Hanna Reitsch's sixtieth birthday party (Spring 1972)

PERS/F/10228/2

Newsprint articles including:

- *Frau mit Herz* [Woman with Heart] magazine, 'The life story of the famous pilot Hannah Reitsch: Only up in the air could I feel free' (nd)
- *Luftwelt* [Airworld], Peter Riedel, 'Deutsche Segelflieger in Argentinien' [German Glider Pilots in Argentina] (1934)
- *Illustrierter Beobachter*, 'Segelfliegen! Reichsluftminister Generaloberst Göring hat Hanna Reitsch zum Flugkapitän ernannt' [Gliding! Reich Air Minister Göring has appointed Hanna Reitsch as Flight Captain] (1937)
- Alte Adler newsletter, 'Die Geburtstagsfeier Unseres Ehremitgliedes: Hanna Reitsch' [The Birthday Party of our Honorary Member: Hanna

Reitsch] (18.04.1972)

— *Süddeutsche Zeitung*, letter from Prof. Walter Birnbaum (15/16.09.1979)

Unknown publication articles:

— Dortmund newspaper, 'Hanna Reitsch, "Alles Schwindel": Sie soll Hitler nach Argentinien geflogen haben' ['Everything vertigo': you should have flown Hitler to Argentina] (22.3.1950)

— 'Warum Hanna Reitsch nicht nach England fuhr, Erklärung des Präsidenten des Deutschen Aero-Club' [Why Hanna Reitsch is not competing in England, a statement by the President of the German Aero-Club] (14.07.1954)

The Peenemünde Historical Technical Museum
 Permanent exhibition

Plötzensee Prison Memorial
 Permanent exhibition

Schloss Lautlingen
 Permanent exhibition

Technical University of Munich archive
 TUM entrance record for Melitta Schiller (1922)
 Correspondence Melitta Schiller/TUM Professor (nd)

美国档案

Cornell University Law Library: Donovan Nuremberg Trials Collection
 US Forces report, 'Last Letters from Hitler's Air Raid Shelter' (08.10.1945)
 US Forces report, Hanna Reitsch interrogation, 'The Last Days in Hitler's Air Raid Shelter' (08.10.1945)

风的女儿

National Archives and Records Administration

Hanna Reitsch Personal File, RG319, 270, 84, 13, 7, box 633 (7362164, XE053525)

'The Wind of Heaven Goes West' (nd)

US Forces report, Hanna Reitsch, 'Condemnation of Göring by Hanna Reitsch' (16.11.1945)

US Forces report, Hanna Reitsch interrogation (04.12.1945)

Various papers relating to Hanna Reitsch, including:

— Memos relating to Operation Skylark (1946–1947)
— US Forces, European Theater PR Division, release No. 794 (05.12.1945)
— 'Censorship Civil Communications', R. Storck to G. Rieckmann (21.08.1946)
— US Civil Censorship (Germany) (18.03.1947)
— 'Hanna Reitsch pleads for General Kesselring' at Nuremberg Trials (01.04.1947)
— 'Agent Report' (19.07.1948) Newspaper cuttings, including
— *Stars & Stripes*, 'German Woman Arrested at Border' (24.05.1948)
— *Overseas Weekly*, 'Adolf's Flying Femme Back' (28.02.1954)

私人档案

Archive Gerhard Bracke, Germany

Melitta Schiller's diary (1943, 1944)

Correspondence:

— Melitta Schiller/Blenk (17.03.1935)
— Michael and Margarete Schiller/Hermann Göring (1942)
— Hanna Reitsch/Gerhard Bracke (1973)
— H. Schrank/Klara Schiller (14.03.1975)
--- Hanna Reitsch/Klara Schiller (1975–1977)
— Peter Riedel/Mrs J. Hacker (25.08.1980)

— Peter Riedel/Klara Schiller (1981–1982)

Mika Stauffenberg, untitled account of Melitta Schiller (17.02.1962)

Philippa Countess von Thun-Hohenstein, 'Memories of Melitta: personal impressions of Countess von Stauffenberg' (07.07.2000)

Audio interviews:

— Klara Schiller, 'Erinnerungen' [Memories] (09.10.1982)

— Hubertus von Papen-Koeningen (10.08.1989)

— Peter Riedel and Klara Schiller (late 1980s)

Photos: various

John Martin Bradley, Combat Pilots of WWII collection (http://www.combatpilotsofwwii.com)

Interview with Captain Hein K. Gering (27.06.2009)

Caroline Esdaile family papers

Simon Reiss, 'Remembering Kristallnacht' (9.11.1998)

Archive H. P. Melle / Stauffenberg, Germany

Alexander von Stauffenberg, *Denkmal* [Monument] (Stefan Georg Foundation, 1964)

Marie-Luise Lübbert, 'Chronik der Familie Lübbert' (nd)

Photos: various

Barbara Pasewaldt, private papers, Germany

Alte Adler, obituary of Georg Pasewaldt (1988)

Georg Pasewaldt, 'Erfahrungen und Erkenntnisse einer Fliegerlaufbahn', [Experience and Insights from a Flying Career] (nd)

Archive Reinhart Rudershausen, Germany

Correspondence:

— Michael Schiller/Hermann Göring (26.10.1942)

— Margarete Schiller/Hermann Göring (11.12.1942)

Melitta von Stauffenberg reports:

— 'Abschrift' [Report (on the presentation of her Iron Cross II)] (January 1943)

— 'Vortag gehalten in Stockholm am 6.12.43: Eine Frau in der Flugerprobung' [A Woman in Test Flying], Stockholm lecture (06.12.1943).

Natur und Geist: Monatsheft für Wissenschaft, Weltanschauung und Lebensgestaltung [Nature and Spirit: The Monthly Bulletin of Science, Philosophy and Lifestyle] 3.12 (December 1935)

'Melitta Gräfin Schenk von Stauffenberg Lebenlauf' [Resumé], DVL reference (23.11.1936)

Hermann Blenk, 'Erinnerungen an Melitta Schiller' [Memories of Melitta Schiller] (13.09.1974)

Paul von Handel, 'Erinnerungen an Litta' [Memories of Litta] (nd)

Lieselotte Hansen, 'Memories of Lieselotte Hansen, née Lachman' (nd)

Jutta Rudershausen, 'Frau über den Wolken: Ein Leben für Wissenschaft und Fliegen' [Woman Above the Clouds: A Life for Science and Flying] (nd)

——, 'Flugkapitän Melitta Schiller-Stauffenberg: Von keinem Piloter erreicht' [Peerless Pilot] (nd)

Klara Schiller, 'Erinnerungen' [Memories] (nd)

Marie-Luise (Lili) Schiller/Lübert, 'Zweig Otto Eberstein' [Otto Eberstein branch of the family]

Georg Wollé, 'Erinnerungen eines Berufskollegen, der mit Melitta in der Versuchsanstalt für Luftfahrt angestellt war' [Memories of a colleague of Melitta Schiller at the Institute of Aviation (DVL)] (11.02.1974)

Alexander von Stauffenberg, 'Litta' (handwritten poem, nd)

Painting: Gertrud von Kunowski, portrait of Margarete Schiller née Eberstein (1906)

参考文献

The Ian Sayer archive
Correspondence:
— Margot Heberlein/Sigismund Payne Best (17.06.1946)
— Fey von Hassell (Pirzio-Biroli)/Sigismund Payne Best (28.07.1946)
— Hanna Reitsch/Herr Petzoldt (1957)
— Hanna Reitsch/Herr Brockmann (1958–1962)
— Hanna Reitsch/Captain Barry Radley (1975–1979)
Newspaper cutting, Barry Radley letter regarding Hanna Reitsch (27.11.1979)

Stauffenberg family archive
Berthold Schenk Graf von Stauffenberg, Generalmajor a.D., 'A Childhood in the Third Reich – from System Conformist to Traitor's Child'. Lecture delivered to the AV Rheinstein Köln- Lindenthal (14.04.2008)
Correspondence with Thomas Medicus (2012)

Anne C. Voorhoeve papers
Otto Philipp von Stauffenberg, 'Der 20. Juli und seine Folge' ['The 20th July and its Consequences'] (talk, nd)
Marie Gabriele 'Gagi' von Stauffenberg, 'Aufzeichnungen aus unserer Sippenhaft 20. Juli 1944–19. Juni 1945' (Notes from our Sippenhaft experience, 20 July 1944–19 June 1945) (nd)

报纸、期刊、电影、电视和电台资料

英文报纸

Aberdeen Journal
'A German airwoman receives the Iron Cross' (24.04.1941)
'Pension for Widow of von Stauffenberg' (26.11.1945)

Angus Evening Telegraph
'Plane that Flies Backwards' (04.11.1937)

风的女儿

Daily Mail
    Robert Hardman, 'Hero who makes Biggles look like a wimp' (07.05.2013)

Daily Telegraph
    Guy Walters, 'The truth behind *The Odessa File* and Nazis on the run' (01.12.2010)
    Rob Crilly, 'Rare German surrender order expected to fetch £20,000' (26.04.2015)

Derby Daily Telegraph
    'Glider Pilots Fined: Speeding – in Motor Cars' (08.05.1936)

Dundee Courier
    'Girl Glider Beats Day-Old Record' (16.05.1938)
    'Overdue Air Girl Lands' (24.09.1938)

Gloucestershire Echo
    'RAF Bombers Blast New Baltic Target' (18.08.1943)
    'Himmler at Peenemünde' (25.08.1943)

Nottingham Evening Post
    'Helicopter's Amazing Performance' (05.11.1937)
    'Echoes From Town' (21.08.1943)

英文期刊

Academia.edu
    Helen L. Boak, 'Women in Weimar Germany: The 'Frauenfrage' and the Female Vote', p.1 www.academia.edu/498771/Women_in_Weimar_Germany_The_Frauenfrage_and_the_Female_Vote

Aeroplane magazine
    'Women's Day at Chigwell' (28.09.1938)
    Barbara Schlussler, 'Melitta Schiller' (June 1999)
    'Flugkapitän Hanna Reitsch, 1914–1979' (June, July, August, September and October 1985)
    Alexander Steenbeck, 'The Man Who Flew With Stauffenberg' (October 2011)

Air Classics
    Blaine Taylor, 'She Flew for Hitler! The story of Flugkapitän Hanna Reitsch

and her aerial adventures in Nazi Germany' (February 1989)

American Historical Review

Jean Allman, 'Phantoms of the Archive: Kwame Nkrumah, a Nazi Pilot Named Hanna, and the Contingencies of Post-Colonial History-Writing' (February 2013), 118 (1), pp. 104–129

Edit International Articles: A portfolio of some of Ron Laytner's greatest stories

Ron Laytner, 'Hanna Reitsch: Greatest Nazi Test Pilot and World's First Astronaut' (2010): http: // issuu.com/edit_international/docs/publication_hanna_reitsch?mode=embed&documen tId=090107212350-fe902db02968468fb93464edc07459de&layout= grey

German History: The Journal of the German History Society

Bernhard Rieger, 'The Global Career of a Nazi Celebrity', Vol. 26, No. 3, pp. 383–405 (Sage Publications, 2008)

History & Technology: An International Journal

Margot Fuchs, 'Like fathers like daughters, professionalization strategies of women students and engineers in Germany 1890s to 1940s' Vol. 14, issue 1–2 (1997)

History Today

Roger Moorhouse, 'A Good German? Von Stauffenberg and the July Plot', Vol. 59, issue 1 (2009)

Edgar Feuchtwanger, 'I Was Hitler's Neighbour', Vol. 62, issue 6 (2012)

History Workshop Journal

Maya Jasanoff, 'Border Crossing: My Imperial Routes,' Issue 64 (Autumn 2007)

JewishJournal.com

Alan Abrahamson, 'Photos reveal anti-Semitism of 1936 Winter Games' (1 March 2011)

Modern Judaism

Sarah Fraiman, 'The Transformation of Jewish Consciousness in Nazi Germany as reflected in the German Jewish journal *Der Morgen*, 1925–1938,' Vol. 20, pp. 41–59 (OUP, 2000)

风的女儿

New Republic
> Richard J. Evans, 'The Life and Death of a Capital', review of Thomas Friedrich's *Hitler's Berlin* (27.09.2012), http://www.newrepublic.com/book/review/abused-city-hitlers-berlin-thomas-friedrich

WWII Magazine
> Nigel Jones, 'Claus von Stauffenberg: the man who tried to kill Hitler' (HistoryNet.com, 22.12.2008)

德文报纸与期刊

Der Adler [Luftwaffe magazine]
> 'The Iron Cross for a Gallant Female Pilot' (06.04.1943)

Askania-Warte magazine
> 'Flight to England with slight problems along the way' (24.09.1938)

Berliner Illustriete Zeitung
> jg. 38, No. 42 (20.10.1929)

Der Speigel
> Susanne Beyer, 'Frau im Sturzflug' [Woman in a Nosedive] (October 2012)

Die Welt
> Hanna Reitsch, 'Wie klein Mäxchen sich den Untergang des Dritten Reiches vorstellt' [How the Little Maxes Imagine the Downfall of the Third Reich] (02.08.1973)

Die Zeit
> 'Unrecht an Hanna Reitsch' [Injustice to Hanna Reitsch] (22.07.1954)
> Jutta Rudershausen [Melitta's sister], 'Täglich funfzehn Sturzfluge – Zu Unrecht vergessen: Flugkapitän Melitta Schenk Schiller war vor vierzig Jahren ein Pionier der Luftfahrt' [Fifteen nosedives a day, falsely remembered: forty years ago Flugkapitän MSS was a pioneer of flight] (05.01.1973)
> Nina Gräfin von Stauffenberg, 'Wie das Konzept der Männer des 20 Juli 1944 aussah: Sie wollten Hitler nicht mit Stalin tauschen' [Clarifying the concept of the men of 20 July: They did not want to replace Hitler with

Stalin], No. 37, p. 26 (08.09.1978)

Schlesische Flieger Nachrichten 6 [Silesian Pilot News]

Klara Schiller, 'Melitta Gräfin Schenk von Stauffenberg, née Schiller, 1903–1945' in pp. 2–6 (05.1988)

英国电影、电视和电台

BBC, *The Secret War* (1977)

BBC 2:

Operation Crossbow: How the Allies used 3D photography to thwart the Nazis' super-weapons (2013)

The Lancaster: Britain's Flying Past (20.07.2014)

Britain's Greatest Pilot: The Extraordinary Story of Captain 'Winkle' Brown (ed. Darren Jonusas ASE, Exec. Prod. Steve Crabtree (01.06.2014)

Channel Four, *Spying on Hitler's Army: The Secret Recordings* (2013)

Sony Picture Classics, *Blind Spot: Hitler's Secretary*, featuring Traudl Junge

Me-163 flown by test pilots Hanna Reitsch and Heini Dittmar

BBC World Service:

History Hour: The Death of Mussolini (03.05.2014)

Witness: The Plot to Kill Hitler (18.07.2014)

BBC Radio Four, *Desert Island Discs*: Eric Brown (14.11.2014)

德国电影、电视和电台

ZDF (Germany):

Fliegen und Stürzen – Porträt der Melitta Schiller-Stauffenberg, eine aussergewohnlichen Frau [Flying and Nosediving: a portrait of Melitta Schiller-Stauffenberg, an exceptional woman] (6 January 1974)

Himmelsstürmerinnen, Deutsche Fliegerinnen – Ihre Rekorde und Tragödien [Women who stormed the sky, German women pilots, their records and tragedies], ARTE film by Bertram von Boxberg and Karin Rieppel (June 2011)

Interspot Film (Austria), *Hanna Reitsch: Hitlers Fliegerin* [Hitler's Pilot] (dir. Gerhard Jelinek and Fritz Kalteis, 2010)

Im Toten Winkel: Hitler's Secretarin [Blindspot: Hitler's Secretary], a film by André Heller and Othmar Schmiderer (Traudl Junge interview)

自传和回忆录

Anonymous, *A Woman in Berlin* (Virago, 2013)

Constance Babington Smith, *Evidence in Camera: The story of photographic intelligence in the Second World War* (Sutton, 2004)

Gerda Erika Baker, *Shadow of War* (Lion, 1990)

Hans Baur, *I was Hitler's Pilot: The Memoirs of Hans Baur* (Frontline, 2013)

Isolde Baur, *A Pilot's Pilot: Karl Baur, Chief Test Pilot for Messerschmitt* (Schiffer, 1999)

Elly Beinhorn, *Premiere am Himmel, meine berühmten Fliegerkameraden* [First in the Sky: My Famous Aviator Comrades] (Langen-Müller, 1991)

——, *Alleinflug: Mein Leben* (Malik, National Geographic, 2011)

Nicolaus von Below, *At Hitler's Side: The Memoirs of Hitler's Luftwaffe Adjutant 1937–1945* (Frontline, 2010)

Sigismund Payne Best, *The Venlo Incident: How the Nazis Fooled Britain* (Frontline, 2009)

Nancy Bird, *My God! It's a Woman: The inspiring story of Australia's pioneering aviatrix* (Harper Collins, 2002)

Dirk Bogarde, *Cleared For Take-Off* (Chivers, 1996)

Gerhard Boldt, *Hitler's Last Ten Days* (Coward, McCann & Geoghegan, 1973)

Tadeusz Bór-Komorowski, *The Secret Army: The Memoirs of General Bór-Komorowski* (Frontline, 2011)

Eric Brown, *Wings on My Sleeve: The World's Greatest Test Pilot Tells His Story* (Phoenix, 2007)

Sarah Churchill, *Keep on Dancing: An autobiography* (Weidenfeld & Nicolson, 1981)

Winston Churchill, *Great Contemporaries* (Odhams, 1947)

——, *Step by Step: 1936–1939* (Odhams, 1949)

Otto Dietrich, *Mit Hitler in die Macht: Persönliche Erlebnisse mit meinem Führer* [With Hitler to Power: Personal Experiences with My Leader] (F. Eher nachf, g.m.b.h., 1934)

Kurt Doerry & Wilhelm Dörr, *Das Olympia-Buch* [The Olympic Book], published on behalf of the German State Committee for Physical Exercise, with foreword by President von Hindenburg (Olympia-Verlag, Munich, 1927)

Walter R. Dornberger, *V-2* (Hurst & Blackett, 1954)

Bernt Engelmann, *In Hitler's Germany: Everyday Life in the Third Reich* (Schocken Books, 1986)

Anne Frank, *The Diary of a Young Girl* (Penguin, 2012)

Peter Gay, *My German Question: Growing Up in Nazi Berlin* (Yale University Press, 1998)

Hans Bernd Gisevius, *To The Bitter End* (Jonathan Cape, 1948)

Joseph Goebbels, *The Goebbels Diaries, 1939–1941: the historic journal of a Nazi war leader*, ed. Fred Taylor (Sphere, 1983)

——, *The Goebbels Diaries: The Last Days*, ed. Louis P. Lochner (Doubleday, 1948)

Elisabeth zu Guttenberg, *Beim Namen Gerufen: Erinnerungen* [Called By Name: Memories] (Ullstein Sachbuch, 1992)

——, Sheridan Spearman, *Holding the Stirrup* (Duell, Sloan and Pearce/ Little Brown, 1953)

Reinhild Gräfin von Hardenberg, *Auf immer neuen Wegen: Erinnerungen an Neuhardenberg und den Widerstand gegen der Nationalsozialismus* [On New Ways: Memories of Neuhardenberg and the resistance against National Socialism] (Stiftung Schloss Neuhardenberg, 2002)

Fey von Hassell, *A Mother's War* (Corgi, 1991)

——, *Niemals sich beugen: Erinnerungen einer sonder gefangenen der SS* [Never Bow Down: Memories of the Special Prisoners of the SS] (Piper, 1995)

Ulrich von Hassell, *The Von Hassell Diaries: The Story of the Forces Against Hitler Inside Germany, 1938–1944* (Westview Press, 1994)

Sir Nevile Henderson, *Failure of a Mission: Berlin 1937–1939* (Hodder & Stoughton, 1940)

Hajo Herrmann, *Eagle's Wings: The Autobiography of a Luftwaffe Pilot* (Airlife, 1991)

Heinrich Hoffmann, *Hitler Was My Friend: The Memoirs of Hitler's Photographer*

(Frontline , 2011)

Traudl Junge, *Until the Final Hour: Hitler's Last Secretary* (Phoenix, 2002) Ursula von Kardorff, *Diary of a Nightmare: Berlin 1942–1945* (Hart-Davis, 1965)

Erich Kempka, *I Was Hitler's Chauffeur: The Memoirs of Erich Kempka* (Frontline, 2010)

Karl Koller, *Der Letzte Monat: Die tagebuchaufzeichnungen des ehemaligen Chefs des Generalstabs der deutschen Luftwaffe vom 14 April bis zum 27 Mai 1945* [The Last Month: The Diaries of Karl Koller, former Chief of Staff of the Luftwaffe, 14 April to 27 May 1945] (Mannheim, 1949)

Heinz Linge, *With Hitler to the End: The Memoirs of Adolf Hitler's Valet* (Frontline, 2009)

Bernd Freytag von Loringhoven, *In the Bunker with Hitler: The last witness speaks* (Weidenfeld & Nicolson, 2005)

Hilde M., *Girls: Your World, The German Girls' Yearbook* (Zentralv., Franz E., Gmbh, 1944), article 'Hanna Reitsch: A Life for Flying'

Friedrich W. von Mellenthin, *Panzer Battles* (Tempus, 1956)

Richard Perlia, *Mal oben – Mal unten* [Sometimes Up – Sometimes Down] (Schiff & Flugzeug-Verlagsbuchhandlung, 2011)

Powys-Lybbe, Ursula, *The Eye of Intelligence* (William Kimber, 1983)

Hanna Reitsch, *Aventures en Plein Ciel* [Adventures in the Sky] (La Palatine, 1952)

——, *Höhen und Tiefen: 1945 bis zur Gegenwart* [Ups and Downs, 1945 to the present day] (Herbig Verlag, 1978)

——, *The Sky My Kingdom: Memoirs of the Famous German World War II Test Pilot* (Greenhill, 2009)

Jana Richter and Hermann Graml (eds), *Die Tagebücher von Joseph Goebbels: Oktober bis Dezember 1944* [The Diaries of Joseph Goebbels] (KG Saur, 1996)

Peter Riedel, *Start in den Wind – Erlebte Rhöngeschichte 1911 bis 1926* [Take-off in the Wind: Rhön History Experienced 1911–1926] (Motorbuch Verlag Stuttgart, 1977)

Leni Riefenstahl, *A Memoir* (St Martin's Press, 1993)

Christa Schroeder, *He Was My Chief: The Memoirs of Adolf Hitler's Secretary* (Frontline, 2009)

William L. Shirer, *Berlin Diary: The Journal of a Foreign Correspondent 1934–1941* (Gallahad, 1997)

Otto Skorzeny, *Skorzeny's Special Missions: The Memoirs of 'The Most Dangerous Man in Europe'* (Greenhill, 2006)

Wolfgang Späte, *Top Secret Bird: the Luftwaffe's Me-163 Comet* (Independent Books, 1989)

Albert Speer, *Inside the Third Reich* (Sphere, 1971)

Ernst Udet, *Ace of the Black Cross* (Newnes, 1935)

Veronika Volkersz, *The Sky and I* (W. H. Allen, 1956)

Mano Ziegler, *Rocket Fighter: The Story of the Messerschmitt Me-163* (Arms & Armour Press, 1976)

二次引源

Norman H. Baynes, *The Speeches of Adolf Hitler, April 1922–August 1939* (OUP, 1942)

Cajus Becker, *The Luftwaffe War Diaries* (MacDonald, 1966)

Anthony Beevor, *Berlin: The Downfall, 1945* (Penguin, 2003)

——, *Ardennes 1944: Hitler's Last Gamble* (Viking, Penguin Random House, 2015)

Scott Berg, *Lindbergh* (G. P. Putnam's Sons, 1998)

Helen L. Boak, *Women in the Weimar Republic* (Manchester University Press, 2013)

Gerhard Bracke, *Melitta Gräfin Stauffenberg: Das Leben einer Fliegerin* [The Life of an Aviatrix] (Herbig Verlag, 2013), privately translated by Barbara Schlussler

Bob Carruthers, *Voices from the Luftwaffe* (Pen & Sword, 2012)

Karl Christ, *Der andere Stauffenberg: Der Historiker und Dichter Alexander von Stauffenberg* [The other Stauffenberg: Historian and Poet Alexander von Stauffenberg] (C. H. Beck, 2008)

Arthur C. Clarke, *Astounding Days: A Science Fiction Autobiography* (Bantam Books, 1990)

Taylor Downing, *Spies in the Sky: The Secret Battle for Aerial Intelligence during World War II* (Little Brown, 2011)

Richard J. Evans, *The Third Reich at War, 1939–1945: How the Nazis Led Germany From Conquest to Disaster* (Allen Lane, 2008)

Joachim Fest, *Plotting Hitler's Death: The German Resistance to Hitler 1933–1945* (Weidenfeld & Nicolson, 1997)

Peter Fritzsche, *A Nation of Fliers: German Aviation and the Popular Imagination* (Harvard University Press, 1992)

Oscar Gonzalez, Thomas Steinke, Ian Tannahill, *The Silent Attack: The Taking of the Bridges at Veldwezelt, Vroenhoven and Kanne in Belgium by German Paratroopers, 10 May 1940* (Pen & Sword, 2015)

Cooper C. Graham, *Leni Riefenstahl and Olympia* (Scarecrow, 1986)

Jenny Hartley, *Hearts Undefeated: Women's Writing of the Second World War* (Virago, 1999)

Max Hastings, *All Hell Let Loose: The World At War 1939–1945* (Harper Press, 2011)

Peter Hoffmann, *German Resistance to Hitler* (Harvard University Press, 1988)

——, *Stauffenberg: A Family History, 1905–1944* (McGill-Queen's University Press, 2008)

Glenn B. Infield, *Skorzeny: Hitler's Commando* (St Martin's Press, 1981) Sophie Jackson, *Hitler's Heroine: Hanna Reitsch* (History Press, 2014)

Nigel Jones, *Countdown to Valkyrie: The July Plot to Assassinate Hitler* (Frontline, 2008)

Patricia Kollander, John O'Sullivan, *I Must be a Part of This War: A German American's Fight Against Hitler and Nazism* (Fordham University Press, 2005)

Joachim Kramarz, *Stauffenberg: The Life and Death of an Officer, 15 November 1907–20 July 1944* (André Deutsch, 1967)

David Clay Large, *Nazi Games: The Olympics of 1936* (W. W. Norton, 2007) Annedore Leber, *Conscience in Revolt: Sixty-four Stories of Resistance in Germany, 1933–1945* (Westview Press, 1994)

Celia Lee and Paul Edward Strong (eds.), *Women in War: From Home Front to Front Line* (Pen & Sword, 2012)

Robert Loeffel, *Family Punishment in Nazi Germany: Sippenhaft, Terror and Myth* (Palgrave Macmillan, 2012)

Judy Lomax, *Hanna Reitsch: Flying for the Fatherland* (John Murray, 1988)

Oliver Lubrich, ed., *Travels in the Reich, 1933–1945: Foreign Authors Report from Germany* (University of Chicago Press, 2010)

Eva Madelung, Joachim Scholtyseck, *Heldenkinder – Verräterkinder: Wenn die Eltern im Widerstand Waren* [Hero Children – Traitor Children: Children of the Resistance] (C. H. Beck, 2007)

Thomas Medicus, *Melitta von Stauffenberg: Ein Deutsches Leben* [A German Life] (Rowohlt, Berlin, 2012)

Dorothee von Meding, *Courageous Hearts: Women and the anti-Hitler Plot of 1944* (Berghahn, 1997)

Heiko Peter Melle, Ernst Probst, *Sturzflüge für Deutschland: Kurzbiografie der Testpilotin Melitta Schenk Gräfin von Stauffenberg* [Nosedives for Germany: a short biography of the test pilot Melitta Schenk Countess von Stauffenberg] (Grin Verlag, 2012)

Roger Moorhouse, *Berlin at War: Life and Death in Hitler's Capital, 1939–45* (Vintage, 2011)

Sönke Neitzel, *Tapping Hitler's Generals: Transcripts of Secret Conversations, 1942–1945* (Frontline, 2007)

Michael J. Neufeld, *The Rocket and The Reich: Peenemünde and the Coming of the Ballistic Missile Era* (The Free Press, 1995)

——, *Von Braun: Dreamer of Space, Engineer of War* (Alfred A. Knopf, 2008)

Robert E. Norton, *Secret Germany: Stefan George and His Circle* (Cornell University Press, 2002)

Dennis Piszkiewicz, *From Nazi Test Pilot to Hitler's Bunker: The Fantastic Flights of Hanna Reitsch* (Praeger, 1997)

Gerald Posner, *Hitler's Children: Inside the Families of the Third Reich* (Mandarin, 1991)

Sean Rayment, *Tales from the Special Forces Club: The Untold Stories of Britain's Elite WWII Warriors* (Collins, 2003)

Hugh Trevor-Roper, *The Last Days of Hitler* (Macmillan, 1947)

Fabian von Schlabrendorff, *The Secret War Against Hitler* (Westview Press, 1994)

Konstanze von Schulthess, *Nina Schenk Gräfin von Stauffenberg: Ein Porträt* [Nina

Schenk Gräfin von Stauffenberg: A Portrait] (Piper Taschenbuch, 2009)

Carole Seymour-Jones, *She Landed by Moonlight, The Story of Secret Agent Pearl Witherington: the real 'Charlotte Gray'* (Transworld, 2013)

Leslie Earl Simon, *German Research in World War II: an analysis of the conduct of research* (John Wiley, 1947)

Martin Simons, *German Air Attaché: The Thrilling Wartime Story of the German Ace Pilot and Wartime Diplomat Peter Riedel* (Airlife, 1997)

C. G. Sweeting, *Hitler's Personal Pilot: The Life and Times of Hans Baur* (Brassey's, 2000)

——, *Hitler's Squadron: The Fuehrer's Personal Aircraft and Transport Unit, 1933–45* (Brassey's, 2001)

Jeffrey Watson, *Sidney Cotton: The Last Plane Out of Berlin* (Hodder, 2003)

Robert Wohl, *The Spectacle of Flight: Aviation and the Western Imagination, 1920–1950* (New Haven, 2005)

小说

Robert Harris, *Fatherland* (Arrow, 1993)

网站

www.20-juli-44.de
  '20 July 1944: Memories of a Historic Day'
  www.aircrewremembered.com
  Aircrew Remembered
  'Hanna Reistch: Luftwaffe Test Pilot and Aviation Record Holder'
www.alteadler.de
  Alte Adler association official website
www.astronautix.com
  Encyclopedia Astronautica, 'Peenemünde'
www.ctie.monash.edu.au/Hargrave

Monash University website, 'Hargrave: the pioneers', collection:
    Hanna Reitsch (1912–1979)
    Melitta Schiller (1903–1945)

www.griffonmerlin.com
    Griffon Merlin: James Holland's Second World War Forum
    Interviews with Eric Brown and Hajo Herrmann

www.historynet.com
    History Net, 'Hanna Reitsch: Hitler's Female Test Pilot'

www.hpmelle.de/stauffenberg
    Stauffenberg family memorial website

www.remember.org
    A People's History of the Holocaust and Genocide
    Harry J. Herder, 'Liberation of Buchenwald' (nd)

www.romanoarchives.altervista.org

其他

Flight in a Twin Astir II, F-CFYI glider at the Aerodrome de Gandalou, Tarn & Garonne (August 2013)

    Handwritten letter from Hanna Reitsch to Wernher von Braun's NASA secretary, Julie Kertes, from collection previously owned by Julie Kertes, and sold on eBay', accessed 30 April 2014

Stiftung Neue Synagogue [New Foundation Synagogue], Berlin, exhibition: 'From the Outside to the Inside: the 1938 November Pogroms in Diplomatic Reports from Germany' (May 2014)

Alexander Historical Auctions:
    Letter Hanna Reitsch/Lutz Graf Schwein von Krosigk (13.05.1946)
    Hermann Historica International Auctions (70th auction catalogue, May 2015):
    Hermann Göring's appointment diary (1943), lot 6140
    Letter Hanna Reitsch/Albert Kesselring (29.02.1948), lot 6017